MELHORE A COGNIÇÃO DA CRIANÇA COM JOGOS DE ATIVIDADE FÍSICA

Instituto Phorte Educação
Phorte Editora

Diretor-Presidente
Fabio Mazzonetto

Diretora Financeira
Vânia M. V. Mazzonetto

Editor-Executivo
Fabio Mazzonetto

Diretora Administrativa
Elizabeth Toscanelli

MELHORE A COGNIÇÃO DA CRIANÇA COM JOGOS DE ATIVIDADE FÍSICA

Phillip D. Tomporowski
Bryan A. McCullick
Caterina Pesce

Tradução: Obá Editorial

Phorte editora
São Paulo, 2020

Título original: *Enhancing Children's Cognition with Physical Activity Games*

Melhore a cognição da criança com jogos de atividade física

Rua Rui Barbosa, 408
Bela Vista – São Paulo – SP
CEP 01326-010
Tel.: (11) 3141-1033
Site: www.phorte.com.br
E-mail: phorte@phorte.com.br

CIP-BRASIL. CATALOGAÇÃO NA PUBLICAÇÃO
SINDICATO NACIONAL DOS EDITORES DE LIVROS, RJ

T623m

Tomporowski, Phillip D.
Melhore a cognição da criança com jogos de atividade física / Phillip D. Tomporowski, Bryan A. McCullick, Caterina Pesce ; tradução Obá Editorial. - 1. ed. - São Paulo : Phorte, 2020.
264 p. : il. ; 28 cm.

Tradução de: Enhancing children's cognition with physical activity games
Inclui bibliografia e índice
ISBN 978-65-990174-1-4

1. Exercícios físicos para crianças - Aspectos psicológicos. 2. Cognição em crianças. I. McCullick, Bryan A. II. Pesce, Caterina. III. Obá Editorial (Firma). IV. Título.

20-62820 CDD: 613.7
CDU: 613.71

Leandra Felix da Cruz Candido - Bibliotecária - CRB-7/6135
ph2395.1

Este livro foi avaliado e aprovado pelo Conselho Editorial da Phorte Editora.

Impresso no Brasil
Printed in Brazil

Agradecimentos

À minha esposa, Regina Smith, que foi a fonte de minha motivação, e à minha filha, Ellis, que continua sendo a luz de minha vida.

Phil Tomporowski

A Alison e Adaline, *Grá mo chroí sibh* (vocês são o amor do meu coração).

Bryan McCullick

Aos meus pais e aos meus filhos, fontes de inspiração para este livro. Meus pais me deixaram curtir jogos de movimento quando eu era criança. Meus filhos, Sofia, Luca e Matthias, não deixaram que eu parasse de gostar de jogos de movimento quando me tornei adulta.

Caterina Pesce

Em memória do Dr. Cliff Baile, por seu apoio ao desenvolvimento de nossos jogos de atividade física dentro da Obesity Initiative da University of Georgia.

Apresentação

Ao escrevermos este livro, nossa proposta foi apresentar aos profissionais métodos de ensino que possam melhorar o desenvolvimento físico e mental das crianças. Nossa expectativa é que a obra *Melhore a cognição da criança com jogos de atividade física* ajude os educadores a aplicarem conceitos formulados com base em pesquisas recentes nas áreas de desenvolvimento infantil, ciência cognitiva, Educação Física e treinamento de professores, para criar experiências de aprendizagem baseadas no movimento que beneficiem tanto o corpo quanto a mente das crianças. O livro é para todas as pessoas diretamente envolvidas na atividade física infantil.

Independentemente da formação e da preparação profissional, este livro traz esclarecimentos sobre novas maneiras de ensinar as crianças. Ele não somente fornece exemplos de jogos apropriados para cada idade que podem ser facilmente praticados em ambientes reais, mas também explica por que esses jogos são tão bem-sucedidos. Ao explicar como estruturar os jogos de modo a facilitar modificações repentinas, tão cruciais na área do ensino infantil, ele faz do professor um condutor.

O livro é destinado a professores que ensinam crianças em diversos contextos; por exemplo, em programas realizados antes, durante ou após o período escolar e em centros de lazer e comunitários. O tema central é a criação de jogos de atividade física que beneficiem o desenvolvimento cognitivo da criança, a aprendizagem, a socialização e o desempenho acadêmico. Nossa meta é ajudar professores a desenvolverem jogos de atividade física que promovam o envolvimento mental e a tomada de decisão criteriosa.

No cerne desses modelos instrucionais está a prova multidisciplinar de que os jogos que combinam atividades físicas de moderadas a vigorosas com instruções e avaliações apropriadas desenvolvem a cognição da criança, especialmente os que exigem a capacidade de pensar antes de agir, de permanecer focado e atento, de planejar e refletir sobre as consequências das ações. Nesse sentido, pretendemos que o livro seja, ao mesmo tempo, um recurso acadêmico e um modelo instrucional para ajudar os educadores a desenvolverem e a implementarem jogos de atividade física que motivem as crianças a aprender. Para unir informação acadêmica e condições reais de ensino, concluímos cada capítulo com uma seção intitulada *Implicações para os educadores*.

Os programas realizados antes, ao longo ou depois do período escolar fornecem oportunidades únicas de desenvolver projetos que melhorem o desenvolvimento físico e mental da criança. Na última década, nos Estados Unidos, os programas externos à escola, desempenharam um papel cada vez mais importante ao promoverem oportunidades de atividade física para as crianças. Aproximadamente 8,4 milhões de crianças americanas ingressaram em programas desse tipo em 2009. O apoio federal aos Centros de Aprendizagem Comunitários do Século XXI começou em 1998, e esse programa, hoje, alcança 1 bilhão de dólares em fundos anuais para escolas de baixo desempenho em áreas desfavorecidas, atendendo 1,2 milhão de crianças. Embora a maior parte desses programas preveja exercícios e jogos livres, há uma carência de acesso a programas de intervenção para atividades físicas de qualidade que possam ser usados por professores e assistentes. Muitos deles priorizam o desenvolvimento do preparo físico da criança. Diferentemente destes, os jogos de atividade física apresentados neste livro são únicos, porque têm como foco o desenvolvimento físico e mental da criança.

Ao longo da obra, são apresentados métodos instrucionais, desde a preparação e o escopo até a implementação e a avaliação. Ele foi escrito por três autoridades nos campos: educação de professores, psicologia do exercício e ciência esportiva. Cada autor tem experiência e treinamento multidisciplinares que vinculam pesquisa e aplicação. Assim, os jogos de atividade física apresentados são baseados em evidências de pesquisa e sólida teoria educacional.

Escopo do livro

A atividade física desempenha um importante papel em vários aspectos da vida. Assim, os tópicos que abordamos neste livro variam muito. No entanto, o foco central está nos métodos para ensinar jogos de atividade física de modo a promover a aprendizagem. Nossos métodos de ensino e jogos são firmemente enraizados na teoria e na pesquisa, oriundas de várias disciplinas, como: desenvolvimento infantil, neurobiologia, psicologia e formação de professores. Desse modo, você, leitor, estará seguro ao propor esses jogos às crianças sob sua responsabilidade.

A psicologia do desenvolvimento (ou desenvolvimental) nos ajuda a entender como as capacidades mentais da criança emergem e podem ser aprimoradas ao se ensinarem condições que promovam o envolvimento mental e a resolução de problemas. Nesta obra, apresentamos evidências de que os jogos fornecem um contexto natural para aprender e desenvolver funções executivas fundamentais. O sucesso da programação requer jogos apropriados para o desenvolvimento que sejam introduzidos em momentos de aprendizado.

A neurobiologia da aprendizagem revela a importância dos jogos e das condições que mantêm a criança na curva de aprendizagem. Os jogos de resolução de problemas são considerados intrinsecamente motivadores para a criança. Já aqueles que aumentam o entusiasmo e o envolvimento mental promovem o desenvolvimento de habilidades cognitivas que podem ser usadas para superar desafios nas atividades diárias e acadêmicas. Novas perspectivas de aprendizagem explicam por que os jogos que envolvem respostas a mudanças inesperadas trazem ganhos em habilidade mental, ao contrário dos jogos rotineiros, repetitivos e desprovidos de envolvimento mental.

As informações oriundas das teorias sobre motivação servem para ajudar os professores a organizarem jogos que estimulem e motivem a criança a ser fisicamente ativa. As lições aprendidas por meio de pesquisas sobre a atração por jogos de computadores forneceram esclarecimentos sobre como criar jogos que promovam níveis saudáveis de atividade física. Isso é importante, porque a participação da criança em jogos de atividade física traz benefícios em longo prazo e estabelece padrões permanentes de atividades positivas para a saúde.

As informações provenientes da literatura sobre a eficiência dos professores, a pedagogia esportiva e o treinamento dos professores fornecem as bases para nossa discussão sobre o modo de selecionar e implementar jogos de atividade física que tragam resultados favoráveis.

Características únicas do livro

Este livro descreve como certos jogos específicos podem ser usados e modificados para se tornarem adequados a uma grande variedade de capacidades, de vivências e de experiências das crianças. É recomendado para professores que trabalham com crianças de 3 a 11 anos. São apresentadas as definições dos termos utilizados tanto em um glossário pontual no decorrer dos capítulos quanto em um glossário completo no final do livro. Para serem facilmente identificados, os termos do glossário estão destacados em negrito dentro do texto.

Como o livro é organizado

Está dividido em três partes. A Parte I tem como foco as informações fundamentais sobre o desenvolvimento físico e mental da criança, e consiste nos quatro primeiros capítulos.

O Capítulo 1 se inspira essencialmente no campo da psicologia do desenvolvimento e descreve o surgimento das habilidades mentais da criança e como elas podem ser aprimoradas com experiências de atividade física que promovam o envolvimento mental e a resolução de problemas.

Por sua vez, o Capítulo 2 apresenta descobertas na área da pesquisa neurodesenvolvimental que explicam como as mudanças no desenvolvimento cerebral da criança abrem oportunidades para experiências de jogos baseados em movimentos que podem afetar diretamente as redes neurais, cruciais para o controle do pensamento e da ação.

Já o Capítulo 3 apresenta a teoria que ajuda os professores a entenderem como a criança aprende por meio de suas ações, a usar os momentos de aprendizado e a lidar com as enormes diferenças de desenvolvimento físico e mental que existem entre as crianças.

O Capítulo 4, que finaliza a Parte I, defende que os jogos podem criar ambientes motivacionais para a aprendizagem e o prazer. Assim, ao serem apresentados de modo específico, os jogos de atividade física captam a atenção da criança, envolvendo-a mentalmente. Os aspectos estimulantes do jogo preparam o terreno para que a criança adquira habilidades mentais que serão usadas não somente nas atividades lúdicas, mas, também, nas atividades diárias e acadêmicas.

A Parte II se concentra na transposição da pesquisa para a prática, com o intuito de ajudar os professores a implementarem o material apresentado na Parte I. Nela, discutimos os desafios envolvidos no desenvolvimento de jogos de atividade física, em sua implementação e na avaliação de sua eficácia.

No Capítulo 5, descrevemos os benefícios dos quais as crianças podem usufruir ao serem fisicamente ativas desde cedo e como essas atividades podem influenciar a saúde física e mental ao longo da vida. Obviamente, os professores de Educação Física têm papel determinante na saúde e no bem-estar da criança como um todo.

O Capítulo 6 trata do desenvolvimento de jogos de atividade física e descreve as diferentes opções disponíveis em sua criação que melhoram a cognição da criança. Com base em pesquisas sobre desenvolvimento mental, destacamos três princípios essenciais que simplificam o desenvolvimento desses jogos.

Quanto ao Capítulo 7, ele apresenta os desafios da implementação de jogos de atividade física e oferece orientações para os professores enfrentarem esses desafios. Ensinar é, em parte, ciência e, em parte, arte.

Em seguida, o Capítulo 8 descreve as maneiras de avaliar o impacto dos jogos de atividade física sobre o comportamento dos alunos dentro e fora das salas de aula.

No Capítulo 9, são apresentados modelos ecológicos que enfatizam o importante papel dos professores de Educação Física e suas consequências sobre a saúde, o bem-estar e a aprendizagem da criança. Os professores de Educação Física têm uma posição única para lidar com os inúmeros problemas educacionais que desafiam o mundo todo.

Por fim, a Parte III fornece jogos para crianças da educação infantil,[1] com idades entre 3 e 6 anos (Capítulo 10), e para crianças do ensino fundamental,[2] com idades entre 7 e 11 anos (Capítulo 11).

Existem vínculos entre as informações fundamentais apresentadas na Parte I e sua aplicação, apresentada na Parte II. Os jogos voltados para a educação infantil enfatizam métodos instrucionais que capitalizam a inclinação natural da criança para se envolver em exploração, fantasia e faz de conta. Já os jogos do ensino fundamental focalizam métodos instrucionais diretos para reforçar as habilidades motoras fundamentais e incentivar seu uso em situações complexas. Cada jogo reflete princípios básicos de aprendizagem e inúmeros exemplos mostram como podem ser modificados para atender às necessidades específicas dos professores.

Embora forneçamos exemplos de jogos para crianças, consideramos que são protótipos baseados em princípios do desenvolvimento e da aprendizagem da criança. Uma leitura atenta deste livro indica aos professores como eles podem criar e implementar jogos de concepção própria.

As crianças aprendem muito sobre si mesmas e o mundo em que vivem por meio da experiência. Os jogos de atividade física fornecem oportunidades para elas aprenderem a resolver problemas e adquirirem habilidades físicas e mentais que podem ser usadas ao longo da vida. Esta obra mostra aos educadores físicos o caminho para preparar seus alunos a serem bem-sucedidos física, mental e emocionalmente.

[1] N. do T.: *preschool- and kindergarten-age children*, no original.

[2] N. do T.: *elementary school-age children*, no original.

Prefácio

A relação entre atividade física e cognição já está bem estabelecida nas populações adulta e idosa. Em *Melhore a cognição da criança com jogos de atividade física*, os autores Phillip Tomporowski, Bryan McCullick e Caterina Pesce apresentam informações comprovadas que estabelecem o mesmo tipo de relação para as crianças. Neste livro, o conhecimento conjunto dos autores se potencializa; eles fornecem uma síntese de pesquisas básicas sobre o tema, bem como maneiras de aplicá-las e de interpretá-las.

Por trazer informações sobre: os padrões de movimentos da criança e seu desenvolvimento motor; as implicações da atividade física na cognição; como motivar e incentivar a criança a aprender por meio da atividade física; o ensino de jogos cognitivos; a avaliação da criança enquanto joga; além de exemplos específicos de jogos em vários ambientes, este livro vai despertar o interesse de cientistas e não cientistas.

É uma obra de extrema relevância, especialmente para profissionais da área de saúde escolar, professores de Educação Física e profissionais de Saúde Pública que reconhecem o vínculo entre atividade física e aprendizagem. Ainda que vários estudos publicados indiquem a relação entre atividade física e alguns aspectos da aprendizagem (por exemplo, concentração, atenção e tempo para executar tarefas), muitos profissionais dessas áreas não têm fontes de referência confiáveis sobre esse conhecimento, as estratégias práticas e os jogos que podem ser efetivamente implementados no contexto familiar, bem como fora do período escolar e nas escolas. Este livro visa preencher essa lacuna.

Os jogos apresentados são adequados às normas nacionais da SHAPE America [do inglês Society of Health and Physical Educators] para a Educação Física na pré-escola, no ensino fundamental e no ensino médio. São jogos fáceis, de modo que professores que trabalham diferentes competências e capacidades possam implementá-los em diversos ambientes.

Pesquisadores, professores de Educação Física, professores do ensino básico, pais e profissionais da área de saúde pública vão se beneficiar do conteúdo científico acessível. Ao incentivarmos os vários setores da sociedade a ajudar os jovens a se envolver cada vez mais em jogos de atividade física, esperamos um grande avanço no nosso sistema educacional.

Sarah M. Lee
Chefe da Equipe de Aplicação
e Avaliação de Pesquisas
Departamento de Saúde Escolar
Divisão de Saúde Populacional
Centro Nacional para Prevenção de Doenças
Crônicas e Promoção da Saúde

Sumário

Parte I – Atividade física e desenvolvimento mental **17**

1. Entendendo o desenvolvimento mental da criança **19**

Desenvolvimento mental 20
A habilidade e a trajetória do desenvolvimento cognitivo 26
O desenvolvimento infantil de múltiplos pontos de vista 29
Implicações para os educadores 32

2. Como o movimento influencia o desenvolvimento mental da criança **33**

A atividade física da criança 34
Atividade física em ambientes naturais, educacionais e recreativos 36
Como a atividade física e os exercícios melhoram a cognição da criança 40
Explicações contemporâneas dos benefícios mentais da atividade física 44
Implicações para os educadores 46

3. Como os jogos de movimento ajudam a criança a pensar e a aprender **49**

Aprendizagem 49
O que influencia a forma da curva de aprendizagem? 56
A energia mental e a aprendizagem da criança 58
Tarefas desenvolvimentais e aptidão para aprender 61
Implicações para os educadores 64

4. Como motivar a criança a aprender por meio do jogo **67**

A motivação para jogar 68
Os desafios e o desenvolvimento da criança 74
Criando um ambiente motivacional para a aprendizagem e a diversão 76
Implicações para os educadores 83

Parte II – Da pesquisa à prática **85**

5. Investindo na atividade física em prol da saúde física e mental da criança **87**

Como os movimentos criam mapas mentais 88
A inatividade na infância e o comportamento sedentário 92
Tendências mundiais em aptidão física e coordenação motora infantil 93
Tendências mundiais em obesidade e saúde infantil 94
A saúde mental da criança e do adolescente 96
Implicações para os educadores 100

6. Como envolver a criança em uma aprendizagem lúdica **101**

O envolvimento mental da criança 101
Os três princípios do envolvimento mental 103
Descoberta 106
Como ensinar o envolvimento 107
Implicações para os educadores 109

7. Ensinar jogos de atividade física para o engajamento cognitivo **111**

Quem são os professores de atividade física? 112
Habilidades necessárias aos professores de atividade física 114
A escolha da abordagem de ensino 119
Como tornar os métodos de ensino eficientes 124
Considerações sobre a implementação de programas de jogos de atividade física 127
Implicações para os educadores 129

8. Como avaliar a criança enquanto ela brinca **131**

O que é uma avaliação e por que fazê-la? 131
Seleção dos indicadores apropriados para o sucesso do programa 134
Indicadores da eficiência do programa 138
Abordagens e fontes de coleta de dados 139
Diferenças individuais, mensuração e desenvolvimento de jogos 144
Implicações para os educadores 148

9. Integrando os jogos de atividade física no lar e na comunidade **151**

Modelos ecológicos 152
Adequação dos jogos de atividade física aos modelos ecológicos 157
Escolas do século XXI 160
Implicações para os educadores 164

Parte III – Criando jogos de atividade física eficientes 167

10. Jogos de atividade física para crianças da educação infantil 169

Como passar das brincadeiras aos jogos 170
Jogos que desafiam as funções executivas 170
Jogos de conexão para crianças da educação infantil segundo os padrões da SHAPE America 171
Jogos que enfatizam a interferência contextual 174
Jogos que enfatizam o controle mental 183
Jogos que enfatizam a descoberta 193
Implicações para os educadores 203

11. Jogos de atividade física para crianças do ensino fundamental 205

Jogos que desafiam as funções executivas 205
Jogos de conexão para crianças do ensino fundamental segundo os padrões da SHAPE America 206
Jogos que enfatizam a interferência contextual 208
Jogos que enfatizam o controle mental 217
Jogos que enfatizam a descoberta 226
Implicações para os educadores 235

Glossário 237

Referências 245

Índice remissivo 253

Sobre os autores 261

Parte I

Atividade física e desenvolvimento mental

A importância da atividade física sobre o desenvolvimento mental infantil foi mencionada por antigos filósofos gregos e reiterada por muitos educadores no decorrer dos últimos 2.500 anos. Foi apenas recentemente, contudo, que o vínculo entre atividade física e desenvolvimento mental se estabeleceu. Novos resultados de pesquisas trazem aos professores maneiras inovadoras de organizar e instruir os alunos que podem influenciar profundamente o modo como a criança pensa e se comporta.

Nesta Parte I, os capítulos de 1 a 4 mostram por que a atividade física é essencial para que a criança alcance uma eficiência máxima do corpo e da mente. Informações procedentes de diferentes áreas explicam como a criança se desenvolve física e mentalmente. Uma avaliação da maneira como a atividade física influencia o desenvolvimento cerebral auxilia os professores de Educação Física a entenderem que adotar tipos específicos de jogos e apresentá-los de modo preciso pode afetar a maneira de pensar e agir da criança.

Esses capítulos explicam, ainda, como a sutil organização das instruções dadas em jogos e atividades físicas aumenta a motivação da criança a ser fisicamente ativa e otimiza seu desenvolvimento mental. Por meio desses capítulos, a Parte I confirma a afirmação de que os professores de Educação Física têm uma posição única para guiar o desenvolvimento físico e mental da criança, de modo a beneficiá-la para o resto da vida.

Capítulo

1

Entendendo o desenvolvimento mental da criança

Sem a necessidade de se mover, não há realmente muita necessidade de ter cérebro. Como exemplo, considere o ciclo de vida de uma espécie muito diferente, embora bem-sucedida em sua evolução: a ascídia.

Essa simples espécie marinha multicelular passa a vida adulta enraizada no fundo do oceano e se alimenta por filtração. Quando chega a hora de se reproduzir, fazem-no por brotamento e soltam larvas. A forma larval pode nadar por um breve período e está equipada com um gânglio parecido com um cérebro que contém cerca de trezentas células. Esse sistema nervoso primitivo recebe informações sensoriais sobre o ambiente circundante por meio de um órgão de equilíbrio, um fragmento de pele rudimentar que serve de pequeno olho, e uma medula espinal primitiva. Tais características permitem que o animal com aparência de girino se mova facilmente no mundo em constante mudança em que ele nada. Ao encontrar um local adequado, a larva enterra a cabeça em uma fenda de sua escolha. Uma vez atada a um objeto estacionário, ela absorve e digere a maior parte do seu cérebro, inclusive a musculatura da cauda, e logo regressa a um estágio adulto bastante primitivo: imóvel e sem um verdadeiro sistema nervoso. Como não precisa mais se mover, permanece nessa posição pelo resto da vida.

A lição aqui é que o desenvolvimento evolucionário do sistema nervoso é exclusivo das criaturas que se movem. Esse sistema é necessário para orquestrar e expressar movimentos ativos e voluntários – uma propriedade biológica conhecida como **motricidade**.

Motricidade: propriedade biológica do sistema nervoso que controla as ações voluntárias.

Para entender como a atividade física da criança ajuda a melhorar a função mental, precisamos saber como as crianças se desenvolvem.

Por milhares de anos, pais e professores observaram as crianças e suas mudanças. Os cientistas vêm estudando sistematicamente as crianças há mais de um século. Muito do que se aprende com psicólogos do desenvolvimento, pediatras, cientistas do exercício e outros especialistas pode ser usado por professores para criar abordagens instrucionais inovadoras, de modo a envolver a criança em jogos relevantes e na resolução de problemas. Os progressos na neurociência e na psicologia da aprendizagem, por exemplo, revelaram importantes elementos sobre o desenvolvimento infantil que não foram totalmente integrados no currículo dos programas de formação de professores.

Algumas dessas informações sustentam a percepção de professores experientes que desenvolveram excelentes métodos instrucionais nos quais os alunos fazem mais do que apenas sentar a uma mesa ou esperar em fila uma oportunidade para participar. Outras informações, que podem parecer ter pouco a ver com técnicas educacionais, são bem menos conhecidas por muitos formadores de professores e, portanto, não são apresentadas a quem está aprendendo a ensinar. Apesar disso, elas explicam como a criança aprende (e, às vezes, não aprende) por meio de sua experiência em sala de aula.

Os formadores de professores reconhecem que o desenvolvimento infantil é um processo holístico que envolve uma interação entre fatores biológicos, cognitivos e sociais moldados pelo ambiente histórico, cultural e familiar único da criança. Bem menos conhecidas por muitos formadores de professores, entretanto, são as condições que, durante o desenvolvimento, influenciam a emergência dos sistemas cerebrais e das redes neuronais, essenciais para a aprendizagem.

Os progressos da tecnologia revelaram como essas experiências ambientais modificam o cérebro. Por exemplo, a ideia segundo a qual o cérebro apresenta um elemento de plasticidade, ou de mutabilidade, emergiu nas últimas décadas.

Embasado nesses fundamentos, este capítulo descreve como a criança se desenvolve mentalmente, em especial nos anos correspondentes à educação infantil e ao ensino fundamental – faixa etária abrangida pelos jogos de atividade física que serão apresentados na Parte III. Acreditamos que as informações aqui transmitidas sobre o desenvolvimento cerebral e as diferenças individuais serão cada vez mais importantes para a próxima geração de professores de Educação Física.

Desenvolvimento mental

A criança se beneficia quando o professor reconhece que seu desenvolvimento mental é resultado de uma mistura de fatores genéticos e ambientais. Dentro dessa ideia, a **maturação** reflete um cronograma de eventos que são geneticamente organizados e pouco influenciados pelos fatores ambientais. Já o **desenvolvimento** reflete mudanças nos processos físicos e mentais que são influenciados pela experiência. Assim, se a genética fornece as estruturas básicas do desenvolvimento cerebral, a maneira como essas estruturas emergem pode ser influenciada pela atividade da criança.

O cérebro emergente da criança

As mudanças biológicas começam no momento da concepção e seguem em ritmo fenomenal durante as duas primeiras décadas da vida. O cérebro, por exemplo, cresce inicialmente em uma velocidade de 250 mil neurônios por minuto e alcança seu complemento total de 100 bilhões no nascimento.

Os neurocientistas do desenvolvimento começaram a traçar a sequência de eventos neurológicos que levam, por fim, ao desenvolvimento do cérebro adulto. No começo do desenvolvimento, algumas células se especializam em neurônios e se movem para determinadas áreas do cérebro em expansão. Assim que chegam aos locais geneticamente codificados, os neurônios começam a desenvolver redes e fortalecem suas conexões. Embora as maiores áreas do cérebro e da medula espinal sejam definidas no nascimento, as redes de células continuam a se formar e a aparecer em vários momentos da infância, da adolescência e, até mesmo, na idade adulta.

Áreas específicas localizadas nas camadas externas do cérebro, o neocórtex (Figura 1.1), são associadas a certas funções; por exemplo, a visão é associada aos lobos occipitais, e a linguagem, aos lobos temporais. Os lobos pré-frontais são de interesse especial dos educadores por estarem vinculados às funções de resolução de problemas, raciocínio e planejamento da criança. O circuito do córtex pré-frontal sofre um dos mais longos períodos de desenvolvimento entre todas as regiões cerebrais, pois demora mais de duas décadas para alcançar a maturidade total.

Maturação: cronograma de eventos relacionados ao crescimento e ao desenvolvimento que são geneticamente organizados e pouco influenciados por fatores ambientais.

Desenvolvimento: mudanças influenciadas por fatores hereditários, pela maturação e pela experiência.

Cognição: qualquer processo que permita ao organismo saber (e estar consciente de) algo.

A mente emergente da criança: uma visão clássica sobre a cognição

O desenvolvimento cognitivo da criança tem fascinado pais e professores há milhares de anos. **Cognição** é um termo geral utilizado para qualquer processo que permite a um organismo saber (e estar consciente de) algo. Abrange a percepção, o raciocínio, a concepção e o julgamento. No cerne da cognição, está a maneira como as pessoas pensam e resolvem problemas.

Uma observação atenta da cognição infantil revela que ela se desenvolve de modo uniforme; isso significa que, com o passar do tempo, todas as crianças mostram mudanças similares na maneira como pensam e resolvem problemas.

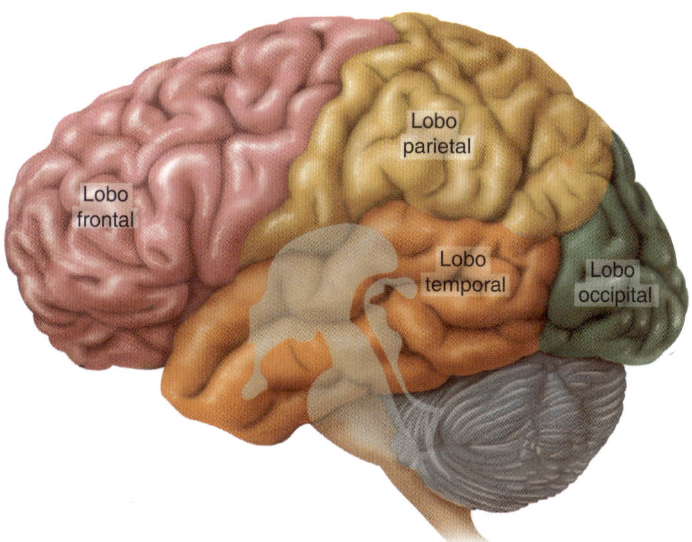

Figura 1.1 – O neocórtex.

O entendimento científico do desenvolvimento progressivo da cognição infantil foi iniciado por Jean Piaget (1896-1980). Em meados do século XX, ele propôs que o desenvolvimento mental da criança, assim como o desenvolvimento físico, é caracterizado por uma progressão de estágios distintos, pelos quais todas as crianças passam antes de alcançarem a maturidade. Sua teoria do desenvolvimento mental infantil serviu de protótipo para muitos educadores e pesquisadores modernos. Formado em zoologia, Piaget acreditava que a tarefa desenvolvimental primária na infância era de adaptação, isto é, aprender a superar desafios.

Os estágios do desenvolvimento cognitivo segundo Piaget

A teoria de Piaget foi baseada em uma observação individual e detalhada de crianças e na maneira como elas resolviam vários tipos de problemas mentais. Ele concluiu que as experiências da criança dirigem seu desenvolvimento e propôs que, ao ser desafiada por novos problemas, a criança é forçada a reorganizar seus pensamentos.

Piaget descreveu uma sequência fixa de quatro estágios de desenvolvimento cognitivo, cada um caracterizado por padrões específicos de pensamento e resolução de problemas:

Estágio 1 - Sensório-motor (de 0 a 2 anos): a teoria de Piaget dá atenção considerável aos dois primeiros anos de vida. O bebê enfrenta vários desafios desenvolvimentais. Algo crucial para o estágio sensório-motor do desenvolvimento cognitivo é a construção de relações entre as ações da criança, quase exclusivamente na forma de movimentos motores, e as experiências sensoriais internas que resultam dessas ações.

Fazer movimentos físicos e repeti-los ocupa a maior parte do dia da criança. Esses movimentos, inicialmente, são reflexos, mas, por meio da prática, a criança começa a entender os efeitos que eles exercem sobre o ambiente e passa a executá-los de forma voluntária.

Padrões de ação comportamental e mental abrem caminho para comportamentos de brincadeira, por meio dos quais a criança desenvolve os conceitos rudimentares de causalidade, de orientação espacial e de permanência de objetos. A maturação e o refinamento das habilidades locomotoras proporcionam ainda mais oportunidades para a criança conhecer e experimentar o mundo. Além disso, a capacidade de raciocínio inteligente a impulsiona rapidamente para o próximo estágio de desenvolvimento cognitivo.

Estágio 2 - Pré-operatório (de 2 a 7 anos): as operações mentais refletem a capacidade de organizar e reorganizar o conhecimento. A criança no estágio pré-operatório de desenvolvimento é capaz de representar mentalmente objetos que não estão fisicamente presentes e pode imaginar qualquer tipo de coisa. Ela costuma utilizar o **pensamento animista**, que consiste em conferir características humanas a objetos físicos inanimados. O ursinho de pelúcia predileto da criança, por exemplo, para ela, está realmente vivo. Contudo, mesmo que a criança tenha a capacidade de imaginar a existência de objetos, ela ainda deve adquirir a capacidade de entender que os objetos podem mudar de aparência e, mesmo assim, manter ou conservar seus atributos básicos. Esse processo mental, denominado **conservação**, surge quando a criança entende que um objeto permanece igual mesmo que sua forma mude (por exemplo, uma boa de gude rolando dentro de um tubo).

É verdade, também, que a criança nessa faixa etária tende a ser **egocêntrica**, ou seja, é frequentemente incapaz de ver os eventos da perspectiva de outras pessoas. Nesse estágio, a criança tem apenas uma perspectiva: a própria. Porém, a linguagem, os jogos e as interações sociais, fornecem experiências que a obrigam a abandonar seu ponto de vista autocentrado e se mover para o próximo estágio de desenvolvimento cognitivo.

Estágio 3 - operatório concreto (de 7 a 11 anos): o estágio operatório concreto é caracterizado pela manifestação das habilidades de raciocínio lógico. Crianças nesse estágio empregam as habilidades de raciocínio para entender o mundo em que vivem. Elas se tornam cada vez mais conscientes das regras que regem a natureza e a própria vida.

Estágio 4 - operatório formal (dos 11 anos em diante): o último estágio da teoria de Piaget é caracterizado pela capacidade de executar o tipo de resolução de problemas lógicos desenvolvidos por cientistas. A **lógica dedutiva** avançada, em particular, é a capacidade de gerar e testar hipóteses sobre eventos. Essa forma de raciocínio requer a capacidade de desenvolver e manipular o conhecimento de forma simbólica. As habilidades cognitivas recém-desenvolvidas fornecem a oportunidade de ver relações entre eventos ambientais ou objetos que parecem, à primeira vista, ter pouco em comum. A capacidade de usar operações mentais para manipular o conhecimento permite, também, que a criança veja o mundo de diferentes perspectivas e pontos de vista (Tomporowski, 2003b, p. 190-1).

O pensamento animista é o sinal de que a criança tem uma quantidade saudável de criatividade.

O "empurra e puxa" da aprendizagem: assimilação e acomodação

Por muitas décadas, Piaget desenvolveu uma teoria do desenvolvimento cognitivo que explicava o pensamento da criança como uma maneira de se adaptar às demandas ambientais. Ele argumentava que dois processos opostos "empurram e puxam" a criança de um nível de entendimento da maneira como o mundo funciona para o próximo nível de entendimento. Um deles é o processo de **assimilação**, o qual reflete a concepção que a criança tem do mundo em determinado momento. Trata-se de um processo que leva a criança a estabelecer um equilíbrio, um balanço, entre o seu mundo físico e o mental. O outro é a **acomodação**, que consiste na tentativa de a criança modificar o que sabe, de modo que corresponda ao mundo real.

O mundo da criança não é estático; ele muda constantemente. Um mundo em transformação fornece novas experiências e novas informações, que devem ser incorporadas em um conhecimento previamente adquirido e organizadas segundo padrões, ou esquemas, que combinem com o mundo como ele é. Os **esquemas**, segundo Piaget, aparecem como resultado dos processos de assimilação e de acomodação. São regras conceituais que a criança utiliza para conectar modos já aprendidos de ver o mundo com novas maneiras possíveis de vê-lo. As dinâmicas contínuas do mundo real criam um **desequilíbrio**, ou assimetria, que obriga a criança a reorganizar e a reestruturar sua percepção da natureza.

Em resumo, a assimilação e a acomodação empurram e puxam simultaneamente os esquemas cognitivos da criança em relação ao mundo. Assim, para Piaget, a infância é caracterizada por uma atividade mental constante voltada para a reestruturação e a modificação da maneira como a criança vê seu lugar na natureza.

Fundamentado nessas ideias, Piaget sugeriu que as experiências da criança, mais que a maturação, são a chave para o desenvolvimento cognitivo. Somente quando confrontada aos desafios impostos pelo mundo real é que a criança percebe um desequilíbrio e entra em um estado de tensão que a motiva a recuperar o equilíbrio por meio da reorganização dos pensamentos. Os processos de reorganização mental que ocorrem quando a criança tenta obter um senso de equilíbrio a empurram para níveis mais complexos de organização cognitiva. Os adultos podem sentir uma tensão cognitiva semelhante ao enfrentarem difíceis desafios mentais. A persistência e o esforço mental podem levar ao sucesso, à diminuição da tensão e à sensação agradável de que tudo se encaixa. Isso se chama **equilíbrio**, um estado estável ou balanceado entre forças opostas.

Os próximos capítulos revelam que as opiniões dos teóricos contemporâneos não discordam das expressadas por Piaget há muitas décadas. Cada estágio da teoria de Piaget é caracterizado por padrões de pensamento sobre a natureza e o modo como eles funcionam, que muda em termos de complexidade. O movimento de um estágio para o seguinte é descontínuo. Desse modo, o desenvolvimento cognitivo da criança permite que ela veja a natureza de modo qualitativamente diferente em relação ao estágio anterior. A transição de um estágio de desenvolvimento cognitivo para o próximo também depende muito das experiências da criança. As experiências de resolução de problemas, por exemplo, levam-na a procurar maneiras novas e mais complexas de entender e se adaptar ao mundo. Piaget acreditava que o avanço acontece quando a criança tenta comparar o que sabe com o que está vivenciando naquele momento.

Pensamento animista: consiste em conferir características humanas a objetos físicos e inanimados.

Conservação: entendimento de que a quantidade ou a área de um objeto permanece igual, mesmo quando sua forma é alterada.

Egocêntrica: característica da pessoa (no caso, da criança) que é incapaz de ver eventos da perspectiva de outras pessoas.

Lógica dedutiva: capacidade de gerar e testar hipóteses sobre eventos.

Assimilação: processo que leva a criança a estabelecer um equilíbrio entre o seu mundo físico e o mental.

Acomodação: processo pelo qual a criança tenta modificar o que sabe para que corresponda ao mundo real.

Esquemas: regras conceituais que a criança utiliza para conectar modos já aprendidos de ver o mundo com novas maneiras possíveis de vê-lo.

Desequilíbrio: sensação que obriga a criança a reorganizar e a reestruturar sua percepção da natureza.

Equilíbrio: estado estável ou balanceado entre forças opostas.

Função executiva: capacidade de pensar antes de agir, de reter e de manipular informações, e de refletir sobre as possíveis consequências de ações específicas e comportamento autorregulado.

Inibição de resposta: capacidade de reter ações ou de modificar comportamentos contínuos.

A visão de Piaget sobre o desenvolvimento desencadeou um debate considerável entre os pesquisadores dessa área, debate esse que ainda não acabou. Embora nem todas as hipóteses de Piaget tenham sido comprovadas, sua teoria do desenvolvimento cognitivo é considerada clássica por muitos pesquisadores contemporâneos. Além disso, sua abordagem para observar as crianças individualmente e o modo como elas realizam tarefas mentais específicas é semelhante à abordagem que muitos educadores usam para avaliar o desempenho dos estudantes nas salas de aula e para desenvolver intervenções de ensino.

A mente emergente da criança: visões contemporâneas

As visões modernas sobre o desenvolvimento mental infantil foram muito influenciadas pelos progressos nos estudos neuropsicológicos do cérebro e pelas pesquisas de base laboratorial. Como descrito anteriormente, a cognição é um termo geral que reflete uma série de processos mentais relativamente separados. Hoje em dia, muitos pesquisadores focam um dos aspectos da cognição, as chamadas **funções executivas**, que consistem em algumas capacidades: a de pensar antes de agir, a de reter e de manipular as informações, a de refletir sobre as possíveis consequências de ações específicas e a de autorregular o comportamento. A maior parte dos pesquisadores acredita que existam três funções executivas centrais (Diamond, 2013):

- A **inibição de resposta** é a capacidade de inibir ações e modificar comportamentos usuais. A criança que age antes de pensar costuma cometer erros (por exemplo, um garoto que pega um biscoito quente, que acaba de sair do forno). O sucesso na escola e na vida depende da capacidade de esperar e de pensar nas consequências antes de agir. O pensamento adaptativo se reflete na conscientização de que o fato de inibir as ações pode trazer benefícios em longo prazo. O jogo "O Mestre Mandou", por exemplo, aciona o desenvolvimento da inibição de resposta na criança.
- A **memória operacional** é a capacidade de reter e manipular informações com consciência. A criança enfrenta situações que exigem que ela participe e se lembre do que está vivenciando para resolver problemas e planejar ações. Os problemas matemáticos, por exemplo, acionam a memória operacional da criança, porque exigem que ela se lembre das etapas necessárias para obter a resposta correta.
- O **redirecionamento mental** é a capacidade de reconhecer mudanças em condições que exigem uma nova estratégia ou um comportamento diferente. Jogos de bola que exigem que a criança mude rapidamente do ataque para a defesa demandam flexibilidade mental, uma característica do redirecionamento mental.

As funções executivas da criança se desenvolvem rapidamente durante os anos correspondentes à educação infantil e ao ensino fundamental, e aparecem de forma contínua, mas em ritmo mais lento, durante a adolescência e o começo da idade adulta. Assim como os estágios de desenvolvimento cognitivo descritos por Piaget, as três funções executivas centrais se ativam em diferentes momentos, para ajudar a criança em desenvolvimento a superar desafios. A inibição de resposta é a primeira função executiva a se desenvolver e pode ser vista em comportamentos de bebês e de crianças da educação infantil; já as funções executivas de memória operacional e de redirecionamento mental aparecem depois e têm papéis cada vez mais importantes no comportamento da criança durante os anos do ensino fundamental. As melhorias no planejamento e no pensamento estratégico, que dependem de funções executivas centrais, foram vinculadas ao desenvolvimento de redes neuronais nos lobos pré-frontais e suas conexões a estruturas nas profundezas do cérebro.

Um elemento-chave do crescimento cerebral é a atividade física e mental, que favorece a conexão e o fortalecimento das conexões neurais (Curlik e Shors, 2012). Durante o desenvolvimento cerebral, uma onda inicial de produção maciça de neurônios é seguida por um período de morte neuronal. Esse processo, conhecido como poda, leva à erradicação de neurônios que falham ao fazer conexões sinápticas.

Os neurônios se comunicam entre si por meio de substâncias transmissoras que circulam de um neurônio para o próximo em conexões chamadas sinapses. Aqueles neurônios que fazem conexão com outras células vivem e fazem parte da rede, ao passo que os que falham na conexão morrem. As experiências pelas quais a criança passa durante períodos de expansão neural e de contração ajudam a selecionar os neurônios vivos.

A expansão neural inicial que cria as redes neurais importantes para os processos de inibição pode ser influenciada por jogos de atividade física que desafiam a capacidade da criança de inibir uma resposta em prol de outra. A expansão neural seguinte, que cria as redes para a memória operacional e o redirecionamento mental, também pode ser influenciada por experiências de aprendizagem que desafiam a capacidade de a criança manter informações de modo consciente, planificar ações e mudar de estratégia.

Contudo, o impacto dos jogos de atividade física sobre o desenvolvimento das redes cerebrais não é tão simples quanto descrito aqui. Na realidade, não é possível identificar jogos que desafiem uma função executiva específica, porque as funções são correlacionadas. Muito provavelmente, todas as funções executivas centrais são afetadas por jogos e experiências que desafiam a capacidade da criança de inibir comportamentos quando necessário, de pensar sobre problemas e de planejar ações antes de agir, bem como de apresentar flexibilidade mental e capacidade de mudar de estratégia quando preciso.

Jogos e experiências de atividade física podem ser planejados e estruturados de modo a promover o desenvolvimento de cada aspecto das funções executivas. Os jogos apresentados na Parte III deste livro foram formulados especialmente para desenvolver as funções executivas da criança. São jogos que desafiam suas habilidades de resolução de problemas e de tomadas de decisão, enfatizando soluções criativas para condições inovadoras.

Por que participar desses jogos de resolução de problemas é importante? As evidências sugerem que, ao desenvolver habilidades baseadas nas funções executivas, a criança pode aplicá-las em uma ampla variedade de condições reais, inclusive em muitas áreas acadêmicas (por exemplo, matemática, ciências, leitura).

Memória operacional: capacidade de reter e manipular informações de modo consciente.

Redirecionamento mental: capacidade de reconhecer mudanças em condições que exigem uma nova estratégia ou um comportamento diferente.

Habilidade: aptidão para usar o conhecimento de modo efetivo e imediato na execução de uma tarefa.

Capacidades: atributos físicos e mentais geneticamente relacionados que determinam quão bem e rápido determinadas habilidades podem ser aprendidas.

É importante lembrar que as mudanças relacionadas à idade no cérebro em desenvolvimento foram descritas aqui em termos de desenvolvimento típico ou normal. De fato, as crianças apresentam grandes diferenças em termos de crescimento cerebral e de desenvolvimento físico. O surgimento da estrutura cerebral e as mudanças em suas funções não explicam todos os comportamentos.

Os pesquisadores concordam que não existe uma relação personalizada entre a estrutura cerebral e o comportamento. Estudos sobre pessoas com transtornos do desenvolvimento, deficiências neurológicas e danos cerebrais mostram padrões de organização cerebral que podem ser bem diferentes do comum e, mesmo assim, essas pessoas se comportam de modo bastante normal. Embora nosso conhecimento sobre o desenvolvimento cerebral tenha aumentado muito nas últimas duas décadas, ainda há muito a aprender sobre a relação cérebro-cognição-comportamento.

Os jogos de resolução de problemas desenvolvem funções executivas que podem ajudar a criança no decorrer da vida escolar.

A habilidade e a trajetória do desenvolvimento cognitivo

A **habilidade** é a aptidão para utilizar o conhecimento de modo eficiente e imediato na execução de uma tarefa. Quase todos aprendem habilidades motoras (amarrar cadarços), cognitivas (jogar xadrez) e psicomotoras (andar de bicicleta).

As habilidades diferem das **capacidades**, atributos físicos e mentais geneticamente relacionados que determinam quão bem e rápido determinadas habilidades podem ser aprendidas. Por exemplo, uma criança pode ter uma visão excepcional, o que a ajuda a seguir o percurso de uma bola e apanhá-la. Outra pode ter força muscular excepcional e pular mais alto que outras crianças ao jogar basquete. No entanto, apenas ter visão ou força excepcional não faz da criança uma boa apanhadora no *baseball* ou jogadora de basquete.

Uma característica das habilidades é que elas são aprendidas com a prática. Esse aprendizado ocorre de forma mais rápida e nos níveis máximos quando os professores fornecem ambientes, instruções, orientações e comentários apropriados para a aprendizagem.

Os próximos capítulos vão aprofundar as habilidades e descrever como elas são aprendidas. Por enquanto, é importante entender que as habilidades cognitivas que a criança aprende a ajudam a aprimorar suas capacidades mentais e a moldar a direção de seu desenvolvimento cognitivo.

Os componentes centrais das funções executivas – inibição de resposta, memória operacional e redirecionamento mental – aparecem em diferentes pontos do desenvolvimento cerebral. Considera-se que as capacidades mentais de aprendizagem que dependem dessas funções executivas podem alterar a conectividade das redes cerebrais e seu controle do corpo.

A noção de que as experiências da criança podem influenciar o curso do seu desenvolvimento físico e mental foi levantada e discutida durante muitas décadas. A maior parte das discussões e pesquisas se concentra nas noções de períodos críticos e ambiente enriquecedor.

Períodos críticos

Mesmo para o observador ocasional, fica claro que os primeiros anos de vida são caracterizados por incríveis mudanças físicas e mentais. Entre essas mudanças, a aquisição de muitas habilidades parece ocorrer quase sem esforço consciente. O desenvolvimento da fala, por exemplo, começa lentamente por volta do segundo ano e, então, acelera rapidamente. A partir daí, a criança pode aprender várias línguas e ter o controle dos músculos do rosto e da boca necessários para falar uma segunda língua com desempenho equiparável ao de um nativo por volta dos 10 anos de idade. Porém, a criança que tenta aprender uma segunda língua após os 14 anos, aproximadamente, parece ter mais dificuldade. Em casos extremos de falta de oportunidade para desenvolver linguagem, a criança pode nunca adquirir a habilidade de se comunicar oralmente. Esse tipo de observação possibilitou que se formulasse a hipótese de que existem períodos críticos para o desenvolvimento de determinadas habilidades, que estão relacionados a experiências.

Os **períodos críticos** são momentos propícios para o surgimento de processos e comportamentos desenvolvimentais específicos. No entanto, eles só surgem quando a criança vivencia alguns eventos ou condições específicas. O conceito de período crítico sugere que os processos de amadurecimento podem ser influenciados de modo acentuado, positiva ou negativamente, pela presença ou ausência de eventos particulares.

O primeiro apoio científico ao importante papel da atividade física no desenvolvimento das redes cerebrais para funções mentais adaptativas remete aos clássicos estudos do movimento corporal e da visão feitos por Held e Hein (Held, 1965). Suas experiências foram conduzidas em laboratório com gatos recém-nascidos cujos olhos ainda não estavam abertos. Enquanto os gatos não dispunham da visão, ou seja, antes de os olhos se abrirem, as redes cerebrais críticas necessárias para receber e interpretar as informações visuais estavam se formando. Quando os olhos se abriram, alguns gatos foram colocados em uma condição na qual caminhavam ativamente em um corredor com paredes de cores diferentes. Outros foram postos individualmente em uma plataforma que os carregava de modo passivo pelo mesmo corredor, o que significa que eles não andavam. Embora todos os gatos estivessem sido expostos às mesmas experiências visuais, a organização neural e as funções visuais divergiam. Em suma, o ato de andar (ou de não andar) proporcionou mudanças nas vias neurais do cérebro dos gatos.

Outros estudos defendem a existência de períodos críticos mais claramente durante o desenvolvimento neonatal, quando o circuito de redes cerebrais está em vias de ser estabelecido, pouco antes e logo depois do nascimento. Sob certas condições, o cérebro parece ter apenas uma chance de desenvolvimento normal. Se ele não for estimulado de modo específico em determinado ponto da sequência do desenvolvimento, as estruturas que estão se desenvolvendo serão permanentemente afetadas. Mesmo que a experiência ambiental necessária ocorra em algum momento posterior no desenvolvimento, as redes cerebrais serão atípicas.

Embora sejam fortes as evidências de períodos críticos durante o desenvolvimento de processos sensoriais básicos, como a visão, debate-se até que ponto o conceito pode ser aplicado para o desenvolvimento cognitivo de nível mais elevado, durante a infância e a adolescência. Considera-se que o desenvolvimento cognitivo continua durante décadas após o nascimento, e que o progresso mental da criança é contínuo, em vez de "tudo ou nada". Com base nisso, alguns pesquisadores propuseram um **período sensível** alternativo, em que a criança é particularmente receptiva a certas experiências ambientais.

Ambiente enriquecedor

O desenvolvimento normal do cérebro depende de fatores genéticos e ambientais. Evidências significativas indicam que, por um lado, a falta de contato parental adequado, de orientação e de suporte em um ponto particular do desenvolvimento pode resultar em um desenvolvimento atípico que, por sua vez, pode dificultar a trajetória de progresso da criança ao longo da vida. Por outro lado, é possível que tipos específicos de experiências melhorem o desenvolvimento cerebral da criança e acelerem essa trajetória?

A noção de que um **ambiente enriquecedor** precoce, definido como qualquer situação ou condição que maximize ou melhore o desenvolvimento das habilidades de uma pessoa, pode afetar a aprendizagem chamou a atenção de muitos pais que querem acelerar os progressos acadêmicos e esportivos dos seus filhos. Surgiu todo um mercado de produtos destinados a enriquecer o ambiente da criança (no sentido de proporcionar uma série de experiências) e, assim, promover o seu desenvolvimento mental e físico. De fato, alguns pais chegaram ao ponto de expor os filhos a programas de música e de linguagem quando ainda estavam no útero da mãe para acelerar a aprendizagem. Muitos também levam os filhos pequenos a praticarem esporte no intuito de promover o desenvolvimento de suas habilidades.

Embora existam inúmeros produtos de enriquecimento ambiental e programas de treinamento, poucos foram testados para verificar seu impacto sobre o desenvolvimento mental ou físico. Consequentemente, os benefícios dos programas de enriquecimento são baseados sobretudo em testemunhos. Considerando a premissa de que os jogos de atividade física que descreveremos nos próximos capítulos podem melhorar o desenvolvimento da cognição da criança, é importante entender por que a atividade física (que é apenas um entre vários programas de enriquecimento possíveis) é única.

Períodos críticos: momentos propícios para o surgimento de processos e comportamentos desenvolvimentais específicos.

Período sensível: período em que a criança é particularmente receptiva a certas experiências ambientais.

Ambiente enriquecedor: qualquer situação ou condição que maximize ou melhore o desenvolvimento das habilidades de uma pessoa.

Generalização: transferência da aprendizagem de uma tarefa ou situação para outras tarefas ou situações.

Mnemônica: estratégia para melhorar a memória e lembrar informações.

Hipótese de reserva neurogênica: enuncia que combinar atividade física e envolvimento cognitivo é especialmente importante no começo da vida, porque a reserva fornece recursos para a vida futura.

Esses programas de enriquecimento para crianças são considerados eficientes quando respondem a dois critérios básicos. Primeiro, os efeitos da intervenção devem ser relativamente duradouros. Deve-se determinar se as mudanças produzidas por uma intervenção são temporárias ou relativamente permanentes. Muitos fatores podem mudar temporariamente o comportamento (como drogas). Os remédios estimulantes, por exemplo, podem aumentar a atenção da criança; porém, os efeitos desaparecem quando eles são metabolizados. Muitos programas de enriquecimento afetam o comportamento simplesmente porque são novos, e as pessoas esperam que funcionem. Esperar algo como fator de alteração do comportamento é algo bastante documentado. No entanto, a motivação que alimenta essa espera é de curta duração e diminui no decorrer do tempo. Se os jogos de atividade física enriquecem verdadeiramente a cognição, os efeitos dos jogos realizados na educação infantil deveriam influenciar comportamentos no ensino fundamental e, talvez, na idade adulta.

Em segundo lugar, a melhora na capacidade cognitiva utilizada para resolver problemas durante a intervenção deve se generalizar e ser usada para resolver outros tipos de problemas. A **generalização** é a transferência da aprendizagem de uma tarefa ou de uma situação para outras tarefas ou situações. O movimento aprendido em um jogo facilita a aprendizagem e o desempenho em outro; por exemplo, o jogo "queimada", tradicionalmente trabalhado em aulas de Educação Física, traz elementos como o arremesso, o salto para o arremesso e a finta, que podem ser aplicados na modalidade handebol.

Métodos de melhora do desempenho humano vêm sendo usados há milhares de anos. A capacidade da memória dos oradores na Grécia antiga, por exemplo, foi melhorada pelo uso da **mnemônica**, técnica que é uma estratégia para lembrar informações. Por exemplo, o fato de vincular palavras com imagens mentais ajuda os atores a aprender suas falas. A capacidade da memória de adultos e crianças também pode ser bastante aprimorada pela prática de métodos mnemônicos.

Embora a melhora do desempenho, observada após o treino e a prática, seja impressionante, será que ela promove mudanças nas habilidades cognitivas que podem ser usadas em outras situações? Essa questão é crucial para qualquer intervenção de enriquecimento. O fato é que as intervenções de treinamento da memória mnemônica fracassam quando se trata de demonstrar uma generalização. A melhora na memória é restrita a tipos específicos de informações – um "perito" em memória pode ser melhor em lembrar nomes de pessoas, mas apenas médio em lembrar itens de uma lista de compras. Se os jogos de atividade física enriquecem realmente a cognição, a criança deve ser capaz de usar o que aprendeu sobre a resolução de problemas durante os jogos e utilizar esse conhecimento para resolver problemas na sala de aula e fora da escola.

Recentes avaliações gerais dos programas de enriquecimento para adultos idosos notam que a maioria não promove mudanças em longo prazo das habilidades cognitivas nem se aplicam a todas as condições (Hertzog *et al.*, 2009). Contudo, as intervenções que mostram as maiores evidências de melhora da cognição são aquelas que envolvem exercícios físicos e as que fornecem experiências estruturadas em jogos que requerem a utilização das funções executivas centrais – inibição de resposta, memória operacional e redirecionamento mental. Embora a avaliação de Hertzog *et al.* (2009) tenha se concentrado na manutenção das funções mentais nos adultos idosos, as conclusões apresentadas são aplicáveis à cognição ao longo da vida e, especificamente, à importância da atividade física durante a infância.

Vários pesquisadores tentaram explicar por que, entre todas as intervenções, os exercícios físicos apresentam os maiores benefícios para as funções mentais. Estudos conduzidos com animais fornecem evidências de que exercícios físicos aumentam o número de neurônios em áreas cerebrais cruciais para a aprendizagem. Levanta-se a hipótese de que, quando conduzidos sob condições mentalmente desafiadoras, esses exercícios conduzem a "reserva neurogênica", que permite às pessoas responderem de forma adaptativa a desafios reais (Kempermann, 2008). Tal hipótese, conhecida como **hipótese da reserva neurogênica**, enuncia que combinar atividade física e envolvimento cognitivo é especialmente importante no começo da vida, uma vez que a reserva fornece recursos para a vida futura. Como propôs Kempermann (2008, p. 167),

> [...] muitas variedades de atividade física no começo da vida não só ajudariam a construir uma rede hipocampal altamente otimizada e adaptada a uma vida complexa... [mas] também contribuiriam para a reserva neurogênica ao manter células precursoras em ciclo.

Isso sugere que o que ocorre com o cérebro durante a infância pode influenciar bastante a capacidade de aprender, fazer boas escolhas e alcançar metas ao longo da vida.

Alguns estudos que proporcionam evidências da singularidade dos programas enriquecedores de atividade física serão analisados no Capítulo 2. Por ora, é importante reconhecer que o assunto da atividade física da criança e seus efeitos sobre o sucesso acadêmico e as funções mentais atraiu o interesse de educadores, pais, médicos e, mais recentemente, dirigentes políticos. Em um futuro próximo, os professores de Educação Física podem ser chamados para ir além das aulas planejadas para ensinar habilidades físicas e desenvolver programas instrucionais planejados para maximizar o desenvolvimento físico, mental e social da criança. Alcançar essa tarefa exigirá que a próxima geração de professores de Educação Física amplie sua área de especialização e reconheça os méritos dos métodos de instrução e treinamento multidisciplinares.

O desenvolvimento infantil de múltiplos pontos de vista

Historicamente, nas universidades, os professores têm se concentrado em áreas de pesquisa específicas – Artes, Ciências, Medicina e História. Essa prática criou campos de conhecimento. A vantagem da especialização é a de que os pesquisadores podem focar extensivamente um assunto. A desvantagem é que as informações tendem a permanecer dentro de um único campo e não estão prontamente disponíveis para pesquisadores de outras áreas. Chamada de "efeito silo", essa tendência teve consequências acentuadas sobre as informações fornecidas aos educadores. Nosso objetivo neste livro é aumentar o diálogo entre os campos acadêmicos e proporcionar um modelo multidisciplinar que possa ser usado para preparar os professores a ter um papel importante nos parâmetros educacionais do século XXI.

Atualmente, pesquisadores de três campos diferentes estudam assuntos de particular relevância para a educação dos professores. Os biólogos tendem a focar as estruturas do corpo relacionadas ao comportamento; os cientistas cognitivos se debruçam sobre os processos de pensamento e resolução de problemas; e os cientistas sociais, com frequência, enfocam as condições ambientais, culturais e familiares que motivam comportamentos. Ao longo desta obra, informações extraídas desses três campos ajudarão professores e formadores de professores a entenderem as crianças de forma global, em termos de corpo, mente e espírito.

Foto: cortesia de Mammadù Nonprofit Organization. agnes@mammadu.org

As crianças devem brincar como parte de suas atividades físicas! Na foto, as crianças que estão brincando integram uma organização sem fins lucrativos chamada Mammadù, na Namíbia. Essa organização trabalha com cerca de 200 mil crianças que vivem na pobreza na Namíbia, verificando, entre outras coisas, se suas necessidades básicas em alimentos, saúde e higiene são atendidas. Para mais informações sobre o importante trabalho dessa organização e saber como ajudar, acesse a página: www.mammadu.org/no_profit_africa/index.html.

Campo biológico

As respostas fisiológicas dos adultos à atividade física são estudadas há mais de um século, e os processos envolvidos nessas respostas são relativamente bem conhecidos. Já as respostas das crianças a exercícios físicos, até pouco tempo atrás, eram bem menos entendidas; contudo, nas últimas duas décadas, tem-se aprendido muito sobre isso. O entendimento dos fisiologistas especializados em exercícios pediátricos cresceu no que diz respeito às complexas inter-relações entre os sistemas do corpo que controlam o modo de a criança se comportar. Como descrito antes, o progresso da neurociência fornece esclarecimentos no desenvolvimento do cérebro. Ademais, também foram feitos progressos no estudo do desenvolvimento dos sistemas cardiovascular, ósseo, endócrino e muscular. Esse conhecimento começou a revolucionar nosso entendimento de como a criança responde e se adapta a treinamento físico.

Até os anos 1960, entre muitos pediatras e educadores, havia o consenso de que a criança não era capaz de suportar o estresse físico decorrente de exercícios físicos de longa duração, e de que essa prática era perigosa. O fundamento para restringir o nível de atividade física da criança foi uma interpretação equivocada do desenvolvimento cardiovascular infantil. Acreditava-se que a atividade física intensa podia interferir no desenvolvimento dos músculos cardíacos e vasos sanguíneos. Embora se tenha descoberto mais tarde que essas conclusões estavam erradas, muitos membros da comunidade médica continuaram a ser cautelosos ao prescrever uma atividade física vigorosa para crianças. Hoje, elas são incentivadas a ser fisicamente ativas. No entanto, é evidente que a criança não é um adulto pequeno e pode não apreciar as rotinas de exercícios físicos que atraem os adultos. No decorrer do dia, os padrões de atividades para crianças diferem muito daqueles dos adultos. Já que essas diferenças relacionadas à idade podem influenciar a motivação para que a criança seja fisicamente ativa, o tópico sobre programas de atividades físicas apropriadas ao desenvolvimento será apresentado de modo mais detalhado nos próximos capítulos.

Campo cognitivo

Os seres humanos têm a capacidade de pensar, de usar a linguagem, de manipular símbolos para resolver problemas e de planejar o futuro. Os cientistas cognitivos se concentram nesses processos e desenvolveram métodos para estudá-los. Testes psicológicos, como os de inteligência, de desempenho escolar e de resolução de problemas, medem vários processos mentais.

Os psicólogos do desenvolvimento se mostraram extremamente interessados na maneira como a criança aprende e encontraram diferenças entre o processamento mental das crianças e o dos adultos. Talvez a descoberta mais consistente tenha sido a de que a velocidade de processamento da criança pequena é mais lenta do que a da criança maior. Mesmo em simples testes de tempo de reação, as crianças demoram mais para responder do que os adultos. Há inúmeras razões para essa diferença de tempo de resposta relacionada à idade. Uma delas é que a criança pequena tem mais dificuldade do que a mais velha para organizar informações. Ao lidar com problemas complexos, a mais nova tem mais dificuldade para se concentrar nos elementos do problema em relação à maior. Ela também demora mais para analisar elementos individuais de problemas complexos.

Até os 5 ou 6 anos, a criança costuma manifestar exclusividade exagerada, o que a leva a se concentrar em apenas poucos elementos, que podem ou não estar relacionados com a tarefa em execução. Dos 6 aos 12 anos, contudo, a criança tende a considerar elementos relevantes e irrelevantes. É durante esse período que ela se torna mais facilmente distraída na execução de uma tarefa. Globalmente, as diferenças desenvolvimentais na organização e no armazenamento de informações sugerem que os programas de atividade física devem ser ajustados para se adequar às capacidades cognitivas da criança.

Campo socioafetivo

A motivação e a emoção têm papel importante no desenvolvimento da criança. A atividade humana é dinâmica; é mais do que uma série de ações comportamentais. Reflete uma força motriz interna que leva as pessoas a se moverem.

Muitas atividades humanas têm finalidade, isto é, há um propósito para o comportamento. Algumas forças motivacionais têm base biológica, como a fome e a sede; outras são aprendidas, como a fama e a recompensa financeira; e outras, ainda, são vinculadas a experiências emocionais, como o jogo, o desafio ou a alegria.

Os cientistas sociais estão interessados em explicar não apenas como o corpo humano funciona, mas, também, por que nos comportarmos de determinada maneira. Certas crianças, embora mostrem muita vontade de jogar, acabam se desmotivando por não superarem dificuldades. É crucial para a pesquisa em ciências sociais desenvolver métodos para entender como as crianças desenvolvem determinação para se dedicarem a uma determinada tarefa. Sua vontade de agir e de mostrar garra é fundamental para o desenvolvimento da inteligência no mundo real.

Há hipóteses de que, no começo da vida, a criança possui um senso inato para controlar seu mundo. No jogo, a criança procura problemas a serem resolvidos e, assim, adquire as habilidades necessárias para o sucesso. As crianças são curiosas e se deixam atrair por jogos que envolvem desafios e problemas a resolver. De fato, a criança pode se envolver tanto nos jogos que eles acabam dominando suas atividades diárias. A popularidade dos *videogames* fornece um exemplo claro do vínculo entre o envolvimento total e o prazer. Os jogos de atividade física também podem propor à criança desafios e recompensas iguais aos dos *videogames*. Os próximos capítulos apresentarão métodos instrucionais que tratam da motivação interna inata da criança.

As crianças são motivadas a satisfazerem suas necessidades. A **motivação** é um estado psicológico ou uma disposição fisiológica que estimula o comportamento. A **necessidade** é o objeto da motivação; pode ser um objeto específico (por exemplo, comida, água, dinheiro), um evento (por exemplo, elogio), ou um estado psicológico (por exemplo, bem-estar, felicidade) que uma pessoa deseja. Os cientistas sociais estão particularmente interessados na interação entre as crianças, suas famílias e a sociedade, e como essa relação dinâmica lhes permite satisfazer suas necessidades.

Abraham Maslow (1908-1970) desenvolveu uma influente teoria inicial da motivação baseada no preenchimento das necessidades, comumente referida como "a hierarquia de necessidades de Maslow". Ele sugeriu que todos somos naturalmente motivados a nos tornarmos autorrealizados, isto é, o melhor que podemos ser. A **autorrealização** é um estado psicológico experimentado quando atingimos o pleno potencial, o crescimento pessoal e a satisfação criativa. Contudo, esse estado é alcançado somente após satisfazermos uma série de necessidades organizadas em hierarquia.

A teoria da **hierarquia de necessidades** de Maslow considera que as necessidades básicas devem ser satisfeitas antes que possamos progredir rumo à autorrealização. Todos os seres humanos são motivados a responderem às necessidades fisiológicas precisas para a sobrevivência; isto é, alimentos, água, abrigo e roupas. Uma vez preenchidas as nossas necessidades básicas, somos movidos por uma necessidade de segurança – um meio ambiente seguro e estável. Em seguida, procuramos a aceitação social, o amor e o vínculo. Quando todas essas necessidades básicas estão satisfeitas, somos levados a procurar a estima dos outros e a experimentar a autonomia, a competência e a relação. É somente então que começamos a experimentar o estado psicológico de autorrealização, que é caracterizado por sentimentos de paz interna e harmonia.

O desenvolvimento normal no decorrer da infância requer que muitas necessidades, tanto físicas quanto psicológicas, sejam satisfeitas. As crianças que têm as habilidades necessárias são mais aptas a alcançarem suas metas e a satisfazerem suas necessidades. Como consta nos próximos capítulos, a convicção da criança a respeito da própria competência e autossuficiência pode ser melhorada por meio de brincadeiras e jogos. Essa convicção também tem papel central nas motivações para encarar e superar os desafios que a criança enfrenta em um mundo social complexo.

Progresso interdisciplinar

As crianças se beneficiam dos educadores que são receptivos a métodos interdisciplinares de ensino. Historicamente, os professores de Educação Física definiram seu papel como aqueles que ajudam as crianças a refinarem suas capacidades psicomotoras e a desenvolverem habilidades que podem ser usadas em jogos.

Organizações nacionais dos Estados Unidos, como a SHAPE America [do inglês Society of Health and Physical Educators], destacaram as habilidades requeridas para a profissão. Essas habilidades são importantes porque ajudam os educadores a prepararem as crianças para se envolverem em atividades esportivas e recreativas ao longo da vida. No entanto, os professores de Educação Física têm potencial para influenciar as crianças de modo mais amplo. Hoje, eles estão em uma posição única para desenvolver intervenções que melhorem a saúde física da criança, ajudando-a a evitar escolhas negativas de estilo de vida e a melhorar sua inteligência no mundo real. Como já mencionado, uma das metas deste livro é ajudar os educadores a entenderem como as crianças aprendem em termos da interação dinâmica entre corpo, mente e espírito.

Implicações para os educadores

Esperamos que, a esta altura, esteja bastante claro que, quanto mais professores e especialistas em crianças souberem sobre o desenvolvimento cerebral e a importância das experiências nos primórdios da infância, mais bem equipados eles estarão para promoverem o desenvolvimento infantil.

O estudo do desenvolvimento cerebral típico da concepção até a idade adulta fornece esclarecimentos sobre as inter-relações entre a genética e as experiências que moldam o funcionamento do sistema nervoso central. Progressos recentes na neuropsicologia ajudam a entender as sequências biológicas que se desenrolam a partir da programação biológica e como as trajetórias do crescimento e da organização celular podem se alterar à medida que a criança em desenvolvimento interage e se adapta a um meio ambiente em constante mudança. É claro que as experiências da infância podem influenciar as significativas transformações físicas, mentais e comportamentais que ocorrem do nascimento à infância e à adolescência, até a idade adulta. Experiências podem prejudicar ou promover o desenvolvimento cerebral e alterar o comportamento.

O desafio para pais e educadores é maximizar o desenvolvimento físico e mental da criança. Considerando que, na maior parte do ano, as crianças passam mais de cinco horas por dia com os professores em um ambiente de aprendizagem, não deveria surpreender o quanto eles são fundamentais e o quão essenciais são as informações sobre o desenvolvimento cerebral para um professor que espera melhorar a aprendizagem infantil.

As evidências científicas de que o cérebro se desenvolve por meio de experiências precoces de movimentos e de que o meio ambiente pode ser enriquecido para promover o desenvolvimento cerebral orientaram as descrições dos jogos de movimento apresentados na Parte III deste livro. Esses jogos representam uma forma de enriquecimento ambiental para promover coletivamente o desenvolvimento físico e mental das crianças. Ademais, usamos as evidências científicas sobre as trajetórias de desenvolvimento das funções executivas centrais que ocorrem do nascimento à infância, para proporcionar uma análise profunda do envolvimento dessas funções nos jogos da Parte III. É isso o que torna esses jogos únicos. Eles mostram como os componentes específicos das funções executivas podem ser desafiados em diferentes estágios do desenvolvimento, aplicando-se princípios específicos de aprendizagem.

Motivação: estado psicológico ou disposição fisiológica que estimula o comportamento.

Necessidade: objeto da motivação; pode ser um objeto específico (por exemplo, comida, água, dinheiro), um evento (por exemplo, elogio), ou um estado psicológico (por exemplo, bem-estar, felicidade) que uma pessoa deseja.

Autorrealização: estado psicológico caracterizado pela sensação de paz interior e de harmonia, experimentado quando atingimos o pleno potencial, o crescimento pessoal e a satisfação criativa.

Hierarquia de necessidades: teoria de Maslow que considera que as necessidades básicas devem ser satisfeitas antes que possamos progredir rumo à autorrealização.

© Marzanna Syncerz

Capítulo

2

Como o movimento influencia o desenvolvimento mental da criança

As crianças são cheias de energia. A todo momento, correm, brincam e socializam. A **atividade física** incorpora todas essas ações e muitas outras; é definida como o movimento corporal produzido pela contração de músculos esqueléticos que requer um gasto de energia (Dishman, Heath e Lee, 2012).

Os seres humanos são fisicamente ativos desde a concepção até o fim da vida. Como descrevemos aqui e nos capítulos seguintes, a atividade física fornece a cada um de nós uma maneira de interagir com o nosso mundo, de aprender as consequências de nossas ações e de fazer planos para o futuro.

A maior parte das pessoas tende a usar os termos *atividade física* e *exercícios físicos* indistintamente. No entanto, existem importantes diferenças entre os dois. Os pesquisadores restringem a significação da palavra **exercício** a uma subcategoria da atividade física, que consiste em movimentos corporais planejados, estruturados e repetitivos, executados com a finalidade de melhorar ou manter um ou mais componentes de aptidão física ou saúde (Dishman, Heath e Lee, 2012). Em geral, ao quererem que as crianças sejam fisicamente ativas, os adultos visualizam atividades de treinamento físico descritas em termos de frequência, tempo, intensidade e tipo.

Atividade física: movimento corporal produzido pela contração de músculos esqueléticos que requer um gasto de energia.

Exercício: subcategoria da atividade física. Consiste em movimentos corporais planejados, estruturados e repetitivos, executados com a finalidade de melhorar ou manter um ou mais componentes de aptidão física ou saúde.

Os jogos de atividade física descritos neste livro não pretendem ser executados como exercícios que envolvem regimes de treinamento condicionados a tempo e planejamento. Em vez disso, priorizam os comportamentos que as crianças têm naturalmente, em especial a sua frequente participação em jogos.

Os jogos diferem muito no nível de atividade física requerido para participar. Alguns requerem níveis mínimos de atividade física, ao passo que outros exigem bem mais e podem até melhorar ou manter a aptidão física ou saúde. Realizados nas circunstâncias adequadas, eles fornecem experiências naturais de aprendizagem que têm potencial para promover a saúde física e mental. Nos próximos capítulos, descreveremos como construir ambientes de jogos que deem às crianças oportunidades para explorar e entender o mundo em que vivem e como melhorar a aprendizagem baseada em movimentos.

A noção de que a criança aprende participando de jogos não é nova; vários pesquisadores discutiram longamente os méritos de programas baseados em ações (Kirk e MacPhail, 2002). Uma geração de professores de Educação Física foi apresentada a métodos instrucionais que promovem o desenvolvimento motor da criança e vinculam essas experiências ao desempenho esportivo. Como todos os cientistas, aspiramos a estender o trabalho alheio e a introduzir novas descobertas de pesquisa para maximizar a influência dos professores não só nas habilidades esportivas da criança, mas, também, em sua capacidade cognitiva. As evidências reunidas na última década mostram que as ações da criança podem levar à aquisição de um conhecimento fundamental que está por trás do êxito acadêmico, da resolução de problemas e do "comportamento criterioso" (Diamond e Lee, 2011).

Este capítulo examina como a atividade física executada em contextos naturais, a exemplo das brincadeiras e dos jogos, tem potencial para moldar o desenvolvimento cognitivo. Nele, também apresentamos, de forma sintética, evidências de estudos com foco nas melhoras relacionadas ao exercício da cognição infantil e do desempenho acadêmico. Ao final, discutimos as implicações de manter programas de atividade física na escola e em casa.

A atividade física da criança

Está claro para quase todo mundo que as crianças nascem para serem fisicamente ativas. Parece que o trabalho da criança é, realmente, explorar e se envolver em tudo. Ao longo do dia, a criança típica engatinha, sobe, corre e cai. É para isso que ela é planejada. Como veremos, esses comportamentos ajudam o desenvolvimento não só dos músculos e das capacidades físicas, como também do cérebro e das capacidades mentais.

Padrões de atividades

A atividade física ocorre a vida toda – os seres humanos estão continuamente se movendo. Entretanto, existem várias diferenças importantes entre a atividade da criança e a do adulto. A criança não se move com muita eficiência; gasta mais energia que o adulto para correr e pular. Isso se deve a vários fatores anatômicos: comprimento das pernas, regulação dos músculos que precisam trabalhar juntos para controlar os membros e força muscular (Rowland, 2005). A eficiência dos movimentos melhora ao longo da adolescência e do início da idade adulta à medida que os músculos esqueléticos amadurecem e os movimentos se tornam mais controlados em resultado da aprendizagem das habilidades motoras.

Dadas essas diferenças entre crianças e adultos, não é de surpreender que elas mostrem padrões diferentes de atividade física (Welk, Corbin e Dale, 2000). A criança pequena apresenta altos níveis de atividade em curto prazo. Em um estudo clássico de atividades infantis, Bailey *et al.* (1995) classificaram a intensidade e calcularam a duração da atividade de crianças de 6 a 10 anos. Os dados, colhidos ao longo de um período de 12 horas, revelaram que a atividade física da criança é espontânea e curta. Como mostra a Figura 2.1, a maior parte das atividades de alta intensidade durou apenas de 3 a 9 segundos. Considere que nenhuma das crianças se envolveu em atividades vigorosas por mais de 10 minutos consecutivos. Apenas na adolescência e na idade adulta é que a duração das sessões de atividade física se torna maior.

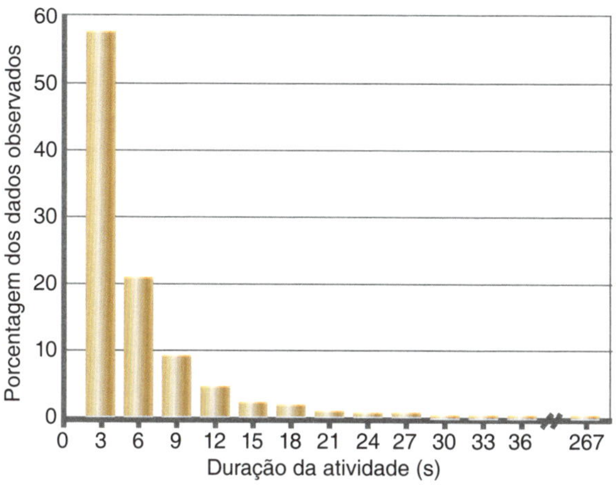

FIGURA 2.1 – Distribuição de atividades de alta intensidade da criança pela duração da atividade em segundos. A duração média foi de 3 segundos, e 95 % das atividades de alta intensidade duraram menos de 15 segundos.

Fonte: adaptado de Bailey *et al.* (1995).

Claramente, as crianças não são pequenos adultos; seus padrões de atividade são orientados tanto por forças desenvolvimentais como pelo ambiente em que vivem. Conforme a escolha e a oportunidade, a maioria das crianças passa o tempo livre subindo, correndo, pulando, nadando e escorregando. Elas raramente escolhem fazer corridas de longa distância, como os adultos poderiam preferir. Já que as atividades físicas em curta duração formam o padrão de movimento natural das crianças, alguns pesquisadores sugerem que elas sejam incentivadas a segui-lo na forma de jogos e de esportes. Práticas diárias que envolvam jogos e esportes, com ênfase em atividades em curto prazo, promovem a saúde óssea, mantêm o desenvolvimento muscular e aumentam os gastos calóricos (Gutin, 2013).

Resposta da criança ao treinamento físico

Lembre-se de que os exercícios são uma subcategoria da atividade física. Eles são definidos como um período de tempo obrigatório em que a pessoa se move de determinado modo para melhorar um ou mais componentes da aptidão física: força muscular ou resistência, flexibilidade e capacidade aeróbia.

A **treinabilidade** reflete o modo como a criança responde a um programa de intervenção com exercícios em vários estágios do crescimento. De modo semelhante à noção de períodos críticos descrita no Capítulo 1, a premissa do treinamento físico é a de que podem haver períodos durante os quais a criança está suscetível aos efeitos benéficos de experiências específicas. Os cientistas em exercícios pediátricos que estudaram de perto o impacto do treinamento físico sobre o corpo da criança em desenvolvimento descobriram que alguns dos seguintes aspectos da aptidão física da criança melhoram com o treinamento (Malina, Bouchard e Bar-Or, 2004, p. 467-8):

- *Capacidade aeróbia*: o treinamento de resistência traz relativamente poucas melhorias na eficiência cardiorrespiratória da criança em comparação à do adulto. O ganho, no melhor dos casos, é de um terço em relação ao do adulto. As mudanças na capacidade aeróbia durante a infância parecem ser guiadas primeiramente pelo amadurecimento e são pouco influenciadas pelos níveis habituais de atividade física. Embora muitos suponham que a criança fisicamente ativa alcança níveis mais altos de capacidade aeróbia, os dados não corroboram essa afirmação. Os níveis de atividade física têm pouca incidência sobre a capacidade aeróbia.
- *Força e resistência muscular*: a criança que participa de programas de treinamento mostra aumento de força; no entanto, o aumento não se deve a mudanças nas fibras musculares. Do mesmo modo que para as mulheres adultas, o ganho em força se explica principalmente pela melhora do controle muscular que surge graças à aprendizagem. Sem hormônios de crescimento específicos, o tamanho da fibra muscular e o tipo de fibra não são alterados pelo treinamento.
- *Tamanho do corpo e estatura*: houve uma época em que muitas pessoas acreditavam que o fato de participar de alguns esportes podia retardar os padrões de crescimento da criança. Todavia, a participação em programas de treinamento físico tem pouca influência na estatura final da criança. A atividade regular não dificulta nem tem impacto negativo na estatura.
- *Tecido esquelético*: a atividade física regular durante a infância afeta o conteúdo mineral ósseo. Essa descoberta é importante porque o nível mineral ósseo estabelecido no começo da vida determina o nível na idade adulta. A atividade física rotineira, o levantamento de peso, em particular, parece ser especialmente importante para estabelecer o nível mineral ósseo.
- *Peso e composição corporal*: os componentes do peso corporal, em particular, a massa gorda, podem ser influenciados pela atividade física regular.

Treinabilidade: expressa como a criança reage a um programa de intervenção com exercícios em vários estágios do crescimento.

É preciso lembrar, porém, que a treinabilidade pode ser influenciada por uma série de condições e depender de múltiplos fatores (por exemplo, idade, sexo, cultura).

Como já mencionado, alguns aspectos da aptidão física da criança podem ser melhorados por meio de programas sistemáticos de treinamento físico. Essas descobertas levaram alguns professores de Educação Física a desenvolverem atividades de treinamento semelhantes àquelas tipicamente usadas por adultos. Programas de treinamento esportivos específicos para crianças tornaram-se populares durante a última década. Acampamentos de treinamento e escolas esportivas focam a adaptação do corpo da criança e o desenvolvimento das habilidades requeridas para altos níveis de desempenho. Lembre-se, no entanto, de que as crianças não são pequenos adultos. Assim, programas de treinamento físico usados por adultos nem sempre correspondem às necessidades desenvolvimentais das crianças. Por essa razão, os professores devem considerar com cuidado as metas de suas intervenções em termos de atividade física. Se a meta for melhorar o desempenho esportivo ou reduzir a obesidade, então, programas especializados de treinamento têm mérito. Entretanto, se o objetivo for melhorar as funções físicas e cognitivas da criança, jogos apropriados ao desenvolvimento podem ser mais adequados.

Atividade física em ambientes naturais, educacionais e recreativos

As brincadeiras, os jogos e os esportes têm papel importante no desenvolvimento típico e na melhora dos processos cognitivos e de socialização da criança. Há muito tempo, os educadores reconheceram que a criança precisa de tempo livre para se movimentar e explorar seu mundo. Em consequência de suas explorações, ela aprende a controlar seus pensamentos e suas ações, que, como mostramos antes, são o alicerce das funções executivas. Fundamentalmente, os maiores ganhos em funções cognitivas são obtidos quando a criança está mentalmente envolvida em brincadeiras, jogos e esportes. Em contrapartida, as atividades que requerem apenas ações repetitivas com envolvimento mental mínimo levam a comportamentos reativos e desatentos que pouco promovem o progresso das funções executivas.

Brincadeiras infantis

A **brincadeira** espontânea, é uma atividade livremente escolhida e intrinsecamente motivadora e prazerosa. A criança pode brincar sozinha (brincadeiras individuais), ao lado de outras crianças, sem tentar influenciar o comportamento alheio (brincadeiras paralelas), ou interagir com as outras (brincadeiras cooperativas).

Durante a brincadeira, a criança se envolve frequentemente em faz de conta e distorções da realidade. Não existem regras externas na brincadeira; a criança constrói suas próprias formas de realidade. Brincar fornece uma oportunidade para exercitar e praticar maneiras de alterar o mundo física e mentalmente. A criança pode construir, desconstruir e reconstruir atividades direcionadas para determinados objetivos. Ao brincar, ela parece estar profundamente envolvida nas ações e esquecida do que ocorre ao redor dela. Quando está absorta em brincadeiras, sua estimulação física e mental é alta; as experiências prazerosas que ela obtém com isso motivam seu envolvimento contínuo.

Teóricos da **modulação da excitabilidade** propõem que alcançar o nível ideal de estimulação é algo inato, ou seja, a criança é levada a isso desde que nasce. Para ela, o mundo previsível e inalterável é tedioso e monótono. Nesse contexto, a brincadeira proporciona uma maneira de alterar o mundo, de modo a torná-lo imprevisível e incerto. A tensão física e mental criada pela incerteza e pela novidade motiva a criança a agir; ela é levada a restabelecer um estado de organização e de previsibilidade.

Considerando os conceitos de Piaget apresentados no Capítulo 1, a brincadeira cria, primeiro, um desequilíbrio, e, então, a criança restaura o equilíbrio. O ato de alcançar o equilíbrio produz poderosas sensações psicológicas positivas. Obviamente, alcançar a harmonia e a ordem é algo que ocorre em um ambiente imutável e previsível, e são essas as condições que trazem de novo as sensações de tédio e monotonia, que, por sua vez, motivam a criança a retomar o ciclo de brincadeira.

Como será abordado nos próximos capítulos, os professores podem levar a criança a participar de jogos usando métodos institucionais baseados na hipótese de **ponto ideal de desafio** (Guadagnoli e Lee, 2004). Essa hipótese afirma que a aprendizagem de habilidades é facilitada quando o nível de aptidão de quem executa a tarefa, a complexidade desta e o ambiente em que ela é executada são levados em consideração. Nesse caso, o professor, mais do que a criança, modifica as condições de jogo de acordo com o nível de habilidade da criança e a dificuldade do jogo.

Os psicólogos enfatizam que a brincadeira serve como uma maneira de assimilar as habilidades para resolver problemas. Ela fornece uma oportunidade relativamente saudável de a criança usar capacidades cognitivas emergentes para resolver problemas no ambiente natural de várias maneiras (Csikszentmihalyi, 2000). Com a brincadeira, a criança aprende que os movimentos e as ações modificam o mundo a sua volta. Em vez de receber as informações passivamente em uma sala de aula, ela aprende a interagir, a modificar e a manipular seu ambiente. Os pais costumam "acusar" os filhos de terem pouca capacidade de atenção, já que eles ficam em uma única atividade por um breve período de tempo. Porém, o fato de a criança se envolver repetidamente em várias atividades pode muito bem estabelecer um padrão comportamental para a vida toda.

A criança aprende a modificar ativamente o mundo para produzir experiências prazerosas. Durante essas experiências, ela usa seu imaginário mental em desenvolvimento e suas habilidades de resolução de problemas para encontrar novas maneiras de escolher praticamente qualquer objeto ou situação e transformá-los em atividade lúdica. Como exemplo, podemos citar o fato de os pais acharem que seus filhos se divertem mais com a embalagem de um brinquedo caro do que com o próprio brinquedo.

Essa capacidade de mudar o ambiente para alcançar resultados positivos é crucial não só para as teorias da brincadeira, mas, também, para as teorias da inteligência. Um dos componentes da inteligência adulta é a capacidade de modificar o ambiente para maximizar as habilidades aprendidas (Sternberg, 2005). Assim, os padrões instintivos da brincadeira servem de alicerce para o desenvolvimento da inteligência e dos padrões de comportamento usados ao longo da vida.

Brincadeira: atividade livremente escolhida e intrinsecamente motivadora e prazerosa. A criança pode brincar ou jogar sozinha (brincadeiras individuais), ao lado de outras crianças (brincadeiras paralelas), ou interagir com as outras (brincadeiras cooperativas).

Modulação da excitabilidade: teoria de que alcançar o nível ótimo de estimulação é algo inato, ou seja, a criança é levada a isso desde que nasce.

Ponto ideal de desafio: hipótese de que a aprendizagem das habilidades é facilitada quando o nível de aptidão de quem executa a tarefa, a complexidade desta e o ambiente em que ela é executada são levados em consideração.

Brincadeira cooperativa: brincadeira organizada que requer que se assuma um papel.

Criatividade: habilidade de produzir um trabalho novo e útil em um contexto social determinado.

Brincadeira de luta: atividade social em que duas ou mais crianças fingem brigar, golpear e lutar.

Existem, também, componentes sociais nas brincadeiras. A **brincadeira cooperativa**, por exemplo, é organizada e requer que se assuma um determinado papel. As relações com os colegas e as habilidades sociais costumam se desenvolver no contexto de brincadeiras desse tipo. Por meio de interações cooperativas, a criança aprende a inibir o comportamento antissocial e a formar amizades. Essas habilidades ou competências sociais são importantes para a criança ao entrar no ensino fundamental.

No mundo todo, as crianças pequenas têm um tempo para o descanso, chamado recreio ou intervalo. Normalmente, os períodos de recreio são intercalados durante o dia de estudo e costumam ser mais longos para as crianças menores. Em situações como o recreio, que promovem a socialização, aprender a cooperar e a trabalhar com os outros ajuda a criança a desenvolver sentimentos de competência e a construir relações bem-sucedidas com colegas e professores.

Há, ainda, um elemento de criatividade na brincadeira infantil. **Criatividade** pode ser definida, em um contexto social determinado, como a habilidade de produzir um trabalho novo e útil. Essa habilidade pode ser expressa em pensamento e movimento. Ao brincar, a criança desenvolve maneiras de abordar e resolver problemas novos para ela. Produzir movimentos criativos requer a integração de processos mentais múltiplos; a criança deve usar o que sabe, visualizar novas ações e seus resultados finais, e, então, reorganizar os padrões de movimento conhecidos em novas séries de movimentos. Alguns pesquisadores consideram que os pensamentos de ordem superior que levam à criatividade são um elemento de inteligência geral (Sternberg, 2005).

© Felix Mizioznikov

A brincadeira leva as habilidades mentais da criança a novos patamares.

As brincadeiras vigorosas servem como uma saída para gastar energia. Entre elas, a **brincadeira de luta** é uma atividade social em que duas ou mais crianças fingem brigar, golpear e lutar. Essa forma de brincar difere da verdadeira agressão em vários pontos. A luta real costuma ser limitada a duas crianças que mostram gestos sérios de ameaça e usam o máximo da sua força, ao passo que a brincadeira de luta pode envolver várias crianças que retêm sua força e costumam rir enquanto a praticam. Esse tipo de brincadeira é uma forma de as crianças compararem suas habilidades entre si. Tipicamente, as crianças que a praticam têm a mesma habilidade para brincar de luta. Em geral, elas evitam brincadeiras de contato com aquelas de força consideravelmente maior ou menor. Brincar de luta de modo equilibrado constitui uma oportunidade segura de aprender as próprias limitações e ajuda a estabelecer uma posição dentro de uma hierarquia social baseada na habilidade e na competência (Huges, 2010).

Jogos infantis

Os **jogos** são brincadeiras competitivas caracterizadas por regras e metas determinadas. Na essência de cada jogo, existem desafios e obstáculos a serem superados. Seja *videogame*, seja xadrez, seja futebol, os jogos são ambientes inventados que requerem o cumprimento de ações específicas.

No início do jogo, o jogador concorda em limitar suas ações àquelas ditadas por uma série de regras. Por esse motivo, sociólogos e antropólogos sugerem que os jogos introduzem a criança nas regras sociais de uma cultura. A maneira como eles são jogados ensinam à criança valores atribuíveis ao sucesso. Certas sociedades apresentam os jogos como atividades altamente competitivas em que o sucesso individual leva a recompensas e ao *status* social. Outras usam os jogos para ensinar a cooperação e o valor das decisões em grupo. Alguns jogos recompensam os jogadores por trabalharem juntos, com o intuito de superar desafios.

Os jogos também fornecem aos pais e aos professores maneiras de apresentar o *fair play* às crianças. O conhecimento cultural e as crenças são transmitidos entre as gerações. Como descreveremos nos próximos capítulos, pais e professores têm forte influência sobre o desenvolvimento da autoconfiança da criança, mediante a elaboração de jogos adequados às suas habilidades e à sua capacidade de aprender.

Para atrair a criança, deve-se introduzir os jogos no tempo e momento certos. Com frequência, a criança observa os irmãos ou os amigos jogando e quer aprender também. O movimento que vai da brincadeira, que não tem regras, ao jogo, definido por regras, é um importante passo no desenvolvimento. As crianças pequenas tendem a aprender regras de jogo mais com adultos do que com seus colegas. Na maioria dos casos, elas acreditam nas normas que os adultos trazem (Rakoczy *et al.*, 2010). Assim, a maneira como os jogos lhes são apresentados pode ter efeitos profundos e duradouros em sua opinião sobre o modo como devem ser jogados e as regras a serem seguidas. A lembrança de um jogo específico, das pessoas com quem se jogava e das emoções sentidas durante o jogo pode se conservar por toda a vida. Quando os pais e as crianças experimentam emoções similares ao jogar, vínculos duradouros podem ser criados (Ginsburg, 2007). As partidas jogadas na fase inicial da vida costumam estabelecer as histórias que compartilhamos com os outros mais tarde.

As crianças e os esportes

Os **esportes** são formas de atividade física competitiva. As pessoas praticam esportes para desenvolver, manter ou melhorar a capacidade física e se divertir. Em várias culturas, o esporte é visto como uma maneira de ensinar às crianças modos adequados de se comportar conforme as expectativas sociais.

Por muito tempo, pensou-se que o esporte desenvolvia o caráter e promovia fortes valores morais. No começo do século XX, com o crescimento das cidades e a expansão da industrialização, os esportes organizados foram apoiados por órgãos governamentais como uma maneira de incutir valores nas crianças e nos adolescentes. No decorrer do tempo, contudo, os programas infantis se concentraram cada vez mais na competição.

Participar de esportes pode proporcionar à criança condições de desenvolver habilidades que ela pode usar em contextos não esportivos, mas apenas se o conteúdo e a apresentação forem propensos a facilitar o desenvolvimento pessoal (Danish *et al.*, 2004).

Os defensores de jogos competitivos organizados para crianças destacam que eles aumentam as habilidades físicas, melhoram a competência social e a habilidade de trabalhar em grupo, e formam o caráter. Um treinamento esportivo conduzido apropriadamente pode promover a saúde e a aptidão física. Em condições normais, há pouco motivo para acreditar que o esporte possa ser nefasto para o desenvolvimento das funções fisiológicas da criança. Apenas quando se impõem exigências extremas de treinamento à criança é que o desenvolvimento normal pode ser afetado de forma negativa. Alguns estudos consideraram que os esportes que envolvem ações repetitivas, como a natação, o tênis e o beisebol, podem comprometer o crescimento esquelético e a integridade da criança (Malina, Bouchard e Bar-Or, 2004).

Confiança é a convicção geral que alguém tem da sua habilidade de executar determinadas atividades. A percepção que a criança tem de suas habilidades e competências pode ser amplamente afetada por seu envolvimento em atividades esportivas, e tem papel importante nos sentimentos gerados antes, ao longo e depois da atividade. A criança que se considera competente costuma descrever as situações de desafio como divertidas e agradáveis. Aquela que duvida de suas competências, com frequência, expressa sentimentos negativos em relação a situações de desafio.

Essa percepção sobre a própria competência pode acompanhar a criança no decorrer da adolescência e da vida adulta. Assim como ocorre com as crianças, as pessoas que consideram alto seu próprio nível de habilidade costumam acreditar que controlam as condições de jogo e podem influenciar os desfechos do evento. Já aquelas que se sentem menos competentes são mais suscetíveis a acreditar que são controladas por condições externas e têm menos autonomia. Os fatores que estabelecem as convicções das crianças em relação às próprias habilidades serão apresentados de forma detalhada nos próximos capítulos.

Jogos: brincadeiras competitivas caracterizadas por regras e metas determinadas.

Esportes: formas de atividade física competitiva.

Historicamente, a participação em esportes competitivos desde muito jovem é vista como formadora de caráter e como uma maneira de preparar as crianças para os desafios que elas encontrarão na idade adulta. O sucesso no esporte requer controle emocional para tomar as decisões certas. Dessa forma, o jovem jogador de futebol é mais suscetível a jogar bem na final de um campeonato se estiver controlando suas emoções. Quem promove o esporte costuma acreditar que esse controle emocional, no caso da criança, pode ajudá-la a lidar com situações competitivas dentro e fora do campo esportivo.

Como a atividade física e os exercícios melhoram a cognição da criança

Para entender como a atividade física pode afetar a cognição, é importante ter uma compreensão geral das estruturas e das funções do cérebro humano, e de como essas estruturas evoluem. Muitas funções reflexivas são controladas por sistemas cerebrais evolutivamente muito antigos; as estruturas cerebrais envolvidas nas funções mentais superiores surgiram há relativamente pouco tempo. Os estudos da evolução humana revelam que a atividade física de nossos primeiros ancestrais orientou o desenvolvimento do corpo e da mente do ser humano moderno.

Nossos antepassados enfrentaram situações de ameaça à vida. Para sobreviver, tiveram que procurar comida, água e abrigo. Aqueles desprovidos de capacidades físicas e mentais essenciais para preencher essas necessidades pereceram. O tamanho do cérebro foi considerado um fator crucial na evolução dos humanos. O cérebro do ser humano moderno consome uma energia considerável – cerca de 20% da produção total de energia do corpo. Abastecer o cérebro com a energia necessária para que ele funcione de forma eficiente levou nossos ancestrais a alterarem gradativamente sua dieta e seu comportamento. Um passo decisivo ocorreu há cerca de 2,5 milhões de anos, com a criação das ferramentas usadas para caçar e sobreviver. A capacidade de criar e usar ferramentas exige habilidades cognitivas e motoras complexas. As ferramentas eram feitas para tarefas específicas, e, no decorrer do tempo, a produção se tornou mais sofisticada. Quando os primeiros humanos migraram para fora da África, aprenderam a lidar com os desafios imediatos do ambiente e a usar seus conhecimentos sobre mudanças de terreno, padrões climáticos, fontes de comida e água, e abrigo.

Durante centenas de milhares de anos, as características físicas e mentais vistas nos humanos modernos mudaram lentamente. Há cerca de 60 mil anos, ocorreram mudanças rápidas na cognição humana. Com a linguagem e a capacidade de pensar e de raciocinar, os humanos chegaram a dominar o planeta. A civilização surgiu há 10 ou 12 mil anos, mas em um curto período de tempo os humanos se adaptaram a todas as áreas geográficas do planeta.

Em suma, o estudo da evolução humana realça o papel evolucionário da atividade física e do movimento no surgimento das estruturas cerebrais responsáveis pelas habilidades cognitivas e motoras complexas. As próximas seções apresentarão o vínculo entre a atividade física, o desenvolvimento cerebral e a cognição ao longo da vida, em especial na infância.

A relação entre a atividade física e as mudanças no cérebro

Embora o cérebro seja o centro do pensamento e do raciocínio, até recentemente, sabia-se relativamente pouco sobre sua estrutura. Os progressos tecnológicos e as novas ferramentas nas últimas décadas revolucionaram o entendimento científico do cérebro e de seu desenvolvimento.

O Capítulo 1 apresentou uma breve descrição do desenvolvimento cerebral. As pesquisas conduzidas por neurocientistas nas duas últimas décadas ajudaram a esclarecer como a atividade física e os exercícios podem modificar certas partes do cérebro que, por sua vez, alteram a maneira como a criança pensa e se comporta.

Quatro estruturas cerebrais são suscetíveis à influência da atividade física: o **cerebelo**, o **córtex motor**, o **córtex pré-frontal** e o **hipocampo**. Como veremos na Figura 2.2, o cerebelo é uma ampla estrutura cerebral que tem papel-chave no controle dos movimentos reflexivos e na afinação dos padrões precisos dos movimentos motores. Pesquisas recentes mostraram que o cerebelo se conecta com cada estrutura cerebral maior e desempenha um importante papel no controle dos movimentos e na aprendizagem de novas habilidades. Estudos realizados com animais revelaram que a atividade física complexa produz adaptações estruturais duradouras no cerebelo (Iacoboni, 2001).

Pesquisas conduzidas com animais de laboratório, em geral, ratos e camundongos, fornecem informações sobre os efeitos dos exercícios que não podem ser obtidas com humanos. Muitas dessas pesquisas sustentam que os exercícios rotineiros trazem benefícios às funções cerebrais dos animais. Os exercícios levam a mudanças nos neurônios que controlam a estimulação e a atenção, ao aumento do nível das proteínas que mantêm o cérebro saudável, ao crescimento de novos neurônios nas redes cerebrais envolvidas na aprendizagem e na memória, e ao aumento do fluxo sanguíneo cerebral (Hillman, Erickson e Kramer, 2008).

Os primeiros pesquisadores a mostrar que os exercícios melhoram a cognição dos humanos estavam estudando o envelhecimento humano. Uma série de estudos conduzidos por Kramer *et al.* (2002) na Universidade de Illinois, nos Estados Unidos, forneceram as primeiras evidências sólidas de que os exercícios aeróbios rotineiros melhoram as funções executivas dos adultos idosos. Desde então, algumas experiências relacionaram os exercícios a alterações nas estruturas e funções cerebrais (Erickson e Kramer, 2009). Mais recentemente, essas descobertas positivas foram estendidas aos jovens adultos e às crianças (Krafft *et al.*, 2014; Voss *et al.*, 2011).

A relação entre a atividade física e a cognição infantil

O filósofo grego Platão considerava a atividade física rotineira crucial para a educação das crianças. Sua visão foi corroborada por físicos e educadores durante séculos. Todavia, até recentemente, poucos estudos consideraram se e como a atividade física influencia o raciocínio da criança. Duas abordagens gerais foram usadas para estudar os efeitos da atividade física: uma examina os efeitos de sessões únicas de exercício agudo; a outra examina o treinamento de exercício crônico, que envolve sessões repetidas de exercícios durante várias semanas, meses ou anos (Audiffren, 2009).

Os **exercícios agudos** produzem mudanças temporárias na estimulação física da criança que afetam o processo de raciocínio. O **treinamento de exercício crônico**, por sua vez, produz mudanças estruturais no cérebro e melhoras na aptidão física. Entender as diferenças entre ambas as abordagens é importante para poder apreciar os métodos principais dos jogos de atividade física apresentados nos próximos capítulos.

Tanto o treino de exercício agudo quanto o treino de exercício crônico beneficiam o funcionamento mental da criança, porém, cada um deles o faz de uma forma. Quando a criança começa a se mover, sua frequência cardíaca e respiratória aumenta. Ela fica mais estimulada. Vários estudos sugerem que a atenção e a aprendizagem infantil melhoram imediatamente após uma atividade física que produz níveis moderados de estímulo (Tomporowski, 2003a). Esses estudos destacam a importância da natureza da atividade física da criança. Para Budde *et al.* (2008), uma sessão de 10 minutos de atividade caracterizada por alta exigência de controle de coordenação motora em crianças mentalmente envolvidas traz mais benefícios às funções executivas do que uma atividade com menos exigência. Do mesmo modo, Pesce *et al.* (2009) mostram que uma sessão de 40 minutos de um jogo esportivo melhora a aprendizagem na sala de aula em relação a exercícios aeróbios com menos envolvimento mental. Embora o tipo de atividade e a duração das sessões fossem bastante diferentes nos dois estudos, ambos os estudos mostraram que a complexidade da tarefa de movimento é um fator importante. Essas descobertas se contrapõem diretamente à antiga opinião de muitos professores de que o aumento do estímulo da criança provocado por jogos ou pelo intervalo interferia negativamente no comportamento e na aprendizagem acadêmica em sala de aula. Na verdade, comprova-se o contrário: a atividade física, realizada de forma apropriada, pode preparar ou despertar a criança para a aprendizagem.

Cerebelo: área do cérebro que se conecta com cada estrutura cerebral maior e desempenha um importante papel no controle dos movimentos e na aprendizagem de novas habilidades.

Córtex motor: faixa de tecido cerebral que envia comandos para controlar os músculos envolvidos nos movimentos.

Córtex pré-frontal: área do cérebro que consiste em redes neurais responsáveis por formar as funções executivas cerebrais. Essa área é vinculada à consciência de condições atuais, à recuperação de lembranças armazenadas e à formulação de planos de ação.

Hipocampo: estrutura localizada na área profunda do cérebro que desempenha um papel na memória e na aprendizagem.

Exercícios agudos: atividade física que produz mudanças temporárias na estimulação física da criança que afetam o processo de raciocínio.

Treinamento de exercício crônico: sessões repetidas de exercícios durante várias semanas, meses ou anos que produzem mudanças estruturais no cérebro e melhorias na aptidão física.

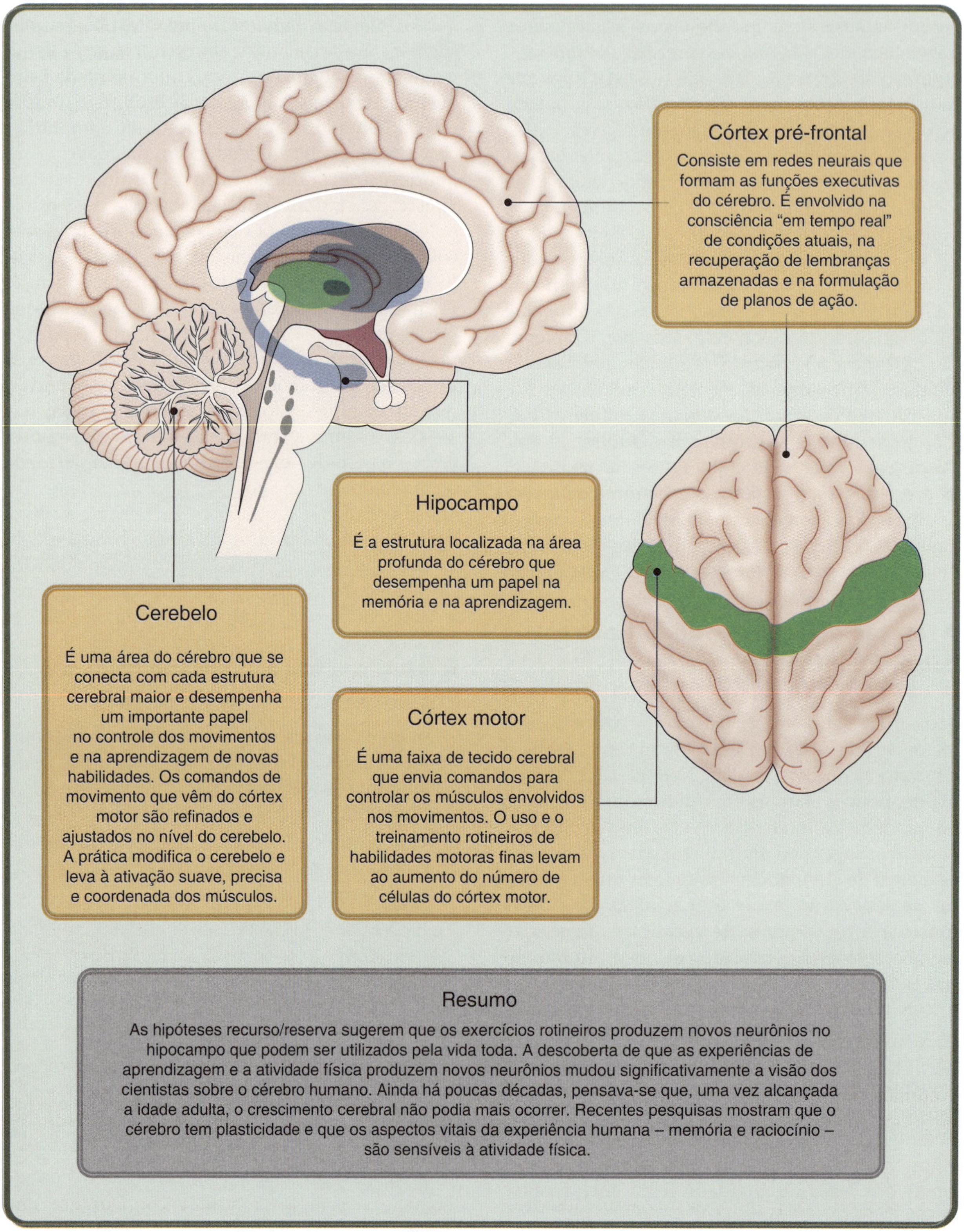

FIGURA 2.2 – Áreas do cérebro que mudam com a atividade física: cerebelo, hipocampo, córtex motor e córtex pré-frontal.

Além disso, a aptidão física decorrente da participação habitual em atividades físicas parece trazer benefícios em longo prazo para o funcionamento cognitivo. Estudos que comparam crianças em boa forma física com outras em forma física nem tão boa mostram de modo consistente diferenças na estrutura cerebral e na velocidade de processamento, o que realça os benefícios da atividade física rotineira (Chaddock *et al.*, 2011).

A primeira experiência a mostrar claramente que o treinamento físico crônico melhora as funções mentais da criança e altera as funções cerebrais foi conduzida Davis *et al.* (2011) na Faculdade de Medicina da Geórgia, nos Estados Unidos. Os pesquisadores distribuíram aleatoriamente crianças com sobrepeso entre sessões de exercícios de 20 a 40 minutos e um grupo de controle, de não intervenção. As crianças dos grupos de exercícios frequentaram um programa pós-período escolar de 13 semanas, em que realizaram jogos planejados para maximizar vigorosas atividades intermitentes e provocar altos níveis de frequência cardíaca. Os efeitos dos programas de exercícios sobre a cognição foram avaliados por meio de um teste abrangente que fornecia medidas de funções executivas, da atenção, da organização espacial e da memória, e incluía um teste padronizado de desempenho acadêmico. Davis *et al.* (2011) descobriram que os exercícios influenciavam as medidas específicas de cognição e de desempenho acadêmico.

Como mostra a Figura 2.3, notou-se um efeito dose-resposta: os ganhos no desempenho de funções executivas e no desempenho acadêmico em matemática aumentaram com mais exercícios (isto é, uma dose maior). O efeito dose-resposta é importante, porque aborda as preocupações relativas à quantidade de exercícios necessários para melhorar as funções mentais da criança. Nessa experiência, algumas crianças foram selecionadas para um estudo de neuroimagem. Os resultados sugerem que, assim como para os adultos, o treinamento físico nas crianças altera as redes cerebrais neurais importantes para o processamento de informações e as funções executivas.

Os jogos utilizados no estudo de Davis *et al.* (2011) serviram de protótipos dos jogos descritos no Capítulo 11 deste livro para as crianças do ensino fundamental. Esses jogos foram desenvolvidos para aproveitar os benefícios que podem ser obtidos tanto com sessões agudas de atividade física quanto com intervenções de treinamento crônico. Como detalharemos adiante, os períodos agudos de atividade física ajudam a criança a participar e a aprender, ao passo que períodos repetidos de atividade física modificam o corpo e a mente.

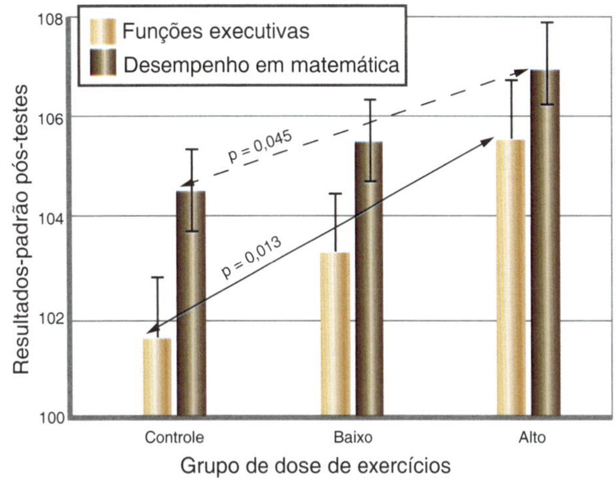

FIGURA 2.3 – Resultado dos testes de funções executivas e de desempenho em matemática de crianças com sobrepeso, mostrando os efeitos dose-resposta para sessões de exercícios de 20 e de 40 minutos.

Fonte: adaptada, com permissão, de Davis *et al.* (2011).

A relação entre a atividade física e o desempenho escolar da criança

A questão que realmente importa é: será que os ganhos constatados nas pesquisas podem ser alcançados em ambientes tradicionais escolares, extraescolares e familiares? Os pesquisadores notam que a quantidade de tempo em que a criança está envolvida em Educação Física, em atividade física e em esportes é consistentemente proporcional a seu desempenho acadêmico – isto é, crianças e adolescentes que passam mais tempo ativos mais se beneficiam em termos de desempenho acadêmico. Vários estudos mostraram uma relação entre o tempo que a criança dedica à Educação Física e seu desempenho acadêmico e em sala de aula (California Department of Education, 2005; Carlson *et al.*, 2008; Chomitz *et al.*, 2009).

Donnelly *et al.* (2009), na Universidade do Kansas, demonstraram claramente como integrar programas de atividade física no dia letivo e melhorar o desempenho acadêmico. Durante um período de três anos, a adoção de atividade física baseada no Take10! – um programa desenvolvido pelos Centros de Controle e Prevenção de Doenças [CDC – em inglês, Centers for Disease Control and

Prevention] dos Estados Unidos – foi incorporada em salas de aula. Os alunos tinham pausas estabelecidas em dias de aula, nos quais os professores organizavam programas de atividade física moderada a vigorosa [AFMV – em inglês, *moderate-to-vigorous physical activity*]. As crianças escolarizadas que integraram esses programas de atividade física tiveram resultados significativamente melhores em testes acadêmicos do que as que não seguiram os programas.

Nos últimos anos, os administradores de vários sistemas escolares nos Estados Unidos mudaram seus programas acadêmicos para incluir melhores programas de Educação Física e de atividade física. Os primeiros relatórios dessas escolas são positivos e fornecem mais um suporte à ideia de que os programas de atividade física beneficiam os resultados acadêmicos e o comportamento das crianças e dos adolescentes.

Transpor a pesquisa para a prática é um desafio. Os dados obtidos pelos pesquisadores mostraram que os exercícios funcionam, mas professores e educadores têm poucas informações sobre como usar os programas de atividade física de modo a melhorar as funções mentais e o desempenho acadêmico da criança. Os métodos usados nas pesquisas são normalmente bastante diferentes daqueles disponíveis em programas escolares ou fora da escola. Com frequência, os pesquisadores selecionam as crianças baseando-se em uma série de critérios, fornecem treinamento extensivo aos professores e aproveitam a baixa proporção professor-aluno.

Uma maneira de garantir uma transposição bem-sucedida e duradoura da pesquisa para a prática consiste em entender como as intervenções de atividade física funcionam. Uma vez conhecido isso, podem ser desenvolvidos programas efetivos de treinamento de professores com foco na atividade física.

Explicações contemporâneas dos benefícios mentais da atividade física

Será que se trata simplesmente de dizer que, para melhorar as funções mentais da criança, basta aumentar a atividade de seus músculos? Ou será algo mais complexo do que apenas correr e pular?

Atualmente, existem três maneiras principais de explicar como a atividade física melhora as funções mentais da criança: a biológica, a cognitiva e a socioafetiva. O Capítulo 1 explicou que, em geral, os cientistas trabalham dentro de áreas específicas de pesquisa. Assim, não é de surpreender que essas explicações tenham surgido dessas três áreas.

Explicações biológicas

Talvez a mais antiga explicação dos efeitos benéficos da atividade física sobre o cérebro seja o fluxo sanguíneo. Embora o cérebro represente apenas cerca de 3% do peso total do corpo, ele requer de 20% a 25% do fornecimento de oxigênio do corpo para atender suas necessidades. O oxigênio não fica armazenado no cérebro; precisa ser suprido continuamente, e a falta de oxigênio, mesmo que por poucos minutos, pode causar lesões cerebrais. Levando em consideração que os exercícios melhoram o sistema cardiovascular, a aptidão aeróbia associada à sua capacidade de fazer circular o sangue e o oxigênio foi utilizada para explicar as melhoras nas funções cerebrais e cognitivas (Dustman e White, 2006).

Mais recentemente, os neuropsicólogos descobriram que os exercícios têm vários efeitos sobre o cérebro que podem ajudar o processo mental. Com os exercícios, o crescimento capilar aumenta e melhora o encaminhamento e a distribuição de sangue e de oxigênio no cérebro. Além disso, os exercícios aumentam as substâncias neurotransmissoras que ajudam a comunicação entre os neurônios cerebrais e melhoram a força das redes neurais. Os exercícios também foram vinculados ao aumento das proteínas cerebrais (fatores neurotróficos derivados do cérebro), que têm papel importante na saúde cerebral e na proteção contra ferimentos. Talvez ainda mais importante para o desenvolvimento da criança seja a evidência de que os exercícios promovem a criação de novos neurônios em áreas cerebrais cruciais para a aprendizagem e a memória, como o hipocampo (Chaddock *et al.*, 2010). Veja a Figura 2.4.

Hipótese de imaturidade cognitiva: noção de que o estado menos desenvolvido do sistema nervoso da criança e sua falta de experiência dificultam a execução de tarefas cognitivas de alto nível com a mesma eficiência do que a de adolescentes e adultos.

Explicações sobre a cognição e a aprendizagem

Organizar intervalos e recreios durante o dia letivo tem sido visto como uma maneira de melhorar as funções mentais e o desempenho acadêmico. Os professores envolvem as crianças em tarefas que exigem atenção e memória. No decorrer da aula (ou de uma série de aulas), a quantidade de informações que as crianças precisam reter aumenta. Com isso, em algum ponto, partes do conhecimento começam a interferir em outras. O acúmulo de interferências torna difícil a organização dos pensamentos para as crianças. A **hipótese de imaturidade cognitiva,** desenvolvida por Bjorklund e Green (1992), propõe que o estado menos desenvolvido do sistema nervoso da criança e sua falta de experiência dificultam a execução de tarefas cognitivas de alto nível com a mesma eficiência do que a de adolescentes e adultos. Considera-se que os recreios e as pausas nas demandas mentais permitem que o acúmulo de interferências se dissipe e melhore a aprendizagem. Dessa perspectiva, os jogos não estruturados e as atividades mentais e físicas autodirigidas são elementos cruciais.

Uma explicação alternativa é a de que os jogos são mentalmente envolventes e desafiadores, e, por conseguinte, fornecem oportunidade para desenvolver uma série de habilidades mentais (Diamond e Lee, 2011). As funções executivas de inibição de resposta, memória operacional e redirecionamento mental têm sido vistas como habilidades mentais desenvolvidas de maneira gradativa com a prática contínua e o aperfeiçoamento. Enquanto a criança aprende estratégias de resolução de problemas durante os jogos, aprende, também, a usar essas estratégias em outras situações (acadêmicas, por exemplo).

A **hipótese de habilidade mental** defendida por Diamond e equipe vê as funções executivas como um grupo de habilidades mentais adquiridas gradativamente e influenciadas pela prática. O aprendizado de habilidade mental destaca a importância das intervenções dirigidas por professores. Acredita-se que a modificação das funções executivas fundamentais específicas na criança tem consequências que abrangem a vida toda.

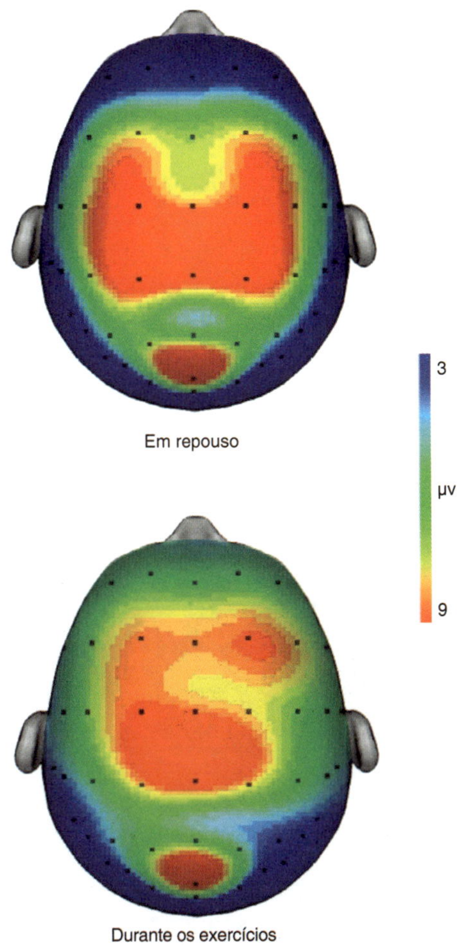

FIGURA 2.4 – Tomografia cerebral de participantes após sentarem e após caminharem por 20 minutos.

Fonte: Hillman *et al.* (2009), com permissão.

Explicações socioafetivas

A **responsabilidade social**, que é a habilidade de interagir cooperativamente com os outros, de inibir o comportamento antissocial e de formar relações estreitas, como a amizade, é considerada uma habilidade fundamental no começo do ensino fundamental. Os laços e as habilidades sociais costumam se formar no contexto de jogos como pega-pega e futebol ou em atividades como pular corda. As interações com outras crianças e com professores fornecem a base para o desenvolvimento da competência social vital para se adequar às exigências da escola. As amizades desenvolvidas durante as brincadeiras, os jogos e os esportes fornecem o suporte emocional requerido para enfrentar e superar os desafios escolares (Solmon e Lee, 2008).

Hipótese de habilidade mental: hipótese que vê as funções executivas como um grupo de habilidades mentais desenvolvidas de maneira gradativa e influenciadas pela prática.

Responsabilidade social: habilidade de interagir cooperativamente com os outros, de inibir o comportamento antissocial e de formar relações estreitas, como a amizade.

A pesquisa realizada por Diamond e Lee (2011) sugere que a efetividade das intervenções destinadas a ajudar o desenvolvimento de funções pode diferir. Enfocar a estimulação cognitiva ou a atividade física de forma isolada não parece ser tão eficiente quanto abordar conjuntamente o desenvolvimento cognitivo, físico, emocional e social. A vantagem dos jogos de movimento mentalmente desafiadores propostos neste livro é que eles diferem dos treinamentos computadorizados ou de formas repetitivas de treinamentos físicos ao incorporar desafios cognitivos em divertidas atividades física e socialmente envolventes.

O comportamento humano é complexo e pode ser influenciado em uma série de níveis – biológico, cognitivo e socioafetivo. Com toda a probabilidade, a atividade física influencia as funções mentais por meio de múltiplos caminhos interativos. Entender como ela afeta o desenvolvimento da criança pode ajudar os professores a proporcionarem experiências educacionais ideais.

Aprender a jogar com os outros afeta positivamente a habilidade da criança de interagir em um mundo social.

Como será descrito detalhadamente na Parte III, condições instrucionais específicas podem maximizar os benefícios cognitivos dos jogos.

Implicações para os educadores

Desde o final do século XIX, os educadores físicos vêm discutindo as metas do ensino. De um lado do debate, alguns afirmam que a meta da Educação Física é ensinar os estudantes *sobre o físico*. Isso significa que o conteúdo e o currículo devem favorecer que a criança se torne e permaneça fisicamente forte e saudável. Hoje, os que defendem a filosofia da educação do físico lutam para aumentar a aptidão física e a habilidade esportiva da criança com foco na frequência, na intensidade, na duração e no tipo de exercício. Aqueles que subscrevem a perspectiva de que exercício é remédio focalizam predominantemente a aptidão física e sua medição (Rowland, 2005).

Do outro lado do debate estão os que acreditam que a Educação Física deve ensinar a criança a participar de atividades físicas que proporcionem aprendizagem, oportunidades de socialização e melhorem o bem-estar. Para essas pessoas, o objetivo da Educação Física é ensinar os alunos *por meio do físico*. A filosofia da educação por meio do físico é a crença de que os professores de Educação Física devem ter não somente para melhorar a saúde física da criança, mas, também, para contribuir para seu desenvolvimento social, emocional e intelectual (Pesce, 2012).

O apoio majoritário à educação do físico e à educação por meio do físico variou durante o século XX. As mudanças de foco nos Estados Unidos foram o resultado de prioridades nacionais promovidas por políticos. Os acontecimentos que resultaram nas guerras mundiais e em outros conflitos militares e políticos levaram os dirigentes políticos a enfrentarem a perceptível falta de aptidão física dos cidadãos americanos que eram voluntários ou recrutados para o exército. Hoje, a epidemia mundial de obesidade, sobretudo entre as crianças, está se tornando uma prioridade por ser um importante problema de saúde. A predominância de crianças e adolescentes com sobrepeso ou obesos afetou profundamente a profissão de professor de Educação Física. Os pais, os profissionais da área da Saúde e o público em geral cobram das escolas que proporcionem o regime de atividades e habilidades físicas necessárias para ajudar as crianças a serem ativas a vida toda. Os meios de comunicação apresentam programas de Educação Física que se assemelham a lucrativas academias com sofisticados equipamentos de treinamento e atividades planejadas principalmente para adultos.

Em resposta a iniciativas federais e estatais, o foco de muitos professores de Educação Física tem sido, em primeiro lugar, reduzir a predominância da obesidade infantil por meio de programas de exercícios que aumentem e mantenham o nível de atividade física da criança. Pouca ênfase tem sido dada a intervenções que promovam o desenvolvimento físico e mental da criança como um todo. Consequentemente, houve um afastamento da filosofia da educação por meio do físico, foco dos professores de Educação Física na América do Norte desde meados dos anos 1980, em prol da filosofia da educação do físico e dos programas de redução de peso e de prevenção da obesidade.

Embora o corpo da criança responda a treinamentos físicos, tem havido certa preocupação de que os programas de exercícios desenvolvidos para adultos não sejam adequados às crianças. Considerando os padrões normais de atividade da criança, as rotinas de exercícios que os adultos utilizam, como correr em esteira, pedalar em bicicleta ergométrica e fazer treinamento em circuito, podem não ser a melhor maneira de envolver crianças em atividades físicas. Além disso, evidências sugerem que a aptidão para habilidades motoras desenvolvidas na infância, mais do que a aptidão física, tem forte influência sobre a aptidão física subsequente durante a adolescência (Barnett *et al.*, 2008). Isso provavelmente se deve ao fato de as atividades que promovem o desenvolvimento das habilidades motoras serem mais divertidas para a criança e aumentarem o sentimento de competência motora, contribuindo, então, para a adesão presente e futura a atividades físicas. Por esse motivo, os especialistas começam a pedir a adoção de exercícios apropriados ao desenvolvimento. No entanto, essas recomendações padecem de informações sobre a adaptação dos exercícios para crianças com níveis diferentes de desenvolvimento físico e mental, cujas habilidades básicas podem diferir muito.

Os professores devem lembrar-se de que a criança se encontra em um período da vida sensível em termos de desenvolvimento, em que está receptiva a experiências que promovam habilidades mentais executivas fundamentais, que podem ser usadas para controlar ações e resolver problemas do mundo real. Eles podem valer-se desse período sensível da criança por meio da criação de atividades físicas e de experiências de aprendizagem baseadas em exercícios que façam sentido para ela. Em outros termos, os professores são importantes!

O modelo de ensino de atividade física apresentado neste livro aborda o modo como as crianças que estão na educação infantil ou no ensino fundamental desenvolvem habilidades mentais e cognitivas que podem usar em várias situações a vida toda. Os jogos de atividade física que tiram proveito da motivação natural da criança para brincar e se envolver em jogos podem, em longo prazo, atender o objetivo educacional *sobre* o físico e *por meio* do físico.

Capítulo

3

Como os jogos de movimento ajudam a criança a pensar e a aprender

As crianças, assim como os adultos, aprendem por meio de suas experiências. Quando pensamos sobre a aprendizagem, a primeira coisa que costuma vir à mente é a educação – o que aprendemos dos livros e dos professores. Entretanto, existem diferentes formas de aprender. Parte da aprendizagem é adquirida com pouco esforço ou consciência, ao passo que outras formas exigem foco nos esforços e na atenção.

O estudo da memória e da aprendizagem pode ser rastreado, pelo menos, até os antigos gregos. Muitas das primeiras explanações da aprendizagem persistiram e têm orientado o planejamento instrucional dos professores há mais de 2 mil anos. Os pesquisadores modernos têm bom entendimento do processo de aprendizagem; contudo, o desafio consiste em traduzir o que se sabe sobre a aprendizagem no ambiente de ensino.

A criança pode e vai aprender por si mesma, sem professores, por tentativa e erro. Como veremos neste capítulo, a aprendizagem por tentativa e erro não só é lenta e difícil, e, portanto, ineficiente, como também a criança que aprende sem professores pode desenvolver maus hábitos e técnicas de má qualidade. Ademais, a criança que não recebe uma orientação adequada pode ficar sem entender como utilizar as habilidades que está aprendendo para resolver problemas.

A aprendizagem eficiente acontece sob condições específicas, e os professores têm um papel crucial na rapidez e na eficiência com que a criança aprende habilidades e comportamentos. As instruções dos professores podem não só afetar o sucesso acadêmico da criança como também prepará-la para enfrentar os desafios da vida adulta.

Aprendizagem

O papel essencial dos educadores é ajudar os estudantes a aprender. À primeira vista, essa meta parece relativamente simples e fácil. Todavia, as condições que promovem a aprendizagem da criança são complexas, e mudanças sutis nos métodos de instrução, na motivação do estudante e no estilo de apresentação podem ter efeitos consideráveis sobre o que a criança retém de suas experiências.

A **aprendizagem** é o processo que resulta em uma mudança relativamente permanente e consistente do comportamento, e que se baseia na experiência. Essa definição, simples até certo ponto, expressa características muito importantes.

Uma delas é que o processo de aprendizagem ocorre dentro da criança e não pode ser visto diretamente. Quando a criança aprende, suas experiências são gravadas em forma de lembranças e armazenadas em áreas do cérebro. Por exemplo, enquanto uma criança que não sabe lançar uma bola aprende as regras básicas do lançamento, algumas mudanças ocorrem em seu cérebro. Os professores não podem ver o que está acontecendo nas redes cerebrais, mas, ainda assim, essas mudanças ocorrem. Pense no funcionamento de um computador. Não dá para ver o que está ocorrendo nos componentes do computador, mas não há dúvida de que o circuito está mudando. Do mesmo modo, os professores não podem ver o que está acontecendo dentro da criança, mas podem concluir, ou deduzir, que algumas mudanças mentais ocorreram.

A aprendizagem também é relativamente permanente, isto é, quando as experiências são aprendidas, elas permanecem por algum tempo. As lembranças dessas experiências diferem quanto ao tempo em que ficam armazenadas e quanto à possibilidade de guiarem ações. Como todos nós já descobrimos, não nos lembramos de todas as nossas experiências. Esquecemos depressa a maior parte do que experimentamos, ao passo que as lembranças de outras experiências podem durar a vida inteira. Quando somos apresentados a alguém, não é incomum esquecermos o nome da pessoa em poucos minutos. As lembranças de um desastre ou de uma experiência de quase morte, contudo, podem permanecer vívidas para sempre. Diante disso, os professores se esforçam para desenvolver experiências instrucionais que levem a criança a armazenar lembranças que poderá usar consistentemente mais tarde. Se a criança a quem se ensina lançar uma bola aprender mesmo essa habilidade, ela vai demonstrá-la não apenas durante o ensino como também mais tarde e em várias oportunidades. Como discutiremos adiante, existe uma diferença fundamental entre o desempenho da criança (ações visíveis) e a aprendizagem (mudanças que ocorrem no cérebro).

Outra característica da aprendizagem é que ela proporciona o potencial para agir. A criança que aprende a lançar uma bola e consegue atingir o alvo nem sempre vai repetir essa façanha. Isso significa que a criança não aprendeu a habilidade? Não, as mudanças que ocorrem no cérebro durante a instrução ainda estão ali. É possível que ela não consiga repetir adequadamente porque está cansada, preocupada ou desinteressada. Assim, um dos maiores desafios que os professores enfrentam consiste em construir condições de instrução e de avaliação que propiciem as melhores provas da aprendizagem da criança, e, também, um método que permita uma avaliação autêntica, que será discutido no Capítulo 8.

Por fim, ressaltamos que a aprendizagem acontece apenas com a experiência e a prática. Ainda que a criança aprenda por meio de tentativa e erro, ou com um programa de instrução sistemático, as habilidades são aprendidas com a prática. Com a experiência, as mudanças que ocorrem no cérebro fornecem ao aprendiz a habilidade de iniciar e controlar ações e movimentos. Os professores se esforçam para aprimorar as habilidades motoras fundamentais da criança porque elas têm papel importante nos jogos de aprendizagem e nos esportes. Com a prática, a criança que aprende a lançar uma bola para um alvo se torna gradualmente mais eficiente e mais hábil em seus movimentos de lançamento, e mais precisa em seu desempenho.

Você deve lembrar que, no Capítulo 1, vimos que as capacidades diferem das habilidades, pois as últimas são aprendidas e refinadas com a prática. Os professores precisam reconhecer a diferença entre as mudanças no desempenho da criança que resultam do treinamento e do desenvolvimento de habilidades, e as resultantes do crescimento e da maturação. À medida que a criança cresce, seu corpo fica maior, as capacidades aparecem, e o controle dos movimentos melhora. Assim, a criança que aprende a lançar uma bola pode experimentar, mais tarde, um surto de crescimento que lhe permitirá lançar a bola mais longe e com maior força. No entanto, essas melhoras no desempenho têm pouco a ver com o que a criança aprendeu sobre lançamento. Distinguir os efeitos do crescimento daqueles da aprendizagem é particularmente importante na hora de avaliar o desenvolvimento das habilidades da criança.

Curva de aprendizagem

Independentemente das habilidades ensinadas à criança, as melhorias no desempenho aparecem de modo previsível. Os professores costumam usar gráficos para mostrar aos estudantes seus progressos nas tarefas de aula. Os gráficos fornecem uma representação visual do processo de aprendizagem. A Figura 3.1(*a*), por exemplo, mostra com que precisão uma criança lança uma bola, sendo a medição feita durante várias sessões de prática e, então, plotada.

Pesquisadores que examinaram como vários tipos de habilidades são aprendidos notaram que todos progridem de modo semelhante. Independentemente de a pessoa aprender uma habilidade cognitiva, como jogar xadrez, ou motora, como lançar uma bola a um alvo, a melhora mais significativa no desempenho ocorre no começo do treino. Depois disso, o nível da melhora diminui à medida que a habilidade é adquirida (Newell e Rosenbloom, 1981).

A curva suave representada na Figura 3.1(*b*) é conhecida como curva clássica de aprendizagem. Ela mostra que as crianças podem diferir na velocidade e no volume da aprendizagem, mas o padrão de desenvolvimento de habilidades permanece igual.

O padrão da curva de aprendizagem é útil para os educadores porque não só descreve como a criança aprende com a prática, mas, também, proporciona uma maneira de prever a qualidade do desempenho da criança se esta continuar a prática. Os educadores costumam usar a expressão *"na curva de aprendizagem"* para enfatizar que um estudante está no processo de se tornar mais capacitado. Como veremos no Capítulo 4, manter a criança na curva de aprendizagem é uma maneira de manter intensos a motivação e o envolvimento mental. O Capítulo 6 tratará do modo como a aprendizagem pode ajudar os professores a promoverem novas maneiras criativas de pensar e agir em seus estudantes.

Aprendizagem: processo que resulta em uma mudança relativamente permanente e consistente no comportamento, e que se baseia na experiência.

Estágios de aprendizagem

A progressão da criança desde principiante até o nível de proficiência fascina pais e professores. Em idades específicas, ela mostra mudanças rápidas nas suas habilidades. Um exemplo é o fato de os pais poderem atestar o rápido desenvolvimento da linguagem da criança nos primeiros anos. Os sons se transformam em palavras, e as palavras, em frases. A linguagem vem de maneira natural e fácil para a criança, ainda que ela a pratique enormemente nesse estágio da vida. Os monólogos, a música infantil, as canções e as histórias representam uma boa parte da atividade diária. Como milhares de palavras e frases são repetidas todos os dias, esses estímulos propiciam à criança a prática de que ela precisa para se tornar proficiente em comunicação. No entanto, nem todas as habilidades de comunicação são aprendidas tão rapidamente quanto a linguagem. Pense naquilo a que a criança se submete quando aprende a ler. Anos de instrução, de prática e de trabalho árduo podem ser necessários para que ela se torne uma leitora proficiente.

As mudanças na aprendizagem que ocorrem na criança quando esta adquire proficiência e habilidade interessam aos pesquisadores há décadas. Há uma aceitação geral de que o desenvolvimento de habilidades requer uma progressão por uma série de estágios de aprendizagem. Um importante modelo inicial dos estágios de aquisição de habilidades foi desenvolvido por Fitts e Posner (1967) e ampliado por outros (Meinel e Schnabel, 1998; Proctor, Reeve e Weeks, 1990). A hipótese defendida nesse modelo é a de que a aprendizagem passa por três estágios: o cognitivo, o associativo e o autônomo. É um modelo que tem um considerável apelo intuitivo. Quem já aprendeu uma habilidade esportiva atestará as mudanças físicas e mentais que ocorrem com a prática.

Estágio cognitivo

Pense em uma criança diante de uma nova tarefa, como aprender um novo jogo. Antes de começar a jogar, ela precisa entender as metas do jogo, como é jogado e por que deve jogar. Entender como se joga antes mesmo de fazer o primeiro movimento exige um planejamento executivo. A capacidade da criança de entender o que se espera quando o jogo começa depende amplamente de ela ter a maquinaria mental necessária que lhe permite escutar, ver, armazenar e resgatar lembranças, e planejar ações.

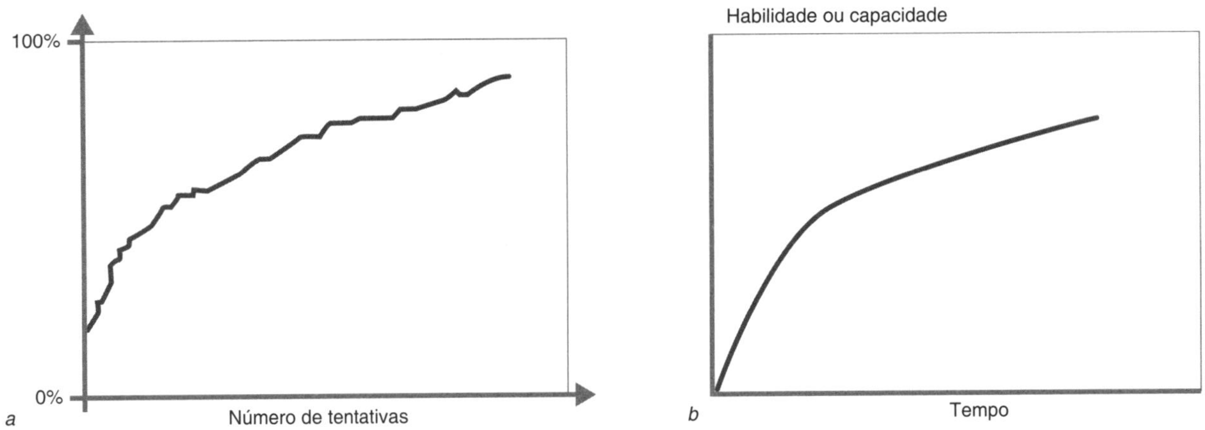

Figura 3.1 – Precisão de uma criança ao lançar uma bola: (*a*) medida no decorrer de várias tentativas; (*b*) a curva de aprendizagem clássica.

A cognição envolve a inserção de vários processos mentais implícitos. Pense em um computador que recebe uma inserção de dados (entrada) por meio de um teclado, organiza e codifica as informações no processador central e as envia para os equipamentos de armazenamento (memória). Mais tarde, as informações podem ser extraídas do armazenamento e enviadas para uma impressora, que propicia a sua apresentação (saída). Obviamente, a criança não é um computador, mas ela também capta informações do mundo ao seu redor, consegue se lembrar do que lhe foi dito e do que experimentou, e pode usar essas lembranças para planejar e direcionar suas ações. A Figura 3.2 apresenta uma maneira de entender como a maquinaria da mente opera. Os componentes da cognição mais importantes para os jogos de aprendizagem são a atenção, a memória, as funções executivas e o controle dos movimentos.

A **atenção** é o estado da consciência focada em algum aspecto do ambiente e na capacidade de se concentrar e manter o foco. É uma porta de entrada para as informações recebidas. As crianças e os adultos vivem em um ambiente barulhento que propicia uma grande quantidade de informações, poucas das quais podem ter importância em um dado momento. Essas informações chegam simultaneamente de todos os sistemas sensoriais (isto é, olhos, ouvidos, nariz, pele, músculos). Um dos papéis da atenção é analisar as informações sensoriais recebidas e determinar o que deixar entrar e o que deixar de fora.

A **memória** é o conjunto de informações (lembranças) sobre o ambiente armazenado por um período de tempo. Os humanos têm uma notável capacidade de tirar proveito e aprender com suas experiências. Essas experiências são catalogadas por estruturas profundas do cérebro (por exemplo, o hipocampo, sobre o qual discutimos no Capítulo 2) e armazenadas em redes distribuídas por todo o cérebro. A capacidade total de armazenamento do cérebro não é conhecida com precisão, mas é considerada enorme. Também somos capazes de armazenar diferentes tipos de lembranças.

A maior parte dos psicólogos cognitivos concorda que existem duas categorias gerais de memória. A **memória declarativa** envolve as lembranças de eventos, fatos e conceitos – lembranças que requerem consciência e atenção para serem armazenadas e lembradas. Exemplos de memória declarativa são fatos gerais, como significado de palavras e conceitos, nome de pessoas famosas e lembranças únicas para a criança, que refletem suas experiências pessoais. Já a **memória procedural** é aquela utilizada para fazer coisas (por exemplo, andar de bicicleta, amarrar sapatos, tocar um instrumento). As lembranças relacionadas a essa memória podem ser armazenadas e retomadas sem esforço consciente.

As funções executivas, que foram apresentadas no Capítulo 1, são estreitamente vinculadas à consciência e ao planejamento. Assim como a unidade de processamento central (CPU) do computador, as funções executivas da memória operacional "puxam" memórias declarativas e procedurais armazenadas no cérebro para resolver problemas. Por exemplo, a criança que se prepara para jogar um novo jogo precisa ter as instruções em mente, relembrar experiências passadas e formular um plano de ação.

O controle dos movimentos envolve a seleção, o sequenciamento e a sincronização da contração dos músculos que guiam a ação. É organizado por **programas motores**, conjuntos de comandos do cérebro que instruem o corpo a se mover em direções específicas e propiciam à criança uma ideia geral de como executar as ações de um novo jogo. Alguns programas motores são inatos e não precisam ser aprendidos (por exemplo, andar e correr) ou são subjacentes ao desenvolvimento de habilidades motoras fundamentais. Os programas motores aprendidos são específicos para condições como aquelas dos jogos e dos esportes. Eles refletem a natureza adaptativa da experiência; a aprendizagem anterior é aplicada às novas situações.

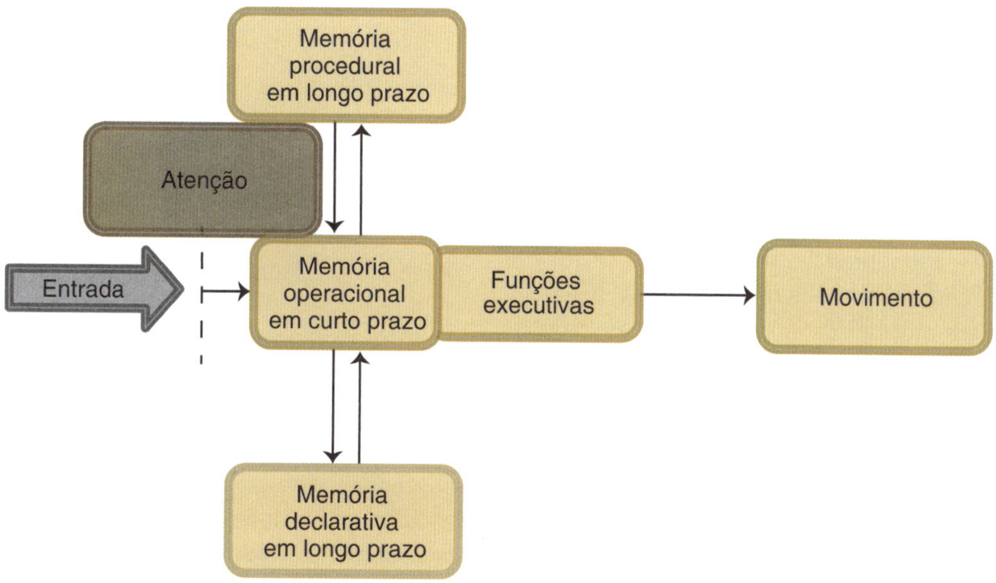

Figura 3.2 – Modelo dos componentes do processo de cognição.

Entender os componentes da cognição da criança é importante para os professores. Existem diferenças na maquinaria mental básica das crianças, e elas têm um importante papel na velocidade e no quanto uma criança pode aprender.

Estágio associativo

Desde a época dos antigos gregos até hoje, todas as explicações sobre a aprendizagem sempre utilizaram conceitos de aderência, de fixação ou de conexão. Os psicólogos contemporâneos se concentram nas conexões entre estimulação ambiental e respostas comportamentais. Durante o estágio associativo do treinamento de habilidades, a criança se torna ciente do que combina com o que; sob certas condições, ela se pergunta: "o que eu faço?". Ao responder a essa pergunta, ela identifica o que vê, ouve ou sente e conecta essas sensações a ações. Essas relações estímulo-resposta são necessárias à aprendizagem. Ao aprender a andar de bicicleta, por exemplo, a criança aprende que certas coisas são mais importantes do que outras.

A aprendizagem de habilidades requer o reforço das conexões entre condições ambientais e comportamentos apropriados. Muitas habilidades requerem uma **aprendizagem explícita**, que implica atenção consciente e avaliação. Por exemplo, quando uma criança pequena aprende o jogo da amarelinha, deve pensar em cada passo e em como colocar em sequência cada pulo com base nos números das casas. Porém, a aprendizagem também pode ocorrer inconscientemente. A chamada **aprendizagem implícita** produz hábitos que controlam os movimentos quase que de modo reflexivo, sem a necessidade de se ter consciência. No jogo da amarelinha, a criança não apenas relaciona os pulos aos números dos quadrados, como também aprende, sem ter consciência disso, a controlar a força necessária na perna para mover o corpo de uma casa para outra e manter o equilíbrio. O conhecimento adquirido de modo inconsciente é, em geral, armazenado na memória por muito tempo. Boa parte da aprendizagem implícita ocorre, por exemplo, quando aprendemos a andar de bicicleta, e é provavelmente por esse motivo que a relembramos ao pegarmos uma bicicleta, mesmo que não tenhamos praticado por muito tempo.

Para melhorar, é preciso praticar. Dependendo do jogo ou da habilidade, o estágio associativo pode durar semanas, meses ou anos. Durante essa fase, ocorrem mudanças no aprendiz. As redes neurais do cérebro se tornam progressivamente mais fortes, e os programas de controle motor, mais refinados. Com essas mudanças neurológicas, os comportamentos também mudam. Ao contrário da criança pequena, que age de forma lenta e brusca, a criança no estágio associativo se move de modo mais eficiente e manifesta prontamente os comportamentos desejados. A melhora nas habilidades ocorre como resultado do aumento da velocidade dos processos mentais, que dependem das funções executivas e do conhecimento da maneira de se mover. Observe que, na Figura 3.3, o tamanho das casas que refletem a velocidade com que trabalha a memória operacional e a quantidade de conhecimento declarativo e procedural armazenado na memória aumentam com a prática. À medida que a criança se torna mais hábil, ela começa a pensar mais rápido e se torna capaz de criar coisas com base em uma quantidade maior de conhecimentos.

Atenção: estado de consciência focada em algum aspecto do ambiente e na capacidade de se concentrar e manter o foco.

Memória: informações sobre o ambiente armazenadas por um período de tempo.

Memória declarativa: lembranças de eventos, fatos e conceitos; requerem consciência e atenção para serem armazenadas e lembradas.

Memória procedural: lembranças de como fazer coisas (por exemplo, andar de bicicleta, amarrar sapatos, tocar um instrumento); podem ser armazenadas e lembradas sem esforço consciente.

Programa motor: conjunto de comandos do cérebro que instruem o corpo a se mover em direções específicas.

Aprendizagem explícita: aquela que requer atenção consciente e avaliação.

Aprendizagem implícita: aquela que produz hábitos que controlam os movimentos de modo quase reflexivo, sem que se tenha consciência.

Estágio autônomo

Com a prática, os movimentos da criança se tornam cada vez mais eficientes e requerem cada vez menos pensamento. Os processos mentais conscientes, que eram cruciais para que a criança vinculasse condições de jogo e ações durante as fases cognitiva e associativa, acabam sendo dominados por processos inconscientes. De fato, os estudos sobre a atividade cerebral mostram que, no começo da aprendizagem, aumenta a atividade em áreas corticais do cérebro. Entretanto, com a prática, a atividade no córtex diminui e é substituída por uma atividade em estruturas profundas do cérebro que orienta imediatamente os programas motores e as ações. À medida que as habilidades melhoram, a criança começa a jogar sem mesmo pensar em como fazê-lo. A mudança dos processos mentais lentos e conscientes para os processos rápidos e inconscientes, ou seja, para o **automatismo** (estágio autônomo), é uma característica do desempenho da habilidade.

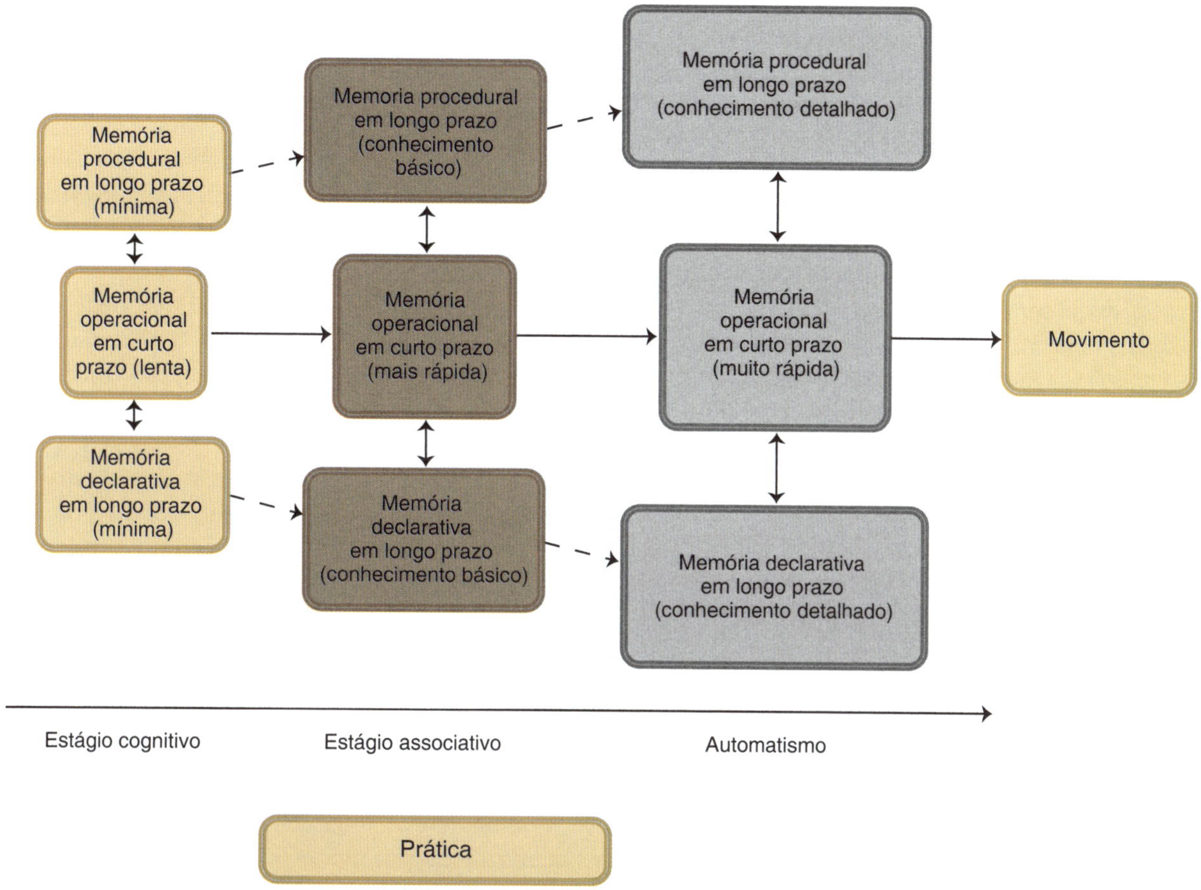

Figura 3.3 – O que acontece quando as habilidades são aprendidas.

Um dos benefícios do automatismo é que o processo mental usado para aprender habilidades pode ser utilizado para empregar estratégias de jogo. Como será descrito detalhadamente no Capítulo 6, a ativação dos processos mentais conscientes requeridos para orientar os movimentos fornece as condições que alimentam pensamentos criativos e novas maneiras de pensar e de agir. Ademais, o nível de habilidade no estágio autônomo se aproxima do nível máximo da pessoa. Em geral, os adultos experientes são motivados a praticar várias horas por semana para alcançarem e manterem suas competências. As melhorias no desempenho durante o estágio associativo requerem cada vez mais prática. Raramente a criança é tão motivada a praticar quanto um adulto, e, com frequência, chega a um ponto em que ela perde o interesse na atividade.

Os jogos fornecem à criança um contexto natural para aprender e desenvolver funções mentais. Especialistas em Educação Física têm enfatizado a importância da tomada de decisão criteriosa pela criança durante as aulas dessa disciplina para promover o raciocínio crítico (Kirk e MacPhail, 2002).

Para os professores, o desafio consiste em elaborar condições de jogo que maximizem o envolvimento mental. Pesquisadores da aprendizagem descobriram os princípios básicos para criar condições de jogo que mantenham as crianças na curva de aprendizagem, e que os professores podem utilizar.

O que influencia a forma da curva de aprendizagem?

Ao aprender um novo jogo, a criança se depara com problemas de movimento: ela tem uma meta, mas o conhecimento de como agir para alcançá-la está incompleto. Resolver problemas de movimentos requer conhecimento suficiente. Já que a sequência de movimentos exigida para alcançar a meta do jogo talvez não seja evidente em si, a criança pode tentar vários planos ineficientes de movimentos. Como já discutimos neste capítulo, o esquema de resolução de problemas mediante tentativa e erro pode até levar a uma solução, mas as melhoras na curva de aprendizagem serão lentas.

A forma da curva de aprendizagem reflete com que rapidez e até que nível a habilidade é adquirida. Ela pode ser influenciada por uma série de condições que dependem do controle dos professores. Quatro das melhores ferramentas disponíveis para os professores são as instruções, a modelagem, o *feedback* e os cronogramas de prática. Elas têm o potencial de aumentar o envolvimento mental e a subsequente aprendizagem.

Instruções

Instruções são afirmações que descrevem como fazer algo. São usadas para preparar a criança para aprender. Com as instruções, o professor pode direcionar a atenção da criança para o que é importante, descrever a ordem das ações e promover o envolvimento mental. Cada tentativa que a criança faz na prática proporciona uma oportunidade de aprendizagem. A criança mentalmente envolvida que aprende a lançar uma bola para um alvo, primeiro, avalia as condições iniciais do problema de movimento (o peso da bola, o tamanho e a distância do alvo), pensa nos movimentos antes de executá-los, avalia a sensação dos movimentos e prevê os resultados de suas ações.

As instruções do professor podem ajudar a criança a desenvolver um esquema ou regra geral que ela poderá utilizar para resolver os problemas de movimento. A cada tentativa de resolver um problema de movimento, as experiências são armazenadas nas memórias declarativa e procedural. Os professores precisam aprender a dar instruções verbais e utilizar os métodos de instrução direta (descritos em detalhes no Capítulo 7). As instruções são particularmente importantes durante os estágios cognitivo e associativo de aprendizagem, e têm impacto significativo na rapidez e na qualidade das habilidades aprendidas. Uma instrução fraca, que não leva em conta a aptidão para o desenvolvimento, as diferenças desenvolvimentais ou a capacidade para processar informações pode ser ineficiente ou, até mesmo, prejudicial à aprendizagem da criança.

Modelagem

A **modelagem**, ou **aprendizagem observacional**, implica aprender mediante a observação de ações cruciais para a resolução de problemas de movimento. É a modelagem que complementa as instruções verbais.

Assim como uma imagem vale mais que mil palavras, as ações dos professores dão à criança a imagem mental que ela pode usar para desenvolver um esquema de movimentos. Observar um modelo apropriado proporciona à criança o conhecimento das consequências das ações. Os professores eficientes utilizam a modelagem para mostrar ações que funcionam e ações que não funcionam. Assim, a criança pode aprender vendo o sucesso ou fracasso de outras. Todavia, como descreveremos nos Capítulos 6 e 7, uma das artes do ensino é saber quando (e como) modelar desempenhos e quando permitir que a criança descubra soluções para problemas de movimento por conta própria.

Automatismo: tipo de processamento rápido e inconsciente.

Instruções: afirmações que descrevem como fazer algo.

Modelagem ou aprendizagem observacional: aprendizagem pela observação de ações cruciais para a resolução de problemas de movimento.

Feedback: informação que indica algo sobre as consequências dos movimentos.

***Feedback* intrínseco**: *feedback* que se origina no corpo durante o movimento. Os músculos, as articulações, a pele, os olhos e os ouvidos enviam informações ao cérebro que proporcionam um sentido de movimento.

***Feedback* extrínseco**: informações que não podem ser obtidas diretamente; são fornecidas pelos professores e por outras pessoas que avaliam o desempenho e os movimentos do aprendiz.

Andaime: suporte dado pelo professor durante o processo de aprendizagem.

Feedback

Feedback é a informação que indica algo sobre as consequências dos movimentos. É crucial para a aprendizagem.

O ***feedback* intrínseco** se origina no corpo durante o movimento. Os músculos, as articulações, a pele, os olhos e os ouvidos enviam informações ao cérebro que proporcionam um sentido de movimento. O ***feedback* extrínseco**, por sua vez, é composto por informações que não podem ser obtidas de forma direta; são fornecidas por professores e outras pessoas que avaliam o desempenho e os movimentos do aprendiz. O processo de aprendizagem é influenciado positivamente pela interação dinâmica entre *feedback* intrínseco e extrínseco.

Assim como para as instruções, a eficiência do *feedback* depende de várias condições e da maneira como ele é fornecido. O **andaime** é o suporte dado pelo professor durante o processo de aprendizagem. O papel do professor é fornecer um suporte preciso para a criança obter progressos no desenvolvimento de habilidades no início do treinamento. A quantidade de suporte fornecido pelo professor diminui à medida que o estudante adquire proficiência em suas habilidades. Quando os professores começam a dar menos *feedback*, o estudante é forçado a focar o *feedback* intrínseco, a pensar bem e a analisar as consequências de suas ações.

A criança que está aprendendo a lançar uma bola em um alvo pode receber *feedback* após cada lançamento; contudo, esse ***feedback* contínuo**, com frequência, leva à dependência da avaliação do professor. O ***feedback* intermitente** é dado em algumas tentativas de aprendizagem, mas não em todas. As pessoas às quais se dá a oportunidade de obter sua própria avaliação em condições de *feedback* intermitente aprendem melhor as novas habilidades do que aquelas que recebem *feedback* contínuo.

O tipo de *feedback* tem forte influência na rapidez e na qualidade com que a aprendizagem ocorre. O tipo mais óbvio de *feedback* é o **conhecimento dos resultados**, que informa em que nível a meta de movimento foi alcançada. Para uma criança que está aprendendo a lançar uma bola em um alvo, o professor deve fornecer não apenas informações sobre a distância a que a bola chegou em relação ao alvo, mas também precisa dar um ***feedback* prescritivo**, que informa como melhorar na próxima tentativa (nesse caso, no próximo lançamento).

Ainda mais importante é o **conhecimento do desempenho**, que é a informação sobre a qualidade do movimento. A criança que aprende a lançar uma bola se torna mais eficiente à medida que seus movimentos se tornam mais coordenados. Os professores que dão informações sobre a posição do corpo, a postura, a rotação do tronco e a posição dos braços ajudam a preparar o terreno para um controle motor efetivo.

O desenvolvimento de um programa de movimentos eficientes para a criança é crucial, sobretudo durante os primeiros estágios da aprendizagem de habilidades. Parte da arte de ensinar é saber quando dar *feedback*, quanto *feedback* deve ser dado, e quando deixar a criança pensar por si só.

Cronogramas de prática

Estudos recentes destacam o forte efeito que a simples reorganização de cronogramas de prática surte sobre a aprendizagem (Tomporowski, McCullick e Horvat, 2010).

No estágio cognitivo e no começo do estágio associativo é comum e adequado que os aprendizes repitam os movimentos várias vezes. As condições de **prática constante** são aquelas em que um único movimento é executado repetidamente. A repetição fornece os ingredientes principais para se aprender um novo programa motor. Aprender um novo jogo requer que a criança sequencie novos movimentos juntos e estabeleça um programa motor que defina e modele a ação. No começo da aprendizagem, a criança precisa prestar atenção aos componentes individuais do programa motor (por exemplo, aonde vão pés, pernas, dedos, mãos e braços). Instruções, modelagem e *feedback* extrínseco apropriados ajudam a criança a organizar seus movimentos. No final do estágio associativo, a criança aprende o padrão motor geral e começa a ser mais proficiente na seleção dos músculos apropriados e na sincronização dos movimentos.

Os cronogramas de prática podem precisar de reorganização para que um único movimento seja executado repetidamente.

No final do estágio associativo e no autônomo, os professores podem modificar os cronogramas de prática de modo a promover a aprendizagem. A criança que pratica sob condições de **prática variada**, na qual os requisitos para a resolução de problemas foram alterados ou variam conforme as tentativas, aprende mais do que a criança cujas condições de prática são constantes. Alterar os requisitos de resolução de problemas nos jogos costuma proporcionar uma melhora na habilidade que a criança tem para usar seus programas motores recém-aprendidos. Planejar mudanças de um movimento para outro requer funções executivas. A criança deve reconhecer que as condições de jogo mudaram, avaliar os requisitos do novo jogo, "puxar" um programa de movimentos da memória, ajustar o programa motor para atender as condições do novo jogo e, então, responder.

As funções executivas – inibição de resposta, memória operacional e redirecionamento mental – são cruciais para os processos mentais que ocorrem durante as condições de prática variada. Um importante benefício das condições de prática variada e do envolvimento mental que as acompanha é a oportunidade de lidar com mudanças inesperadas. Assim, deixar a criança adivinhar as mudanças que podem ocorrer altera a maneira como ela se prepara a agir. Quando as condições mudam, a criança que tem histórico de experiência em mudanças pode se adaptar para superar desafios em novas situações. Considere a importância da generalização, discutida no Capítulo 1, na definição de aprendizagem apresentada antes neste capítulo. A criança que não consegue usar o conhecimento em uma nova situação não aprendeu verdadeiramente.

A atenção, a modelagem, o *feedback* e os cronogramas de prática ajudam a criança a aprender promovendo seu envolvimento ou engajamento mental. Crianças mentalmente envolvidas são facilmente reconhecidas. Uma criança que aprende a amarrar os sapatos pode ficar tão focada na atividade que perde a noção do tempo, deixa de ouvir seus pais ou o professor e se mantém em seu próprio mundo.

Os pesquisadores consideram o **envolvimento mental** como uma ação estimulada, dirigida e sustentada usada para enfrentar e superar desafios e problemas. Como veremos adiante, as crianças usam sua energia mental, o seu "combustível", quando se concentram em atividades desafiadoras, como *videogames*, tarefas escolares, jogos e esportes.

A energia mental e a aprendizagem da criança

A criança é geneticamente estruturada para aprender o que é importante para a sobrevivência. Contudo, como seu cérebro é imaturo e suas redes neurais ainda não estão todas conectadas, ela não lida com os problemas de aprendizagem do mesmo modo que os adultos, cujas redes neurais estão totalmente desenvolvidas (Bjorklund e Bering, 2002).

A novidade atrai a atenção da criança. Os eventos que já não são novos logo perdem a capacidade de despertar sua atenção. Por exemplo, uma criança pequena pode passar horas empilhando blocos, derrubando-os e empilhando-os de novo, mas sua atenção para esse jogo complexo é transitória. Após um momento, o jogo de montar blocos é substituído por outro, mais complexo e mais desafiador. Esses comportamentos refletem os conceitos de desequilíbrio e equilíbrio que discutimos no Capítulo 1.

A motivação, ou impulso, para alcançar o equilíbrio explica a persistência. Voltaremos a tratar mais detalhadamente das características motivacionais dos jogos no Capítulo 4. No entanto, é importante entender que, durante os períodos de desequilíbrio, ocorrem mudanças nos estados fisiológicos de energia e estimulação que contribuem para a aprendizagem.

A energia mental da criança

Há muitos anos, filósofos e professores se questionam sobre como a mente e o corpo funcionam juntos. Pesquisadores contemporâneos que estudam a energia cognitiva tentam responder a essa pergunta estudando as conexões entre as atividades da estrutura corporal e os processos psicológicos da mente.

Muitos cientistas cognitivos concordam em dizer que a mente faz mais do que apenas processar e organizar as informações; ela também tem a capacidade de ser criativa e gerar novas ideias. Do nascimento ao fim da vida, os humanos enfrentam desafios que pedem soluções novas e únicas. A criança vive em um mundo caótico, mas traz ordem ao caos com as operações de sua mente em desenvolvimento. Essas operações, no entanto, requerem esforço mental. Como descrito antes, a criança aprende sequências de movimentos para alcançar metas. O sucesso em jogos, no campo de jogos e em competições esportivas exige que os jogadores entendam os desafios que enfrentam e saibam como usar suas capacidades mentais para superá-los.

A mente humana dirige o comportamento voluntário, proposital e guiado por metas. Alguns aspectos da cognição refletem o raciocínio "frio" – uma análise mecânica dos custos e benefícios das ações. Contudo, os humanos não são computadores; seus comportamentos podem ser influenciados por emoções e sentimentos "quentes". Os estados psicológicos da criança refletem tanto os processos computacionais frios como os processos emocionais quentes que influenciam a frequência cardíaca e a respiração, e resultam em sentimentos como o prazer, a ansiedade e o medo. O equilíbrio entre cognição fria e quente pode variar enormemente de um momento para outro. As emoções da criança influenciam muito o que e como ela aprende. Os professores eficientes entendem o equilíbrio entre as duas fontes de energia mental que promovem a aprendizagem da criança.

***Feedback* contínuo**: *feedback* dado a cada tentativa de aprendizagem.

***Feedback* intermitente**: *feedback* dado em algumas tentativas de aprendizagem, mas não em todas.

Conhecimento dos resultados: informa em que nível a meta de movimento foi alcançada.

***Feedback* prescritivo**: informa como melhorar na próxima tentativa.

Conhecimento do desempenho: informação sobre a qualidade do movimento.

Prática constante: prática em que um único movimento é executado repetidamente.

Prática variada: tentativas sucessivas de prática em que os requisitos para a resolução de problemas foram alterados (variam) conforme as tentativas e sem ordem particular.

Envolvimento mental: ação estimulada, dirigida e sustentada usada para enfrentar e superar desafios e problemas.

Estimulação e aprendizagem

Os professores se deparam com crianças sonolentas e pouco estimuladas e com outras tão ativas que parecem, literalmente, pular nas paredes. Assim, eles reconhecem a importância de ter alunos no nível apropriado de estimulação enquanto ministram aulas.

Uma pesquisa conduzida há mais de um século confirma as observações dos professores sobre a importância da estimulação para a aprendizagem. Uma antiga pesquisa conduzida por Yerkes e Dodson (1908) trouxe uma contribuição importante para os métodos educacionais. Como se observa na Figura 3.4, vários estudos mostraram um gráfico com a relação em forma de onda entre estimulação e desempenho: o melhor desempenho ocorre em níveis moderados de estimulação (pico), e o pior, em ambas as extremidades da linha da estimulação (vales). A **lei de Yerkes-Dodson**, que descreve a relação entre níveis de estimulação e desempenho, mantém um lugar proeminente na maioria dos livros didáticos que avaliam os efeitos da estimulação sobre o desempenho humano.

Por que o aumento da ativação corporal influencia do que a criança se lembra e o que ela aprende? Considere que nem as crianças nem os adultos se lembram de tudo o que experimentam. A rotina diária é caracterizada pela mesmice. Repetir as mesmas atividades no dia a dia as torna tediosas e esquecíveis. Em contrapartida, o corpo humano é estimulado quando algo novo ou inesperado acontece. As crianças são naturalmente atraídas pelo que é novo; coisas que elas nunca viram nem tocaram chamam sua atenção. Ao encontrar algo novo, a criança mostra mudanças corporais: dilatação da pupila, aumento da frequência cardíaca e da respiração, e maior tensão muscular. Ela se torna fisicamente preparada para explorar a nova situação ou o novo objeto e assimilá-lo. A exploração da criança durante os períodos de estimulação elevada e de atenção e concentração aumentadas abre caminho para armazenar lembranças. De fato, as pesquisas sobre o armazenamento de lembranças (memória) revelam que mais informações são lembradas quando a aprendizagem ocorre em um estado de estimulação física moderada.

No decorrer do processo de aprendizagem, a tensão física e mental da criança (desequilíbrio) se reduz quando ela alcança a estabilidade (equilíbrio). A aprendizagem é um processo que acontece naturalmente e ajuda a criança a se adaptar a novas situações. Os requisitos mentais que a criança experimenta em jogos novos ou reestruturados a leva a acionar processos de controle cognitivo que são reações normais e saudáveis a novas situações de aprendizagem. Ademais, as emoções desencadeadas durante o processo de aprendizagem são positivas e motivam a criança a procurar novos jogos desafiadores.

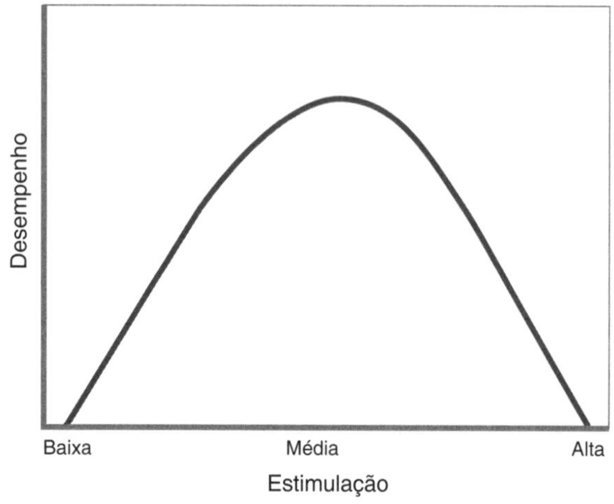

Figura 3.4 – Gráfico em forma de onda da relação entre estimulação e desempenho. O melhor desempenho ocorre no nível moderado de estimulação (pico), e o pior, em ambas as extremidades da linha da estimulação (vales).

O acoplamento de ações e a aprendizagem da criança

Bebês e crianças são biologicamente levados a explorar e a aprender. As ações vinculam os movimentos às suas consequências, e os movimentos repetidos fornecem a base da aprendizagem motora. A última é procedural, isto é, a criança aprende a executar movimentos e ações dirigidas para metas. Por exemplo, uma pessoa pode ser capaz de andar de bicicleta, mas terá dificuldade para explicar como funciona. O acoplamento automático da ação relaciona o mundo a movimentos físicos.

Recentemente, os psicólogos do desenvolvimento focalizaram a importância dos movimentos físicos para o desenvolvimento mental. A teoria da **aprendizagem incorporada** estabelece que existe uma interação dinâmica entre os movimentos corporais da criança, as experiências sensoriais obtidas por meio dos movimentos e o contexto desses movimentos.

Quando a criança aprende a controlar seus movimentos e a executar ações, ela começa a desenvolver um esquema para entender o mundo ao seu redor e como suas ações fornecem sentido para alcançar metas. A aprendizagem ocorre em tempo real e depende das experiências sensoriais e motoras obtidas na situação. Embora a criança chegue a entender o ambiente pelos movimentos, o mundo limita ou restringe o que ela aprende. Um mundo inalterado e repetitivo proporciona poucas oportunidades para que ela possa aprender por meio dos próprios movimentos.

Com os movimentos e suas consequências, bebês e crianças pequenas constroem mapas tridimensionais do mundo. Os bebês aprendem onde estão os objetos e como podem controlá-los. Por exemplo, o móbile de cores vivas que balança acima do berço do bebê proporciona uma oportunidade, ou um contexto, para ele aprender como e para onde mover braços e pernas. As operações mentais requeridas para lembrar onde estão os objetos no espaço e como podem ser movidos são cruciais para as imagens mentais e as operações necessárias à resolução de problemas básicos de matemática e de ciências (Newcombe e Frick, 2010).

Lei Yerkes-Dodson: lei que descreve a relação entre os níveis de estimulação e desempenho.

Aprendizagem incorporada: teoria que estabelece a existência de uma interação dinâmica entre os movimentos corporais da criança, as experiências sensoriais obtidas por meio deles, e o contexto desses movimentos.

Tarefas desenvolvimentais ao longo da vida: tarefas que surgem durante certos períodos da vida e que, se aprendidas, contribuem para a felicidade, o sucesso em tarefas futuras e a aprovação social.

Tarefas desenvolvimentais e aptidão para aprender

O desequilíbrio produzido por um jogo depende do nível de desenvolvimento físico e mental da criança. Um jogo pode captar a atenção e o envolvimento mental da criança em determinada idade e ter pouco efeito em outra. Por exemplo, o jogo "O mestre mandou" pode ser excelente para crianças pequenas, mas tedioso para crianças mais velhas. Assim, o quanto os jogos afetam o desenvolvimento cognitivo da criança depende dos tipos de jogos que os professores selecionam e do momento em que os apresentam. A importância das experiências da criança durante os períodos sensíveis de desenvolvimento foi discutida no Capítulo 1. Lembre-se de que a janela de oportunidades para influenciar o desenvolvimento cerebral pode ser limitada.

Tarefas desenvolvimentais

As habilidades mentais que a criança desenvolve e aprimora com os jogos podem ajudá-la a controlar **tarefas desenvolvimentais ao longo da vida**, que surgem durante certos períodos. Se aprendidas, elas contribuem para a felicidade e o sucesso em futuras tarefas. O fracasso na aprendizagem leva à infelicidade, à reprovação social e à dificuldade em futuras tarefas.

Havighurst (1972), cujos conceitos sobre o desenvolvimento infantil influenciaram muitas gerações de educadores, sugeriu que o êxito ou fracasso da criança na aprendizagem de uma tarefa desenvolvimental pode estabelecer a direção da sua trajetória de vida. As tarefas desenvolvimentais refletem as principais crenças de uma sociedade ou cultura e os aspectos de comportamento considerados importantes para a saúde física e mental, e a adesão a um grupo. A criança enfrenta tarefas desenvolvimentais estreitamente relacionadas à maturação biológica, às expectativas sociais e culturais, e a metas, valores e aspirações pessoais emergentes. Assim, tarefas específicas podem surgir em diferentes momentos. A seguir, listamos algumas das tarefas desenvolvimentais descritas por Havighurst que a criança enfrenta durante os dois primeiros estágios de desenvolvimento.

Tarefas desenvolvimentais do nascimento à primeira infância (até, aproximadamente, 5 anos)

- Aprender a andar.
- Aprender a ingerir alimentos sólidos.
- Aprender a falar.
- Controlar/eliminar dejetos.
- Reconhecer diferenças sexuais e ter pudor sexual.
- Formar conceitos e linguagem para descrever a realidade.
- Estar pronto para ler.
- Aprender a distinguir o bem do mal e começar a desenvolver a consciência.

Fonte: adaptado de Havighurst (1972).

Tarefas desenvolvimentais na segunda infância (aproximadamente dos 6 aos 12 anos)

- Aprender as habilidades físicas necessárias para jogos comuns.
- Construir atitudes saudáveis em relação aos outros.
- Aprender a entender-se com colegas de mesma idade.
- Aprender um apropriado papel social masculino ou feminino.
- Desenvolver habilidades fundamentais para ler, escrever e calcular.
- Desenvolver conceitos para a vida cotidiana.
- Desenvolver consciência, moralidade e escala de valores.
- Alcançar a independência pessoal.
- Desenvolver atitudes em relação a grupos sociais e instituições.

Fonte: adaptado de Havighurst (1972).

Havighurst (1972) enfatizou que, em geral, a criança está predisposta a aprender habilidades específicas da vida em determinados períodos do desenvolvimento. Ocorre uma interação dinâmica entre a criança e a emergência de tarefas desenvolvimentais específicas. A criança costuma manifestar comportamentos que indicam o **momento propício ao ensino**, isto é, uma oportunidade não planejada em que um professor tem uma chance ideal de proporcionar conhecimento aos alunos. À medida que muda o contexto das condições da sala de aula ou do jogo, a criança pode ficar especialmente receptiva para aprender as habilidades necessárias para enfrentar e resolver desafios. O momento propício ao ensino, contudo, é transitório. O desenvolvimento bem-sucedido costuma depender da sincronia entre a aptidão do estudante para aprender e a do professor para transmitir o conhecimento.

Diferenças na aptidão para aprender

A aprendizagem depende de várias condições específicas a cada criança. Como as crianças não amadurecem e não se desenvolvem da mesma forma, o professor não pode se basear na idade da criança para determinar quando introduzir um jogo particular. Ele precisa considerar os requisitos físicos e cognitivos do jogo e adequá-los à maturação física da criança, às capacidades com pré-requisitos e ao nível de motivação, como mencionamos no Capítulo 2, na discussão sobre o ponto ideal de desafio.

A maturação não se refere apenas às capacidades físicas, mas, também, reflete as mudanças nas áreas cognitivas. Por exemplo, o garoto pode ter habilidade física suficiente para jogar futebol, mas carecer de habilidade cognitiva para entender as orientações complexas ou lidar com as dinâmicas sociais de um esporte coletivo. Do mesmo modo, outra criança pode ter desenvolvido as habilidades cognitivas para jogar futebol, mas carecer das características físicas requeridas para esse esporte.

Desenvolvimento físico

A **primeira infância** é um período que vai, aproximadamente, dos 18 meses até os 6 anos. Esse período é caracterizado pelo surgimento de **habilidades motoras fundamentais**, padrões de movimento que são a base para a aprendizagem de movimentos complexos. As três categorias de padrões de movimentos fundamentais são: as ações locomotoras (andar e correr), as ações não locomotoras (debruçar-se, contorcer-se e balançar-se) e as ações manipulativas (atar nós, desenhar).

Por volta dos 6 anos, o sistema nervoso da jovem criança amadurece, e ela apresenta características de habilidades motoras fundamentais. Sob condições apropriadas, as habilidades motoras da criança se tornam mais refinadas durante a **segunda infância**, dos 6 aos 12 anos. Essas melhoras são parcialmente explicadas pelas mudanças no crescimento corporal e na estatura. Mudanças nos padrões de movimento relacionadas ao sexo se tornam cada vez mais óbvias após os 10 anos. Os garotos tendem a praticar mais movimentos que as meninas. Existem evidências de que a qualidade dos padrões de movimento da criança pode ser melhorada com treinamento.

Desenvolvimento cognitivo

O modelo dos componentes do processo cognitivo apresentado antes neste capítulo (Figura 3.2) descreve a inter-relação entre vários processos mentais. Se comparada a um adulto, a criança processa informações mais devagar e tem sistemas de memória menos eficientes. A velocidade de processamento aumenta com a idade até o começo da fase adulta; os maiores ganhos ocorrem entre os 6 e os 15 anos. A memória em curto prazo da criança pequena é inferior à da criança mais velha, mas aumenta gradativamente até os níveis do adulto. Os maiores aumentos na memória operacional são constatados entre os 3 e os 7 anos. Ademais, para organizar e lembrar informações, a criança pequena usa estratégias menos refinadas do que as dos adultos. A repetição consciente das informações aumenta o armazenamento da memória em longo prazo, mas a criança raramente usa esses métodos de aumento de memória antes dos 10 anos de idade. Assim como as habilidades motoras fundamentais, os componentes do processamento de informação da criança pequena são imaturos, melhoram com o tempo e são sensíveis ao treinamento.

Momento propício ao ensino: oportunidade não planejada em que um professor tem uma chance ideal de proporcionar conhecimento aos alunos.

Primeira infância: período da vida humana que vai dos 18 meses aos 6 anos.

Habilidades motoras fundamentais: padrões de movimento que são a base para a aprendizagem de movimentos complexos. As três categorias de padrões de movimentos fundamentais são: as ações locomotoras (andar e correr), as ações não locomotoras (debruçar-se, contorcer-se e balançar-se) e as ações manipulativas (atar nós, desenhar).

Segunda infância: período da vida humana que vai dos 6 aos 12 anos.

Deficiência de desenvolvimento: transtorno invasivo apresentado durante a maturação.

Crianças com atrasos de desenvolvimento

Algumas crianças não seguem a mesma progressão desenvolvimental da maioria. Por motivos que podem estar relacionados a transtornos genéticos ou a fatores ambientais ou sociais, essas crianças apresentam atrasos em áreas cruciais para a aquisição de habilidades.

Uma **deficiência de desenvolvimento** é um transtorno invasivo apresentado durante a maturação. Algumas crianças mostram deficiências globais que refletem no desenvolvimento físico, cognitivo e emocional. Aquelas com níveis graves e profundos de deficiência intelectual costumam apresentar evidências de deficiência global. Outras apresentam deficiências específicas que podem ser detectadas apenas sob condições muito delimitadas (por exemplo, autismo, síndrome do X frágil).

Um antigo debate ocorre entre pesquisadores e educadores que estudam as deficiências de desenvolvimento. Edward Zigler, autoridade na área de educação, foi figura central naquilo que acabou ficando conhecido como "debate da diferença de desenvolvimento". Ele e colaboradores escreveram extensivamente sobre semelhanças e diferenças entre duas abordagens teóricas gerais do estudo das diferenças individuais: teorias do desenvolvimento e teorias da diferença (Zigler e Styfco, 2004).

As teorias do desenvolvimento propõem que as crianças livres de deficiências específicas de base genética, de doenças neurológicas ou de traumas ambientais se desenvolvem e aprendem fundamentalmente da mesma maneira. As diferenças entre as crianças podem ser mais bem descritas em termos de quão rápido elas aprendem uma habilidade (ritmo de aprendizagem) e de sua proficiência final (nível de aprendizagem). As comparações entre os ritmos de aprendizagem das crianças indicam que aquelas com deficiências globais de desenvolvimento aprendem mais devagar do que as que não têm deficiências. No entanto, as crianças com atrasos de desenvolvimento não são anormais no sentido de que não possam aprender uma habilidade; mais propriamente, elas precisam de treinamento adicional e de prática para alcançar o desempenho de crianças sem deficiências globais. Os teóricos do desenvolvimento sugerem que, embora algumas diferenças decorrentes das deficiências de desenvolvimento possam ser explicadas em termos de fatores cognitivos, a maior parte se deve a fatores não intelectuais como a motivação, a autossuficiência, a confiança e a aplicação de técnicas de ensino apropriadas.

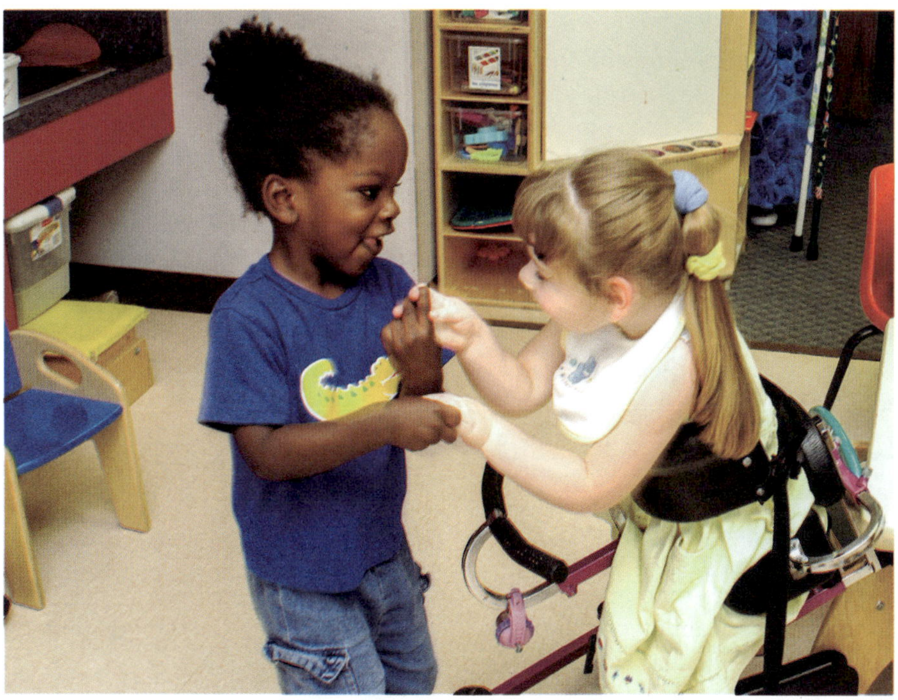

© Getty Images

Crianças com atrasos de desenvolvimento podem trabalhar e brincar do mesmo modo que crianças sem esses atrasos; precisam apenas de mais tempo e prática.

Os pesquisadores mostram que as crianças com deficiência de desenvolvimento experimentam histórias de fracasso e de falta de sucesso e, em consequência, tendem a ser dirigidas de fora; elas confiam muito mais na orientação e direção dos adultos do que em suas próprias habilidades e capacidades (Zigler e Balla, 1982). Por causa da baixa expectativa na capacidade de resolver problemas sozinhas, essas crianças costumam apresentar **impotência aprendida**, isto é, não escolhem nem agir nem tentar enfrentar os desafios que fazem parte das tarefas de aprendizagem de habilidades por causa da baixa expectativa de serem capazes de resolver problemas por conta própria.

Quando as crianças com deficiência de desenvolvimento têm escolha, elas costumam se comportar mais com base em sua percepção de como as demais se comportam, ou de como as demais esperam que elas se comportem, do que com base em desejos e vontades pessoais. Para Zigler e outros teóricos do desenvolvimento, estimular a autoconfiança da criança é crucial para o desenvolvimento da aprendizagem. Como discutiremos no Capítulo 4, as experiências passadas da criança podem ter efeitos profundos em sua tendência a experimentar ou evitar jogos que promovam a aprendizagem.

Já as teorias da diferença propõem que as crianças com deficiências de desenvolvimento tenham problemas no processamento de informações que as levam a ter um desempenho diferente das demais. Essas crianças mostram *deficit* em todos os componentes do sistema de processamento de informações. Ademais, as diferenças surgem quando elas desempenham tarefas cognitivas em que se espera que fatores motivacionais tenham influência mínima sobre o desempenho.

Foram feitas tentativas para melhorar os componentes das habilidades de processamento das informações. Em geral, os programas de treinamento resultaram no aumento da eficiência do processamento das informações; no entanto, os efeitos desses programas de treinamento não costumam ser duradouros. Assim, os problemas específicos que existem nos componentes de processamento de informações podem ter efeito amplo no ritmo e no nível de aprendizagem das crianças.

As questões centrais do debate da diferença de desenvolvimento são cruciais, porque podem ser aplicadas à educação de todas as crianças. Comparações semelhantes podem ser feitas entre crianças com desenvolvimento intelectual normal e aquelas consideradas superdotadas. De acordo com a posição da teoria do desenvolvimento, as diferenças entre o ritmo e o nível de aprendizagem das crianças refletem habilidades básicas e fatores não intelectuais, como o ambiente familiar, o apoio social e os métodos educacionais. Os educadores das áreas da educação especial e da Educação Física Adaptada, em particular, beneficiaram-se amplamente da pesquisa sobre as diferenças no desenvolvimento físico, cognitivo e social das crianças. Os jogos de atividade física que serão descritos nos Capítulos 10 e 11 podem ser modificados para avaliar muitas diferenças entre as crianças.

Implicações para os educadores

Os professores podem criar ambientes que influenciam de maneira positiva o comportamento, o desempenho e a saúde da criança. Infelizmente, ao longo da História, muitos educadores empregaram métodos instrucionais que enfatizam a rotina e os exercícios repetitivos planejados para promover a aptidão física dos adultos. Essas condições instrucionais, embora adequadas para os adultos que almejam melhorar a aptidão física (função cardiorrespiratória, força muscular e flexibilidade), criam condições que a maior parte das crianças acham pouco atraentes.

Se aceitarmos a noção de que a criança se beneficia por ser fisicamente ativa em ambientes planejados para responder às suas necessidades, podemos ver com facilidade que é essencial saber como e por que apresentar jogos de atividade física; a antiga maneira de fazer coisas não vai produzir os resultados que procuramos para as crianças. O objetivo deste livro é ajudar os professores a reconhecerem e desenvolverem ambientes instrucionais que levem a criança a se envolver em processos de controle cognitivo que são reações normais e saudáveis a novas situações de aprendizagem. A habilidade da criança de aprender a controlar seus movimentos é considerada um processo que ocorre naturalmente e a ajuda a se adaptar a novas situações.

Os jogos apresentados neste livro são para crianças de duas faixas etárias: dos 3 aos 6 e dos

7 aos 11 anos. Como discutiremos nas Partes II e III, a seleção e a direção dos jogos são elementos cruciais para alcançar o nível desejado de envolvimento mental. As mudanças desenvolvimentais da criança entre os 3 e os 11 anos são rápidas e surpreendentemente complexas. Alguns jogos também podem servir para crianças mais novas, mas são menos atrativos para crianças mais velhas, dentro de uma faixa etária determinada. Contudo, o jogo, por si e em si, não é importante. O que importa é que ele esteja sintonizado com a aptidão da criança para jogá-lo. Os professores podem mudar o contexto dos jogos, mas não podem mudar a aptidão para o desenvolvimento da criança nem suas experiências passadas de aprendizagem.

Impotência aprendida: escolher não agir nem tentar enfrentar os desafios que fazem parte das tarefas de aprendizagem de habilidades por causa da baixa expectativa de ser capaz de resolver problemas por conta própria.

Capítulo
4

Como motivar a criança a aprender por meio do jogo

Por que as crianças fazem o que fazem? Isso costuma desafiar o raciocínio adulto. Uma criança pequena pode girar em círculo até ficar tonta a ponto de cair. Outra vai andar reto até uma poça de lama quando teria sido mais fácil contorná-la. Outra, ainda, vai, sem hesitação, saltar uma rampa de bicicleta sem ter a menor noção de como vai aterrissar. Duas frases bem conhecidas que pais e professores costumam proferir são: "*Por que cargas d'água você fez isso?*" e "*Em que você estava pensando?*". Este capítulo analisa um tópico que há séculos é do interesse de pais, professores e filósofos: a motivação da criança.

Uma coisa é observar os comportamentos da criança e outra, bem diferente, é desenvolver explicações plausíveis para eles. De fato, no início do século XX, psicólogos do desenvolvimento levantaram a hipótese de que o desenvolvimento de bebês e de crianças reflete a maneira como a espécie humana evoluiu. Assim, eles acreditavam que cada criança era programada para repetir, ou recapitular, as mudanças que ocorreram no corpo e nos comportamentos de seus ancestrais durante milhões de anos. Girar, balançar-se e testar os próprios limites eram considerados um espelho daquilo que a espécie humana havia conquistado como um todo. De fato, a seguinte afirmação de Herbert Spencer (1820-1903) teve impacto substancial nos educadores da América do Norte durante décadas:

> Se existe uma ordem segundo a qual a raça humana tem dominado seus diferentes tipos de conhecimentos, deverá surgir em cada criança uma aptidão para adquirir esses tipos de conhecimento segundo a mesma ordem. [...] A educação é a repetição da civilização em tamanho menor.

Essa noção de que a ontogenia (desenvolvimento individual) recapitula a filogenia (desenvolvimento das espécies) ainda sobrevive em algumas áreas de teoria da educação. No entanto, foi amplamente desacreditada pelos testes científicos.

Nas últimas décadas, grandes progressos foram feitos no entendimento da maneira como fatores biológicos, cognitivos e emocionais motivam, ou orientam, as pessoas a fazerem o que fazem. Este capítulo examina como os jogos são física e mentalmente desafiadores, motivando as crianças a aprenderem. Jogos apropriados ao desenvolvimento, apresentados no contexto adequado, propiciam o envolvimento mental necessário para facilitar o surgimento das funções executivas da criança. Os benefícios físicos e psicológicos decorrentes das experiências de jogo podem ter longo alcance, porque as funções executivas essenciais têm um papel importante em múltiplas situações e podem ser cruciais para o sucesso, não só na área dos jogos, mas também em situações acadêmicas e do mundo real que envolvam inibição de resposta, memória operacional e redirecionamento mental.

A motivação para jogar

A **motivação** é um estado psicológico ou fisiológico que estimula o comportamento para alcançar uma meta. As **necessidades**, que são os objetos das motivações, surgem quando o estado estável da criança, ou **homeostase** (a manutenção do equilíbrio nos processos corporais), é perturbado. Quando uma criança está com fome, por exemplo, a falta de alimentos avisa o cérebro para orientar a criança a procurar algo para comer. A criança experimenta um estado de necessidade e, por meio de ações dirigidas para alcançar metas, reduz a necessidade e restabelece um estado estável.

Muito se escreveu a respeito da motivação da criança para atender suas necessidades físicas e sociais. Como discutimos no Capítulo 1, a teoria de Jean Piaget sobre o desenvolvimento cognitivo foca os aspectos energéticos do desequilíbrio que a criança experimenta quando confrontada com um novo problema para resolver. O mundo que circunda a criança em desenvolvimento fornece novas informações que ela tem que entender e assimilar. Com frequência, considera-se que os bebês e as crianças apresentam um estado permanente de agitação, que se caracteriza por comportamentos repetitivos e, aparentemente, sem metas claras. Uma criança pequena pode martelar pinos de madeira com força durante horas a fio; então, em determinado momento, mostra pouco interesse na martelagem. A motivação da criança para martelar pode ser substituída por uma motivação para jogar objetos no chão e olhá-los quicar. As motivações desses comportamentos têm consequências múltiplas e duradouras sobre o desenvolvimento mental.

É importante entender que o impulso, ou motivação, para executar movimentos que tornam o mundo significativo para a criança é intrínseco. A fonte que motiva a criança a agir e que se origina dentro dela é conhecida como **motivação intrínseca**. Os motivadores intrínsecos incluem sentimentos de prazer e satisfação. A fonte de **motivações extrínsecas**, por oposição, é uma recompensa externa que vem do meio ambiente (como prêmios, dinheiro e elogios). Um jovem que pratica futebol para obter uma bolsa de estudos na faculdade e se torna um atleta profissional muito bem pago é motivado por recompensas extrínsecas. Um jovem que pratica pelo puro prazer do jogo e pela satisfação que decorre dele é motivado por recompensas intrínsecas.

Motivação: estado psicológico ou fisiológico que estimula o comportamento para alcançar uma meta.

Necessidades: os objetos das motivações.

Homeostase: manutenção do equilíbrio nos processos corporais.

Motivação intrínseca: comportamento orientado por recompensas internas (como o prazer e a satisfação).

Motivação extrínseca: comportamento orientado por recompensas externas oriundas do meio ambiente (como prêmios, dinheiro ou elogios).

Habilidades motoras fundamentais: habilidades motoras que são a base das habilidades complexas de aprendizagem.

Jogos e energia psicológica

A noção de energia é essencial para entender a motivação. A força motivacional para alcançar o equilíbrio é poderosa. Quem já competiu em jogos de perguntas e respostas, que requerem relembrar muitas informações, sente-se obrigado a continuar jogando até se lembrar da resposta correta. O sucesso nesse tipo de jogo requer atenção e esforço mental contínuo. Certas pessoas que praticam esses jogos revelam ter lembrado e ligado para amigos para dizer a resposta horas depois de a pergunta ter sido feita. Uma vez obtida a resposta, a tensão mental experimentada na tentativa de responder à pergunta se dissipa rapidamente. A energia mental que usamos todo dia para manter nosso equilíbrio mental é substancial. Como descrito nos capítulos anteriores, o esforço mental constitui um recurso para quem procura alcançar uma meta. Considere, então, de que modo a energia mental pode servir como fonte de motivação.

As noções de tensão e de alívio da tensão são importantes para entender o poder da motivação nas crianças. O desequilíbrio e a tensão psicológica são produzidos enquanto os jogos de aprendizagem levam a criança a procurar uma solução, que, por sua vez, alivia a tensão e reestabelece o equilíbrio. A redução da tensão mental é obtida apenas por meio da ação e do comportamento. Os jogos podem requerer experimentar estratégias que não funcionam. A tensão experimentada durante períodos de desequilíbrio pode ser classificada de leve a intensa. Assim, a tensão tem papel importante na determinação do nível de esforço que uma criança vai aplicar em certo jogo ou para resolver um problema particular. Não obstante, o alívio da tensão é uma grande recompensa intrínseca – traz um sentimento de realização.

Videogames versus jogos de atividade física

Recentemente, os sistemas de jogos de computador e dispositivos móveis tiveram enorme impacto sobre a atividade de crianças e adultos. Os avanços tecnológicos tornaram os jogos cada vez mais realistas. Milhões de crianças foram apresentadas a esses novos equipamentos. Alguns deles foram desenvolvidos como ferramentas de aprendizagem, e outros, para o divertimento. Entretanto, muitas crianças se tornaram mentalmente absortas por *videogames.* O quanto esses jogos prendem a atenção das crianças atesta o poder motivacional do desequilíbrio; com frequência, despende-se um grande esforço mental para alcançar o próximo nível do jogo. De fato, algumas crianças e também adultos mostram sinais de dependência dos jogos – ao jogar *videogame* grande parte do dia, com exclusão de outras atividades mais importantes, como fazer os deveres de casa ou passar um tempo com membros da família (Weis e Cerankosky, 2010). Os programadores de jogos sugerem que a criança pode se beneficiar mentalmente ao jogar com equipamentos portáteis. Apesar dos comentários de engenheiros em computação, a pesquisa ainda precisa demonstrar os benefícios desses jogos sobre o desenvolvimento mental e o desempenho acadêmico das crianças (Gunter, Kenny e Vick, 2008; Moreau e Conway, 2013).

Independentemente dos benefícios limitados, os jogos de dispositivos portáteis são muito motivadores para qualquer criança. Como discutiremos adiante, os *videogames* populares são planejados para se adequar aos níveis de habilidade dos jogadores, de tal modo que os jogadores são sempre mantidos na curva de aprendizagem. Os jogos de atividade física também podem ser planejados para manter a criança na curva de aprendizagem, além de proporcionarem vários benefícios que os *videogames* não proporcionam.

Primeiro, os contextos dos jogos de atividade física são naturais. Embora os *videogames* se esforcem para produzir experiências tridimensionais, essas experiências estão longe das vividas no mundo real, que propiciam combinações de ações e respostas apropriadas ao desenvolvimento. Um jovem pode ser capaz de orientar uma bola de boliche digital ao longo de um corredor pressionando botões em um dispositivo portátil ou movendo uma caneta, mas esses movimentos motores não são reais.

Os *videogames* não proporcionam experiências sensoriais vindas do fato de mover o corpo de maneira a ajudar o desenvolvimento de **habilidades motoras fundamentais**, que são a base da aprendizagem de habilidades complexas. Como discutimos nos capítulos anteriores, os bebês e as crianças pequenas desenvolvem padrões de movimentos que são refinados durante a segunda infância e a adolescência para atender e superar uma variedade de desafios do mundo real.

Outro benefício dos jogos de atividade física que os *videogames* não têm consiste nas interações sociais com parentes, professores e outras crianças, cruciais para o desenvolvimento normal.

Habilidades motoras fundamentais e de manipulação – como pular, correr, jogar e pegar uma bola, atingir objetos, chutar e ter agilidade e coordenação – são os elementos constitutivos de uma vida inteira de movimentos.

Durante milhares de anos, as crianças aprenderam habilidades com os pais e familiares, e, por meio dessas habilidades, entenderam o que constitui um comportamento normal ou apropriado. Desde os primeiros dias de vida da criança, seu comportamento é guiado por uma série de restrições socialmente determinadas. Ela aprende a adaptar suas necessidades físicas e psicológicas às regras da família e do grupo social.

Recentemente, professores do ensino fundamental reportaram um número crescente de crianças que carecem de habilidades sociais ao ingressarem no sistema educacional (Eisenberg, Valiente e Eggum, 2010). É possível que a crescente redução nas brincadeiras infantis e nas instruções das regras de jogo tenha contribuído para essa falta de consciência social das crianças. De fato, alguns psicólogos do desenvolvimento relacionaram as restrições de atividades motoras e as falhas na aprendizagem de combinações apropriadas entre ações e respostas a atrasos no desenvolvimento global e a distúrbios como o autismo (Stockman, 2004b). Os benefícios dos jogos de atividade física sobre a saúde mental da criança serão discutidos no Capítulo 5.

As atividades físicas realizadas em contextos naturais resultam em gastos de energia apropriados em termos de desenvolvimento e atendem aos padrões de atividade da criança. Existem jogos de computador que tentam aumentar os níveis de atividade física da criança e promover sua aptidão física. A primeira geração desses *exergames* (*exercise* + *games*), que relacionavam passos de dança com música, popularizou-se e deu provas de que a criança que jogava encontrava níveis aceitáveis de intensidade e duração na atividade. Ademais, alguns estudos indicam que os *exergames*, jogados de forma específica, podem melhorar as funções cognitivas da criança (O'Leary *et al.*, 2011). Embora sejam interessantes, esses estudos não apresentaram evidências de benefícios duradouros dos *exergames* sobre a aptidão física ou a cognição da criança (Papastergiou, 2009).

Os jogos e o prazer

As crianças, assim como os adultos, experimentam sentimentos e emoções durante e depois das ações. O sucesso traz bem-estar, e o fracasso provoca sentimento de decepção. O desequilíbrio e as mudanças que ele acarreta no estado estável de alguém influenciam de imediato o corpo e a mente. A cada movimento, afloram sensações que produzem sentimentos constitutivos da emoção e do humor. Por exemplo, o passo na linha final de uma corrida é como qualquer outro passo da corrida, mas tem efeito imediato e difundido sobre o corredor. Em certas condições, pode levá-lo ao sentimento de euforia; em outras, a um sentimento de frustração.

Os pesquisadores definem as **emoções** como reações afetivas (positivas ou negativas) em curto prazo em relação a objetos (reais ou imaginados) (Wells e Matthews, 1994). O **humor**, por sua vez, é o estado afetivo geral e profundo, positivo ou negativo, que pode influenciar o pensamento e o comportamento. Diferentemente das emoções, que são breves, o humor dura mais tempo e pode alterar a visão que a criança tem do mundo. É um estado de espírito que pode servir como um tipo de filtro de fundo que determina se uma criança vai escolher se envolver em um jogo, quanta energia deverá gastar e quanto tempo ficará nele.

As emoções e o humor, que determinam se a criança vai participar e o quanto vai se envolver, acompanham a motivação. Como descrito nos últimos capítulos, os comportamentos da criança durante os jogos podem fornecer ao professor esclarecimentos sobre a eficiência motivacional dos jogos. Pesquisas sobre as emoções das crianças revelaram padrões específicos de comportamento que elas manifestam quando se preparam e participam de jogos ou brincadeiras. Um resumo desses comportamentos pode ser encontrado no boxe *Comportamentos emocionais da criança durante brincadeiras e jogos*, que será apresentado mais adiante.

As emoções que a criança apresenta durante o jogo sugerem que suas ações são naturalmente prazerosas. Os sentimentos que afloram durante o jogo alimentam a motivação intrínseca da criança para buscar jogos desafiadores. Há tempos, psicólogos levantaram a hipótese de que as crianças são levadas a atingir um nível ideal de estimulação e que isso é inato. Mais recentemente, eles acabaram por entender o que vem sendo chamado de **psicologia positiva** – área de estudos que foca os aspectos da vida que são gratificantes e levam a pessoa a obter um potencial ideal (Seligman e Csikszentmihalyi, 2000).

Historicamente, os psicólogos vêm focando o estudo de condições que têm impacto negativo sobre a saúde mental. De um lado, os psicólogos convencionais costumam focar os impactos negativos que o estresse, os distúrbios mentais e as doenças exercem sobre o funcionamento mental. Do outro, os psicólogos positivos focam o momento em que as coisas estão indo bem, e não quando estão indo mal. Nesse ponto, é importante destacar como as experiências positivas provocam mudanças nas emoções e nos humores que podem influenciar as motivações da criança para se tornar mentalmente envolvida e aprender por meio dos jogos de que participa.

Emoções: reações afetivas (positivas ou negativas) em curto prazo em relação aos objetos (reais ou imaginados).

Humor: estado afetivo geral e profundo, positivo ou negativo, que pode influenciar o pensamento e o comportamento.

Psicologia positiva: área de estudos que foca os aspectos da vida que são gratificantes e levam a obter um potencial ideal.

Fluxo: estado psicológico experimentado quando alguém está imerso no momento do jogo ou na execução de uma habilidade.

Motivação experimental: motivação derivada dos sentimentos gerados durante a execução de determinada atividade.

COMPORTAMENTOS EMOCIONAIS DA CRIANÇA DURANTE BRINCADEIRAS E JOGOS

- *Consciência situacional*: as respostas emocionais dependem de como a criança avalia as condições do jogo. Antes que ela possa responder emocionalmente a um jogo, ela precisa dar sentido a esse jogo. Assim, espera-se pouca emoção de jogos que não são avaliados nem como positivos nem como negativos pela criança.
- *Estímulo*: os jogos levam a mudanças na atividade física e na estimulação geral. Aumentos no ritmo cardíaco, na respiração e na transpiração são avaliados, mas a emoção relacionada a essas mudanças depende da interpretação da criança, não só dos sentimentos, mas também das condições do jogo. Uma criança que cai no chão durante uma partida vigorosa pode se levantar e voltar a jogar; contudo, se os pais estiverem por perto, a mesma queda pode levá-la a chorar e a mostrar sofrimento. Desse modo, as emoções da criança podem ser bastante influenciadas pelo contexto ou pela organização das condições de jogo.
- *Expressão facial*: as expressões faciais básicas são inatas e semelhantes entre as crianças de todas as culturas – ou seja, as crianças expressam emoções como alegria, desgosto e satisfação de modo similar. Observar as expressões faciais de outras crianças, de pais ou de professores proporciona informações importantes sobre os sentimentos alheios. Os psicólogos do desenvolvimento estão muito interessados na maneira como a criança aprende a captar os sentimentos das outras pessoas. Ser capaz de se colocar no lugar de outro é uma etapa importante do desenvolvimento cognitivo, e é, também, um componente essencial das habilidades estratégicas usadas nos jogos.
- *Prontidão para a ação*: os estados emocionais da criança a estimulam e a motivam para agir. Mas a direção dessa ação pode estar vinculada à emoção. Nesse sentido, experiências de alegria e prazer podem motivar a criança a continuar brincando e jogando, ao passo que experiências que envolvem tristeza e desespero podem abrir caminho à desistência, à letargia e à falta de movimento. São as emoções positivas relacionadas ao sucesso nos jogos de atividade física que geram o envolvimento mental.

Fonte: adaptado de Parkinson (1995).

Quando está absorta no jogo, a criança costuma utilizar suas habilidades mentais em desenvolvimento para encontrar maneiras de transformar qualquer objeto ou situação em atividade lúdica. Ela pode usar a mente para transformar objetos simples, palavras ou situações em fontes de prazer. O **fluxo** é um estado psicológico experimentado quando alguém está imerso no momento do jogo ou executando uma habilidade (Csikszentmihalyi, 2000).

A **motivação experimental** proporciona a base da experiência de fluxo; é a motivação derivada dos sentimentos gerados durante a execução de determinada atividade. A experiência de fluxo não está relacionada a recompensas externas extrínsecas, mas a emoções geradas intrinsecamente (Csikszentmihalyi, 1978).

Alcançar o estado de fluxo requer um equilíbrio entre o que se pede à criança para fazer e suas habilidades físicas e mentais. No modelo geral de Csikszentmihalyi, representado na Figura 4.1, as emoções geradas por um jogo são determinadas por três condições: o nível de capacidade ou de habilidade atual da criança, as exigências comportamentais colocadas sobre a criança e a percepção que a criança tem de sua habilidade de lidar com os desafios do jogo. O tédio aparece quando as condições do jogo não são desafiadoras. Pode haver um estado de inquietação quando as exigências do jogo são superiores ao nível de habilidades da criança. Esse estado pode evoluir para uma condição de ansiedade, se as exigências ambientais oprimirem a criança. Experimenta-se o estado de fluxo quando há uma combinação entre as exigências ambientais e o nível de habilidades da pessoa, que é considerada como o ponto ideal de desafio segundo a perspectiva dos teóricos da aprendizagem, citada no Capítulo 2.

Acredita-se que as condições que produzem estados de fluxo na criança são ideais para o seu pensamento criativo (Csikszentmihalyi e Bennett, 1971). No entanto, esse pensamento acontece apenas quando as condições são boas. A criança precisa ter as habilidades e as capacidades mentais requeridas para avaliar um novo problema, ter a oportunidade de refletir e resolver o problema por si só, e persistir até que ele seja resolvido (Collins e Amabile, 1999).

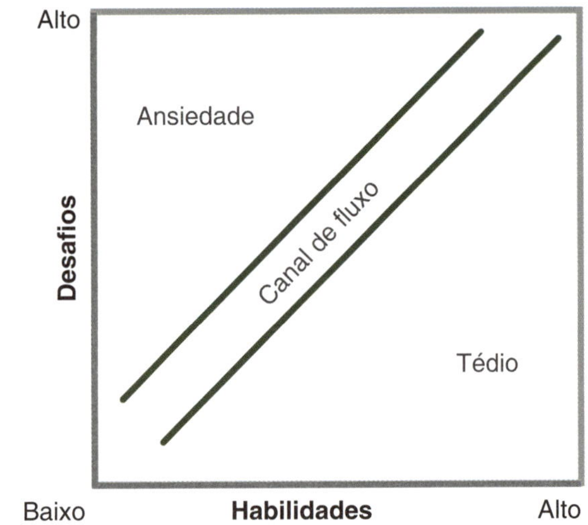

FIGURA 4.1 Modelo de fluxo de motivação.

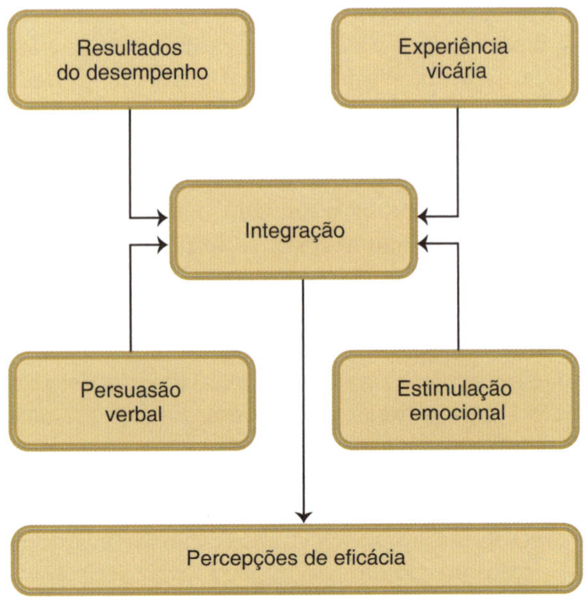

FIGURA 4.2 – Modelo de autoeficácia.

A autoeficácia da criança

A iniciação e a persistência são comportamentos bastante estudados pelos psicólogos do desenvolvimento. Albert Bandura desenvolveu uma influente teoria da autoeficácia que foca a maneira como as crenças das pessoas influenciam sua motivação e sua persistência (Bandura, 1997).

Diferentemente do sentimento de confiança, que reflete uma convicção global da habilidade que alguém tem para lidar com os problemas, a convicção de autoeficácia tem relação estreita com tarefas específicas. A **autoeficácia**, convicção que alguém tem de poder ter um desempenho adequado em uma dada situação, tem papel central na determinação da vontade da criança de se envolver em jogos, no nível da intensidade de seu comportamento e na persistência do comportamento. A motivação da criança está vinculada àquilo que ela aprendeu sobre si mesma e à sua percepção das próprias habilidades. Um aluno pode ter um sentimento elevado de autoeficácia quando joga como goleiro em partidas de futebol, mas um senso de autoeficácia baixo ao resolver problemas de matemática na sala de aula.

A todo momento, a autoeficácia da criança e o nível de motivação são produtos de vários fatores. Como vimos na Figura 4.2, quatro grupos de experiências são integrados e resultam na autoeficácia.

Os resultados de desempenho refletem a história pessoal de sucessos e fracassos da criança. Ao ser iniciada em novos jogos, a criança deve tomar a decisão de jogar ou não. Sua motivação para jogar é baseada nas lembranças de experiências passadas. A percepção dos requisitos do jogo e do nível de habilidade também contribui para a tomada de decisão. Um elemento complementar para a decisão é a percepção do ***locus* de controle**, que é a convicção de que os desdobramentos das ações decorrem de fatores internos ou externos – por exemplo, saber se a criança está jogando por decisão de outros (pais, colegas ou professores) ou por escolha própria.

As experiências vicárias são obtidas a partir da observação do sucesso ou do fracasso alheio no jogo. Não é necessário que a criança participe pessoalmente do jogo para desenvolver uma percepção da sua dificuldade; com frequência, ela observa os outros, que servem de modelo.

A modelagem é uma forma de aprendizagem em que a pessoa percebe como agir observando os outros. Como vimos no Capítulo 3, é um poderoso método instrucional para os professores de Educação Física e costuma ser usado para mostrar às crianças como devem se mover. Contudo, o uso da modelagem para afetar a autoeficácia da criança não é um processo simples. Em primeiro lugar, o modelo precisa ser relevante para a criança. O irmão ou o amigo mais velho de um jovem pode ser melhor modelo do que um professor adulto. Em segundo lugar, deve ser estabelecida uma conexão clara entre as ações do modelo e os resultados ou consequências específicas. Por exemplo, um jovem pode estar motivado a participar de um jogo após ter visto seu irmão mais velho receber elogios ou recompensas por seu desempenho na partida.

O incentivo verbal dado pelos professores, pais e amigos durante um jogo é comum. A motivação do jovem em aumentar os esforços e persistir pode ser significativamente influenciada por exortações e incentivos alheios. A eficiência dessa contribuição depende de quanto o jovem valoriza os comentários e da importância da pessoa que os faz. Os pais e os treinadores podem usar as mesmas palavras, mas a criança pode ser influenciada mais pelo treinador ou pelo modelo a seguir do que pelos próprios pais. Ademais, a criança logo aprende a ver a diferença entre discursos motivacionais autênticos e críveis e aqueles genéricos e com pouco significado.

O estímulo emocional reflete a maneira como a criança interpreta as mudanças nas sensações que ocorrem durante a atividade física e nos períodos seguintes. Com a participação em jogos e o aumento da atividade física, o corpo da criança responde mediante o aumento da tensão muscular, da frequência respiratória e da transpiração. As crianças pequenas, que têm experiências limitadas de jogo, podem interpretar esses eventos sensoriais como sentimentos negativos (dor, medo, ansiedade) ou positivos (prazer, diversão, alegria). Por meio do *feedback* durante os estágios iniciais da aprendizagem, os professores podem ajudar a criança a entender e a apreciar o estímulo físico que é crucial ao jogo.

Os processos de integração determinam as percepções momentâneas de autoeficácia da criança. A convicção da criança da possibilidade de ter um bom desempenho em certa situação é baseada em uma série de fatores. A aptidão para o desenvolvimento, a capacidade de processamento de informações, a memória e a capacidade de atenção contribuem para as diferenças na maneira como as crianças integram suas experiências. Esses tópicos foram discutidos nos capítulos anteriores.

No momento em que a criança toma a decisão de se envolver em um jogo ou esporte, ela já estabeleceu **expectativas de resultados**, ou seja, ela antecipa os resultados antes de eles ocorrerem. A autoeficácia precede o início de um comportamento, e as expectativas de resultados seguem os comportamentos. Essas expectativas têm um papel importante para saber se a criança desenvolve uma visão positiva e flexível das suas habilidades e capacidades ou uma visão negativa ou inflexível.

Autoeficácia: convicção que alguém tem de poder ter um desempenho adequado em uma dada situação.

***Locus* de controle**: convicção de que os desdobramentos das ações decorrem de fatores internos ou externos.

Expectativas de resultados: resultados que alguém antecipa antes de eles ocorrerem.

Estresse: padrão de comportamento em resposta a eventos que perturbam o equilíbrio e esgotam a capacidade de lidar com situações.

Eustresse: estado em que as pessoas acreditam que têm as habilidades e os recursos necessários para enfrentar e superar situações potencialmente estressantes.

Os desafios e o desenvolvimento da criança

As crianças e os adultos enfrentam desafios todos os dias da vida. A cada dia, a criança é desafiada a ter bom desempenho nos estudos, em situações sociais ou nos jogos e nos esportes. Da criança pequena, espera-se que aprenda a participar de jogos e a se relacionar com outras crianças; da criança mais velha, espera-se que vá à escola e desenvolva habilidades acadêmicas básicas. Os pais investem grande quantidade de tempo e esforço para ensinar seus filhos a se comportarem; os professores dão aos seus alunos a oportunidade de se beneficiarem da educação; e os treinadores fornecem instruções sobre o modo de praticar jogos e esportes. O quanto a criança aprende com essas experiências pode determinar seu sucesso quando adulta e como se sente em relação a si mesma no decorrer da vida.

O estresse da aprendizagem

O termo *estresse* talvez seja um dos mais superutilizados na sociedade moderna. De fato, tem sido usado por muitas pessoas para descrever sua vida diária.

Estresse é um padrão de comportamento em resposta a eventos que perturbam o equilíbrio e esgotam a capacidade de lidar com as situações. Historicamente, os psicólogos tendem a definir o *estresse* à maneira de um construtor ou engenheiro, como algo que exerce uma grande pressão, a ponto de causar colapso. Em geral, é algo visto de maneira negativa e representado como o grande mal do mundo moderno. Alguns, no entanto, afirmam que o estresse pode ter, também, consequências positivas. Hans Selye (1907-1982), pioneiro no estudo do estresse, notou que, embora este tenha um componente ameaçador e possa causar prejuízo, também tem um componente desafiador que pode facilitar o crescimento. Com base nessa ideia, Selye cunhou o termo ***eustresse*** para descrever um estado em que as pessoas acreditam ter as habilidades e os recursos necessários para enfrentar e superar situações potencialmente estressantes (Selye, 1974).

Vários pesquisadores propuseram que níveis controlados de estresse físico ou mental promovem um tipo de robustez que leva ao aumento da saúde física e mental e da capacidade de lidar com os rigores da vida (Dienstbier, 1989; Kobasa, 1979). As histórias de sucesso e fracasso da criança determinam, por exemplo, o modo como ela enfrenta e supera desafios no recreio, em aulas acadêmicas e em casa. Desse modo, a chave para jogos de atividade física de qualidade está na habilidade dos professores para criar condições que desafiem as crianças.

O desempenho nos jogos é acompanhado de emoção e autoavaliação. Por isso, o processo de avaliação é crucial para a autoeficácia da criança em desenvolvimento. Suas percepções e respostas podem ser classificadas entre "*Isso é demais para mim*" e "*Posso lidar com isso*". Sua convicção de que tem habilidade para lidar com situações desafiadoras resulta em sentimentos positivos de controle e reforça as expectativas de futuros sucessos.

As experiências bem-sucedidas trazem benefícios fisiológicos e psicológicos em curto e longo prazos. Conforme representado na Figura 4.3, uma criança que procura desafios, acredita ter capacidade de ser bem-sucedida e tem expectativa de resultados positivos provavelmente vai reforçar um padrão adaptável de estimulação "fortalecedora" que abre caminho para enfrentar e superar novos desafios (Dienstbier, 1989).

As mudanças físicas e psicológicas positivas associadas à superação de desafios levam a criança a procurar tarefas que a tornem mais forte. Essas **atividades fortalecedoras** colocam os aprendizes em situações desafiadoras que requerem fortes respostas fisiológicas. Em contrapartida, ao enfrentar uma situação potencialmente estressante, a criança que carece de autoeficácia vai desenvolver um padrão de estresse com altos níveis de medo, ansiedade, tristeza e aflição.

Transferência de aprendizagem

Já se ouviu dizer que o sucesso do exército britânico no século XIX está relacionado aos jogos que ocorriam nos pátios de escola. Acreditava-se que as crianças que viriam a se tornar soldados competentes aprendiam, nesses jogos, os valores do trabalho em equipe, da liderança e do comando praticando esportes competitivos. Por isso, considerava-se que as estratégias usadas nas configurações de jogos e esportes deveriam servir, mais tarde, em situações militares.

Os psicólogos educacionais há muito tempo se interessam pela ideia de **transferência**, isto é, o nível em que a aprendizagem de um contexto é usada em outro contexto. De fato, a educação moderna é baseada na convicção de que os estudantes introduzidos às informações essenciais ganham um conhecimento que podem utilizar após se formarem em suas áreas. Do mesmo modo, os educadores físicos imaginam que os jogos que projetam para as crianças resultam em uma aprendizagem que pode ser transferida para os esportes e para as atividades de outras áreas da vida.

Recentemente, tem havido interesse nas capacidades cognitivas que a criança desenvolve com a experiência da brincadeira e do jogo, e em verificar se ela as transfere para outras áreas acadêmicas e melhora seu desempenho nelas (Diamond e Lee, 2011). As primeiras pesquisas sobre a **metacognição**, a consciência que a criança tem daquilo que ela sabe e de como usá-lo (Bransford, Brown e Cocking, 1999), e as pesquisas atuais sobre as funções executivas destacam várias características que promovem a transferência de aprendizagem (Diamond e Lee, 2011):

- *A necessidade da aprendizagem inicial*. O ensino deve promover mais o entendimento do que a memorização. Quanto mais a criança organizar e reestruturar a experiência de aprendizagem, maior será a transferência desta.
- *A importância do conhecimento abstrato*. Ensinar para transferir exige soluções e estratégias de ensino gerais que podem ser usadas em diferentes situações.
- *Aprender é um processo ativo e dinâmico*. A transferência de conhecimento por parte da criança pode ser melhorada com a orientação e as instruções do professor.
- *Uma aprendizagem se constrói com base na aprendizagem anterior*. Os professores podem facilitar a transferência de aprendizagem por meio da organização lógica de atividades instrucionais conceitualmente vinculadas.

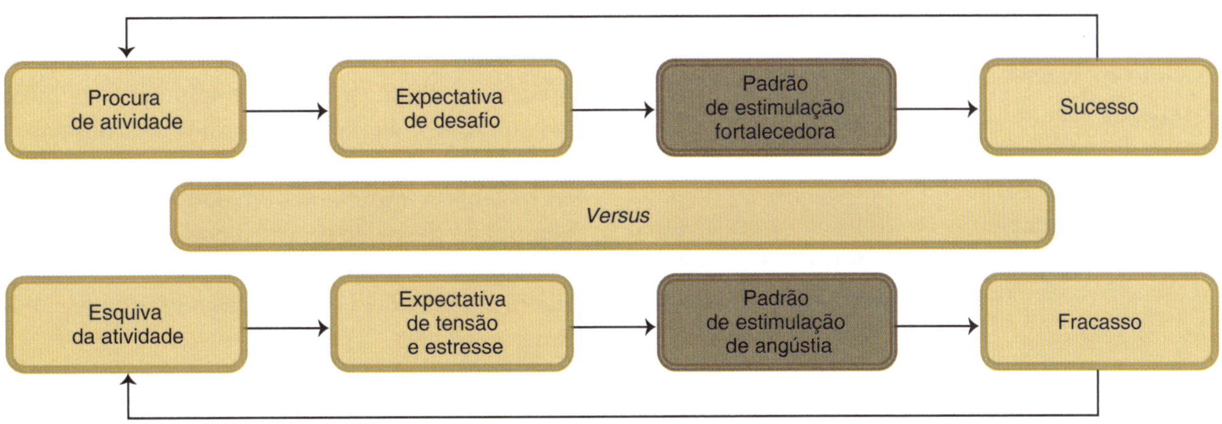

Figura 4.3 – Modelo fortalecedor.

Os pesquisadores contemporâneos enxergam as funções executivas como habilidades mentais que devem ser desenvolvidas e refinadas com a prática (Diamond e Lee, 2011).

O fato de essas funções poderem ser aperfeiçoadas mediante brincadeiras e jogos revela a importante influência dos educadores físicos sobre o desenvolvimento da criança. Já que a criança tem uma motivação natural para brincar, os jogos se tornam veículos para organizar condições de aprendizagem que possam alterar a trajetória do seu desenvolvimento mental. Pela organização atenta das condições instrucionais e pelo uso cuidadoso do *feedback*, os professores podem guiar o desenvolvimento das funções executivas centrais da criança. As habilidades mentais que a criança utiliza para controlar suas ações têm sido relacionadas à inteligência aplicada (Sternberg, 2005). No mundo real, a inteligência requer a capacidade de reestruturar problemas para maximizar as estratégias de resolução de problemas.

Criando um ambiente motivacional para a aprendizagem e a diversão

A teoria geral da aprendizagem apresentada no Capítulo 3 propõe que ela envolva uma progressão que envolve três estágios: cognitivo, associativo e autônomo. O modelo dos estágios da aprendizagem pode ajudar os professores a entenderem como as motivações a influenciam. Como discutimos antes, a motivação da criança depende de vários fatores e desempenha um importante papel em cada estágio da aprendizagem.

Atividades fortalecedoras: colocam os aprendizes em situações desafiadoras que requerem fortes respostas fisiológicas.

Transferência: nível em que a aprendizagem de um contexto é usada em outro contexto.

Metacognição: consciência que a criança tem daquilo que ela sabe e de como usá-lo.

Definição de meta: processo de mirar resultados.

Metas de resultado: metas que focam a comparação de desempenhos – quem é o melhor, o segundo, e assim por diante.

Metas de desempenho: metas usadas para julgar o progresso pessoal de alguém (por exemplo, o melhor desempenho pessoal).

Metas de processo: metas que focam a qualidade dos padrões motores (por exemplo, manter uma boa postura corporal ao chutar a bola).

Extrovertidas: pessoas que tendem a ser expansivas, impulsivas e ativas porque sua estimulação cerebral geral é relativamente lenta e, em consequência disso, elas, naturalmente, procuram por sensações.

Introvertidas: pessoas que tendem a ter níveis de estimulação cerebral geral relativamente altos e evitam situações estimulantes.

Motivação no estágio cognitivo

No estágio cognitivo, a criança é colocada em uma situação que requer uma avaliação inicial: "*Qual é o significado deste jogo e o quanto ele é importante para mim?*". Seu processo de avaliação dita a quantidade e a qualidade do esforço que ela fará para participar do jogo. As próximas perguntas são: "*Será que tenho a capacidade de aprender este jogo?*" e "*Quanto esforço devo colocar neste problema?*".

Os professores têm papel crucial ao ajudar a criança a responder a essas perguntas de modo a manter sua motivação. Por meio de instruções verbais, eles podem descrever o tema principal do jogo, as ações requeridas, e por que a criança é capaz de conseguir. A **definição de meta**, que é o processo de mirar resultados, é fundamental durante esse estágio. Os professores podem, com a contribuição da criança, identificar metas em curto, médio e longo prazos. Durante o estágio inicial da instrução, as metas em curto prazo facilmente alcançáveis são fortes motivadores.

A criança pode ter vários tipos de metas. As **metas de resultado** focam a comparação de desempenhos – quem é o melhor, o segundo, e assim por diante. Já as **metas de desempenho** são usadas para julgar o progresso pessoal de alguém (por exemplo, o melhor desempenho pessoal). Por sua vez, as **metas de processo** focam a qualidade dos padrões de movimento (por exemplo, manter uma boa postura corporal ao chutar a bola). Os três tipos de meta podem motivar a criança. Os professores desempenham um papel imprescindível ao ajudar a criança a focar as metas importantes em dado momento. Por exemplo, as metas de processo podem ser especialmente úteis durante o estágio cognitivo, quando a criança é desafiada a entender as regras do jogo e a planejar as ações.

Levar crianças a darem o primeiro passo em um jogo não é tão simples quanto parece. Embora sejam intrinsecamente motivadas a se mover e a explorar o mundo, elas apresentam diferenças de personalidade consideráveis. Um influente teórico da personalidade, Hans Eysenck (1916-1997), propôs uma teoria notável da personalidade que descreve as pessoas em termos de estimulação e atividade. Esquematizando, em uma das extremidades de um contínuo, as crianças **extrovertidas** tendem a ser expansivas, impulsivas e ativas. Por causa da genética, nessas crianças, a estimulação cerebral geral é relativamente lenta, e, em consequência disso, elas, naturalmente, procuram por sensações. Na outra extremidade desse contínuo, as crianças **introvertidas** têm níveis de estimulação cerebral geral relativamente altos e evitam situações estimulantes (Eysenck, 1967; Eysenck, Nias e Cox, 1982).

As crianças também podem diferir por causa de fatores sociais e culturais. As mensagens dadas no começo da vida sobre comportamentos apropriados para meninos e meninas podem influenciar a vontade e a motivação da criança para participar de atividades físicas vigorosas. Nesse contexto, preparar jogos de atividade física para crianças que diferem em termos de personalidade e por fatores sociais pode ser desafiador para os professores. Apesar disso, como descreveremos na Parte III deste livro, os professores podem alterar as condições de jogo para acomodar as diferenças entre as crianças.

Uma vez que a criança escolheu participar de jogos de atividade física, o professor pode usar sua orientação e seu *feedback* para facilitar o processo de aprendizagem. A **orientação** é qualquer procedimento (por exemplo, físico, verbal, visual) que guie os aprendizes enquanto eles executam uma tarefa. Por exemplo, um professor orienta a criança quando move fisicamente os membros e o corpo dela para as posições apropriadas, usando gestos para ajudar os movimentos, ou descrevendo os passos envolvidos em ações complexas. A orientação física é particularmente útil para a criança pequena porque fornece suporte e reforça a conexão social entre a criança e o professor. Além disso, a orientação ajuda a criança a focar aspectos dos movimentos que são importantes para alcançar suas metas em curto prazo. A criança que não recebe *feedback* pode aprender por meio de tentativa e erro, mas essa aprendizagem é lenta e pode trazer frustrações que diminuem a motivação.

A **análise de tarefa** envolve identificar os componentes-chave do jogo e, então, decompor esse jogo em uma série de movimentos cruciais para sua aprendizagem. A vantagem da análise de tarefa é que ela torna clara a maneira como o jogo pode ficar mais complexo ou menos complexo. Ensinar o jogo por partes também ajuda a manter a motivação da criança porque, dessa forma, a aprendizagem é mais gerenciável.

Dar orientações quando a criança aprende novos movimentos ou jogos pode ajudá-la a alcançar suas metas.

Algo importante para trazer as crianças para o jogo é planejar intervenções no jogo e estar preparado para ensiná-lo de modos diferentes, a fim conhecer as diferenças entre as crianças. Assim, a habilidade de ensinar envolve adequar as habilidades, as capacidades e a personalidade da criança aos desafios físicos e mentais do jogo. A observação direta do comportamento dos alunos fornece aos professores evidências do quanto estão incentivando os alunos.

Vários livros sobre aprendizagem de habilidades motoras introduziram os leitores à análise de tarefa e à maneira de aplicá-la. Todavia, as descrições de métodos de análise de tarefa diferem notavelmente. Essas diferenças estão relacionadas às histórias de duas especializações acadêmicas: a pesquisa em psicologia comportamental aplicada e a pesquisa em diferenças individuais.

Orientação: qualquer procedimento que guie os aprendizes enquanto eles executam uma tarefa.

Análise de tarefa: identificar os componentes-chave do jogo e, então, decompor esse jogo em uma série de movimentos cruciais para sua aprendizagem.

Encadeamento para a frente: aplicação de princípios comportamentais à aprendizagem para reforçar as conexões entre os passos de uma habilidade complexa.

Modelagem do comportamento: termo geral frequentemente usado para descrever como a aplicação dos princípios de fortalecimento altera ou modifica as ações do aprendiz.

Suspensão (do reforço): método utilizado para modificar a frequência de comportamentos de uma criança pela suspensão eventual da oportunidade de obter recompensas ou reforços.

Psicometria: campo de estudos que utiliza testes padronizados para medir e classificar as habilidades.

Análise de tarefa conforme a abordagem da psicologia comportamental aplicada

A partir dos anos 1960, o foco da psicologia comportamental aplicada foi a aplicação dos princípios da aprendizagem defendidos pelo pioneiro em psicologia comportamental B. F. Skinner (1904-1990) e outros (Kazdin, 1994). Nessa abordagem, os princípios de recompensa contingente foram cruciais para a aplicação de métodos de modificação de comportamento. Segundo pesquisadores em análise comportamental aplicada interessados na aprendizagem de habilidades motoras (Rushall e Siedentop, 1972), uma habilidade complexa poderia ser aprendida se seus componentes fossem, primeiramente, separados para, depois, serem organizados em sequência lógica.

A análise de tarefa representada na Figura 4.4 descreve os passos envolvidos no processo de ensinar uma criança a lançar uma bola. Nesse exemplo, o método de instrução de **encadeamento para a frente** (aplicação de princípios comportamentais à aprendizagem para reforçar as conexões entre os passos de uma habilidade complexa) é usado para ensinar a habilidade de lançar uma bola. O contexto instrucional é organizado de modo que uma recompensa siga a execução do primeiro passo na análise de tarefa. Em seguida, outra recompensa segue a execução do primeiro e do segundo passo, e assim por diante. Esse processo continua até que todos os passos da análise de tarefa tenham sido cumpridos. O uso eventual de recompensas, ou reforços, fortalece as conexões entre os passos da habilidade.

A **modelagem do comportamento** é um termo geral frequentemente usado para descrever como a aplicação dos princípios de reforço altera ou modifica as ações do aprendiz. Os métodos utilizados por profissionais da psicologia comportamental aplicada foram incorporados e permanecem em várias áreas da educação, da educação especial, dos negócios e do treinamento.

De fato, poucas crianças americanas nunca ouviram a frase: "*Se fizer isso de novo, vai ser suspenso*". A **suspensão** é a aplicação de um princípio de aprendizagem para modificar a frequência de comportamentos de uma criança. Concebido por B. F. Skinner, o método de modificação do comportamento de "suspensão do reforço" significa que a consequência de um comportamento indesejável é um período de tempo durante o qual a criança não tem a oportunidade de obter recompensas ou reforços.

Análise de tarefa conforme a abordagem das diferenças individuais

O segundo método de análise de tarefa é historicamente vinculado à **psicometria**, campo de estudo que utiliza testes padronizados para medir e classificar as habilidades. Os testes de inteligência, desenvolvidos a partir do início do século XX, foram projetados para medir capacidades e prever o quanto uma pessoa pode aprender tipos específicos de conhecimento. Hoje, testes padronizados, como o *Scholastic Achievement Test* (SAT) [equivalente americano do Exame Nacional de Ensino Médio (Enem)], ou o *Graduate Record Examination* (GRE), são utilizados nos Estados Unidos para identificar as habilidades de quem entra no ensino superior. Os testes psicométricos têm sido utilizados extensivamente nos negócios, na indústria e no exército.

Análise de tarefa usando o encadeamento para a frente

Descrição da tarefa: movimento de lançamento por cima para crianças de 6 anos ou mais.

A criança fica de lado em relação ao alvo, com os pés separados na mesma distância que a largura dos ombros, e segura uma bola na mão dominante. Ela aponta em direção ao alvo o braço que não lança e coloca para trás o outro braço, com a mão segurando a bola. A essa altura, ela está formando um T com os braços. Em seguida, a criança transfere o peso da perna de trás para a perna da frente, dando um passo com a perna traseira e trazendo a mão de lançamento para a frente. Mantendo a bola na mão, ela estende o braço de lançamento em conjunto com o passo para a frente e completa o movimento, deixando o braço de lançamento seguir o lance até tocar o quadril oposto. No início, os passos são realizados lentamente, após cada informação. Trata-se de um treinamento parcial de tarefa, porque o lançamento da bola, a trajetória e a precisão não são avaliados.

Sequência dos movimentos	Informações
1. Ficar de lado para o alvo, com os pés separados na mesma distância que a largura dos ombros, com a bola na mão.	Posicionamento
2. Apontar com a mão que não lança e colocar a mão de lançamento para trás e por cima.	Fazer um T
3. Transferir o peso e iniciar a extensão do braço.	Pisar, girar e estender
4. Seguir o movimento até tocar o quadril oposto com o braço de lançamento.	Quadril

Análise de tarefa e tabela de avaliação de modificação de comportamento

Objetivo: completar o movimento de lançamento de bola na sequência adequada sem informações verbais.

Pontuação

I: inicia o segmento seguindo as informações (caso contrário, fornecer *feedback* e orientação).

D: desempenha o segmento de modo satisfatório (caso contrário, fornecer *feedback* e orientação).

S/N: completa todos os movimentos na sequência adequada (caso contrário, fornecer *feedback* e orientação).

Nome:	Tentativa 1	Tentativa 2	Tentativa 3	Tentativa 4	Tentativa 5	Tentativa 6
1. Posicionamento						
2. Formar um T						
3. Passo à frente						
4. Continuar						
5. Sequência inteira						

Observações: ____

Passos envolvidos nos movimentos de lançamento

Passo 1: posicionamento. **Passo 2**: formar um T. **Passo 3**: passo à frente. **Passo 4**: continuar.

FIGURA 4.4 – Análise de tarefa que descreve os passos envolvidos no ensino do lançamento de bola para uma criança.

O foco da pesquisa psicométrica é avaliar as diferenças em habilidades e determinar se dada tarefa é adequada para o aprendiz. Por exemplo, todo ano, nas instalações de treinamento militar, os pesquisadores avaliam as habilidades básicas de milhares de recrutas. Com base no padrão de resultados dos testes, homens e mulheres são dirigidos para programas de treinamento projetados para desenvolver áreas específicas de perícia e habilidades (Fleishman e Quaintance, 1984). A análise de tarefa vista na maioria dos livros didáticos sobre aprendizagem de habilidades reflete a abordagem das diferenças individuais (Magill e Anderson, 2014; Schmidt e Wrisberg, 2008). Por exemplo, a Figura 4.5 mostra uma análise de tarefa que relaciona capacidades motoras básicas medidas por testes psicométricos com habilidades motoras selecionadas. Ela pode ser usada para direcionar aprendizes a condições ideais de instrução (Schmidt e Wrisberg, 2008).

Tanto a psicologia comportamental aplicada quanto a abordagem das diferenças individuais para a análise de tarefas têm lugar no ensino de jogos de atividade física às crianças. De fato, no Capítulo 3, o tópico das diferenças individuais em capacidades básicas foi apresentado em termos de velocidade e do nível de habilidades de proficiência que podem ser adquiridas. Nos próximos capítulos, veremos os méritos da análise de tarefa com base na abordagem da psicologia comportamental aplicada na avaliação de intervenções (Capítulo 8) e no desenvolvimento de jogos (Capítulos 10 e 11).

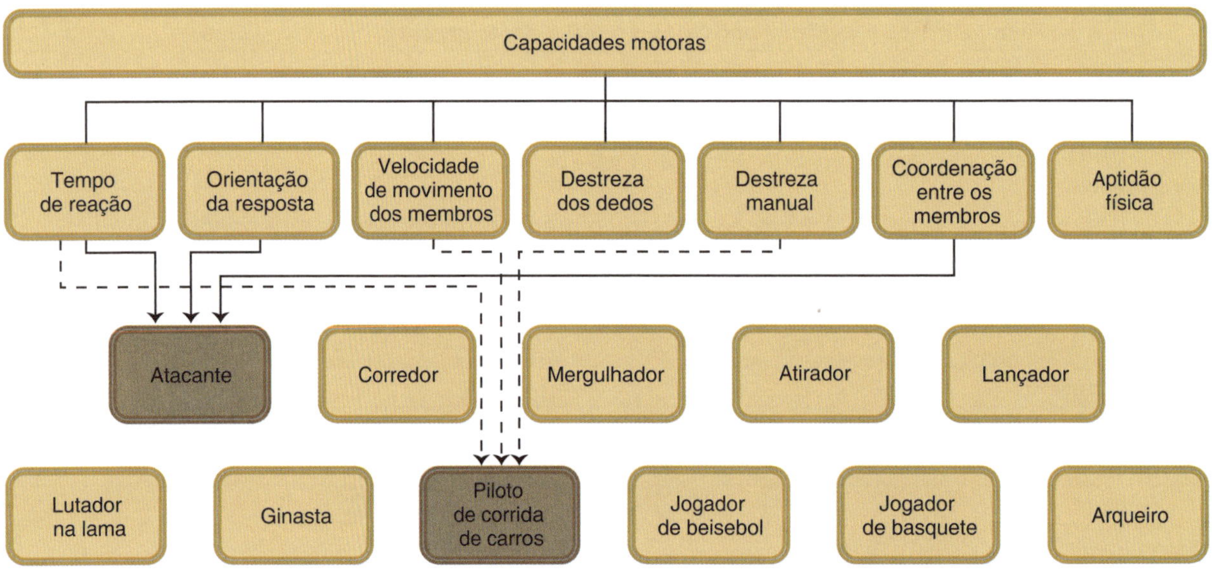

Figura 4.5 – Análise de tarefa que relaciona as capacidades básicas com as habilidades motoras.
Fonte: adaptado de Schmidt e Wrisberg (2008), com permissão.

Motivação no estágio associativo

No estágio associativo da aprendizagem, as condições da prática levam a perguntas do tipo: "*Será que aprender esse jogo vale a quantidade de esforços que ele exige de mim?*" ou "*Que benefícios vou ganhar com essa prática?*". As respostas a essas perguntas autogeradas podem determinar em grande parte o esforço e a vontade da criança de persistir.

A criança que começa a aprender novos jogos é novata e, por definição, não habilitada e não eficiente em seus movimentos, o que a leva a cometer erros. Um conceito importante que os professores e as crianças devem entender é que os erros não são ruins! O **erro**, que é a diferença entre o resultado esperado e o resultado real, pode, na verdade, melhorar a aprendizagem.

Cada ação fornece uma oportunidade para os jovens pensarem nos movimentos que planejaram fazer e nos movimentos que de fato executam. Os professores que incentivam a criança a refletir sobre seus movimentos e as razões dos resultados de suas ações proporcionam oportunidades para o envolvimento mental.

Erro: diferença entre o resultado esperado e o resultado real.

A prática é fundamental para aprender; entretanto, o que importa é o tipo de prática. Aquela que mantém a criança mentalmente envolvida é superior às ações físicas repetitivas e irrefletidas. O simples fato de emendar movimentos durante um jogo não é suficiente; a criança deve estar continuamente envolvida e enxergar os desafios em questão como difíceis, porém, superáveis. Os professores podem aumentar o envolvimento mental e a motivação da criança aplicando de forma apropriada estruturas de prática e variando as condições de jogo de maneira a envolver o funcionamento executivo.

Mudanças inesperadas nas regras do jogo durante o estágio cognitivo da aprendizagem podem não ser tão boas para a aprendizagem porque a criança está apenas começando a entender como organizar suas ações – que membros deve mover, em que ordem e em que momento. No entanto, uma vez estabelecidos os programas básicos de movimentos durante o estágio cognitivo e no começo do estágio associativo, introduzir mudanças inesperadas nas regras aumenta o envolvimento mental. No jogo "O mestre mandou", em cada variação, a criança que está entre o meio e o final do estágio associativo deve notar a mudança, parar o que está fazendo, mudar seu padrão de ação e retomar a ação. Os temas de parar, pensar e mudar estão integrados aos jogos da Parte III deste livro. As instruções que preparam a criança para se adaptar a futuras mudanças nos jogos podem aumentar sua atenção e motivação.

O uso apropriado do *feedback* também pode aumentar o nível de motivação da criança. É importante reconhecer, no entanto, que as propriedades motivacionais do *feedback* dependem muito de como e quando ele é dado. Embora um professor possa acreditar que fornecer muito *feedback* sempre é uma boa ideia, os pesquisadores descobriram que o *feedback* pode melhorar a aprendizagem, pode não ter nenhum efeito sobre ela, ou, até mesmo, freá-la. Por exemplo, durante o estágio cognitivo e o início do estágio associativo da aprendizagem, o desenvolvimento de programas de movimentos pode ser facilitado por um *feedback* substancial dos professores. Contudo, à medida que a criança refina seus padrões de movimento entre o meio e o fim do estágio associativo, a aprendizagem melhora quando o *feedback* é dado com menos frequência e a criança tem que pensar por si mesma. O professor habilidoso sabe quando chega a hora de remover gradativamente o andaime que o *feedback* propicia durante os estágios iniciais da aprendizagem. O uso exagerado de *feedbacks* leva a uma dependência excessiva da assistência do professor.

A quantidade e o tipo de *feedback* do professor determinam, também, sua eficiência. As ações da criança durante o jogo podem ser bastante complexas, e um *feedback* excessivo pode sobrecarregar seu sistema de memória. Do mesmo modo, o *feedback* é útil apenas quando a criança o entende. Usar palavras e conceitos que não se adéquam ao nível de linguagem da criança e ao seu desenvolvimento mental representa um *feedback* fraco. Descrições bem detalhadas podem servir para os adultos, mas confundir crianças pequenas. O velho ditado "A prática leva à perfeição" é apenas parcialmente verdadeiro. Talvez melhor seja a frase "Com o *feedback* apropriado, a prática leva à perfeição". Os professores orientam a criança no decorrer dos estágios de aprendizagem. À medida que ela melhora, deve ser incentivada a se tornar mais independente e a pensar de modo criativo.

Motivação no estágio autônomo

A criança experimenta melhoras rápidas em seu desempenho no jogo durante os estágios cognitivo e associativo; todavia, com a prática contínua, os ganhos de desempenho vão ficando menos evidentes. Mesmo que os padrões de movimento envolvidos no jogo se tornem progressivamente mais automáticos, a criança começa a enxergar o jogo como menos desafiador e a fazer perguntas como "*Será que ainda posso melhorar neste jogo?*". A resposta é que ela pode continuar a melhorar suas habilidades, mas, sem o desafio adequado, ela sentirá tédio. Embora os professores não possam propiciar esse fluxo, eles podem modificar as condições de jogo para facilitar o envolvimento mental da criança.

Uma das características do desempenho durante o estágio autônomo da aprendizagem é que a criança dirige menos atenção consciente para o controle dos seus movimentos. As estruturas profundas do cérebro começam a tomar controle dos movimentos que antes eram controlados por redes no córtex. Durante os estágios cognitivo e associativo da aprendizagem, as redes nos lobos frontais estão envolvidas na seleção das sequências de movimentos. Ao longo do estágio autônomo, essas redes podem ser usadas para criar estratégias e resolver problemas complexos de modo criativo, bem como atualizar ou mudar planos de ação.

Os professores podem tirar proveito dessas mudanças que ocorrem durante a aprendizagem para manter a motivação da criança a permanecer no jogo. A criança pode estar envolvida no estabelecimento de metas em longo prazo relacionadas a jogos individuais e de grupo. Os professores podem estruturar uma série de jogos inter-relacionados que ficam cada vez mais complexos e requerem que as crianças trabalhem juntas para alcançar as metas. Por meio do planejamento criterioso, eles podem utilizar crianças mais velhas como modelos para as mais novas e enfatizar a importância da liderança e do trabalho em equipe no cumprimento de metas em curto e longo prazo.

Os psicólogos do desenvolvimento propuseram a **teoria da mente**, que explica como uma criança pequena aprende a entender a perspectiva alheia (Sabbagh *et al.*, 2006). Muitos desafios que a criança enfrenta na escola estão vinculados a habilidades sociais e comportamentos apropriados, e as funções executivas têm papel importante no desenvolvimento social.

A resolução de problemas estratégicos é uma habilidade adquirida da qual as pessoas precisam ao longo da vida. Além disso, ter habilidade em processos cognitivos de alto nível requer prática e tempo consideráveis. Os pesquisadores que estudam a competência e as pessoas altamente habilidosas em jogos como o xadrez ou esportes como o tênis sugerem que pelo menos dez anos de prática deliberada são necessários para alcançar altos níveis de proficiência (Ericsson, 1996). A **prática deliberada** tem como objetivo principal melhorar a habilidade e a competência. É caracterizada por muito esforço mental e baixos níveis de prazer inerente. É, também, o trabalho necessário para alguém se tornar altamente competente. Nesse contexto, poucos novatos consideram que as horas passadas repetindo escalas musicais no piano são divertidas. As exigências da prática deliberada certamente explicam por que tantos aprendizes se esgotam e por que há tão poucos indivíduos com habilidades e conhecimentos especiais no mundo.

O jogo deliberado depende de motivações intrínsecas, como o tanto de diversão que proporciona.

Teoria da mente: teoria que explica como uma criança pequena aprende a entender a perspectiva alheia.

Prática deliberada: prática desempenhada com a meta principal de melhorar a habilidade e a competência. É caracterizada por muito esforço mental e baixos níveis de prazer inerente.

Brincadeira deliberada: jogo ou esporte intrinsecamente motivador; propicia gratificação imediata e maximiza o prazer.

Personalidade autotélica: tipo de personalidade de pessoas impulsionadas internamente e que apresentam um sentido de propósito e curiosidade.

Os jogos de atividade física descritos neste livro não foram elaborados para fazer das crianças especialistas em esporte, mas, sim, para serem divertidos. Como discutiremos no Capítulo 6, esses jogos podem ser organizados para promover a **brincadeira deliberada**, termo usado para descrever um jogo ou esporte intrinsecamente motivador, que propicia gratificação imediata e maximiza o prazer (Cote, Baker e Abernethy, 2007).

Independentemente do tipo de prática, contudo, a criança melhora na resolução de problemas se experimentar variações nos problemas que enfrenta. Conforme as habilidades aprendidas, o estágio autônomo da aprendizagem pode ser bem longo, e o papel dos professores precisa mudar. De fato, os professores de crianças nesse estágio devem considerar seu papel como o de um mentor – alguém que observa e está ali para ser consultado e dar orientação quando preciso.

À medida que certas crianças ficam proficientes em seus movimentos e hábeis em resolver problemas de nível elevado, elas se tornam, aos poucos, intrinsecamente motivadas a aprender. Na verdade, após ter aprendido o básico, algumas desenvolvem uma "mania de se aprimorar" e passam todo o tempo disponível praticando (Winner, 1996). Tocar um instrumento musical, por exemplo, requer um nível mínimo de habilidade antes que a mais simples peça musical possa ser executada. Quando as condições são boas, no entanto, o jovem músico pode sentir certo tipo de euforia, ou fluxo, ao dominar pela primeira vez uma peça musical. Com a melhora de suas habilidades, porém, as peças simples começam a perder sua capacidade desafiadora, e o estado mental do músico tende para o tédio. Manter a experiência do fluxo requer uma peça musical mais desafiadora ou variações mais difíceis da mesma peça. As pessoas que acham as próprias ações recompensadoras são descritas como tendo **personalidade autotélica**; são impulsionadas internamente e apresentam um sentido de propósito e curiosidade (Csikszentmihalyi, 1990).

Implicações para os educadores

As crianças são motivadas a participar de jogos por prazer intrínseco e recompensas externas. Os professores que entendem as fontes das motivações das crianças valorizam o quanto os métodos instrucionais podem causar mudanças fundamentais no cérebro e no comportamento delas.

Tirar proveito da motivação intrínseca da criança

A observação do comportamento das crianças que participam de jogos revela o prazer que elas sentem ao enfrentar e superar desafios. No entanto, esse prazer diminui à medida que o jogo se torna menos desafiador. Jogos que desafiam a criança propiciam mais envolvimento mental, motivação e efeitos em longo prazo sobre as funções executivas do que jogos em condições previsíveis e imutáveis. Manter o envolvimento mental exige que a criança permaneça na curva de aprendizagem. Jogos cujas metas e requisitos mudam com frequência não só promovem motivações intrínsecas como também melhoram a aprendizagem.

A autoeficácia da criança na esfera dos jogos e dos esportes pode ser modificada por meio de métodos de instrução. Os professores que instruem crianças pequenas devem estar cientes do importante papel que desempenham ao estabelecer a percepção pessoal que seus estudantes têm das próprias competências. Um instrutor que dá apoio pode propiciar condições que promovam sentimentos de autoeficácia; do mesmo modo, a incapacidade de promover tais condições pode ter consequências negativas que acabem afetando profundamente a visão que a criança tem da própria habilidade para enfrentar e superar os desafios que aparecem durante as duas primeiras décadas da vida.

Estilos de ensino

Duas abordagens são frequentemente utilizadas para ensinar às crianças novas habilidades. Uma aprofunda a noção de atividades fortalecedoras, os quais colocam o aprendiz em situações desafiadoras que despertam fortes respostas fisiológicas. Os defensores dessa abordagem acreditam que a criança que aprende a desempenhar tarefas em situações moderadamente estressantes desenvolve os recursos físicos e mentais requeridos para agir de maneira adaptada e, ao fazê-lo, adquire um sentido de competência e autoeficácia. A outra abordagem, a da escolha própria, defende autorizar a criança a fazer escolhas sobre as atividades que segue. Os defensores da escolha própria acreditam que forçar a criança a participar de atividades que ela acha indesejáveis pode levar a consequências psicológicas e comportamentais negativas. Essas duas abordagens podem, contudo, ser conceituadas como representando dois lados da mesma moeda. Os professores eficientes reconhecem o valor de cada abordagem, mas também estão cientes de que cada uma tem pontos positivos e negativos.

Uma das grandes dificuldades do ensino é saber quando controlar o ambiente de aprendizagem e os comportamentos dos alunos, e quando permitir que eles assumam o controle e escolham seu próprio caminho. Um fator importante a considerar na tentativa de determinar o equilíbrio certo entre controle e liberdade é a percepção que o jovem tem das habilidades a serem aprendidas e se a situação de aprendizagem provoca emoções positivas ou negativas. As situações de aprendizagem percebidas como desafiadoras são acompanhadas de emoções positivas e do desejo de se aproximar e participar. As situações de aprendizagem percebidas como ameaçadoras são acompanhadas por sentimentos negativos e pelo desejo de se retirar e de não participar. Observar os comportamentos de aproximação ou de afastamento da criança revela muito a seu respeito. Embora a percepção que a criança tem da situação de aprendizagem possa ser causada por qualquer fator ou combinação de fatores, no final, essas percepções são traduzidas em comportamentos de aproximação ou de afastamento.

Comum a ambas as visões de ensino é a noção de que o treinamento positivo depende da adequação entre as exigências do treinamento e o nível de habilidade da criança. A criança se aproxima e se envolve em jogos quando tem o conhecimento de que precisa para lidar com as exigências da tarefa. Assim, uma criança com conhecimento ou experiência insuficientes vai ter um desempenho fraco e começar a desistir do jogo. Além disso, o professor cria um ambiente instrucional ineficaz quando dá orientações e *feedback* complexos demais e sobrecarrega a capacidade de processamento da criança.

Ao ser colocada em ambientes de aprendizagem nos quais pode explorar e resolver problemas, a criança se diverte. O treinador ou professor pode tornar o desenvolvimento de habilidades algo prazeroso ao capitalizar a motivação inata da criança para procurar tarefas desafiadoras. Existem várias maneiras de os professores proporcionarem estruturas para atividades lúdicas e de jogos para que a criança adquira habilidades essenciais sem ficar entediada. Atividades físicas para habilidades motoras grossas, como a dança, as acrobacias e a ioga, permitem que a criança experimente o prazer dos movimentos e o controle corporal. Atividades para habilidades motoras finas, como o artesanato, a pintura, a construção de modelos e a cerâmica, fazem a criança experimentar o prazer de criar objetos ou imagens. Atividades mentais, como cantar, gritar ou recitar poemas, proporcionam a oportunidade de aprender a usar e aproveitar o conhecimento. Aprender a jogar com as palavras, a fazer trocadilhos e analogias pode tornar o processo educacional desafiador e divertido. A criança à qual se dá a oportunidade de experimentar e de aprender com base nas próprias ações atesta ter motivação para criar a vida toda (Csikszentmihalyi, 1990). Aquela que aprende que pode ter prazer com as próprias ações raramente fica entediada ou sedentária. Ela sempre manuseia os objetos e procura atividades que apresentem desafios. Assim como os adolescentes e os adultos, essa criança mantém seu impulso para jogar e experimentar o prazer de novos desafios.

Parte II

Da pesquisa à prática

Traduzir as evidências obtidas por meio da pesquisa científica em boa prática de ensino é uma tarefa complexa. Entretanto, em longo prazo, as recompensas dos bons métodos de ensino valem o esforço. Os métodos que propiciam os movimentos das crianças pequenas são cruciais, porque o nível de atividade física na infância prediz os níveis de atividade durante a vida. Nesta Parte II, abordamos como traduzir as evidências científicas sobre os movimentos em novas práticas significa promover o desenvolvimento cognitivo da criança.

Os capítulos da Parte I explicaram por que a atividade física é boa não só para a saúde e aptidão física da criança, mas, também, para seu desenvolvimento mental. A chave para maximizar a saúde física e o funcionamento mental é manter a criança ativa e em movimento, e, também, na curva de aprendizagem. A aprendizagem baseada em movimentos é uma ótima maneira de desafiar o cérebro em desenvolvimento da criança. No entanto, promover o desenvolvimento cognitivo por meio dos movimentos é mais do que apenas uma simples questão de prescrever a dose correta de atividade física.

Como enfatizado nas diretrizes da Society of Health and Physical Educators (SHAPE), a Educação Física de qualidade requer oportunidades de aprendizagem, conteúdo relevante e instrução apropriada. Os capítulos desta parte refletem esses padrões, mostrando como usar as informações sobre o desenvolvimento mental da criança, a atividade física e a aprendizagem para melhorar a eficiência do ensino. Os princípios de ensino baseados na teoria aqui apresentados mostram como, quando e por que variar os componentes específicos dos jogos de movimento. Também detalhamos como verificar a eficiência dos jogos com o uso de análise e avaliação apropriadas.

Esta parte se encerra com um capítulo explicando como integrar a atividade física ao cotidiano da criança.

Capítulo

5

Investindo na atividade física em prol da saúde física e mental da criança

Os cientistas e os filósofos costumam usar analogias para descrever como os eventos funcionam na natureza. A analogia de uma corrente fluindo é frequentemente utilizada para descrever o desenvolvimento da criança. Assim como a corrente, a direção e a velocidade do fluxo podem mudar a qualquer momento. Rochas maiores podem frear a corrente e obrigá-la a seguir um caminho diferente. Da mesma maneira, pequenas pedras podem criar turbulências que determinam se a água corre suavemente ou jorra com violência. À medida que a criança se desenvolve, seus progressos, como a corrente fluindo, podem ser afetados por uma profusão de experiências. A atividade física pode ser uma das várias rochas que influenciam o fluxo de desenvolvimento da criança. Embora não suscetíveis de mudar a vida, as atividades físicas em que bebês e crianças se envolvem podem afetar sutilmente seu desenvolvimento e influenciar seu comportamento por toda a vida.

Os capítulos anteriores analisaram o desenvolvimento da criança e de que maneira a atividade física pode afetar as funções físicas e cognitivas. Este capítulo expande a discussão para analisar como os movimentos experimentados no começo da vida podem estabelecer a trajetória de comportamentos saudáveis durante toda a vida. São particularmente interessantes os benefícios de atividades de movimento para crianças com distúrbios no desenvolvimento e para as que desenvolvem comportamentos sedentários.

Como os movimentos criam mapas mentais

Ao nos movimentarmos, nosso corpo sente o mundo ao nosso redor de maneira constante. As experiências sensoriais propiciam uma visão, ou percepção, da maneira como nos movemos à medida que o mundo se move ao nosso redor. Durante o movimento, nossas ações e percepções estão interligadas. Pense como podemos andar no meio de um corredor lotado sem nos chocarmos com as demais pessoas que passam por nós. Nossos olhos e outros sistemas sensoriais fornecem ao cérebro as informações relativas à posição do nosso corpo e de nossos membros, bem como os movimentos das demais pessoas à nossa volta. O cérebro transforma essas informações em sinais que nos guiam nos padrões de caminhada, no ritmo do passo e nos movimentos. Todo esse controle complexo de processamento e movimentos ocorre com pouca ou nenhuma percepção consciente.

Os atletas mostram uma habilidade excepcional em fazer movimentos de jogo mais rápidos do que a tomada de decisão da mente. Os movimentos altamente praticados por atleta de elite refletem a fusão entre percepção e ação; as condições de jogo mudam, assim como os movimentos dos atletas, sem pensamento deliberado, em milésimos de segundo.

Como os bebês aprendem o que vai onde

O cérebro do bebê em desenvolvimento cria conexões entre as mudanças do mundo e o que ele percebe durante e após o movimento físico. A contração e o alongamento de qualquer músculo esquelético enviam informações a áreas do cérebro que constroem e refinam as redes neurais que servem de elementos constitutivos da destreza nos movimentos. Essas redes emergentes também recebem informações dos olhos e ouvidos relativas à localização dos objetos no mundo da criança. A integração das informações dos músculos esqueléticos e das estruturas visuais e auditivas permite à criança aprender por meio de suas ações – ou seja, compreender como seus movimentos levam a experiências sensoriais. Por exemplo, um bebê que alcança e toca um móbile pendurado acima do berço aprende a conectar movimentos corporais controlados às mudanças em seu mundo. Aprender a controlar o mundo por meio de suas próprias capacidades psicomotoras é um acontecimento psicológico bastante considerável.

As ações iniciadas por conta própria são cruciais para a aprendizagem. Sabe-se, há muitas décadas, que o desenvolvimento cerebral é fortemente vinculado à experimentação de movimentos. Mais recentemente, Ester Thelen (1941-2004) conduziu uma ampla série de pesquisas sistemáticas com bebês que demonstram o papel crítico do movimento corporal no desenvolvimento cognitivo (Thelen, 2004). Os movimentos que associam as mudanças na sensação e na percepção propiciam a base para a aprendizagem incorporada.

Do mesmo modo que a teoria de desenvolvimento cognitivo da criança proposta por Jean Piaget, cujas ideias foram apresentadas no Capítulo 1, Thelen relacionou os movimentos dos bebês a recompensas intrínsecas e ao prazer. À medida que o bebê obtém o controle dos músculos e emprega força suficiente para mover o corpo, ele começa a usar as próprias ações para fazer as coisas acontecerem em seu mundo, além de utilizar os movimentos para encontrar soluções para novos problemas. Por exemplo, o bebê que é colocado de barriga para baixo pode alterar incrivelmente sua percepção do mundo e coordenar os músculos esqueléticos necessários para ficar de costas. Com frequência, para a alegria dos pais, as reações do bebê ao aprender a virar o corpo são claras. Ele invariavelmente mostra todas as expressões faciais da surpresa e da alegria. Se colocado de volta de barriga para baixo, ele aprende rapidamente a ficar de costas. Embora essa ação possa parecer simples, pense no envolvimento e no controle dos grupos musculares necessários para iniciar e controlar esse movimento. Lembre, também, que essas ações ocorrem antes de surgirem as funções executivas envolvidas no planejamento e na resolução de problemas.

Efetividade do movimento: capacidade de alcançar um objetivo específico.

Eficiência do movimento: nível de esforço requerido para alcançar o objetivo.

A importância da aprendizagem incorporada foi apresentada no Capítulo 3, que destacou vários tipos de aprendizagem. A maior parte das pessoas pensa na aprendizagem como a capacidade de lembrar informações acadêmicas – ler, escrever, calcular. Existem, porém, outros tipos de aprendizagem.

A aprendizagem baseada em ações proporciona informações relativas ao movimento do corpo no espaço. A criança que pega um brinquedo aprende a noção de distância e de profundidade, e a ação proporciona a base da orientação dos braços e das mãos em direção aos objetos. Acredita-se que a capacidade de entender a relação entre o corpo e os objetos no espaço esteja na base do imaginário mental, da capacidade de criar representações mentais e de alterá-las. Essa capacidade de ver as coisas na mente é crucial para entender a computação matemática e a organização molecular, e, também, para ter disposição para desenhar e criar arte (Woodlee e Schallert, 2006). Diz-se, com frequência, que os artistas nasceram com certas capacidades que os demais não possuem. É possível que as primeiras experiências, aliadas à genética, propiciem capacidades únicas ao artista ou cientista florescente.

Os movimentos são os agentes principais dos estágios do desenvolvimento cognitivo descritos por Jean Piaget. Do mesmo modo, para Thelen, "as bases da complexidade do pensamento e do comportamento humano têm origem na ação e estão sempre integradas em uma história de ação" (Thelen, 2004, p. 49). Os movimentos físicos do bebê podem parecer simples, limitados e aleatórios; no entanto, até mesmo as primeiras ações proporcionam conhecimento sobre a maneira como os comportamentos mais complexos são organizados. Muito antes do surgimento das funções executivas, os bebês já aprendem noções sobre o mundo que podem ter consequências para a vida toda.

Embora os movimentos físicos sejam importantes para a aprendizagem do bebê, eles não são um pré-requisito. Por exemplo, historicamente, na Ásia e em comunidades indígenas americanas tradicionais, os bebês eram enfaixados e colocados em berços que restringiam seus movimentos. Os pesquisadores que investigam os métodos culturais de criação descobriram que as capacidades de movimento desses bebês podem ficar aquém daquelas de crianças criadas em condições menos restritivas; contudo, as diferenças no domínio dos movimentos desaparecem rapidamente durante a primeira infância. Ademais, os bebês que têm distúrbios de movimento, como espinha bífida ou paralisia cerebral, podem apresentar um desenvolvimento mental típico. No entanto, mesmo que os movimentos físicos não sejam um requisito para o desenvolvimento mental, é plausível pensar que engatinhar, andar, pular e saltar melhorem e enriqueçam a qualidade das experiências mentais da criança e a maneira como seu cérebro se desenvolve.

Os movimentos autogerados podem funcionar como uma enzima: talvez não causem diretamente a aparição de determinada habilidade mental, mas podem promover a eficiência mental e comportamental ao acelerar e amplificar os efeitos das experiências sobre o desenvolvimento do cérebro e de suas funções.

Os psicólogos entendem por **efetividade do movimento** a capacidade de alcançar um objetivo específico. A **eficiência do movimento**, por sua vez, refere-se ao nível de esforço requerido para alcançar o objetivo. Por conseguinte, embora duas crianças sejam capazes de alcançar o mesmo objetivo, uma pode ser capaz de alcançá-lo com menos esforço e mais rapidamente do que a outra por causa do uso eficiente das habilidades mentais. A criança que adquire conhecimento por meio dos movimentos físicos e das experiências se torna eficiente no pensamento e na resolução de problemas.

Os movimentos ajudam o bebê e a criança pequena a aprenderem noções sobre o mundo.

Transtornos globais do desenvolvimento

Nas últimas décadas, houve um aumento substancial no número de crianças do mundo todo que apresentam sinais de **transtorno do espectro autista**, um transtorno neurodesenvolvimental que pode afetar as habilidades sociais, atrasar o desenvolvimento da linguagem, resultar em comportamentos repetitivos e interesses restritos, e impedir o envolvimento acadêmico e social (Stockman, 2004a). Os defensores da aprendizagem incorporada sugerem que a causa de muitos atrasos do desenvolvimento e do autismo (transtorno global do desenvolvimento) está nos problemas de controle dos movimentos. Thelen explicou a importância do controle desse controle quando escreveu:

> A criança sem senso de percepção ou consciência dos próprios movimentos e da posição do corpo não consegue monitorá-los e vai carecer de todo tipo de controle preditivo. Se a consciência corporal for fraca, o encadeamento comportamental é difícil e as interações sociais se tornam imprevisíveis, o que dificulta a aquisição das habilidades normais. Cada uma dessas dificuldades pode levar à frustração, ao retraimento emocional, ou a comportamentos agressivos ou inapropriados. Até mesmo pequenas distorções nos processos básicos podem ter consequências sobre o desenvolvimento e levar a problemas múltiplos e concomitantes. (Thelen, 2004, p. 70-1)

Muitas explicações para o aumento do diagnóstico de autismo têm sido propostas. É muito provável que múltiplos fatores estejam na base do transtorno. Não obstante, deve-se levar em conta a relação do transtorno com os movimentos.

A capacidade de se mover tem papel essencial no desenvolvimento do vínculo entre a criança pequena e seus pais. Quando a criança se move em direção aos pais, ela propicia sinais sociais aos quais os pais respondem com contato físico e conforto – os componentes básicos do vínculo duradouro. Por meio dessa ligação com os pais vêm os sentimentos de segurança, conforto e proteção. Os pais servem de porto seguro por meio do qual a criança pode explorar seu mundo Apoiada pelo sentimento de segurança, ela aumenta sistematicamente as distâncias que viaja para explorar o mundo novo. Os movimentos independentes da criança pequena não são aleatórios, mas dirigidos para um objetivo. Alguns objetivos são alcançados, outros bloqueados, resultando em frustração e outras emoções. Com a resolução da frustração e o apoio dos pais, a criança desenvolve um senso de cumprimento e de autoconfiança.

Por que a autoiniciação dos movimentos é importante?

Durante décadas, programas de intervenção baseados em movimentos foram desenvolvidos para tratar transtornos do desenvolvimento. Os programas do **método de padronização** desenvolvido por Doman (2005), por exemplo, eram baseados na noção de que a ontogenia recapitula a filogenia, descrita no começo do Capítulo 4. A teoria de Doman dizia que guiar passivamente os membros da criança por padrões que refletissem movimentos motores evolutivamente relacionados beneficiaria o crescimento cognitivo. A diferença crucial entre esses primeiros programas de intervenção sobre os movimentos e os de aprendizagem de ação incorporada descritos anteriormente se encontra na fonte dos movimentos do bebê e da criança. A padronização envolve os movimentos passivos dos membros da criança; vários clínicos trabalham juntos para mover os braços, as pernas e a cabeça da criança em uma sequência de movimentos que estimulam as ações básicas de engatinhar e alcançar. Os pressupostos essenciais do método de padronização, no entanto, não foram confirmados pela pesquisa (Sparrow e Zigler, 1978).

A aprendizagem incorporada ocorre quando o bebê e a criança iniciam seus próprios movimentos. A importância dos movimentos autoiniciados na aprendizagem já foi destacada no Capítulo 3. Avanços recentes no estudo da aquisição de capacidades ressaltaram a importância dos processos de pré-alimentação (*feed-forward*) na aprendizagem. Quando as ações são iniciadas e sinalizadas a partir da parte frontal do cérebro, as instruções para os movimentos são enviadas não apenas para a medula espinal e para os músculos, mas, também, para outras estruturas cerebrais que aguardam a iminente chegada de informações de *feedback*.

Transtorno do espectro autista: transtorno neurodesenvolvimental que pode afetar as habilidades sociais, atrasar o desenvolvimento da linguagem, resultar em comportamentos repetitivos e interesses restritos, e impedir o envolvimento acadêmico e social.

Método de padronização: forma de tratamento que utiliza os movimentos passivos dos membros corporais em sequências para estimular os reflexos básicos.

Hábitos: padrões de comportamento aprendidos que se tornam enraizados e duradouros.

Comportamentos sedentários: comportamentos que resultam em gastos de energia iguais aos de atividades como dormir, sentar, deitar no chão ou assistir à televisão.

Equivalente metabólico (MET): unidade de medição do custo em energia física calculado como a proporção da taxa metabólica em relação a uma taxa metabólica de referência.

Talvez você já tenha percebido que não dá para fazer cócegas em si mesmo. Se pensar em mover os dedos para uma área sensível do corpo, seu cérebro vai esperar informações daquela área antes mesmo que você a toque. Porém, quando alguém encosta os dedos na lateral de seu corpo, mesmo que você antecipe o gesto, seu cérebro não está preparado e você acaba sentido cócegas. Embora fazer cócegas possa parecer um exemplo estranho, é um exemplo que ilustra a importância do sistema de pré-alimentação. Esse sistema propicia ao cérebro a capacidade de prever futuros movimentos que são cruciais para a aprendizagem e suas consequências sensoriais e perceptuais. Sem envolvimento mental, a aprendizagem é dificultada.

Observar crianças aprendendo a planejar, executar e controlar os próprios movimentos revela como a atividade física, o esforço mental e o desenvolvimento cognitivo são interligados. À medida que o bebê se move, ele aprende sobre seu ambiente e sobre como resolver tarefas. No decorrer da infância, vão se acumulando histórias de movimentos, que continuam fornecendo as bases para entender a natureza do ambiente. Claramente, o impacto das intervenções de atividade física pode ir muito além do desenvolvimento de habilidades motoras e do esporte. Intervenções de atividade física apropriadamente planejadas podem ter efeito em longo alcance por toda a vida. Quando o bebê e a criança adquirem habilidades físicas e mentais, os padrões de movimentos são armazenados como memórias que, mais tarde, podem ser resgatadas, modificadas e aplicadas. A criança que carece de experiências de movimentos fica em desvantagem quando exposta a novos jogos ou esportes.

A inatividade na infância e o comportamento sedentário

O bebê e a criança pequena são fisicamente ativos no decorrer do dia; engatinham, andam, erguem-se, e toda essa brincadeira requer esforço físico. Contudo, sabe-se, por meio de dados referentes aos Estados Unidos, que o nível de atividade cai por volta dos 6 anos (Faigenbaum *et al.*, 2001; Tudor-Locke, Johnson e Katzmarzyk, 2010), e que isso ocorre de maneira semelhante em meninos e meninas. Algumas dessas mudanças podem ser vinculadas a mudanças relativas ao sexo e a mudanças corporais, e outras, a fatores sociais e culturais. Pesquisadores sugerem que muitas crianças apresentam um *deficit* de exercícios que leva a consequências negativas em longo prazo nos hábitos físicos e sociais (Faigenbaum, Stracciolini e Myer, 2011).

Os **hábitos** são padrões de comportamento aprendidos que se tornam enraizados e duradouros. Sem intervenções específicas que propiciem o desenvolvimento das habilidades motoras e a confiança nos movimentos, a criança perde a oportunidade de desenvolver hábitos que promovam a saúde. Faigenbaum, Stracciolini e Myer (2011) destacaram a importância da instrução de habilidades motoras apropriadas para o desenvolvimento em vez dos programas de aptidão física geral desenvolvidos por adultos para adultos. Eles enfatizaram, também, a importância de proporcionar aos professores o conhecimento suficiente para desenvolver e implementar programas de atividade física que desenvolvam habilidades motoras fundamentais, aumentem a coordenação e incentivem a autoconfiança.

A criança que não consegue adquirir as habilidades básicas de saltar, lançar, pular e chutar tende a duvidar das próprias capacidades quando convidada a participar de jogos. Além disso, essas habilidades envolvem movimentos fundamentais que formam habilidades motoras mais complexas. Por exemplo, para saltar, uma criança precisa saber pular. No ensino fundamental, as crianças reconhecem seu nível de habilidade; as que carecem de habilidades escolhem atividades sedentárias e solitárias em vez de jogos e esportes que promovam a socialização e hábitos de atividade física. Os treinadores que atuam em nível escolar costumam recrutar estudantes para praticar esportes com base em características físicas e habilidades. Raramente as crianças não selecionadas para esportes recebem treinamento adicional de habilidades. Em razão disso, os defensores do modelo de distúrbio de *deficit* de exercícios sugerem que os professores e prestadores de serviços médicos devam ser treinados para identificar as crianças que carecem de habilidades motoras básicas e envolvê-las em programas divertidos, no intuito de desenvolver essas habilidades.

Inatividade *versus* comportamento sedentário

A atividade física é definida no Capítulo 2 como o conjunto de movimentos corporais produzidos pela contração dos músculos esqueléticos que requerem gasto de energia e que seguem uma linha contínua, do mínimo ao máximo. Em contrapartida, a inatividade física significa a ausência de atividade (Marshall e Welk, 2008). Dentro dessa ideia de inatividade, os exercícios que os cientistas definem como **comportamentos sedentários** são aqueles que resultam em gastos de energia iguais aos de atividades como dormir, sentar, deitar-se ou assistir à televisão. Tecnicamente, o gasto energético seria de 1,0 a 1,5 **equivalente metabólico** (MET ou equivalente metabólico da tarefa), que é a unidade de medida do gasto de energia física calculado como a proporção de taxa metabólica em relação a uma taxa metabólica de referência. Embora os termos *sedentarismo* e *inatividade* venham sendo usados de modo exaustivo e aleatório na área da saúde pública, faltam definições claras para essas palavras (Pate, O'Neill e Lobelo, 2008). A maioria das pesquisas conduzidas por cientistas de exercícios se concentrou nos benefícios para a saúde das atividades físicas de intensidade moderada a vigorosa (AFMV). Muitos pesquisadores têm considerado níveis de atividade física inferiores à intensidade moderada como comportamentos sedentários.

A falta de descrição clara da atividade física de baixa intensidade levou alguns pesquisadores a destacarem a importância de se entender esses comportamentos, especialmente na criança. De fato, muitos comportamentos desejáveis são considerados sedentários; por exemplo, socializar e passar tempo com a família. No entanto, os especialistas em saúde consideram outros comportamentos sedentários como indesejáveis. O tempo gasto com mídias sociais e televisão é um exemplo de comportamento frequentemente visto como não saudável.

Como discutimos antes, os padrões de atividade da criança diferem daqueles dos adultos, pois a criança manifesta mais ímpeto à prática de atividade física no decorrer do dia. O problema para os pesquisadores e profissionais da área da Saúde tem sido separar os níveis baixos de atividade física apropriados e saudáveis daqueles não saudáveis para a criança. Pensando nisso, a Academia Americana de Pediatria [em inglês, American Academy of Pediatrics] recomenda limitar a duas horas o tempo total diário em que as crianças se divertem com mídia; desaconselha a televisão para criança de menos de 2 anos de idade; e incentiva mais atividades interativas que promovam a conversa, o jogo, o canto e a leitura.

O tempo gasto com televisão tem sido relacionado à obesidade infantil desde os anos 1980. Nos anos 1990, acreditava-se que, se excedido, esse tempo causava aumento de peso. De forma semelhante, o tempo gasto com mídia e *videogames* tem sido relacionado a aumentos de comportamentos sedentários infantis, à diminuição de atividades físicas que promovem a saúde e ao aumento do sobrepeso e da obesidade. Apesar de o consenso geral apontar o tempo gasto com televisão e mídias como responsável pelo aumento de peso entre as crianças, uma correlação mais forte entre essas atividades e o ganho de peso ainda não foi demonstrada. É claro que, além deste, muitos outros fatores intervêm nas mudanças da aptidão física da criança e na questão do peso.

Tendências mundiais em aptidão física e coordenação motora infantil

Será que os níveis de aptidão física das crianças declinaram nas últimas décadas? Os especialistas diferem nas respostas a essa pergunta. A complexidade de medir a aptidão física da criança e de acompanhar as mudanças por longos períodos de tempo tem resultado em opiniões divergentes. Alguns afirmam que há evidências claras de declínio global na aptidão física.

Um estudo emblemático examinou dados sobre capacidade aeróbia obtidos entre 1958 e 2003 com base em cerca de 2,5 milhões de crianças e adolescentes que viviam em 27 países e 5 regiões geográficas (Tomkinson e Olds, 2007). Como resultado, observou-se que o padrão de desempenho aeróbio era claro para meninos e meninas, em todas as regiões geográficas: desde 1958 e durante os anos 1960, a aptidão física das crianças e dos adolescentes melhorou. No entanto, a partir dos anos 1970, os níveis de aptidão começaram a declinar rapidamente. Essas **tendências seculares**, que são alterações no padrão médio de crescimento ou desenvolvimento de uma população no decorrer de várias gerações, têm sido explicadas de várias maneiras. Uma visão sobre isso é que as crianças menos ativas não conseguem condicionar adequadamente ou treinar fisicamente seu corpo e, em consequência, apresentam níveis menores de aptidão. Outras perspectivas propuseram explicações sociais, culturais e psicológicas para as mudanças nos níveis de aptidão física das crianças. As mudanças ambientais que ocorreram em todo o planeta nas últimas três décadas são espantosas. A migração para as grandes cidades e o aumento do uso de automóveis e equipamentos que poupam o trabalho são apontados como explicações.

Outros pesquisadores têm sugerido que a capacidade de aptidão física da criança não mudou muito (Olds, Ridley e Tomkinson, 2007). O que mudou foram os fatores que reduzem seu desempenho em testes de aptidão física. Isso é especialmente verdadeiro quando a capacidade aeróbia é medida usando-se testes de corrida. Pense no aumento mundial de peso corporal das crianças. A gordura pode comprometer a medida da capacidade aeróbia; o excesso de peso corporal prejudica a habilidade para alcançar os níveis de desempenho físico de que as crianças são capazes.

É importante entender por que os níveis de aptidão física das crianças mudaram. À primeira vista, as razões podem parecer claras. Se o declínio da aptidão física se deve ao aumento da gordura, deveriam ser suficientes os programas que enfatizam o controle de dieta. Entretanto, se o declínio decorre de níveis baixos de atividade física, então, são importantes os programas que incentivam uma atividade física vigorosa.

Outra razão possível para o fraco desempenho nos testes de aptidão física, e que recebeu muito menos atenção, é a coordenação motora. Estudos europeus mostram diminuição na capacidade de desempenhar movimentos motores no decorrer de gerações, que se manifestam desde a idade pré-escolar (Roth *et al.*, 2010). Essa diminuição não parece prejudicar a execução de movimentos que dependem de velocidade e energia, mas daqueles que dependem da coordenação motora. Isso pode decorrer da redução da qualidade das experiências de atividade física das crianças na sociedade contemporânea.

Estudos australianos mostraram de modo convincente que as crianças que dominam movimentos que requerem habilidade e se sentem competentes em se movimentar gostam de se movimentar e de permanecer ativas na vida adulta (Barnett *et al.*, 2008, 2009). Contudo, a aptidão física na infância não é um forte indicador dos níveis de atividade física e aptidão na adolescência. Esses estudos parecem sugerir que, para termos mais adolescentes e adultos ativos, deveríamos focar a qualidade das experiências de atividade física desde cedo, de modo que as crianças experimentem sensações de prazer e de domínio por meio das atividades físicas.

Tendências seculares: alterações no padrão médio de crescimento ou de desenvolvimento de uma população no decorrer de várias gerações.

Índice de massa corporal (IMC): método matemático usado para descrever a relação entre o peso corporal e a estatura.

Obesogênico: aquilo que propicia um ganho excessivo de peso.

Síndrome metabólica: combinação de medições de saúde, como gordura corporal, pressão sanguínea e colesterol, reunidas e utilizadas para prever o risco de doenças cardiovasculares e de diabetes tipo 2.

Tendências mundiais em obesidade e saúde infantil

Há poucas décadas, as crianças com sobrepeso eram exceção; hoje, mais de um terço das crianças americanas tem sobrepeso ou são obesas. O índice de massa corporal (IMC), método matemático utilizado para mostrar a relação entre o peso corporal e a estatura, é uma medida aceita para avaliar o peso corporal. A obesidade infantil é definida como um IMC igual a ou acima do percentil 95º, de acordo com os gráficos do IMC por altura e idade dos Centros de Doenças e Controle e Prevenção de Doenças [CDC – em inglês, Centers for Disease Control and Prevention] (Ogden *et al.*, 2010). Desde 1980, os níveis de obesidade em crianças de 2 a 5 anos dobraram; entre as crianças de 6 a 11 anos, quadruplicaram (Bleich, Ku e Wang, 2011). A Figura 5.1 mostra a incidência de sobrepeso e obesidade infantis nos Estados Unidos; alguns acreditam que o país esteja vivendo uma epidemia de obesidade. O termo **obesogênico** significa "que propicia um ganho excessivo de peso".

A preocupação em relação ao ganho de peso entre crianças cresceu em decorrência de dados que mostram que as crianças com sobrepeso vão se tornar adultos com sobrepeso. Os custos do sobrepeso são altos tanto para os indivíduos quanto para a sociedade. Houve um interesse considerável nos últimos anos pela **síndrome metabólica**, que é a combinação de medições de saúde. Nos adultos, as medições de gordura corporal, pressão sanguínea e colesterol são reunidas e utilizadas para prever o risco de doenças cardiovasculares e de diabetes tipo 2. Recentemente, as medições da síndrome metabólica e os fatores de risco a ela associados foram estendidos às crianças. Vários estudos mostraram que as crianças fisicamente ativas reduziram os índices de síndrome metabólica em comparação a crianças menos ativas fisicamente. De fato, parece existir uma relação dose-resposta, de modo que doses maiores de atividade física são associadas a níveis mais altos de saúde cardiovascular e metabólica.

Os comportamentos relacionados à saúde desenvolvidos durante a infância mostram grande expectativa de diminuição da probabilidade ou da gravidade de doenças na idade adulta e na velhice. A atividade física pode exercer boa parte de sua influência na saúde cardiovascular e metabólica ao melhorar a aptidão e reduzir a gordura, que, por sua vez, influencia os processos subjacentes que levam a doenças cardiovasculares e diabetes tipo 2. Há claras evidências de que as atividades físicas podem diminuir a gordura corporal de crianças com sobrepeso ou obesas (Gutin, 2011). No entanto, não se confirmou que a intervenção de exercícios ajude as crianças magras a evitar ganhar peso. É difícil avaliar o impacto da intervenção de exercícios sobre o ganho de peso de crianças e adolescentes, considerando-se as mudanças de desenvolvimento e as relacionadas ao sexo que ocorrem durante esse período. De fato, os benefícios dos exercícios planejados podem ser bastante modestos, e anos de rotina de atividade física são necessários para ver seus efeitos sobre o perfil de risco metabólico.

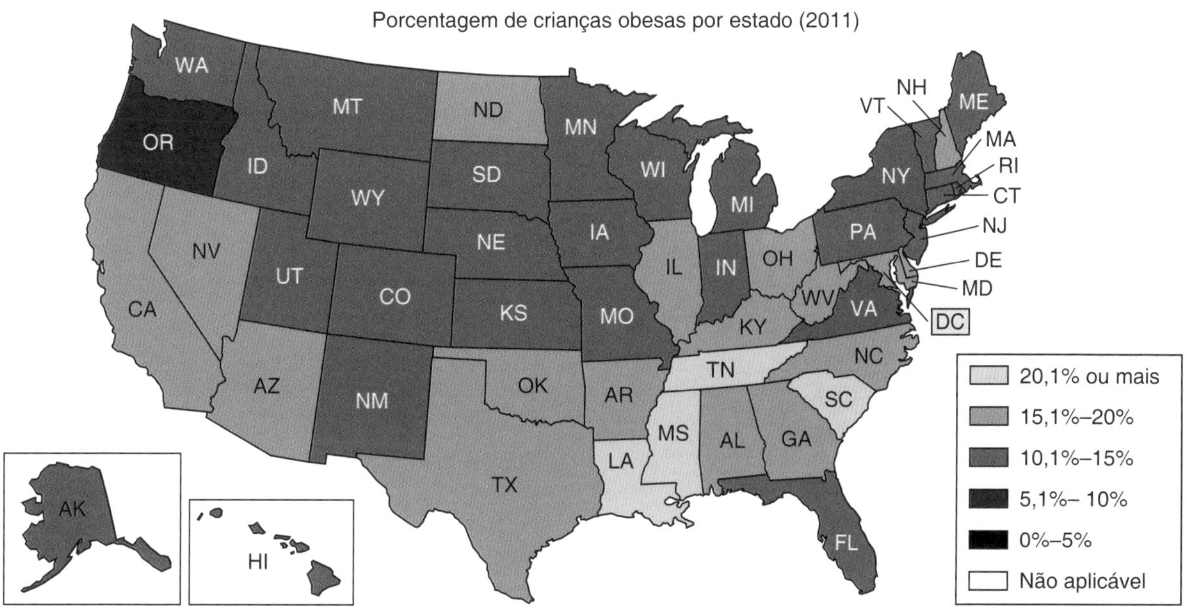

FIGURA 5.1 – Porcentagem de obesidade em crianças nos Estados Unidos.

Fonte: adaptado da National Conference of State Legislatures, 2014, *Childhood Overweight and Obesity Trends*. Disponível em: http://www.ncsl.org/research/health/childhood-obesity-trends-state-rates.aspx.

Entender as condições que afetam os comportamentos de atividade física e a dieta é crucial para compreender a epidemia de obesidade que atinge crianças do mundo todo. Escreveu-se muito durante a última década, em uma tentativa de identificar as causas do fenômeno. Apesar de muitos estudos, os fatores específicos que propiciam o ganho de peso de crianças ainda não foram identificados. Uma análise geral das causas do aumento de peso corporal das crianças está além do escopo deste livro. No entanto, destacamos que a comunidade acadêmica concorda com o fato de que a diminuição do comportamento sedentário nas crianças e o aumento de atividade física contribuem para que elas tenham mentes e corpos saudáveis. Hoje, nos Estados Unidos, organizações nacionais e regionais estão cada vez mais envolvidas em programas planejados para persuadir as crianças a se tornarem fisicamente ativas. Quase todas promovem programas que enfatizam as atividades divertidas.

Sobrepeso, função cognitiva e desempenho acadêmico

Vários pesquisadores mediram a relação entre obesidade e função cognitiva. Um resumo desses estudos relata que, durante a vida toda, as funções executivas, a inteligência e as capacidades de processamento são negativamente relacionadas ao peso corporal ou IMC (Smith *et al.*, 2011). Além disso, as mais claras descobertas foram obtidas por meio de pesquisas que investigaram a obesidade na infância; vários estudos vincularam o sobrepeso a níveis baixos de funções executivas. Embora a relação entre adiposidade e função cognitiva seja pouco estudada, várias explicações foram apresentadas. O sobrepeso está relacionado a inflamações, ao aumento dos níveis de triglicerídeos, a distúrbios de produção de insulina e à função hipocampal deficiente, todos relacionados à saúde cerebral.

Vários estudos importantes relataram que, à medida que o peso aumenta, as crianças são mais suscetíveis a terem dificuldades acadêmicas e problemas de comportamento (Datar, Sturm e Magnabosco, 2004; Davis e Cooper, 2001). Novamente, ressaltamos que muitos fatores sociais e psicológicos podem contribuir para essa relação (Krukowski *et al.*, 2009). Mesmo assim, existem dados suficientes relacionando o sobrepeso a consequências acadêmicas negativas.

Sobrepeso e atividade física

Crianças com sobrepeso ou obesas se envolvem menos em rotinas de atividade física do que aquelas sem sobrepeso. As crianças com sobrepeso costumam enxergar a atividade física de forma negativa e procuram atividades sedentárias. A combinação de falta de atividade física, aumento de comportamento sedentário e alimentação não saudável contribui muito para a epidemia de obesidade infantil.

Poucos jogos para crianças são solitários, e as crianças ficam mais ativas quando jogam com amigos ou colegas do que sozinhas. Experiências negativas, como a rejeição por outras crianças durante o recreio, podem ter, em longo prazo, efeitos negativos sobre a motivação da criança para ser fisicamente ativa, assim como sobre os sentimentos de inclusão, a autoestima e o humor. Os pesquisadores têm notado que o sofrimento de uma criança ao ser relegada é semelhante à dor física. É muito difícil quebrar o círculo vicioso das tentativas fracassadas de uma criança em participar de jogos, do aumento do isolamento e do afastamento da atividade física (Salvy *et al.*, 2012).

Por esse motivo, o apoio positivo de colegas é fundamental para motivar crianças com sobrepeso a se movimentarem e serem ativas. Pesquisas recentes descobriram que as crianças com sobrepeso são particularmente sensíveis às mensagens sociais enviadas por outras crianças e por professores. As crianças com sobrepeso que percebem críticas quando se envolvem em jogos e esportes apresentam mais sinais de depressão, sentimentos de solidão e redução do prazer. Em contrapartida, as experiências de cooperação e respeito, assim como as interações positivas, aumentam a motivação da criança para se envolver em atividades físicas.

A saúde mental da criança e do adolescente

A Organização Mundial da Saúde (OMS) define a saúde mental da criança e do adolescente como a capacidade de "alcançar e manter o bem-estar, bem como um funcionamento psicológico e social ótimo". As crianças e os adolescentes saudáveis têm senso de identidade e de amor próprio, relações familiares e amizades sólidas, habilidade para ser produtivos e aprender, e capacidade para enfrentar desafios desenvolvimentais e usar recursos culturais para maximizar o crescimento. Ademais, a saúde mental é crucial para uma participação social e econômica ativa (World Health Organization, 2005).

No mundo todo, aproximadamente 20% das crianças e dos adolescentes apresentam problemas de saúde mental. Os fatores de risco para esses problemas são genéticos, sociais e culturais. Tipos específicos de transtornos estão vinculados a certos períodos do desenvolvimento. Do nascimento à primeira infância, os **transtornos de apego**, caracterizados pela dificuldade de estabelecer laços com os pais e por comportamentos de socialização escassos, assim como os transtornos globais do desenvolvimento e o autismo infantil, podem ser detectados. O **transtorno hipercinético**, que é uma disposição persistente para se comportar de modo inquieto, desatento, distraído e desorganizado, e o **transtorno de conduta**, evidenciado por um comportamento excessivamente desafiador ou impulsivo, são tipicamente diagnosticados entre os 4 e os 6 anos de idade. Sintomas de transtorno de ansiedade e humor aumentam em algumas crianças depois dos 6 anos. Essa faixa etária, claro, pode ser influenciada por uma série de fatores. É importante destacar, no entanto, que o diagnóstico e o tratamento precoces têm mais chances de trazer benefícios para a saúde da criança. Considerando que os transtornos de conduta, a ansiedade e o humor podem abrir caminho para ciclos de comportamentos negativos para a saúde mental que se estendem até a adolescência e a idade adulta, as intervenções precoces são extremamente importantes.

Transtornos de apego: transtornos caracterizados pela dificuldade de estabelecer laços com os pais e por comportamentos de socialização escassos.

Transtorno hipercinético: disposição persistente para se comportar de modo inquieto, desatento, distraído e desorganizado.

Transtorno de conduta: comportamento excessivamente desafiador ou impulsivo.

Transtornos de humor na infância: incluem todo tipo de depressão e, às vezes, são chamados de transtornos afetivos.

Depressão: transtorno caracterizado, na criança pequena, pelo fato de fingir estar doente, de se recusar a ir à escola, de se apegar demais a um dos pais, ou de ficar apreensiva que um dos pais morra. As crianças mais velhas podem ficar caladas, arrumar confusão na escola, ser negativas, agir de modo ranzinza ou se sentir incompreendidas.

Ansiedade infantil: estado caracterizado por uma preocupação, apreensão ou tensão que ocorre com frequência na ausência de perigo real e óbvio.

Transtorno de ansiedade generalizada (TAG): transtorno caracterizado por preocupações excessivas com notas, assuntos familiares, amizades e desempenho na escola ou nos esportes.

Transtorno obsessivo-compulsivo (TOC): caracterizado por pensamentos indesejados e pelo sentimento de precisar realizar rituais e rotinas para aliviar a ansiedade.

Transtorno de ansiedade de separação: caracterizado pelo fato de não querer ir à escola, participar de atividades sociais ou ficar separado de alguém. Em geral, ocorre entre os 18 meses e os 3 anos de idade.

Os **transtornos de humor na infância** são os problemas mais comuns que ocorrem em crianças e adolescentes. Incluem todo tipo de depressão e, às vezes, são chamados de transtornos afetivos. A **depressão** na criança pequena é caracterizada pelo fato de ela fingir estar doente, de se recusar a ir à escola, de se apegar demais a um dos pais, ou de recear que um dos pais morra. As crianças mais velhas podem ficar caladas, arrumar confusão na escola, ser negativas, agir de modo ranzinza ou se sentir incompreendidas. É difícil identificar a depressão infantil por causa das enormes mudanças pelas quais a criança passa. Com frequencia, o diagnóstico requer uma avaliação por alguém especializado em tratamento infantil.

Existem vários tipos de **ansiedade infantil**, a qual se caracteriza por um estado de preocupação, apreensão ou tensão que ocorre com frequência na ausência de perigo real e óbvio. O **transtorno de ansiedade generalizada (TAG)** é caracterizado por preocupações excessivas com notas, assuntos familiares, amizades e desempenho na escola ou nos esportes. Por sua vez, o **transtorno obsessivo-compulsivo (TOC)** é caracterizado por pensamentos indesejados e o sentimento de precisar realizar rituais e rotinas para aliviar a ansiedade. Já o **transtorno de ansiedade de separação**, em geral, ocorre entre os 18 meses e os 3 anos de idade. Entre os comportamentos, incluem-se não querer ir à escola, participar de atividades sociais ou ficar separado de alguém.

A atividade física ajuda a criança com problemas de saúde mental?

Médicos e pesquisadores que usam exercícios rotineiros como tratamentos para adultos com problemas de saúde mental descobriram que esses exercícios podem reduzir os sintomas da ansiedade e da depressão. Em alguns casos, os benefícios dos exercícios para adultos com depressão são tão amplos quanto os obtidos com o tratamento à base de remédios (Buckworth *et al.*, 2013). Porém, muito pouco se conhece a respeito da intervenção por meio de exercícios e de atividade física para crianças. Os poucos estudos conduzidos sugerem que a atividade física rotineira pode afetar favoravelmente muitos problemas de saúde mental. O relatório do Comitê Consultivo para Orientações sobre Atividades Físicas do Departamento Americano de Saúde (Physical Activity Guidelines Advisory Committee, 2008) resumiu os resultados das pesquisas disponíveis.

Demonstrou-se que os programas de atividade física reduzem os sintomas em crianças com depressão. Por exemplo, Annesi (2006) descobriu que um programa de atividade física de 12 semanas diminuía a depressão e melhorava de modo significativo o humor de crianças entre os 9 e os 12 anos de idade. Ademais, as crianças fisicamente ativas eram menos suscetíveis a ter sintomas de depressão (Motl *et al.*, 2004). Muitos sintomas de ansiedade infantil também foram reduzidos pela prática de atividades físicas (Strong *et al.*, 2005).

A atividade física ajuda a criança que não tem problemas de saúde mental?

Felizmente, a maior parte das crianças desfruta de saúde mental satisfatória. No caso delas, é importante considerar os fatores que podem contribuir para promover, manter e maximizar seu potencial.

Tradicionalmente, o foco dos psicólogos tem sido identificar e tratar as doenças mentais. Nas últimas duas décadas, surgiu um ramo da psicologia que foca as qualidades positivas das experiências humanas. Como descrevemos no Capítulo 4, o objetivo da psicologia positiva é tornar a vida normal mais plena e ajudar as pessoas a viverem de forma mais completa.

A teoria do fluxo, também apresentada no Capítulo 4, enfatiza os sentimentos positivos experimentados ao lidar bem com condições desafiadoras. De acordo com essa teoria, quando faltam habilidades para enfrentar os desafios, aparecem sentimentos de preocupação e ansiedade. Quando o desafio é mínimo ou os níveis de habilidade são altos, podem surgir sentimentos de tédio ou de monotonia. Com frequência, os adultos relatam sentimentos de prazer quando estão totalmente envolvidos em atividades desafiadoras. As ações ocorrem como se houvesse um piloto automático, resultando em um sentimento de controle total e de segurança. Independentemente da tarefa, os estados de prazer ocorrem com mais frequência quando as pessoas enfrentam situações de desafio que condizem com seus níveis de habilidade.

A atividade física pode ajudar a reverter a cara amarrada. Não se distancie de uma criança emburrada só porque ela está de mau humor: pode ser um sintoma de depressão ou ansiedade. Faça-a se mexer e brincar e observe seu humor melhorar.

É plausível que os jogos de atividade física que fazem coincidir níveis de desafio e habilidades propiciem sentimentos de prazer semelhantes às experiências de fluxo. Essa adequação garante, também, que a criança obtenha os maiores benefícios das experiências de aprendizagem por meio de jogos, como discutimos no Capítulo 2, em que apresentamos o ponto de desafio ideal. O foco principal dos capítulos anteriores foi na aplicação de princípios de ensino que ajudassem a criança a alcançar e a manter consistentemente altos níveis de envolvimento mental. Diante disso, os jogos de atividade física que serão descritos nos Capítulos 10 e 11 foram elaborados para melhorar o prazer e as experiências positivas das crianças.

As crianças enfrentam muitos desafios desenvolvimentais no mundo real. Aquelas que carecem das habilidades necessárias podem experimentar sentimentos de ansiedade, preocupação ou estresse, que diminuem sua motivação para seguir adiante. Para as crianças, o próprio processo de aprender um novo jogo pode ser estressante. Como discutimos no Capítulo 3, durante os primeiros estágios da aprendizagem, a criança experimenta um sentimento de desequilíbrio e de tensão, o estresse. À medida que ela aprende o jogo, a tensão se reduz, e ela experimenta um sentimento renovado de estabilidade. Os cientistas sociais sugerem que o processo de enfrentar e superar o estresse tem um papel no desenvolvimento social e na saúde mental.

Uma característica importante da boa habilidade para administrar o estresse é que a criança acredita que pode alcançar suas metas por meio de seus próprios recursos físicos e mentais. Na hora de aprender um novo jogo, a criança deve avaliá-lo e decidir se tem ou não as habilidades para enfrentar o desafio. Sua avaliação do jogo pode levá-la a decidir: *"Isso é demais para mim, não vou conseguir"*. Entretanto, sua avaliação do jogo também pode levá-la a decidir: *"Posso lidar com isso, vou conseguir"*. Esse processo de avaliação é crucial para o desenvolvimento da administração do estresse. O envolvimento mental que ocorre durante jogos desafiadores altera mais a confiança que a criança tem em suas capacidades de superar condições estressantes do que o envolvimento em atividades físicas sem finalidade. Executar os movimentos de programas de treinamento físico não é suficiente. A criança precisa visualizar a tarefa em questão como sendo algo que, embora exigente, pode ser superado usando suas capacidades e habilidades. A convicção de poder lidar com situações desafiadoras resulta em sentimentos positivos de controle sobre o ambiente e leva à expectativa de futuros sucessos.

A **autoestima infantil** indica quanto uma criança se preza, e o que, com frequência, orienta seu comportamento. O sentimento de amor próprio na infância tem sido relacionado à satisfação na fase adulta. As primeiras experiências da criança em jogos e esportes podem ter grande influência sobre a autoestima. A maior parte das crianças abaixo dos 10 anos desenvolve a autoestima por meio do *feedback* dos pais e da autoavaliação do próprio desempenho. No final da infância, a avaliação dos colegas tem papel cada vez mais importante.

No decorrer da infância, o *feedback* dado por professores e treinadores pode estabelecer a trajetória do modo como a criança se enxerga. Historicamente, jogos e esportes têm sido vistos como maneiras de ajudar a desenvolver o ego. Sucessos e fracassos são resultados importantes porque propiciam informações realistas sobre as capacidades da criança e o que ela pode esperar. A competência física é um componente da autoestima. Os jogos e esportes dão à criança a oportunidade de desenvolver convicções sobre sua força e resistência. Desse modo, podem ter impacto substancial na maneira como ela se enxerga. Já que a criança carece de um sentido complexo de quem ela é, de si mesma, as primeiras experiências podem influenciar profundamente sua composição psicológica.

Recentemente, tem havido mais preocupação com a influência do peso na imagem corporal da criança e em sua autoestima. As crianças com sobrepeso estão cientes das imagens e dos estereótipos da mídia associados à obesidade, e essas mensagens podem contribuir para níveis baixos de autoestima. Preocupações relativas à imagem corporal também têm sido expressas por crianças do ensino fundamental com peso normal. As garotas costumam sentir a necessidade de serem mais magras, e os garotos, de serem mais altos e mais musculosos (Gibbs *et al.*, 2008). A insatisfação com a imagem corporal está relacionada a problemas alimentares, a distúrbios alimentares e à depressão.

Autoestima infantil: consiste no quanto uma criança se preza.

A autoeficácia infantil se reflete na convicção na capacidade para ser bem-sucedido em situações específicas. Como discutimos no Capítulo 4, o sentimento de autoeficácia da criança pode ter papel importante no modo como ela aborda metas, tarefas e desafios. Bandura (1997) propôs que os sentimentos de autoeficácia propiciam a base do desenvolvimento positivo de comportamentos saudáveis e de manutenção da saúde por toda a vida. A criança que aprende que tem o poder de controlar seu destino aborda novos desafios com a expectativa de sucesso. O sentimento de autoeficácia pode influenciar o corpo e a mente, e, também, a saúde e as doenças.

Aprender uma nova habilidade é algo desafiador e estressante. Considera-se que aprender a lidar com o estresse da aprendizagem de novas habilidades resulta na construção de uma reserva fisiológica que pode proteger contra as consequências negativas do estresse. A criança que acredita poder lidar com os desafios se torna um jovem adulto que pode se adaptar ao estresse do dia a dia. O modo como as pessoas respondem ao estresse da vida é altamente determinado pela percepção que elas têm das próprias capacidades de enfrentamento.

Implicações para os educadores

O impacto que os professores têm sobre as crianças pode não ser imediatamente aparente. Elas acumulam conhecimento no decorrer de anos de interação com outras pessoas. Jogos e suas consequências, experimentados na educação infantil ou no ensino fundamental, têm o potencial de propiciar memórias que podem ser lembradas mais tarde na vida. Na adolescência e no começo da idade adulta, as pessoas podem resgatar lembranças de experiências anteriores, reavaliá-las e vê-las de um modo bastante diferente daquele que experimentaram da primeira vez. As experiências obtidas por meio de brincadeiras e jogos na infância podem levar a uma ótima saúde física e mental mais tarde na vida.

Por muitas gerações, pais e professores reconheceram que as primeiras experiências da criança abrem caminho para o resto da vida. Muito já se disse sobre os benefícios que resultam de influenciar as crianças enquanto elas são jovens e impressionáveis. A noção de simplesmente manter as crianças ativas tem seu mérito, considerando-se que, se deixadas por conta própria, elas costumam explorar e aprender. No entanto, o conhecimento dos professores sobre a progressão do crescimento físico, mental e social da criança pode ajudá-los a criar contextos instrucionais que propiciem o desenvolvimento ideal e ajudem a criança a tomar decisões corretas em relação à própria saúde.

Os professores são especialmente posicionados para criar um ambiente que estimule a autoeficácia geral, assim como convicções positivas de eficácia diante de tarefas desafiadoras. Lembre-se de que a convicção de eficácia da criança é o resultado de histórias anteriores de sucesso ou fracasso, da observação das consequências das ações de outras pessoas, do *feedback* e da orientação, e da interpretação dos sentimentos. Jogos de atividade física conduzidos de forma apropriada podem abrir caminho para que a criança desenvolva habilidades e percepções realistas das próprias capacidades.

Capítulo

6

Como envolver a criança em uma aprendizagem lúdica

Reconhecer que alguém está mentalmente envolvido em uma tarefa não é muito difícil. Um bebê fazendo rodopiar os objetos amarrados em um fio na frente do carrinho, uma garotinha acomodando sua boneca em uma mesa e organizando um animado chá imaginário e o estudante digitando em seu celular enquanto anda pelo corredor: todos apresentam características semelhantes. Por um breve período, todas as suas atenções estão focadas na tarefa em questão. Eles bloqueiam qualquer outra coisa para se concentrar no problema.

Quando apresentadas de modo específico e no momento oportuno, as tarefas podem manter a atenção das pessoas. Enquanto as condições permanecem, a atenção fica focada. Quando o desafio de um jogo é determinado de modo justo ou ideal, o jogo prende a atenção dos jogadores e estimula o envolvimento mental.

Estudos recentes sobre o esforço mental e o envolvimento se inspiram em teorias de aprendizagem aceitas nos campos da psicologia e da educação há várias décadas. Pense na teoria do desenvolvimento cognitivo de Jean Piaget, apresentada no Capítulo 1. Ele avaliou a importância do equilíbrio mental e como o sentido de equilíbrio e de desequilíbrio motiva a criança a aprender. Pense, também, no modelo de três estágios da aprendizagem, descrito no Capítulo 3. A criança experimenta mudanças na atenção e no envolvimento mental durante os estágios cognitivo, associativo e autônomo. Nas últimas cinco décadas, essas teorias da aprendizagem forneceram um roteiro geral para os professores.

Este capítulo apresenta avanços recentes na teoria da aprendizagem e nos métodos de ensino que melhoram o desenvolvimento físico e mental. Essas informações podem aumentar a precisão do roteiro do ensino e levar a uma melhor aprendizagem.

O envolvimento mental da criança

As crianças são geneticamente programadas para serem atraídas por novas experiências. Os primeiros desenvolvimentistas descreveram a infância como os anos de "fome" de habilidades, destacando a propensão natural da criança a explorar e desfrutar o desenvolvimento progressivo das habilidades motoras. Hoje, alguns educadores sugerem que a criança deveria participar de uma ampla gama de atividades envolvendo a brincadeira deliberada, que tem como foco o prazer, em vez de participar de um único esporte envolvendo a prática deliberada, cujo foco está no treinamento e na melhora das habilidades. A variedade de atividades que a criança experimenta na brincadeira deliberada é importante para satisfazer sua "fome" de habilidades, bem como para manter a motivação e o interesse. Assim, as primeiras experiências de aprendizagem são consideradas importantes para garantir uma participação em atividades físicas ao longo da vida (Kirk, 2005).

O nível de desafio ideal

A importância de propiciar desafios adaptados para o *status* de desenvolvimento da criança foi abordada nos Capítulos 2 e 4. Um desafio ideal é como as duas faces de uma mesma moeda: uma é emocional-energética, e a outra, psicomotora-cognitiva. A motivação ajuda a criança a manter um nível ideal de estímulo emocional para continuar a tarefa durante o jogo. Os jogos que são prazerosos e lúdicos garantem a energia emocional necessária. Entretanto, para alcançar e manter um nível de desafio ideal para a aprendizagem, a complexidade das tarefas que compõem o jogo deve ser afinada com o nível de habilidade cada vez maior da criança. Se ela se tornou hábil em jogar pega-pega, por exemplo, reduzir o campo de jogo ou o número de pontos protegidos é algo que vai desafiá-la física e cognitivamente.

Embora a criança esteja preparada para aprender, a aprendizagem ideal requer condições ambientais específicas. O contexto abre caminho à aprendizagem. Desse modo, sem um problema de movimento que atraia e canalize a atenção da criança, a aprendizagem não vai acontecer. O maior desafio que os professores enfrentam é criar o contexto ideal para manter cada criança na curva de aprendizagem. Os professores eficientes sabem como mudar as instruções para manter um nível de desafio ideal.

Recentemente, alguns pesquisadores começaram a examinar com mais atenção o nível de desafio ideal, definido como um ponto de equilíbrio instável entre o nível de complexidade da tarefa e o nível de habilidade da criança em determinado ambiente de aprendizagem (Guadagnoli e Lee, 2004). Descobrir e manter o nível de desafio ideal da criança é imprescindível para promover o desenvolvimento das funções executivas. Pesquisadores descobriram que as funções executivas devem ser continuamente desafiadas para melhorar o desempenho. A criança que executa sempre as mesmas atividades, e não experimenta desafios, não mostra nenhum ganho no funcionamento executivo (Diamond e Lee, 2011). Para maximizar o desafio cognitivo, os jogos de movimento não devem ser nem simples nem difíceis demais.

Variabilidade da prática

Os pesquisadores que examinaram o nível de desafio ideal destacaram a importância da variabilidade da prática. Este capítulo focaliza essa importante questão. O que pode ser variado, ou mudado, no ensino de jogos de movimento, para alcançar um nível ideal de envolvimento cognitivo para a aprendizagem?

Pense em um jogo que envolva as habilidades de lançar e apanhar. Nesse jogo, é necessário lidar com dois desafios essenciais: aprender as habilidades motoras e, então, aplicá-las às condições mutáveis do jogo. Do mesmo modo, ao aprender um jogo de movimento, a criança precisa, primeiramente, dominar as habilidades motoras envolvidas. Por esse motivo, os professores costumam começar ensinando uma habilidade relevante para o jogo, e levando o aluno a praticá-la sob condições constantes. Por exemplo, eles ensinam à criança como jogar uma bola com o mesmo braço e na mesma velocidade em direção a um alvo, localizado à mesma distância. Contudo, a execução de uma habilidade em um ambiente constante é apenas o primeiro passo de um longo processo de aprendizagem do jogo.

Quando o desempenho de lançamento da criança se torna estável, o professor pode introduzir variabilidades na prática da criança. Por exemplo, pede-se que a criança desempenhe a mesma habilidade (no caso, um lançamento por cima da cabeça) várias vezes, mas com leves mudanças a cada lançamento, como na força, na velocidade ou no braço de lançamento. A criança pode, também, lançar por cima da cabeça enquanto dá um passo para trás, para a frente ou para o lado, mudando a distância e a direção do lançamento. O professor pode, igualmente, alternar o tamanho e o peso das bolas, ou pedir que a criança lance a bola alternativamente com o braço direito ou esquerdo. A variabilidade da prática aumenta progressivamente o envolvimento cognitivo e melhora a aprendizagem.

Interferência contextual: fenômeno em que a prática resulta em um desempenho menos eficiente, mas propicia melhor aprendizagem em longo prazo.

Promovendo a variabilidade ao longo da curva de aprendizagem

Como discutimos nos Capítulos 3 e 4, a aprendizagem começa com o estágio cognitivo, continua com o estágio associativo e se conclui quando a pessoa alcança o estágio autônomo. Certas teorias da aprendizagem motora descrevem a aprendizagem como uma progressão em direção ao automatismo motor ou como movimentos que requerem progressivamente menos envolvimento mental (Figura 6.1*a*). Assim, o automatismo é o ponto final do processo de aprendizagem motora. A essa altura, o educador que quer manter o esforço mental da criança deve introduzir mudanças para gerar novos desafios cognitivos e mantê-la em um nível de desafio ideal.

Os jogos podem ser alterados de duas maneiras: (1) propiciando condições que levem a criança a precisar usar habilidades recém-apresentadas ou diferentes (por exemplo, lançar uma bola com uma raquete em vez da mão); (2) mudando o jogo de modo que a criança precise adaptar a habilidade às novas condições (por exemplo, lançar uma bola para vários alvos de tamanhos diferentes).

De acordo com pesquisadores da Europa oriental que investigam movimentos (Meinel e Schnabel, 1999), quando a criança aprende e refina suas habilidades motoras, ela passa pelos dois primeiros estágios da aprendizagem: o estágio de coordenação grossa e o estágio de coordenação fina (Figura 6.1*b*). Semelhantes aos estágios cognitivo e associativo de aprendizagem mostrados na Figura 6.1*a*, os estágios de coordenação grossa e fina implicam um nível inicialmente alto de envolvimento mental que diminui progressivamente. Entretanto, no final da curva de aprendizagem, esses pesquisadores identificaram um estágio que chamam de estágio de disponibilidade variável, no qual a criança aprende a adaptar suas habilidades motoras finas a situações mutáveis. Trata-se de um estágio de envolvimento mental renovado em que funções executivas como a inibição de resposta, a memória operacional e o redirecionamento mental são especialmente exigidas. A ênfase desse último estágio tem implicações práticas importantes no que diz respeito à flexibilidade e à adaptabilidade cognitivas. Para entender o papel essencial da adaptabilidade variável nos jogos de movimento apresentados neste livro, bem como sua habilidade de promover o desenvolvimento das funções executivas, vamos nos ater a três princípios de instrução usados para introduzir mudanças e gerar novos desafios cognitivos.

Os três princípios do envolvimento mental

As teorias clássicas dos estágios de desenvolvimento, aprendizagem e progressos da criança na neuropsicologia podem ser reunidas e resumidas nos três princípios de envolvimento mental: interferência contextual, controle mental e descoberta. Cada princípio pode ser usado pelos professores para promover a atividade física da criança e melhorar seu desenvolvimento mental.

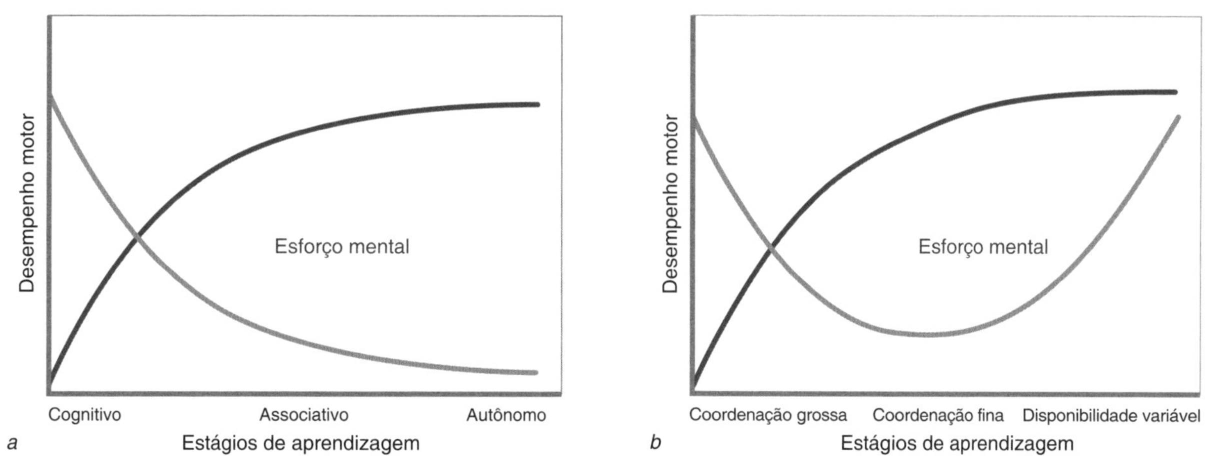

FIGURA 6.1 – Duas visões do esforço mental durante a aprendizagem motora: (*a*) Schmidt e Wrisberg (2008) e (*b*) Meinel e Schnabel (1998).

Fonte: (*a*) Adaptado de Schmidt e Wrisberg (2008). (*b*) Baseado em Meinel e Schnabel (1998).

Interferência contextual

Quando o contexto ou as condições de um jogo mudam e exigem que a criança faça sequências imprevisíveis de ações, é criada uma **interferência contextual** que, por sua vez, melhora o envolvimento mental. A importância da interferência contextual na aprendizagem da criança vem de uma observação paradoxal. Pode-se pensar que a criança aprende melhor quando está mais eficiente durante a prática, mas isso não basta. É verdade que a criança que pratica habilidades em sequências repetidas as desempenha de forma melhor que a criança que as pratica em sequências não repetidas e aleatórias. No entanto, a prática aleatória leva a uma aprendizagem melhor e mais estável em longo prazo.

Por que esse efeito de interferência contextual acontece? Dois fatores explicam por que a aprendizagem é melhor em condições de jogo não repetidas e aleatórias. Em primeiro lugar, quando a criança alterna os planos de ação, ela elabora e pondera profundamente as características do jogo. Esse esforço mental resulta na memorização das exigências de vários planos de movimentos. A criança que desenvolve memórias relevantes e distintas pode usá-las quando confrontada com exigências de mudanças no jogo. Em segundo lugar, a interferência contextual leva a uma melhor aprendizagem porque, nela, se exige um esforço mental para reformular e planejar antes da ação. A criança com frequência se esquece quando muda de jogo. Quando retorna ao jogo original, ela precisa refletir antes de executar um novo plano de ação. Sob condições de interferência contextual, a criança deve desempenhar várias operações mentais para ser bem-sucedida. Os jogos que aplicam o princípio da interferência contextual requerem o uso das funções executivas por parte da criança (Tomporowski, McCullick e Horvat, 2010).

Controle mental

As funções executivas refletem uma série de processos mentais inter-relacionados. Os capítulos anteriores descreveram as funções executivas de inibição de resposta (parar), memória operacional (atualizar) e redirecionamento mental (mudar). Essas funções fornecem a base para o princípio de controle mental, e cada uma delas pode ser utilizada durante os jogos de atividade física.

Jogos de parar (*stopping games*)

Os jogos de movimento que desafiam a inibição de resposta são particularmente úteis para as crianças pequenas. Eles priorizam os primeiros elementos essenciais do desenvolvimento das funções executivas. Para estimular a inibição de resposta, os jogos de movimento envolvem interrupções dos movimentos das crianças em intervalos de tempo imprevisíveis. A criança, recebendo sinais alternados para parar ou seguir adiante, deve reagir, mudando sua ação prévia. Esses jogos são conhecidos como jogos de **parar** (*stopping games*).

Alguns jogos tradicionais praticados por crianças do mundo todo aplicam o princípio de parar. No Capítulo 10, por exemplo, o Jogo de Estátua inclui várias alterações que exigem inibição de resposta. Também é explicada a maneira de aplicar o princípio de parar em jogos de **inibição de resposta**, **simples** e **complexa**. Em jogos de inibição simples, a criança deve adiar hábitos bem aprendidos; por exemplo, escolher uma recompensa maior adiada em vez de uma recompensa menor imediata. Em outros termos, a criança deve se comportar de maneira oposta ao ditado "Mais vale um pássaro na mão que dois voando". Em jogos de inibição complexa, a criança pode ter de decorar uma regra, responder de acordo com essa regra e inibir a resposta habitual. Por exemplo, na tarefa de inibição "grama-neve", típica para crianças da educação infantil, a criança deve apontar para algo branco ao ouvir "grama" e para algo verde ao ouvir "neve".

Jogos de atualização (*updating games*)

Como discutimos nos capítulos anteriores, a memória operacional envolve a capacidade de reter e manipular informações na mente. É possível criar jogos que diferem nas exigências relativas à memória. Em um jogo de **memória operacional simples**, a criança deve apenas reter a informação na mente durante um período de tempo. Um exemplo típico é reter uma regra na mente antes do início do jogo e usar essa regra durante o jogo. Já os jogos de **memória operacional complexa** requerem que a criança evite repetir soluções previamente utilizadas, atualizando a informação guardada na mente.

A memória operacional complexa é definida como a capacidade de reter informações na mente e, então, **atualizá-las** à medida que chegam novas informações. Para seguir essa regra, a criança precisa monitorar as informações guardadas na memória operacional e se lembrar das soluções que já foram usadas, a fim de evitar repeti-las. Lembre-se de que a capacidade de memória da criança é menor que a do adulto, de modo que as informações embutidas nos jogos devem ser adequadas às suas capacidades. Lembre-se, também, de que, já que a memória operacional da criança aumenta com a idade, os professores devem alterar os jogos, de maneira a garantir que eles continuem adequados ao nível de desafio ideal da criança.

Parar: a ação que descreve tarefas nas quais estímulos externos avisam a pessoa de que ela deve interromper uma resposta motora já iniciada.

Inibição de resposta simples: capacidade de guardar ou adiar uma resposta automática e habitual (por exemplo, trocar uma recompensa menor, mas imediata, por uma maior, mas postergada).

Inibição de resposta complexa: capacidade de decorar uma regra, responder de acordo com essa regra e inibir outra resposta (por exemplo, apontar para algo branco quando o professor diz "grama" e para algo verde quando ele diz "neve").

Memória operacional simples: capacidade de reter a informação na mente durante um período de tempo.

Memória operacional complexa: capacidade de guardar informações na mente e de manipulá-las.

Atualizar: mudar e manipular as informações que não são mais relevantes, à medida que novas informações se tornem relevantes para a tarefa em andamento.

Mudança: interrupção daquilo que se está fazendo para agir de modo totalmente diferente.

Mudança de resposta: mudança nas condições da tarefa que requer que o jogador pare um movimento e execute outro diferente.

Mudança de atenção: mudança na tarefa que requer afastar a atenção de um sinal para focalizar outro.

Jogos de mudança (*switching games*)

Na atividade física e no treinamento esportivo, a criança com frequência precisa responder rapidamente a sinais como a voz do professor ou os movimentos de outras crianças. Na maior parte dos casos, ela deve dar a mesma resposta todas as vezes em que se depara com o sinal. Por exemplo, o professor dá sinais repetidos para seguir em frente e parar, e a criança deve executar a mesma ação em resposta a cada sinal. A criança que espera receber o bastão em uma corrida de revezamento, ao ver seu colega de equipe se aproximar, precisa dar apenas resposta motora correta. Isso desencadeia uma resposta automática, e, por isso, o esforço mental diminui progressivamente. Todavia, a criança não pode desenvolver o automatismo quando as associações entre sinais e movimentos não são previsíveis. Como veremos nos próximos capítulos, alguns jogos alternam o uso da voz e de sinais visuais para ações de parar e seguir adiante.

Os professores também podem deter o desenvolvimento do automatismo e manter o envolvimento mental ao associar a resposta requerida a mais de um estímulo. Em vários jogos de pega-pega descritos nos Capítulos 10 e 11, as crianças não têm papel fixo entre quem pega e quem é pego. Consequentemente, a criança que vê outra se aproximando não pode dar sempre a mesma resposta, como no caso da corrida de revezamento; ela deve ou tentar pegar ou evitar a criança que se aproxima, de acordo com regras mutáveis e situações únicas.

Nos jogos de **mudança**, a criança deve interromper aquilo que está fazendo e agir de modo totalmente diferente. Essa regra pode ser aplicada usando a **mudança de resposta**, em que a mudança nas condições da tarefa requer que os jogadores parem um movimento e executem outro diferente, ou usando a **mudança de atenção**, em que a mudança na tarefa requer afastar a atenção de um sinal para focalizar outro. Nos jogos de **mudança de resposta**, a criança pode precisar aprender duas ações em resposta a duas cores (por exemplo, pular para cima quando vê uma bandeira vermelha e saltar para a frente quando vê uma bandeira verde), e, então, reverter as ações (pular com a bandeira verde e saltar com a vermelha). Com a mudança de atenção, o tipo de sinal de estímulo muda. Por exemplo, o professor pode pedir à criança que pule em volta ou por cima de aros ou bastões vermelhos, mas que salte para a frente na presença de aros ou bastões verdes, e, em seguida, direcionar a atenção dela para um novo sinal de estímulo que desconsidere as cores (por exemplo, pular em volta de aros e saltar por cima de bastões independentemente da cor).

Os jogos de mudança podem ajudar a aprimorar as habilidades mentais.

Descoberta

Durante muitas décadas, nosso entendimento da aprendizagem motora foi dominado pela ideia de que nosso cérebro funciona como um computador e armazena programas motores que melhoram nossas habilidades. Os conceitos de interferência contextual e controle mental pertencem a essa abordagem teórica da aprendizagem. Nos últimos anos, os progressos na **psicologia ecológica**, que focaliza a interdependência entre o indivíduo e o ambiente, aprimoraram nosso entendimento da maneira como as pessoas aprendem a se mover. Assim como a perspectiva de Jean Piaget, descrita no Capítulo 1, o ponto de vista ecológico é que a criança está constantemente agindo e reagindo ao mundo, o que a ajuda a resolver problemas motores. O modelo ecológico tem levado os professores a enfatizarem jogos que promovam a **exploração**, que é uma investigação focada, e a **descoberta divergente**, que incentiva múltiplas soluções para um problema. O aspecto essencial desses jogos é o fato de oferecerem uma ampla variedade de ações e não uma única solução correta (Corbetta e Vereijken, 1999).

Como veremos nos Capítulos 10 e 11, os jogos que usam o princípio da descoberta permitem à criança descobrir e usar várias soluções para os problemas de movimento. Os jogos de descoberta são tipicamente **jogos abertos**, nos quais o ponto de partida, as regras e a meta são explicados, mas não se explica como jogar. Os jogos abertos são particularmente úteis quando as crianças de um grupo têm níveis diferentes de desenvolvimento físico e mental e de capacidades básicas. O envolvimento cognitivo gerado pela aplicação do princípio de aprendizagem baseada na descoberta leva à **destreza**, que é a habilidade de encontrar soluções para qualquer situação, isto é, de resolver um problema potencial de movimento com os recursos físicos e mentais disponíveis. Adaptar os jogos de atividade física para promover essa habilidade é importante porque, como explicamos no Capítulo 5, os jogos de atividade física podem ter um impacto substancial na maneira como as crianças veem a si mesmas. Os jogos de movimento abertos e as tarefas de descoberta divergente podem gerar altos níveis de esforço mental e promover o desenvolvimento de funções executivas específicas e da criatividade.

Repetição sem repetição

O que significa a **repetição sem repetição**? À primeira vista, parece ser uma contradição, mas não é. Significa elaborar mais de um plano de ação; a pessoa resolve o problema de várias maneiras,a fim de encontrar a melhor solução para ela e para a situação do jogo. Por exemplo, em uma tarefa com obstáculos, a criança deve tentar superá-los várias vezes (repetição), mas, a cada uma das vezes, é incentivada a utilizar uma nova maneira de agir (repetição sem repetição). Procurar o maior número possível de soluções exige que a criança iniba as respostas automáticas aprendidas em prol de respostas inusitadas e atualize continuamente as informações em sua memória operacional para evitar repetir soluções já escolhidas. O princípio da repetição sem repetição estimula o desenvolvimento das funções executivas e da criatividade.

Promovendo a criatividade motora

Os jogos nos Capítulos 10 e 11 promovem a criatividade da criança, definida no Capítulo 2 como a habilidade de produzir um trabalho novo e útil. A novidade e a utilidade são as características-chave de um produto criativo, que é o resultado da habilidade criativa e do processo criativo da criança. Considerando que o objetivo deste livro é mostrar como os jogos de atividade física podem ser adaptados para ajudar no desenvolvimento dessas funções cognitivas que se estendem amplamente pelo resto da vida, os jogos de criatividade não podem ser negligenciados. A criatividade é uma das mais fascinantes habilidades humanas, característica extraordinária que explica as facetas do talento em várias áreas, e é considerada a chave para o sucesso em muitas profissões.

Psicologia ecológica: abordagem teórica da psicologia que focaliza a interdependência entre o indivíduo e o ambiente.

Exploração: investigação focada por meio da qual a criança adquire familiaridade com novos objetos ou ambientes; pode levá-la a praticar jogos.

Descoberta divergente (livre): estilo de ensino que utiliza tarefas abertas e incentiva os aprendizes a descobrirem múltiplas soluções para um problema.

Jogos abertos: jogos nos quais o ponto de partida, as regras e a meta são explicados, mas não se explica como jogar.

Destreza: habilidade de encontrar soluções para um problema com os recursos físicos e mentais disponíveis.

Repetição sem repetição: método de aprendizagem no qual as pessoas não repetem a mesma solução para uma tarefa motora praticada; em vez disso, elas resolvem o problema muitas vezes e de várias maneiras, a fim de identificar a melhor solução.

Método de instrução direta: método de ensino em que o instrutor determina como os estudantes vão cumprir uma meta.

Método de exploração e descoberta: método de ensino em que os estudantes têm a oportunidade de escolher o método que melhor lhes convêm.

Nos jogos de atividade física que promovem a criatividade, a criança deve "passar por cima (ou por baixo) de obstáculos" e encontrar o maior número possível de soluções. Resolver os problemas motores exige a ativação das funções executivas. A criança que propõe ideias criativas (por exemplo, pular por cima de obstáculos enquanto gira e bate palmas) precisa pensar nisso e planejar seus movimentos. A capacidade de inibir respostas habituais parece ser necessária para criar soluções motoras únicas e criativas (Scibinetti, Tocci e Pesce, 2011). Por essa razão, apresentamos jogos que desafiam especialmente a função inibitória e jogos mais amplamente elaborados para promover a criatividade.

Jogar desde cedo e propiciar jogos esportivos de forma apropriada a cada idade pode promover o desenvolvimento da criatividade na criança (Memmert, 2011). Os jogos que serão mencionados nos Capítulos 10 e 11 desafiam a criatividade mediante atividades lúdicas que estimulam a descoberta de soluções divergentes (livres) sem pressão de tempo e jogos de equipe que exigem soluções individuais e cooperativas com pressão de tempo. Os jogos para crianças pequenas (Capítulo 10) aplicam o princípio da criatividade a situações mais estáveis. As mudanças imprevisíveis, mas que acontecem lentamente no ambiente do jogo, dão à criança tempo para encontrar várias maneiras de resolver o problema de acordo com as regras. Já os jogos de descoberta para crianças mais velhas (Capítulo 11) permitem que elas descubram novas maneiras, originais e provavelmente inesperadas, de alcançar metas, em geral, com a pressão do tempo (por exemplo, colocar uma bola em uma cesta e impedir que o outro time também o faça, com tempo limitado, são exigências fundamentais nos jogos de invasão).

Como ensinar o envolvimento

O desenvolvimento mental da criança segue uma sequência clara. As diferenças relativas à idade no processamento mental têm um papel importante na determinação da eficácia de jogos de atividade física. Os jogos que envolvem a aprendizagem por descoberta são especialmente apropriados para as crianças mais novas; as crianças mais velhas são mais receptivas a jogos que têm resultados preestabelecidos. A idade é um fator importante no despertar e na manutenção do envolvimento mental. Por exemplo, as habilidades inibitórias, essenciais para ignorar as distrações do ambiente e evitar respostas inapropriadas, já aparecem nos bebês e na primeira infância e, portanto, podem ser efetivamente exigidas nos jogos de parar (como estátua) realizados com crianças da educação infantil. Além disso, a educação infantil e o início do ensino fundamental (até os 7 anos) são períodos de criatividade florescente, ao passo que, mais tarde, fatores biológicos e ambientais levam à diminuição do potencial criativo. Em consequência disso, os jogos de descoberta divergente e de criatividade são particularmente apropriados a essa fase. As funções executivas mais complexas de redirecionamento mental e memória operacional, que implicam habilidades como planejar ações, desenvolvem-se e podem ser exigidas em jogos de atividade física apropriados aos anos do ensino fundamental.

Deve-se estimular a criança a explorar e a aprender a resolver problemas.

Como selecionar a abordagem de ensino

Imagine que você queira ensinar crianças pequenas a se tornarem hábeis para se moverem sobre obstáculos como barreiras. Isso pode ser feito de duas maneiras: pelo **método de instrução direta**, que determina como os estudantes vão cumprir a meta, ou pelo **método de exploração e descoberta**, no qual os estudantes têm a oportunidade de escolher o método que melhor lhes convêm. Em ambos os casos, a variabilidade da prática desafia a cognição da criança. Se escolher o primeiro método, a criança terá que decidir as habilidades que considera mais eficientes para saltar por cima de uma barreira. Uma vez que ela passe a dominar o movimento de saltar por cima da barreira, deve-se introduzir uma variabilidade, mudando a altura da barreira e a distância, ou pedindo a ela para pular, e não mais correr, entre os obstáculos. Essa progressão de atividade constante para variável ajuda a aprendizagem motora e o desenvolvimento das funções executivas.

Com o método de exploração e descoberta, a criança explora diversas maneiras de saltar por cima das barreiras. Esse tipo de ensino é essencial em jogos elaborados para crianças dos 3 aos 6 anos de idade (Capítulo 10). Trata-se de jogos abertos nos quais o educador define o ponto de partida (as crianças se posicionam em frente às barreiras), a meta (elas devem saltar por cima das barreiras), e a regra (elas devem saltar por cima das barreiras várias vezes, mas de um jeito diferente a cada vez). Para facilitar, e não prejudicar, o processo de descoberta, convém alterar as exigências da tarefa e as condições ambientais, e não demonstrar as soluções possíveis. Se, por exemplo, os obstáculos forem relativamente altos, é bem possível que a maior parte das crianças tente apenas dar um passo por cima. Se houver barreiras mais baixas e outros objetos pequenos usados como obstáculos, é provável que as crianças explorem soluções com outras habilidades motoras, como pular e saltar por cima dos obstáculos de diversas maneiras. Lembre-se de que o foco dos jogos de atividade física não é ensinar habilidades esportivas específicas, mas habilidades motoras.

Vamos comparar os métodos de ensino utilizados no exemplo das barreiras. No primeiro caso, utilizou-se a instrução direta (Metzler, 2011) e, no segundo, a exploração e a descoberta (Bjerke e Vereijken, 2007). Trata-se de uma questão importante, que avaliaremos nos próximos capítulos, porque as diferentes táticas para introduzir variabilidade nos jogos de movimento despertam as funções executivas da criança de maneiras distintas.

Como manter a criança envolvida

Ensinar é, em parte, ciência e, em parte, arte. A ciência do ensino se reflete primeiramente no método de instrução direta (detalhado no Capítulo 7) e, em essência, aplica-se ao ensino de jogos a crianças do ensino fundamental (Capítulo 11). Usando esse método, os professores organizam as aulas para garantir que os estudantes aprendam ações e conceitos específicos. A arte do ensino que guia as crianças a descobrirem conceitos e ações por conta própria se reflete na utilização de métodos, também descritos no Capítulo 7, mas, principalmente, aplicados para ensinar jogos a crianças da educação infantil (Capítulo 10). No entanto, não podemos esquecer que os artistas podem explorar seu potencial artístico quando adquirem habilidades técnicas específicas. Essa premissa vale para a arte do ensino. Ambos os métodos de ensino são essenciais para o desenvolvimento do pensamento de ordem superior da criança. A capacidade da criança de usar funções executivas para planejar e resolver problemas depende da propensão do professor a propiciar direção (prescrição) e liberdade (descoberta), e pode variar entre esses dois objetivos do espectro do estilo de ensino.

Anteriormente neste capítulo, tratamos do desafio essencial que os professores enfrentam ao apresentarem jogos que promovam o desenvolvimento cognitivo da criança – como encontrar e manter o equilíbrio apropriado entre repetição e mudança. Essa questão pode ser avaliada em termos de **estabilidade**, em que os jogos são executados até a criança alcançar e manter a precisão motora, e a **flexibilidade**, por meio da qual a criança deve ajustar seus movimentos para responder às mudanças no jogo (Bjerke e Vereijken, 2007). A repetição leva à estabilidade e à redução do esforço mental; a mudança leva à flexibilidade e a um maior envolvimento das funções executivas. Para manter o nível de desafio da criança cognitivamente ideal, os professores devem providenciar experiências de jogo que provoquem desestabilização mediante a mudança das regras ou a modificação do ambiente do jogo após a criança ter alcançado um determinado nível de estabilidade.

Estabilidade: precisão motora alcançada durante o jogo.

Flexibilidade: ajuste de movimentos para responder às mudanças no jogo.

Implicações para os educadores

Focar apenas a atividade física ou o estímulo cognitivo para desenvolver as funções executivas da criança não traz tantos benefícios quanto combinar atividade física de qualidade com atividades mentalmente envolventes. A variabilidade de práticas promove o envolvimento mental e estimula o desenvolvimento das funções executivas junto com a aprendizagem de habilidades motoras. Como vimos, os avanços multidisciplinares dão aos professores maneiras de aplicar princípios básicos de aprendizagem, de desenvolvimento cognitivo e de treinamento de movimentos para proporcionar benefícios biológicos, cognitivos e socioafetivos.

Integramos o treinamento cognitivo nos jogos física e socialmente envolventes descritos nos Capítulos 10 e 11. Os jogos contêm demandas cognitivas específicas que envolvem as funções executivas essenciais: inibição de resposta, memória operacional e redirecionamento mental. Para garantir que nossos jogos desafiem essas funções de maneira apropriada para cada idade, tomamos por base pesquisas sobre o desenvolvimento cognitivo na educação infantil e no ensino fundamental (Garon, Bryson e Smith, 2008; Huizinga, Dolan e Van der Molen, 2006). Os três princípios de instrução (isto é, interferência contextual, controle mental e descoberta) foram enfatizados.

O modo como os jogos são ensinados influencia sua eficiência em promover o desenvolvimento cognitivo. Este capítulo apresentou dois métodos instrucionais para gerar o envolvimento – instrução direta e exploração e descoberta – e enfatizou que eles não são mutuamente exclusivos, mas complementares. Para os educadores que querem utilizar os jogos de atividade física para promover o desenvolvimento cognitivo da criança, o desafio é tríplice. Eles devem: (1) escolher jogos que envolvam processos motores e cognitivos; (2) adequar os jogos ao nível de desenvolvimento cognitivo e motor de cada aluno; e (3) torná-los mais fáceis ou mais complexos para alcançar e manter o nível de desafio ideal de cada criança. Para obter os benefícios máximos da instrução, os professores devem, ainda, apresentar jogos que equilibrem repetição e mudança de maneira a promover o envolvimento mental.

Capítulo

7

Ensinar jogos de atividade física para o engajamento cognitivo

Os antropólogos culturais estudam o progresso das culturas e sociedades humanas. Suas pesquisas revelaram que, cerca de 12 mil anos atrás, os humanos passaram da vida em clãs nômades como caçadores-coletores para a vida em centros estabelecidos de agricultura e comércio. Com a expansão de culturas complexas em várias áreas do mundo, surgiu a necessidade de especialistas como agricultores, comerciantes, pedreiros, artistas e guerreiros. Em todas as culturas emergentes, houve pessoas que se especializaram no ensino e na aquisição do conhecimento.

Os professores têm sido tradicionalmente muito estimados, e por um bom motivo! Para uma cultura ser estável, o conhecimento especializado deve passar de uma geração para outra. O agricultor bem-sucedido, por exemplo, sabe quando, onde e como plantar e colher. Se esse conhecimento de agricultura especializada não for passado à próxima geração de agricultores, estes vão cometer erros, as plantações e colheitas vão minguar, e a comunidade vai sofrer. Por milhares de anos, os professores tiveram um papel crucial no armazenamento do conhecimento e na instrução de competências especializadas. De fato, os que hoje ensinam nas universidades modernas podem reivindicar que pertencem à mais antiga, constante e legítima profissão da história da humanidade. O acesso à educação foi uma característica das sociedades democráticas, e as instituições educacionais têm papel importante nas comunidades e nos governos.

Ensinar tem sido considerado uma profissão nobre, porque os professores ajudam imensamente a sociedade, embora sejam mal remunerados por seus esforços. Ademais, a valorização dos professores costuma depender da área de especialização. Pense neste velho ditado, cujo significado foi ampliado pelo diretor de cinema Woody Allen quando disse: "*Os que podem fazem; os que não podem ensinam; e os que não podem ensinar ensinam Educação Física*". Isso sugere que o ensino é uma profissão que requer experiência, mas pouca competência especializada, e que ensinar Educação Física não requer nada.

Este capítulo destaca por que ambas as crenças são enganosas e analisa a importância do professor nos jogos de atividade física. Professores bem preparados têm o conhecimento e as habilidades necessárias para transmitir experiências de atividade física apropriadas em termos de desenvolvimento, desafiadoras e, portanto, motivadoras. O ensino de qualidade, como já dissemos, é, em parte, ciência e, em parte, arte.

Quem são os professores de atividade física?

Os professores de atividade física são pessoas que têm a intenção de ensinar as crianças a serem eficientes em seus movimentos. Eles se apresentam de várias formas e atuam em vários contextos. O que têm em comum são a competência e o conhecimento que eles utilizam em jogos com base em movimentos para moldar a maneira como as crianças pensam e resolvem problemas.

Profissionais da área escolar

O sucesso para promover a atividade física em ambiente escolar depende dos esforços conjuntos de vários especialistas. Os especialistas em Educação Física fazem parte do currículo escolar há mais de meio século (Kirk, 2005). Recentemente, os dirigentes da política educacional dos Estados Unidos destacaram a necessidade de todos os professores, para profissionais e pais voluntários assumirem o papel de treinadores de atividade física durante as aulas, o intervalo e o recreio. Cada vez mais, pede-se aos professores de salas de aula que se tornem treinadores de atividade física por causa do tempo limitado dedicado ao ensino formal dos alunos pelos especialistas em Educação Física na educação infantil e no ensino fundamental.

Especialistas em Educação Física

Talvez os mais capacitados e qualificados professores de atividade física sejam aqueles empregados em escolas como especialistas em Educação Física. Em quase todos os estados dos Estados Unidos, exige-se especialistas em Educação Física formados para ensinar essa disciplina (National Association for Sport and Physical Education e American Heart Association, 2012). Essa formação acadêmica também é exigida em muitos outros países. Entretanto, ser formado não é a mesma coisa que ser qualificado. Os especialistas qualificados em Educação Física são professores que, como seus colegas de salas de aula, foram treinados em programas de formação de professores em Educação Física (*physical education teacher education* – PETE) e demonstram ter conhecimento, competência e disposição para serem professores (National Association for Sport and Physical Education, 2007).

Os especialistas em Educação Física têm a melhor oportunidade para influenciar as crianças durante o dia letivo. Eles têm uma posição ideal para promover experiências de atividade física de qualidade, e a maioria das escolas dos Estados Unidos e da Europa tem professores desse nível. Hoje, os professores de Educação Física têm uma ampla missão, que se estende para além de ensinar um conjunto de atividades físicas; com frequência, são chamados para ensinar nutrição, prevenção contra drogas, higiene pessoal e outros cursos de bem-estar que promovem estilos de vida saudáveis (Schempp, 2003). Contudo, o aumento dessas obrigações de ensino fez que o tempo alocado ao treinamento de atividades físicas diminuísse em escolas do mundo todo.

Treinadores que atuam no intervalo

Já que o tempo dedicado à Educação Física tem diminuído, sugeriu-se que as crianças tivessem a oportunidade de ter atividades físicas ativas em momentos de intervalo entre as aulas, durante o recreio (Beighle *et al.*, 2006). Infelizmente, o recreio tradicional foca mais as habilidades sociais da criança do que a atividade física (Nettlefold *et al.*, 2011; Pellegrini e Bohn, 2005). Uma atividade física moderada a vigorosa (AFMV) pode acontecer durante o recreio, mas não é o propósito essencial deste.

Certos programas de recreio não tradicionais surgidos recentemente enfatizam o papel do treinador no recreio (Hu, 2010). Ele é encarregado a garantir que esse tempo seja organizado para ajudar a criança a desenvolver e a manter habilidades de resolução de conflitos enquanto o tempo de atividade física é maximizado (Burnette, 2011). Embora a eficácia dos treinadores de recreio em promover a atividade física da criança ainda precise ser determinada, a abordagem é louvável e mostra que as escolas começam a ver a necessidade de ter pessoas (paraprofissionais, pais voluntários) para promover instruções de atividade física.

Professores de sala de aula

Os professores de sala de aula também têm posição-chave para promover experiências de atividade física de qualidade. Em algumas escolas, esses professores são encarregados de ensinar Educação Física aos alunos, além de Matemática, Leitura, Ciência e Estudos Sociais, como parte de suas responsabilidades diárias (Graber e Woods, 2013; Hastie e Martin, 2006). Em outras escolas, eles são incentivados e, às vezes, incumbidos de integrar a atividade física nas disciplinas ensinadas.

Preparar os professores de sala de aula para propiciar oportunidades de atividade física de qualidade é algo desafiador. Contudo, com treinamento e suportes adequados, esses professores de Educação Física não especializados podem promover experiências de atividade física de qualidade (Faucette *et al.*, 2002).

Programas pré e pós-período escolar

A atividade física tem sido cada vez mais oferecida em programas pré e pós-período escolar. Nesses programas, em geral, os adultos atuam mais como supervisores do que como professores. Mesmo assim, esses monitores podem ser valiosos professores de Educação Física fora da escola. Em muitos lugares, os programas oferecem excelentes oportunidades para as crianças se tornarem ativas. Organizações como Boys and Girls Clubs, Young Men's Christian Associations (YMCAs) e Young Women's Christian Organizations (YWCOs),[3] creches e outros programas comunitários propiciam ambientes que incentivam a criança a ser fisicamente ativa.

Na maioria dos casos, esses monitores de programas não são professores licenciados, e menos ainda professores de Educação Física formados. Em geral, exige-se nada mais que uma verificação de dados pessoais e um diploma de ensino médio para alguém ser monitor. Embora aqueles que trabalham em organizações como as mencionadas possam ter que justificar algum grau de ensino superior (sobretudo para cargos de gerenciamento), não se requer treinamento específico para ensinar. De qualquer forma, os monitores de programas pré e pós-período escolar têm posição especial para propiciar experiências de atividade física de qualidade às crianças, sobretudo com a preparação e o suporte apropriados. Por exemplo, o programa BOKS é uma bem elaborada intervenção de atividade física para antes da escola, projetada para que pais e professores promovam o sucesso acadêmico das crianças (www.bockskids.org).

Treinadores de esporte juvenil

O esporte juvenil está mais popular do que nunca. No entanto, a frequência e duração limitadas da prática do esporte e o tempo mínimo gasto em atividades de moderadas a vigorosas restringem a aptidão física da criança e os ganhos em termos de saúde. Ademais, nem todas as crianças têm a oportunidade de participar de esportes juvenis. As obrigações financeiras e de cronograma (isto é, equipamento, várias horas de prática e os custos específicos de cada esporte) excluem um número considerável de crianças.

Assim como para os monitores de programas pós-período escolar, as qualificações exigidas para treinar esportes juvenis são mínimas. Em geral, isso se deve ao grande número de crianças que praticam e aos poucos adultos que se voluntariam para treinar. Quando as equipes de esporte juvenil precisam de treinador, em geral, um pai bem-intencionado cumpre esse papel. Hoje em dia, a maior parte das organizações de esporte juvenil oferece programas de educação para treinador; contudo, eles, muitas vezes, estão mais focados em primeiros socorros, segurança, desenvolvimento mínimo de habilidades e ensino de bom comportamento esportivo do que em promover a atividade física. Alguns programas de certificação de treinadores de esporte juvenil são ministrados *online* e incluem um breve teste no final. Raramente se exige que os treinadores de esporte juvenil apresentem um conjunto de conhecimentos ou de competências de

[3] N. do T.: Clubes de Meninos e Meninas, Associações Cristãs de Moços e Associações Cristãs de Moças (ACMs).

ensino para os esportes que treinam. Em geral, isso fica por conta daqueles que querem adquirir esse conhecimento e essas competências.

Habilidades necessárias aos professores de atividade física

A boa notícia é que muitas pessoas podem contribuir para ensinar as crianças a serem fisicamente ativas. O elo fraco, porém, é a falta de treinamento e de preparação dessas pessoas. Ensinar requer um conjunto de competências que podem ser aprendidas (Rink, 2010; Siedentop e Tannehill, 2000). A noção de que as pessoas nascem para ensinar é tão errada quanto a noção de que qualquer um pode ensinar. Para esse efeito, identificamos e discutimos as competências pedagógicas (de ensino) necessárias para ensinar jogos de atividade física que afetam o desenvolvimento cognitivo da criança.

Planejar e estruturar o ambiente de aprendizagem

Antes de conduzir um programa de atividade física para crianças, os professores devem estabelecer suas intenções. Os jogos de atividade física não acontecem do nada. Elementos específicos devem ser considerados e planejados antes do ensino, se os jogos pretendem ter algum impacto sobre o desenvolvimento mental.

Como planejar os jogos de atividade física

Pense no ditado "Falhar em planejar é planejar para falhar". Raramente as metas são alcançadas sem plano prévio. Por exemplo, quem quiser dirigir da Costa Leste dos Estados Unidos até o Parque Nacional de Yellowstone, em Wyoming [mais perto da Costa Oeste], precisa ter um plano para chegar lá. A chegada depende de uma série de elementos que precisam ser considerados e avaliados. É importante escolher a rota, o veículo e reunir recursos. Então, é preciso responder a algumas questões: quer passar por lugares pitorescos ou chegar o mais rápido possível? Quer andar de carro ou de moto? As respostas a essas perguntas vão afetar o plano. Desse modo, para planejar bem, é preciso identificar uma meta e os passos que devem ser cumpridos para alcançar esse objetivo. Isso também se aplica aos jogos de atividade física para crianças.

Antes de planejar sessões de jogos de atividade física para crianças, os professores devem decidir o que querem que as crianças experimentem. Com base nas evidências apresentadas nos capítulos anteriores, antes de tudo, os jogos devem ser mentalmente envolventes, estimular a aprendizagem de habilidades e oferecer AFMV. O próximo passo é escolher qual jogo ensinar. Essa decisão depende de fatores como: (1) as experiências prévias das crianças; (2) os níveis de desenvolvimento das crianças; (3) o espaço disponível; (4) o equipamento disponível; e (5) o número de crianças na classe. Talvez o maior desafio seja acomodar as diferenças entre os níveis de desenvolvimento físico e mental das crianças. Em uma classe típica de Educação Física de terceira série, a maior parte dos alunos tem 8 ou 9 anos; assim, eles compartilham uma série de características físicas, emocionais e de desenvolvimento cognitivo. Contudo, até mesmo crianças que têm quase a mesma idade diferem em termos de histórico, níveis de habilidade e conhecimento. Nos programas pré e pós-período escolar, as crianças podem ingressar em grupos de idade e nível escolar diferentes; nesses casos, a amplitude entre os níveis de desenvolvimento físico, cognitivo e emocional das crianças é bem grande.

Uma vez escolhidos os jogos, os professores devem pensar como apresentá-los e modificá-los, e evitar mudanças que possam fazer que jogos e crianças não estejam no mesmo nível (o que pode acontecer até mesmo com os mais experientes professores de Educação Física). Por exemplo, durante um período de atividade de 45 minutos, cada atividade precisa ter um propósito, e o professor deve ter um protocolo passo a passo para demonstrar e explicar o jogo. É preciso, também, procurar pistas que indiquem quando o jogo precisa ser interrompido e reexplicado, quando as perguntas devem ser respondidas e quando o jogo deve ser modificado.

Como planejar o ambiente físico

Para os jogos dinâmicos, o ambiente físico e o espaço instrucional são de suma importância. É imprescindível pensar, planejar e preparar o ambiente dos jogos por dois motivos.

Primeiramente, o conteúdo (jogos planejados) e o espaço estão relacionados. As crianças vão se movimentar dentro dele (às vezes, rapidamente) e se concentrar em evitar, caçar ou segurar objetos e elaborar estratégias. Por essa razão, é necessário planejar o espaço para o jogo. Em geral, o espaço disponível já diz se determinado jogo pode ser realizado. Não há nada pior do que se preparar para ensinar um jogo e, cinco minutos antes de as crianças chegarem, perceber que o plano não vai funcionar porque o ambiente físico é insuficiente ou inseguro. Pior ainda é só notar isso quando as crianças estiverem envolvidas na atividade. O segundo motivo pelo qual o ambiente de jogo é importante é que ele afeta o prazer das crianças. Sabemos que as crianças permanecem motivadas quando jogam.

Também faz parte do planejamento garantir que a área de jogo esteja livre de pedras, vidro, galhos ou outros objetos comumente encontrados em áreas de lazer externas. Já que as crianças vão se movimentar, é provável que uma criança caia até mesmo na mais segura aula de atividade física. Se já costuma ser doloroso cair no chão devidamente revestido de uma sala de ginástica, ainda piores são os tombos no chão cimentado ou no gramado.

Um fator-chave que determina a qualidade dos jogos descritos nos Capítulos 10 e 11 é o nível de atividade física. Uma aula bem-estruturada inclui demonstrações, explicações e tempo para perguntas. O tempo não instrucional também faz parte de uma aula bem planejada e implementada. Por exemplo, o tempo exigido para passar de um jogo a outro requer reagrupar os times ou parceiros e acrescentar ou tirar alguns equipamentos. Essas transições são inevitáveis, mas a chave consiste em assegurar que elas sejam executadas da forma mais eficiente possível. Posto isso, propomos três recomendações para planejar e organizar o ambiente físico dos jogos.

O professor deve, primeiramente, contar o número de peças de equipamento necessárias para jogar todos os jogos (e as versões desses jogos) planejados para o dia. Em segundo lugar, o professor deve dispor todos os equipamentos de modo que estes estejam prontos para serem encontrados de forma segura na hora certa. Isso significa ter os equipamentos adequadamente agrupados e organizados, de modo a evitar o acúmulo de crianças na hora de elas lidarem com os equipamentos. Se possível, o professor deve preparar a primeira atividade antes da chegada dos alunos, de maneira que o jogo comece assim que a demonstração e a explicação acabem. A terceira recomendação é fazer que as crianças recolham e guardem os equipamentos. Elas também podem ajudar com as transições entre os jogos, para adequar o ambiente físico; isso aumenta o tempo disponível para jogar. No entanto, lembre-se de ensinar o processo às crianças a fim que isso se torne rotineiro. Explicar que haverá mais tempo para jogar se completarem as tarefas de transição rapidamente é uma maneira de motivá-las a ajudar.

Preparar-se para os jogos de atividade física significa estruturar o tempo com as crianças de maneira que haja tempo para ajudá-las a entender o jogo, assim como de aprontar o ambiente físico para sua execução.

Outra pequena estratégia consiste em propor um objetivo motivacional que torne as tarefas de transição mais lúdicas. Por exemplo, o professor pode dizer: "*Quando eu disser 'já', quero que coloquem seus tacos de polo no chão e peguem rapidamente e com cuidado uma bola encostada na parede do fundo. Vocês vão ter 18 segundos para fazer isso; vamos tentar ser mais rápidos ainda. Em suas marcas, preparar, já!*". O professor, então, acompanha essas orientações de uma contagem regressiva audível e elogia os alunos, uma vez executada a tarefa. Mesmo que demorem 20 segundos, não é necessariamente um fracasso porque a transição foi curta. Sem um protocolo, essa transição pode demorar cerca de 45 segundos. Com cinco transições em uma aula de 45 minutos, poupar 25 segundos por transição acrescenta mais de 2 minutos que podem ser dedicados ao envolvimento físico e cognitivo.

Gerenciar o ambiente educacional

Com frequência, o leigo que observa o ambiente educacional o avalia (em termos de eficiência) baseando-se na constatação de que a aula corre normalmente ou de que algumas crianças não estão cumprindo bem as tarefas. Sem dúvida, saber gerenciar uma aula é uma condição da aprendizagem. Sem o gerenciamento adequado, as crianças podem ficar entediadas e desmotivadas para serem fisicamente ativas. No entanto, é essencial lembrar que um ambiente educacional bem gerenciado (por exemplo, sala de ginástica, sala de aula, área de lazer externa) é um pré-requisito à aprendizagem de qualidade – mas não o seu único indicador.

Independentemente de saber o quanto os jogos de atividade física são apropriados em termos de desenvolvimento ou o quanto eles envolvem as crianças, seus efeitos serão diminuídos se o professor não souber gerenciar os alunos e o ambiente. Uma aula bem gerenciada permite às crianças se envolverem física e mentalmente. Para maximizar o tempo de envolvimento, os professores de Educação Física devem: (1) estabelecer expectativas de comportamento e consequências; (2) instituir e utilizar um conjunto claro de sinais; (3) manifestar entusiasmo visível; (4) reforçar o comportamento apropriado; e (5) criar um ambiente convidativo.

Como estabelecer expectativas de comportamento (regras) e suas consequências

Seja na sala de aula, seja qualquer outro ambiente de aprendizagem, as expectativas de comportamento [equivalente a regras a serem seguidas] e as consequências por não as ter alcançando [ou seguido] devem ser estabelecidas, ensinadas e reforçadas nas sessões de atividade física. Sem isso, sobra menos tempo para jogar e aprender os jogos. Ademais, as crianças correm o risco de ficar menos motivadas a participar caso se sintam inseguras, o que vai contra nossos objetivos.

Quatro orientações simples podem ajudar os professores de Educação Física a criar ambientes de aprendizagem seguros: (1) as expectativas de comportamento (regras) devem ser poucas, já que a maior parte das crianças não consegue se lembrar de mais do que quatro regras; (2) as expectativas devem ser indicadas em linguagem sucinta, simples e clara para serem entendidas por crianças de diferentes idades e níveis de linguagem; (3) as expectativas devem ser indicadas de forma positiva, uma vez que, tradicionalmente, pensamos nas regras mais como interdições do que permissões, apresentá-las como expectativas (por exemplo, de maneira respeitosa) deixa muito claro quais comportamentos são esperados, além de emprestar um sentido mais positivo ao conceito de regras; (4) a linguagem deve ser geral, de maneira a abranger uma série de possibilidades – por exemplo, uma expectativa ou regra apropriada é: *tenha cuidado,* uma expectativa é breve, clara e dita de forma positiva, mas que, ao mesmo tempo, abrange muitos significados, como amarrar bem os sapatos, não mastigar chiclete nem comer doces, e seguir as regras do jogo. Os professores, contudo, devem evitar confundir *geral* com *vago*. A regra é clara: não é para cometer erros, mas *cuidado* pode significar várias coisas em diferentes contextos, os quais devem ser discutidos com as crianças.

Não é suficiente estabelecer expectativas. Os professores devem ensiná-las aos seus alunos. A expectativa em relação a um comportamento deve ser introduzida, discutida e, se possível, afixada. Se as regras forem poucas, breves e indicadas de maneira positiva, revê-las no início de cada sessão não é algo que toma muito tempo. Isso irá assegurar que as crianças saibam o que se espera delas.

Estabelecer e ensinar expectativas não vai garantir que as regras não sejam infringidas, apenas diminui essa probabilidade. As crianças devem se responsabilizar por atenderem às expectativas, caso contrário, devem enfrentar as consequências.

Assim como com as expectativas, as consequências devem ser comunicadas (por desenhos, declarações escritas e verbais) por meio de uma linguagem breve, mas clara, que possa ser facilmente entendida por todas as crianças e, no caso de desenhos e declarações escritas, afixadas por todo o espaço de aprendizagem. As consequências também devem representar um procedimento justo, porém hierárquico e sistemático, de modo que um único erro não resulte em uma consequência maior e não leve ao abandono do programa. Entretanto, falhas contínuas no cumprimento das expectativas de comportamento não devem toleradas.

Observe que o termo *consequência* costuma conotar experiências negativas. No entanto, é útil ensinar às crianças que o comportamento positivo resulta em consequências positivas. Embora os sistemas de recompensa sejam bastante usados, a recompensa mais simples é um tempo ininterrupto de prática da atividade física. Ou seja, "o comum" é uma consequência positiva por cumprir as expectativas de comportamento.

Como instituir sinais

O apito é tradicionalmente associado aos professores e treinadores de Educação Física. E, ainda que seu som estridente desperte medo no coração de muitas pessoas que guardam lembranças desagradáveis das suas experiências de Educação Física e esporte na escola, ele atende às necessidades.

Como já mencionamos, o ambiente de aprendizagem da atividade física é diferente daquele de uma típica sala de aula em razão da natureza dinâmica do seu conteúdo. Os jogos de atividade física, especialmente os apresentados neste livro, incentivam a criança a fazer barulho, a se mover rapidamente de um lugar a outro, e a se divertir enquanto se torna mais exímia no jogo. Quando as crianças se divertem, elas riem, o que pode causar bastante barulho. Ademais, quando as crianças se movimentam com uma finalidade, sua atenção está focada no jogo, portanto a combinação do nível de ruído e do foco requer mais do que uma ordem verbal para que elas prestem atenção. Assim, elas precisam aprender sinais claros que representem ordens, como "Comecem" e "Parem". De fato, o apito funciona, porque o som dele é perceptível e fácil de usar. Outras opções são trompas, tambores, palmas e luzes piscantes.

Alguns defendem ligar e desligar uma música como sinal. A vantagem é dupla: a música pode ser facilmente controlada por um equipamento remoto em diferentes lugares da sala de ginástica, e as crianças gostam de se movimentar ao som da música. Contudo, há uma desvantagem importante. A música deve estar alta o suficiente para que as crianças percebam quando for desligada. Como a maior parte dos jogos deste livro requer que as crianças se comuniquem, e a música alta torna isso um tanto difícil. Consequentemente, aconselhamos que os sinais musicais sejam usados com parcimônia. Apresentamos alguns exemplos em que a música pode ser usada em jogos descritos no Capítulo 10.

Como manifestar entusiasmo

Algumas pessoas afirmam que os cães podem sentir o medo nos seres humanos. Verdade ou não, isso permanece um debate para os cientistas em animais e amantes dos cães. De modo semelhante, embora não existam evidências indicando que as crianças podem "sentir" o entusiasmo do professor, é difícil argumentar que elas não detectem o entusiasmo dele. Quando o professor está entusiasmado, as crianças são mais suscetíveis a refletirem esse entusiasmo, e vice-versa.

Com frequência, o entusiasmo é visto como um traço de personalidade difícil de definir, mas fácil de identificar. O comportamento de uma pessoa indica seu entusiasmo às outras, e esse comportamento, sem dúvida, é influenciado pela idade. As crianças são suscetíveis a responderem a sinais tangíveis do professor, como sorrir, saber os nomes, rir (quando apropriado) e enfatizar que estão executando otimamente as atividades.

Embora planejar com cuidado e atenção e ter uma sala de aulas bem administrada sejam, sem dúvida, as características de um professor entusiasta, esse entusiasmo precisa ser genuíno e facilmente perceptível. O professor precisa identificar os comportamentos diários que as crianças percebam e as levem a concluir que ele é um entusiasta em relação àquilo que ensina. Esse entusiasmo deve, ainda, ser explicitamente claro; em geral, as crianças não percebem sinais sutis.

Como reforçar o comportamento apropriado

"Pare com isso. Maria, deixe o LeBron em paz." "Não é para conversar, Ellis. Xiu!" "Turma, por favor, silêncio..." Em algum momento, é provável que

você já tenha ouvido professores usar expressões semelhantes, e apostamos que todos os professores já usaram essas frases. São respostas típicas a comportamentos errados de alunos. No entanto, fazer comentários incessantes sobre comportamentos inapropriados é apenas uma tática reativa. A maior parte das classes consiste em uma imensa maioria de crianças que apresentam comportamentos apropriados (seja socialmente ou em termos de habilidades). Infelizmente, é mais fácil lembrar a criança de que ela está sempre arrumando confusão do que se lembrar de que ela é apenas uma entre 25.

Usar uma abordagem proativa para reforçar o comportamento apropriado é uma boa maneira de executar duas tarefas gerenciais importantes. Apontar publicamente o comportamento apropriado dos alunos faz todos se lembrarem das ações corretas e incorretas. Destacar o bom comportamento (em especial, daqueles que nem sempre costumam exibi-lo) é uma tática motivacional. Não é de admirar que os professores que reconhecem os comportamentos apropriados promovam um ambiente positivo em sala de aula.

Administrar uma sala de aula requer, em parte, demonstrar entusiasmo em relação aos jogos, bem como incentivar o bom comportamento e um ambiente positivo.

Como criar um ambiente convidativo

As aulas bem-sucedidas de jogos de atividade física incentivam as crianças a se sentirem física e mentalmente envolvidas. Esse ambiente se desenvolve durante um período de tempo e não pode ser estabelecido em uma única aula. Os professores devem, intencionalmente, planejar, agir e responsabilizar as crianças por exibirem comportamentos que contribuem para esse ambiente. O Capítulo 4 tratou da importância de se criar um clima motivacional adequado para promover a aprendizagem e garantir o prazer. Nesta seção, veremos como criar um clima positivo.

Ao contrário do desempenho em uma sala de aula, o desempenho em um jogo é um fato público. Quando uma criança faz um teste de soletrar, apenas três pessoas, no máximo, são informadas do seu desempenho: a criança, seu professor e, possivelmente, o responsável. Isso significa que a criança pode passar um ano letivo inteiro sem que nenhum de seus colegas de aula tenha sequer ideia sobre sua habilidade para soletrar. Em contrapartida, na Educação Física e no ensino de jogos de atividade física, as crianças interagem tanto com o conteúdo (habilidades e estratégias para usá-las) como entre si. Suas habilidades são expostas diante dos outros colegas, o que pode dissuadir algumas crianças de serem fisicamente ativas. Para muitas, especialmente as menos hábeis ou instruídas, essa manifestação externa é um fator desmotivador e pode ser fonte de medo. Para outras, é uma oportunidade de mostrar suas competências. Ambos os grupos de crianças se dão melhor em um ambiente de classe acolhedor e emocionalmente seguro.

As crianças devem ser incentivadas a tentar e, se for o caso, fracassar sem medo de castigo ou de zombaria. Todos os alunos devem ter oportunidades de mostrar suas habilidades e conhecimento. E o mais importante, talvez: os colegas de aula não devem ser autorizados a caçoar das habilidades alheias. Diante desse comportamento, o silêncio do professor é uma aprovação tácita. Por isso, embora nem sempre ouçam ou vejam tudo, os professores devem permanecer em alerta contra esse tipo de comportamento negativo e fazê-lo cessar imediatamente.

A escolha da abordagem de ensino

Existem várias abordagens para ensinar atividades físicas e a maior parte tem o respaldo de inúmeras pesquisas (Mosston e Ashworth, 1986). Em meio a essa variedade, o método selecionado para ensinar atividades físicas deve ser apropriado em termos de desenvolvimento e bem alinhado com os resultados esperados. Este capítulo aborda dois métodos instrucionais que propiciam a flexibilidade e as opções que os professores precisam ter quando trabalham com crianças de idades e habilidades diferentes.

O método de exploração e descoberta (Bjerke e Vereijken, 2007), já apresentado no Capítulo 6, maximiza a atividade física para crianças da educação infantil. Esse método ajuda crianças de 3 a 6 anos de idade a transitarem suavemente da brincadeira espontânea para atividades de jogo estruturadas. Já o método de ensino de instrução direta (Metzler, 2011) maximiza o tempo de atividade física para crianças entre 7 e 11 de idade, que completaram a transição da brincadeira espontânea para o jogo e a prática deliberados.

Ensinar jogos de atividade física depende bastante da habilidade do professor em vincular o método de ensino apropriado às características das crianças (isto é, idade, experiência, diferenças individuais), aos jogos (por exemplo, pega-pega, jogos de bola, atividades de improvisação) e às metas dos jogos (por exemplo, aprendizagem de habilidades motoras, desenvolvimento de funções executivas, entre outras). Um bom ensino reflete a habilidade de alternar de forma competente métodos de ensino diferentes, porém, complementares.

Com o método de instrução direta, o professor descreve o caminho que leva à meta; com o método de exploração e descoberta, a criança cria seu próprio caminho. Uma característica comum entre esses métodos nos jogos apresentados nos Capítulos 10 e 11 é resolver problemas. Os desafios lançados por meio da exploração/descoberta e da instrução direta dão à criança a oportunidade de explorar e superar o desafio do seu próprio e único jeito.

Método de exploração e descoberta

Como apresentamos no Capítulo 6, a instrução direta e a exploração e descoberta são dois lados da mesma moeda – ambos os métodos são válidos. Os jogos apresentados nos Capítulos 10 e 11 maximizam o uso desses métodos. Os processos de desenvolvimento físico e mental são complexos; consequentemente, requerem professores que utilizem as abordagens de aprendizagem que melhor se ajustem a cada criança em determinado momento. As próximas seções descrevem como modular, limitando ou promovendo a liberdade das crianças para ajudá-las a descobrirem soluções por conta própria e a desenvolverem a criatividade.

O professor como facilitador e o ambiente que promove a descoberta

A resolução de problemas e o esforço mental são conceitos-chave nos jogos e em muitos esportes. O sucesso é frequentemente determinado pela habilidade da criança de descobrir várias maneiras para alcançar uma meta. Os jogos que oferecem várias opções aumentam o envolvimento mental e a reflexão relevante, que são ingredientes fundamentais do **processo motor central de ensino-aprendizagem** (Eloranta e Jakkola, 2007). Este propicia várias situações de resolução de problemas que envolvem a criança em uma reflexão relevante, levando-a a se concentrar na prática e no processo em vez de no resultado final, e é central para nossa abordagem do ensino de jogos. O professor que utiliza o modelo da descoberta age como um facilitador que prepara e apoia a descoberta e a criatividade das crianças.

Os jogos apresentados no Capítulo 10 para crianças da educação infantil focalizam especialmente a promoção da criatividade por meio da ação e do movimento, incentivando a criança a procurar soluções próprias sem pressão de tempo. Por sua vez, os jogos para crianças do ensino fundamental, apresentados no Capítulo 11, promovem a descoberta de soluções para problemas de jogo gerados por oponentes em um ambiente mutável e com pressão de tempo.

Processo motor central de ensino-aprendizagem: modelo de ensino e aprendizagem baseado em movimentos; oferece várias situações de resolução de problemas que envolvem a criança em uma reflexão relevante e a levam a se concentrar na prática e no processo, em vez de no resultado final.

Brincadeira social ou sociodrama: brincadeira de faz de conta social, comuns aos 3 anos de idade, nas quais a criança assume o papel de outras pessoas (por exemplo, pais, irmãos, professores) em situações de faz de conta caracterizadas por cenas imaginárias.

Promover a criatividade por meio do movimento e da ação é desafiador porque não há uma única resposta correta. O trabalho do professor consiste em criar um ambiente que estimule a exploração e os processos criativos da criança por meio de movimentos e ações usando estratégias apropriadas e criadas por conta própria, por meio de tarefas e sugestões.

As observações de Tocci e Scibinetti (2003, 2007) sobre métodos instrucionais eficientes os levaram a destacar como os professores podem ajudar a criança a pensar e a agir de forma criativa. Seu modelo destaca pontos-chave para promover a criatividade motora, que devem ser integrados quando postos em prática:

- *Tipo e progressão das atividades de jogo*: para promover a criatividade, os professores devem usar jogos semiestruturados e abertos em que apenas as condições de início e a meta sejam indicadas. Eles não devem explicar como alcançar a meta. Definir uma meta delimita o processo criativo da criança, que foca seus esforços em um tema específico. Não ensinando a alcançar a meta, o professor dá a essa criança a oportunidade de seguir vários caminhos em sua ação. Ao se tornar mais hábil, ela pode passar de atividades abertas com meta definidas pelos professores para atividades abertas no começo e no fim; isto é, ela também deve procurar e definir a meta.

  Os jogos de atividades que promovem a criatividade devem ser adaptados à idade da criança. Os jogos para crianças da educação infantil que constam no Capítulo 10 têm características de jogo simbólico ou de faz de conta pertinentes a essa idade. Propusemos fábulas ou **brincadeiras sociais ou sociodramas**, que são brincadeiras de faz de conta social, comuns aos 3 anos de idade, nas quais a criança assume o papel de outras pessoas (por exemplo, pais, irmãos, professores) em situações de faz de conta caracterizadas por cenas imaginárias. As situações da vida real podem servir de ponto de partida para que a criança brinque de faz de conta – por exemplo, pretendendo que uma bola seja algo diferente e usando-a de modo inusitado.

Inicialmente, o professor pode limitar o leque de soluções da criança, e, com o desenrolar da brincadeira, ele pode variar os requisitos do jogo e propor outras possibilidades. A criança pequena começa o processo de aprendizagem com poucas ações; à medida que explora os limites do jogo, acaba descobrindo várias novas maneiras de se mover e agir.

- *Ensinar estratégias*: como facilitadores, os professores podem utilizar as seguintes estratégias de ensino para ajudar a criança a desenvolver seus processos criativos:
  - *Lista de verificação*: fazer uma lista de verificação consiste em escolher uma série de ações ou palavras descritivas que são aplicáveis à atividade do jogo. Por exemplo, a criança pode ser instruída a se movimentar de uma área para outra de várias maneiras com base em uma palavra de ação (como engatinhar, pular) e em uma palavra descritiva (por exemplo, cansado, animado).
  - *Relações forçadas*: utilizar relações forçadas leva a condições de faz de conta. Por exemplo, a criança pode ter de se mover na área de jogo fingindo que está no mar e que deve chegar a uma ilha.
  - *Analogias:* as analogias envolvem fazer associações inusitadas enquanto a criança finge ser um objeto ou outra pessoa, interpretar uma emoção ou se mover em um espaço diferente da área de jogo. Por exemplo, a criança pode se mover como uma bola, um elástico esticado, um tronco ou uma pessoa idosa; mostrar raiva; ou agir como se estivesse em casa ou a caminho da escola.
  - *Lista de atributos:* a lista de atributos leva a focar um objeto específico ou uma parte do corpo. Por exemplo, a criança pode ter que se mover em círculos mais depressa ou mais devagar, fazer movimentos maiores ou menores, tocar o chão com uma parte do corpo específica ou com alguns membros do corpo (por exemplo, andar sobre quatro apoios ou apenas sobre os joelhos).

Essas estratégias de ensino podem ser combinadas de diferentes maneiras. Por exemplo, as estratégias lista de atributos e lista de verificação podem ser combinadas pedindo à criança para se mover lentamente sobre os joelhos (atributo do corpo) enquanto finge estar cansada (palavra descritiva).

- *Ambiente propício à criatividade*: organize um ambiente propício à criatividade utilizando o seguinte:
  - *Objetos*: use uma variedade de objetos relacionados a esportes ou do cotidiano. Promover a busca de diferentes maneiras de usar objetos ajuda a criança a superar hábitos que inibem seu pensamento sobre usos alternativos ou inusitados de objetos.
  - *Música*: use a música para provocar uma experiência de improvisação emocionalmente carregada.
  - *Percepção*: explore as percepções visuais, acústicas e táteis para desenvolver o processo de criatividade contínuo da criança.
  - *Espaço*: use o espaço para limitar ou liberar as ações da criança (por exemplo, variando os limites ou a iluminação da área de jogo).
- *Clima propício à criatividade*: favoreça um clima propício por meio de:
  - *Aprendizagem cooperativa*: a **aprendizagem cooperativa** é uma abordagem educacional baseada na estruturação de uma interdependência positiva entre aprendizes que trabalham em conjunto para uma meta comum. A cooperação melhora a quantidade e a qualidade (originalidade) das ações e permite que grupos de crianças trabalhem juntos para alcançar a meta da atividade, capitalizando as diferenças entre níveis de habilidade. A procura por soluções cooperativas pode levar à exploração de novas ações usadas de um modo que seria impossível para uma única criança. A busca de soluções individuais, embora mais difícil, promove a autonomia, a autoconfiança e ajuda a enfrentar riscos.
  - *Variação de limite de tempo*: para promover novas percepções e avaliar sua adequação, as crianças precisam de tempo. Impor limites de tempo gera uma pressão que restringe

o surgimento das percepções que resultam na execução de ações motoras criativas.

- *Papel do professor*: define-se o papel do professor como facilitador do processo criativo. Para facilitar esse processo, os professores devem estar atentos às necessidades das crianças e ao potencial de aprendizagem individual, incentivá-las a permanecer na tarefa, ajudá-las a apreciarem o esforço e a aprendizagem (**orientação para a tarefa**), e usar métodos de ensino que promovam a aprendizagem e a avaliação autônomas, bem como integração e a cooperação.
- *Feedback*: o *feedback* que promove a criatividade difere do *feedback* de erros, usualmente dado para que as crianças reproduzam com precisão movimentos específicos ou habilidades esportivas. Em vez de dar informações sobre o único desempenho motor correto, os professores podem orientar as crianças para a descoberta de novas ideias, direções e alternativas.
- *Suspensão de julgamento*: por último, mas não menos importante, suspenda o julgamento sobre a qualidade do desempenho da criança. Suspender o julgamento é uma das maneiras mais eficientes de promover o processo criativo. A criança deve se sentir livre para explorar uma variedade de soluções e para perceber com clareza que o professor considera todas as tentativas igualmente corretas e válidas, desde que estejam vinculadas à atividade do jogo.

Método de instrução direta

O método de instrução direta é uma maneira sistemática de abordar a instrução de atividade física e é caracterizado por seis elementos-chave. Esse método é considerado um dos mais fáceis e, talvez, o mais amplamente usado para ensinar atividade física. Ele inclui: (1) uma revisão do material previamente aprendido; (2) uma apresentação de novos conteúdos e habilidades; (3) a prática inicial dos alunos; (4) o *feedback* e as correções; (5) a prática independente dos alunos; e (6) uma revisão periódica durante a aula. O uso desses elementos é sustentado por um conjunto de competências gerais de ensino que, uma vez combinadas, permitem a apresentação de jogos que promovem o envolvimento mental.

Aprendizagem cooperativa: abordagem educacional baseada na estruturação de uma interdependência positiva entre aprendizes que trabalham em conjunto para uma meta comum.

Orientação para a tarefa: disposição motivacional que leva as pessoas a focarem na mestria e no domínio por meio do esforço e da persistência, para fazer o melhor, progredir com o tempo, resolver problemas e aprender.

O método de instrução direta envolve dois equívocos maiores em relação ao ensino. O primeiro é que uma boa administração significa um bom ensino. Embora a administração seja um elemento essencial no ensino, ela é insuficiente em si. O segundo equívoco é que a criança fisicamente ativa está aprendendo. Pense no ditado: "Nunca confunda atividade com conquista do objetivo". Para aprender por meio de suas ações, a criança deve fazer mais do que simplesmente ser fisicamente ativa. Ela deve estar mentalmente envolvida no controle de seus movimentos. "Movam-se com uma finalidade" é uma frase que os professores costumam utilizar para ajudar seus alunos a entenderem quando e por que uma ação é melhor que outra. O que o professor faz durante a apresentação do jogo é crucial.

Além de boas competências de planejamento e de administração, um conjunto de habilidades de ensino é importante para saber quando estender as tarefas, dar um *feedback* apropriado e válido e perceber quando as crianças estão entediadas ou frustradas porque o jogo é fácil ou difícil demais. O método de instrução direta identifica habilidades pedagógicas essenciais para ensinar jogos de atividade física.

Demonstração e explicação

A demonstração e a explicação são como o queijo e a goiabada: são melhores juntos do que separados. Para se comunicar claramente com as crianças, os professores de atividades físicas devem demonstrar e falar. Ao mesmo tempo, eles devem ser claros e sucintos sem sacrificar o tempo de jogo. À medida que os jogos são modificados e se tornam mais complexos, as explicações e demonstrações costumam se tornar mais longas. Assim, os professores devem encontrar meios mais efetivos e eficientes de comunicar as informações sobre o jogo às crianças.

Para compreender a estrutura e as regras de um jogo, as crianças precisam de uma apresentação visual e das habilidades nele envolvidas. Idealmente, os professores devem participar das demonstrações, mas não devem ser a sua única fonte. Utilizar crianças para demonstrar como jogar propicia modelos em que as crianças podem se espelhar. Além disso, o professor pode explicar o que supostamente deve acontecer enquanto a criança faz a demonstração.

As demonstrações de qualidade mostram o jogo em segmentos que são reunidos para mostrar uma versão completa do jogo. Por exemplo, a demonstração de um jogo que requer um time no ataque e outro na defesa deve, de preferência, ser feita inicialmente com um único participante de cada lado. Isso isola e identifica claramente ambos os papéis que as crianças acabarão representando. Então, após ter demonstrado com uma pessoa ou duas por time, ter respondido às perguntas e verificado se todos entenderam, talvez o professor possa colocar mais jogadores para mostrar como é o jogo com mais competidores em campo.

Vale, ainda, ressaltar que as demonstrações não precisam sempre ser ao vivo. Outras fontes de informações podem ser usadas, como vídeos e imagens. Entretanto, contar apenas com vídeo e imagens fixas não é aconselhável; uma demonstração efetiva é acompanhada, também, por explicações claras sobre como e por que as ações ocorrem. Durante essas explicações, os professores têm que garantir que a linguagem utilizada é clara e que o vocabulário é apropriado em termos de desenvolvimento. Um número limitado de pontos deve ser comunicado por vez. Mesmo assim, os jogos podem ter várias regras e restrições, e uma explicação bem apresentada deve resumi-las em breves pontos. O professor deve começar explicando apenas as regras mais importantes antes de seguir para outras. Um aspecto muitas vezes negligenciado das explicações verbais diz respeito ao uso de vocabulário consistente. Fazer referência a termos usados em atividades desempenhadas antes é uma boa maneira de aumentar a familiaridade das crianças com o novo jogo e talvez as ajude a aprender outros termos específicos mais depressa.

Observação e análise

Obter o máximo de benefícios dos jogos de atividade física requer que o professor siga ou observe o que está acontecendo no jogo. Nesse contexto, *observar* não significa apenas *ver*; *observar* as crianças jogar envolve testemunhar quão bem elas jogam, ao passo que *ver* consiste em apenas garantir que elas estejam em segurança e cumprindo a tarefa.

Obviamente, cuidar da segurança e do cumprimento da tarefa é importante e é a primeira coisa a fazer quando as crianças estão envolvidas no jogo. Após terem resolvido (e monitorado) a segurança e a execução da tarefa, os professores podem, então, fazer observações e dar orientações relativas ao modo como as crianças jogam. Os professores que se concentram em observar as crianças jogando estão em uma posição melhor para fazer alterações apropriadas no jogo e determinar se elas já podem iniciar uma versão mais complexa dele, bem como para decidir quais perguntas e *feedback* são mais apropriados para melhorar a aprendizagem.

Feedback e questionamento

A velocidade com que a habilidade é aprendida e a qualidade desta dependem do *feedback* sobre o desempenho. Embora o resultado do jogo possa propiciar algum *feedback*, essa informação em si é insuficiente para uma aprendizagem ideal. O *feedback* que descreve a qualidade dos movimentos da criança é crucial para entender o jogo. Os professores estão em posição de fornecer um *feedback* complementar às crianças, com o qual elas podem compreender melhor os desafios do jogo e como superá-los. Uma boa vantagem é que, ao dar *feedback*, o professor mostra que se preocupa com as crianças e com a melhora delas.

Existem duas maneiras de usar as informações para melhorar a aprendizagem das crianças. Uma é dar diretamente à criança um *feedback* específico sobre o desempenho da habilidade e as decisões táticas. No exemplo citado adiante, temos Fiona, que fez ótimo uso da finta de cabeça para escapar do pegador. Embora ela soubesse que agiu bem, a afirmação do professor reforça isso e torna mais provável que ela use de novo essa habilidade no futuro. Fornecer esse tipo de informação só será possível se o professor estiver vendo Fiona jogando e, mais precisamente, o que ela está executando corretamente, e não apenas vendo a menina. Outra maneira de melhorar a aprendizagem é por meio do questionamento. O professor pode propositalmente fazer perguntas que requerem que os alunos reflitam sobre si mesmos, que se avaliem pelo seu conhecimento e desempenho atuais, e que utilizem as respostas para sua própria informação.

Se as perguntas forem feitas e respondidas diante da classe, outras crianças poderão usar a troca de informações para comparar, contrapor e alterar a maneira como jogam. Um exemplo de como isso pode funcionar está ilustrado a seguir:

> O Sr. Moak percebe que Fiona tem dificuldade em escapar de um marcador porque não está usando a finta de cabeça ou outro tipo de finta. Após presenciar essa situação algumas vezes, ele vê que duas outras crianças têm o mesmo problema. Então, o Sr. Moak decide parar o jogo e diz a José, um menino que usa vários tipos de finta e é raramente marcado: *"José, percebi que você foi marcado apenas uma vez. Conte para mim e para a classe o que você fez para ficar longe dos marcadores do outro time"*. José responde: *"Usei a finta para escapar"*. Embora essa seja a resposta que o Sr. Moak esteja esperando, a informação não é suficiente para ajudar os demais alunos. Ele resolve sondar um pouco mais e pergunta: *"Ok, e por que usou uma finta?"*. Mas, antes de José responder, Brenda, que também participa do grupo de discussão, levanta a mão, e o Sr. Moak a autoriza a responder. *"Porque ele queria que pensassem que ia seguir uma direção, mas foi para outra"*, diz Brenda. Por meio dessas duas perguntas, o Sr. Moak coletou quase todas as informações que queria que as crianças ouvissem. Para garantir que José fique sabendo que sua resposta também era aceitável (e não entravar possíveis respostas futuras), ele prossegue da resposta original de José, sondando ainda mais com base em um incidente que viu durante o jogo. Ele diz: *"Boa ideia, José, mas que tipo de finta você usou quando estava sendo perseguido por Kevin? Por favor, conte para nós"*.

Nesse exemplo, o Sr. Moak poderia ter apresentado as informações diretamente a Fiona e aos outros, e ter pedido logo a José que mostrasse à classe como fintar de cabeça. No entanto, o processo de questionamento não só informou o resto da classe, como também permitiu que o Sr. Moak verificasse o entendimento de José sobre sua habilidade (a finta de cabeça) e sobre táticas de jogo (quando usar a finta de cabeça).

A decisão de usar o *feedback* direto ou o questionamento para informar as crianças sobre o desempenho depende do contexto e do professor. No âmbito da arte de ensinar, o professor de Educação Física deve conhecer bem os alunos da classe para poder determinar se eles têm compreensão suficiente para responder às perguntas ou se é mais apropriado informá-los diretamente. Embora as perguntas possam ser mentalmente estimulantes, dar informações diretas pode ser necessário antes que essas perguntas sejam realmente proveitosas.

Garantir a adesão ao modelo

Agora, é provável que você já tenha entendido que, para os jogos ajudarem as crianças a aprender, o ensino é importante. Não se pode contar apenas com a atividade física para promover o desenvolvimento mental das crianças. Isso quer dizer que tanto a apresentação quanto o apresentador dos jogos de atividade física são importantes. Sem uma apresentação consciente e deliberada, a probabilidade de envolvimento mental diminui, e as crianças que são menos capazes ou têm conhecimento menor correm o risco de serem excluídas.

O trabalho do professor é apresentar o jogo de forma clara e rápida, deixar as crianças jogar, determinar o que deveria ou poderia ser mudado no jogo e, então, apresentar uma nova forma de jogar enquanto faz perguntas para incentivar o raciocínio dos alunos. Talvez a maneira mais fácil de verificar a fidelidade ao programa seja por meio de uma lista de verificação dos elementos-chave. Um exemplo de lista de verificação é apresentado na Figura 7.1. As listas de verificação têm longa história nas avaliações de desempenho dos professores de escolas públicas e são fáceis de usar (van der Mars, 1989). Elas fornecem informações sobre a presença ou a ausência de comportamentos, não sobre a qualidade ou a duração dos comportamentos. Não obstante, monitorar se os alunos são fiéis ao método instrucional que estão usando não só ajuda os professores a ensinarem os jogos corretamente, como também melhora sua habilidade para ensinarem por meio do método.

Como tornar os métodos de ensino eficientes

Ensinar é uma ciência em que a eficácia das competências pedagógicas não é determinada por "sim" ou "não". Nesse sentido, três fatores moldam a eficácia do ensino de jogos de atividade física: (1) reconhecer a necessidade de fazer alterações; (2) ter conhecimento suficiente sobre o conteúdo; e (3) apreciar o senso de imparcialidade e dominância das crianças.

Lista de verificação de comportamentos fiéis ao modelo de instrução direta

Nome: ______________________________ Data: ______________

Referência	Critério alcançado?	Comentários (por exemplo, o que correu bem, o que não foi tão bem, as mudanças feitas durante a aula, o que é preciso fazer para melhorar)
O jogo foi dividido em uma série de pequenas tarefas de aprendizagem para alcançar metas mais amplas.	( ) Sim ( ) Não ( ) Parcialmente	
O conteúdo da experiência prévia foi revisado.	( ) Sim ( ) Não ( ) Parcialmente	
Foi feita uma apresentação clara e eficaz do jogo.	( ) Sim ( ) Não ( ) Parcialmente	
O conteúdo progrediu em um ritmo rápido.	( ) Sim ( ) Não ( ) Parcialmente	
Usou-se muito *feedback* positivo e corretivo.	( ) Sim ( ) Não ( ) Parcialmente	
As tarefas de aprendizagem tinham como critério tornar os alunos mestres no jogo.	( ) Sim ( ) Não ( ) Parcialmente	
O jogo foi sendo regularmente revisado.	( ) Sim ( ) Não ( ) Parcialmente	
Os alunos mostraram um alto nível de envolvimento durante o jogo.	( ) Sim ( ) Não ( ) Parcialmente	
A prática inicial do jogo foi dirigida pelo professor.	( ) Sim ( ) Não ( ) Parcialmente	
As tarefas de prática posteriores permitiram que os alunos jogassem de forma independente.	( ) Sim ( ) Não ( ) Parcialmente	
Os alunos se tornaram mestres no jogo.	( ) Sim ( ) Não ( ) Parcialmente	

FIGURA 7.1 – Modelo de instrução direta.

Reconhecer a necessidade de alteração

Essencial para os jogos de atividade física que promovem o desenvolvimento cognitivo é a habilidade do professor de reconhecer quando o jogo precisa ser alterado. Um bom professor sabe quando fazer alterações na atividade para propiciar a quantidade certa de desafio. Vimos, no Capítulo 6, a importante questão do equilíbrio entre repetição e mudança para ajudar as crianças a adquirirem e a alternarem adequadamente estabilidade e flexibilidade em seu comportamento motor.

A mudança no jogo é crucial e depende de vários fatores. Os professores devem ser capazes de reconhecer quando o jogo estiver começando a "emperrar", e as crianças não estiverem mais sendo desafiadas física e/ou mentalmente. Nesses casos, o jogo deve sofrer ajustes para ficar mais seguro e participativo. Sem a habilidade de modificar o jogo, o professor corre o risco de desmotivar as crianças, que, então, afastam-se de jogos em geral. Quando isso ocorre, os jogos se tornam um tipo de recreação supervisionada em vez de atividades para a aprendizagem.

Aprender os indícios que assinalam quando é preciso alterar um jogo de atividade física é algo complexo. Um bom ponto de partida é prestar atenção redobrada a fatores que indicam tédio, frustração ou inércia. Um desses indícios é, simplesmente, a inatividade. Quando as crianças estão entediadas ou frustradas, costumam parar de participar. Se uma criança estiver parada ou se movendo sem nenhum esforço mínimo aparente, é provável que ela esteja entediada porque o jogo não é suficientemente desafiador, ou frustrada porque o jogo é complicado demais. Não se trata de uma regra absoluta, mas, quando o professor de Educação Física percebe que uma criança está minimizando seus esforços, é sinal de que algo pode estar errado. Se o professor notar que outras crianças estão fazendo o mesmo, trata-se de um sinal de alerta de que precisam ser feitas alterações. Em contrapartida, uma criança pode demonstrar esforços vigorosos, porém ineficientes. Trata-se, também, de um indício claro de que essa criança ou não está sendo suficientemente desafiada ou talvez o esteja sendo demais, ou, ainda, de que ela não entende como jogar. Ambos os comportamentos, de inatividade e ineficiência, são indesejáveis e servem como um sinal de que as condições do jogo devem ser alteradas.

Todavia, é preciso tomar o seguinte cuidado: os professores são quem melhor pode determinar se a inatividade resulta do nível de desafio, uma vez que eles conhecem seus alunos. Uma criança pode estar agindo desse modo porque algo a incomoda emocional ou fisicamente. Se isso acontecer perto do fim de uma aula vigorosa, por exemplo, a inatividade pode ser um indício de cansaço. De qualquer modo, o professor deve ficar atento e reagir ao comportamento da criança de alguma maneira.

Ter o conhecimento necessário sobre o conteúdo

Sem dúvida, o conhecimento do conteúdo a ser ensinado é imperativo para um bom ensino. Como observamos antes, muitos adultos estão em condições de ensinar jogos de atividade física, mas carecem de um conhecimento profundo e amplo sobre o conteúdo dessas atividades. Este livro traz o conhecimento do conteúdo necessário para ensinar jogos de atividade física. Os jogos apresentados nos Capítulos 10 e 11 relacionam pesquisa e aplicação. Estamos cientes de que aumentar o conhecimento do conteúdo é mais do que simplesmente reproduzir as atividades de um livro ou *site* da internet. O professor deve ser capaz de "desmontar" esses jogos e entender as habilidades e táticas requeridas para jogá-los, assim como quais jogos são baseados na mestria ou no domínio de outros. Com essa finalidade, providenciamos alterações em cada jogo básico, e informações sobre as demandas físicas, cognitivas, emocionais e sociais dessas alterações.

A maior parte dos jogos descritos neste livro requer a utilização de habilidades locomotoras, não locomotoras e de manipulação que são relativamente simples. No entanto, as táticas e estratégias necessárias para ensinar esses jogos exigem pensamentos e considerações cuidadosos. Os professores que dedicam tempo em ensinar o método de instrução direta e o método de exploração e descoberta podem influenciar profundamente seus alunos. O bom ensino é mais do que fazer rolar uma bola e deixar as crianças brincarem.

Apreciar o senso de imparcialidade e dominância das crianças

As crianças têm um senso da justiça aguçado, mas, não necessariamente refinado, e, quando percebem que não são tratadas de maneira justa, os resultados podem ser devastadores. No melhor dos casos, elas vão expressar devidamente seu descontentamento com a situação. No pior, vão expressar verbal ou fisicamente sua indignação. A criança pequena que experimenta a injustiça em ambientes de jogo pode desenvolver uma atitude negativa em relação ao fato de ser fisicamente ativa.

Embora o senso da injustiça da criança possa ser aguçado, este pode diferir do de outras crianças e, certamente, do senso dos adultos. O adulto que perde um jogo por causa de uma arbitragem questionável pode entender que até os árbitros cometem erros, mas a criança pequena vai, provavelmente, interpretar o erro de arbitragem como um ataque pessoal e intencional. Assim, os professores devem estar atentos ao desempenho de cada criança e observar se algumas estão sempre do lado perdedor ou raramente são capazes de participar plenamente porque crianças mais velhas, mais fortes ou mais hábeis estão dominando.

É importante não confundir esse ponto com a noção de que toda criança deve ganhar. Para que a participação em qualquer jogo seja proveitosa, ela deve ser justa. Perder dói muito menos quando a criança acredita que os times foram montados com imparcialidade, as regras foram claras e aplicadas igualmente para todos os participantes, e os árbitros apitaram o jogo da maneira mais objetiva possível. Infelizmente, em muitos ambientes pré e pós-período escolar, como mencionamos antes, crianças de idade e níveis de desenvolvimento diferentes são colocadas juntas. Isso pode levar a compor times em que crianças de 7 anos jogam contra outras de 10 e 11 anos, que são mais fortes, rápidas e experientes. As classes heterogêneas nem sempre são ideais e, em geral, têm potencial para que os jogos pareçam (e, às vezes, de fato sejam) injustos.

Considerações sobre a implementação de programas de jogos de atividade física

Um programa de jogos de atividade física bem desenvolvido requer que tanto os administradores como os professores estejam cientes de alguns pré-requisitos e correquisitos que vão além dos jogos e da abordagem pedagógica usada. Os professores principiantes e os jovens treinadores esportivos devem aprender três critérios essenciais antes de ensinar jogos de atividade física: **(1) saber como alocar o tempo de ensino dos jogos de modo que estes não sejam apresentados como recreio; (2) enfatizar a importância de ser fisicamente ativo; e (3) observar a eles mesmos ou a outros professores demonstrando o processo.**

O mundo real dos programas pré e pós-período escolar e dos programas de esportes para a juventude está repleto de obstáculos que podem prejudicar o treinamento dos professores de Educação Física. É difícil superar esses obstáculos, mesmo com motivação e comprometimento máximos. Contudo, isso pode ser resolvido com a tecnologia adequada e um educador (individual ou em grupo) que entenda o local de trabalho do professor e possa guiá-lo dentro dele.

Três obstáculos são especialmente comuns em muitos ambientes. O primeiro deles é a falta de tempo para discussões profundas sobre o ensino, dada a necessidade de cuidar das crianças. O segundo é reunir crianças de idades e níveis de habilidade amplamente variados (por exemplo, maturidade física, cognitiva e emocional, nível de habilidade, experiência em jogos). O terceiro é a falta de recursos. O equipamento ou espaço mínimo (ou ambos) pode diminuir a qualidade dos programas de atividade física. Todos esses obstáculos fazem que tanto aprender a ensinar como ensinar uma atividade física sejam tarefas que se desenrolam em um ambiente em constante mudança.

Finalmente, o treinamento do professor é crucial. De modo ideal, os professores de atividade física principiantes devem ser treinados por experientes educadores de professores que podem modelar o método instrucional e, então, atuar como mentores à medida que adquirem as habilidades necessárias. Esse processo deve ocorrer no período de algumas semanas, durante o qual o professor principiante assume, de modo gradativo, a responsabilidade plena da apresentação do jogo. Infelizmente, muitos ambientes dificultam o treinamento do professor. Por exemplo, nos programas aplicados fora da escola, os professores costumam ter outros trabalhos ou responsabilidades de tempo parcial que prejudicam seu treinamento. Ansiamos pelo crescimento do uso de mídia social e do treinamento *online* para ajudar professores de atividade física inexperientes. Com o uso de técnicas de supervisão de instrução individual, comunicação por *e-mail* e vídeo digital, os professores de atividade física principiantes podem ser preparados a implementar jogos de atividade física de qualidade.

Integração com as orientações da SHAPE America

A Society of Health and Physical Educators (SHAPE America, 2014), antes conhecida como AAHPERD (American Alliance for Health, Physical Education, Recreation and Dance), inclui a suborganização antes conhecida como NASPE (National Association for Sport and Physical Education). A SHAPE America é a organização-líder no desenvolvimento de padrões de orientações para o esporte e a Educação Física nos Estados Unidos. Seus membros são profissionais do esporte e da Educação Física que trabalham em diversos ambientes, inclusive os que treinam para serem profissionais. Entre outras metas, a SHAPE America existe para: (1) definir, promover e reconhecer a melhor prática e excelência profissional em Educação Física, esporte e atividade física; (2) apoiar e difundir a pesquisa que contribui para o avanço do conhecimento e da prática baseada em evidências na Educação Física, no esporte e na atividade física; e (3) facilitar o estabelecimento de políticas públicas que apoiem a Educação Física, o esporte e a atividade física.

Com essa finalidade, a SHAPE America e seus membros estabeleceram os padrões nacionais de Educação Física e resultados por nível escolar no ensino fundamental e médio [em inglês, National Standards & Grade-Level Outcomes for K-12 Physical Education], que destacam o que as crianças e adolescentes do ensino fundamental e médio "devem saber, e ser capazes de fazer como resultado da instrução em Educação Física" (SHAPE America, 2014, p. 3). Os padrões descrevem a pessoa fisicamente proficiente como alguém que tem "o conhecimento, as habilidades e a confiança para aproveitar uma vida inteira de atividade física saudável" (p. 11). A "Declaração de Posição em Educação Física" da SHAPE America (2011) fornece um panorama da "iniciativa da criança como um todo", baseado no pressuposto de que a Educação Física é crucial para educar a criança como um todo. Nossos jogos de atividade física estão alinhados com essa declaração fundamental, porque promovem o desenvolvimento da criança em várias áreas.

Mesmo que você não seja professor de Educação Física, se utilizar os jogos de atividade física deste livro, ensinará um conteúdo que pode contribuir para o desenvolvimento das crianças em pessoas fisicamente educadas. Desse modo, no começo dos Capítulos 10 e 11, providenciamos uma tabela que ilustra como os jogos mencionados em cada capítulo se adequam às orientações da SHAPE America, e, especificamente, como se alinham com as expectativas da criança e exemplificam os resultados de desempenho para ambas as idades dos grupos visados (de 3 a 6 anos e de 7 a 11 anos).

Desenvolver a criança fisicamente envolvida e proficiente

Globalmente, a posição da SHAPE America é que as crianças "devem se envolver em atividades físicas diárias que promovam a habilidade motora plena e as bases para uma aptidão física saudável" (NASPE, 2009, p. 4). As Orientações Nacionais de Atividade Física [em inglês, National Guidelines for Physical Activity] recomendam, tanto para crianças pequenas como para as mais velhas recomenda o modelo FITT, que avalia: (1) a frequência, ou o quanto a criança deve se envolver em atividades físicas; (2) a intensidade, ou quão difícil ou intensa a atividade física deve ser para cada criança; (3) o tempo ou a duração do período de atividade física; e (4) o tipo, ou a natureza da atividade.

Os educadores devem utilizar jogos que garantam uma quantidade suficiente e uma qualidade adequada de experiências de atividade física. Essas recomendações nas orientações servem para crianças de 3 a 4 anos[4] (Quadro 7.1) e de 5 a 12 anos (Quadro 7.2).

Quadro 7.1 – Orientações Nacionais de Atividade Física para crianças de 3 a 4 anos

Orientações	
AS CRIANÇAS ENTRE 3 E 4 ANOS DEVEM...	
1	...acumular ao menos 60 minutos de atividade física estruturada por dia.
2	...envolver-se por pelo menos 60 minutos – e até várias horas – em atividades físicas não estruturadas por dia, e não devem ficar sedentárias por mais de 60 minutos consecutivos, exceto quando dormem.
3	...ser incentivadas a desenvolverem competências em habilidades motoras fundamentais, que vão servir como elementos constitutivos para futuras habilidades motoras plenas e para a atividade física.
4	...ter acesso a áreas internas e externas adequadas ou com os padrões de segurança recomendados para desempenhar atividades musculares mais intensas.
OS CUIDADORES E OS PAIS ENCARREGADOS DA SAÚDE E DO BEM-ESTAR DAS CRIANÇAS ENTRE 3 E 4 ANOS SÃO RESPONSÁVEIS...	
5	...por entender a importância da atividade física e promover habilidades motoras que propiciem oportunidades para atividades físicas estruturadas e não estruturadas.

Fonte: baseado em NASPE (2009).

[4] N. do T.: *preschoolers*, no original.

Nossos jogos estão alinhados com a orientação 3 para crianças de 3 a 4 anos, que recomenda promover o desenvolvimento da competência de habilidades motoras fundamentais que servirão como elementos constitutivos de futuras habilidades motoras plenas. As orientações 1 e 2 recomendam que a criança pequena acumule ao menos 60 minutos de atividade física estruturada e se envolva pelo menos 60 minutos em atividades físicas não estruturadas por dia. Embora pareça ir além do escopo e das possibilidades dos nossos jogos, projetamos jogos para crianças da educação infantil com o potencial de afetar os hábitos motores de crianças pequenas. Lembre-se de que os jogos com foco na atuação deliberada contêm características de brincadeira espontânea dentro de atividades estruturadas e requerem principalmente apenas um espaço aberto e seguro, e equipamentos baratos, em geral, artesanais. Ao executar nossos jogos no contexto de uma atividade física estruturada, a criança pode trazer elementos de brincadeira espontânea que contribuem para que ela escreva sua própria história. Em contrapartida, ela pode facilmente exportar essas experiências para contextos de atividade física não estruturada. Assim, nossos jogos devem facilitar o fluxo entre brincadeira espontânea e deliberada em ambientes não estruturados, e prática deliberada em ambientes estruturados.

Embora os padrões nacionais da SHAPE America tenham sido desenvolvidos para professores de Educação Física envolvidos em educar alunos da educação infantil ao ensino médio,[5] estamos convencidos de que eles podem ser aplicados a crianças de 3 a 4 anos, e não só por professores de Educação Física escolar, mas, também, por cuidadores e profissionais da saúde que trabalhem em ambientes recreativos. Ademais, acreditamos que qualquer pessoa que ensine os jogos de atividade física deste livro ensinará um conteúdo apropriado para cada idade, que pode contribuir para o desenvolvimento da criança em alguém fisicamente proficiente.

Quadro 7.2 – Padrões nacionais para a Educação Física

Padrão	O indivíduo fisicamente proficiente...
1	...demonstra competência em uma variedade de habilidades motoras e padrões de movimentos.
2	...aplica o conhecimento de conceitos, estratégias e táticas relacionados ao movimento e ao desempenho.
3	...demonstra conhecimento e habilidades para alcançar e manter um nível de atividade física e aptidão que melhore a saúde.
4	...apresenta responsabilidade pessoal e comportamento social no respeito a si mesmo e aos outros.
5	...reconhece o valor da atividade física para a saúde, o prazer, o desafio, a expressão pessoal e/ou a interação social.

Fonte: baseado em SHAPE America (2014).

Implicações para os educadores

Este capítulo deixou um ponto perfeitamente claro: os professores importam! Embora os adultos supervisionem as crianças em muitos ambientes dentro, após e fora da escola, o papel de supervisor não deve ser confundido com o dos professores de atividade física. Esses profissionais reconhecem precisar de uma série de competências distintas que lhes permitam administrar e instruir com disposição entusiasta. As crianças são mais suscetíveis a terem experiências de atividade física de qualidade que combinem diversão, movimentos vigorosos e aprendizagem quando o professor lidera. Os ambientes de atividade física sem professores atentos deixam ao acaso essa possibilidade. Os professores bem informados certamente reconhecem que lidar com o desenvolvimento da criança é importante demais para depender do acaso.

Planejar é fundamental para um bom ensino. Preparar significa entender verdadeiramente as crianças que serão orientadas. Os jogos para crianças devem refletir não só os indicadores físicos e comportamentais usuais (idade, tamanho e nível de atividade), mas, também, suas características psicológicas. Cada criança tem um conjunto único de habilidades, de características permanentes e de experiências vividas, portanto, os professores devem escolher jogos que não apenas sejam apropriados ao desenvolvimento, mas que agreguem valor para cada criança. A maneira como o jogo é executado não é imutável. De fato, como enfatizaremos na Parte III, os jogos devem ser constantemente modificados e alterados para corresponder às necessidades de cada criança individualmente e do grupo como um todo.

[5] N. do T.: *K-12 students*, no original, termo usado nos EUA e em alguns outros países para designar alunos do *kindergarten* (aproximadamente 5–6 anos de idade) a alunos do chamado *12th grade* (cerca de 17–18 anos de idade).

Capítulo

8

Como avaliar a criança enquanto ela brinca

Grande parte dos adultos tem ideias firmes sobre a maneira como as crianças devem ser educadas. A educação básica tem um importante papel na sociedade, e todos nós fomos influenciados por ela. Nesse contexto, surgem debates e discussões quanto à melhor maneira de ensinar.

Durante décadas, os programas para professores de Educação Física em universidades e faculdades apresentaram vários métodos de ensino para os aspirantes a professores. Alguns provaram funcionar bem; outros, menos. No entanto, o que determina o sucesso de método de ensino? A resposta a essa pergunta é simples: um método bem-sucedido é aquele que transforma a maneira como a criança pensa e age. Infelizmente, isso não é fácil de determinar. De fato, pense na analogia da corrente fluindo, apresentada no começo do Capítulo 5. O impacto que um professor tem sobre uma criança pode não ser imediatamente visível e vir a aparecer mais tarde.

Verificar a eficiência de um método de ensino requer uma avaliação. Para avaliar o impacto dos jogos sobre o pensamento e o comportamento da criança, os professores precisam usar observações sistemáticas oriundas de várias fontes. Mas, primeiro, eles precisam ter um entendimento claro da lógica e dos componentes de uma boa avaliação, antes de determinar o que deve ser avaliado, como deve ser avaliado e de quem os dados de avaliação devem ser coletados. A lógica da avaliação reflete os elementos constitutivos centrais do método científico – confiabilidade das medições, objetividade e validade.

O que é uma avaliação e por que fazê-la?

A **avaliação** é a reunião de dados que documenta a aprendizagem do estudante e a eficiência do professor. Quando os alunos ou professores ouvem as palavras *avaliação*, *apreciação* ou *teste*, arregalam os olhos. Poucos parecem gostar do procedimento. Contudo, uma avaliação bem-feita não é difícil de realizar e, como já foi mostrado, pode ajudar a criança a aprender e o professor a melhorar. As avaliações de qualidade propiciam a confirmação da melhoria pelo jogo, uma determinação refinada do que funciona e do que não funciona, evidências da eficiência de jogos de atividade física para aumentar a habilidade física das crianças e uma maneira de promover a excelência do ensino. Independentemente do foco, a avaliação é imperativa; deve ser feita de forma contínua, pragmática (isto é, sem causar estresse indevido ou trabalho adicional) e ter validade (ou seja, deve ser feita de modo sincero).

Os fundamentos de uma boa avaliação

A SHAPE America elaborou quatro componentes de um programa de Educação Física de qualidade. Um deles é a avaliação do programa e do estudante, e a SHAPE America estipula que ela (NASPE, 2003, 2009):

- seja uma parte contínua e vital do programa;
- inclua medições formativas e somatórias dos progressos do estudante;
- seja alinhada com os padrões estaduais e nacionais e com o currículo escrito;
- avalie os elementos do programa que dão suporte à Educação Física de qualidade;
- inclua uma avaliação periódica da eficiência total do programa pelas partes interessadas.

Embora os critérios da SHAPE America para avaliar a qualidade dos programas sejam específicos aos programas de Educação Física, a maior parte deles vale para a avaliação dos alunos nos programas de jogos de atividade física. Além de a Educação Física e os jogos de Educação Física compartilharem semelhanças de conteúdo, eles também ajudam a criança a aprender. Para ilustrar como esses critérios para a avaliação de qualidade podem ser implementados, referimos, a seguir, cinco elementos simples que distinguem uma boa avaliação (Graham, Holt/Hale e Parker, 2013).

Em primeiro lugar, a avaliação e a instrução devem ser inseparáveis, isto é, a avaliação deve ser parte do programa total de aprendizagem. Quando as avaliações são bem executadas, a criança não as enxerga como um teste, mas como parte do programa.

Em segundo lugar, a avaliação deve ser servir de *feedback* para a maneira como a criança está progredindo em relação a uma meta. Por exemplo, um documento entregue pelo professor ao estudante com uma indicação de 85% não propicia nenhuma informação sobre o que foi bom no desempenho e o que precisa ser corrigido ou melhorado. A avaliação deve ter foco em ajudar o estudante a adquirir conhecimento e habilidades.

Em terceiro lugar, a avaliação deve ser contínua, não deve ser executada apenas em momentos críticos durante o ano (isto é, no início e na conclusão do programa). A avaliação é melhor quando ocorre o tempo todo e, assim, está interligada com a experiência total de aprendizagem.

Em quarto lugar, a avaliação é melhor quando as medições são obtidas no próprio contexto. Imagine um roteiro em que um treinador implementa um plano para melhorar os lances livres de um jogador de basquete. Após algumas semanas, o jogador mostra grande melhora quando testado na prática, acertando de 17 de 20 lances (85%). Contudo, durante as partidas, o desempenho do jogador despenca. O treinador pode ficar estupefato considerando os resultados da avaliação. Nesse caso, o desempenho durante a prática não se transferiu às condições de jogo. Do mesmo modo, as medições de avaliação registradas durante a prática podem não refletir as registradas nas condições de jogo. Durante os jogos, outros fatores podem afetar o desempenho (por exemplo, pernas cansadas, distração pelo público, pressão do jogo). Esse roteiro mostra que conduzir testes de habilidade isoladamente ou fora de contexto propiciam informações enganadoras, que podem prejudicar o processo de aprendizagem.

Avaliação: reunião de dados para documentar a aprendizagem do estudante e a eficiência do professor.

Confiabilidade: indica que uma avaliação irá produzir os mesmos dados se for feita duas ou mais vezes em um período de tempo relativamente curto na mesma pessoa ou no mesmo grupo de pessoas.

Objetividade: ocorre quando duas pessoas conduzem avaliações separadas sobre a mesma pessoa e obtêm os mesmos resultados.

Validade: determina se a avaliação mede realmente o que visa medir.

A quinta característica de uma boa avaliação é a comunicação. As pessoas avaliadas devem ser informadas sobre os critérios de avaliação antes do começo do processo. Por exemplo, as crianças que sabem que estão sendo avaliadas e quais são as expectativas da avaliação recebem as mais claras evidências de aprendizagem. O mais importante é que elas não ficam sem saber o que se espera delas durante a prática. Por isso, podem praticar de maneira mais intencional a habilidade que será avaliada e, assim, aprendê-la mais conscientemente.

Os professores devem avaliar as habilidades enquanto os alunos participam de jogos, e não em situações de treino.

Confiabilidade, objetividade e validade

A medição é fundamental para a pesquisa científica e direciona a qualidade da avaliação dos professores e dos planos de implementação. As características essenciais da pesquisa científica são a confiabilidade, a objetividade e a validade. Sem elas, "pouca fidelidade pode ter a mediação (avaliação) e pouco uso pode ser feito dela" (Baumgartner *et al.*, 2007, p. 96). As três características são interligadas em um plano de avaliação bem elaborado; não pode haver uma sem as outras.

- A **confiabilidade** indica que uma avaliação vai produzir os mesmos dados se for feita duas ou mais vezes em um período de tempo relativamente curto na mesma pessoa ou no mesmo grupo de pessoas. Um exemplo simples é um teste escrito para obter a carteira de habilitação. Se você prestou o teste segunda-feira de manhã, voltou para casa e não estudou nem aprendeu mais sobre as regras para dirigir apropriadamente um carro, e, então, prestou o teste de novo terça-feira de manhã, seus resultados em ambos os testes devem ser bem próximos, senão idênticos. Isso indica que o teste é confiável.
- A **objetividade** ocorre quando duas pessoas conduzem avaliações separadas sobre a mesma pessoa e obtêm os mesmos resultados. Se seguirmos o exemplo da carteira de habilitação, dois examinadores da prova de direção devem ser capazes de avaliar o desempenho de acordo com critérios estabelecidos e chegar à mesma conclusão. Isto é, ambos os avaliadores devem concordar sobre o resultado. Isso indica que o exame é objetivo.

- A **validade** determina se a avaliação mede realmente o que visa medir. Por exemplo, se você passar no exame de direção, revela que é um motorista seguro ao volante. Existem vários tipos de validade (Baumgartner *et al.*, 2007), mas, para o propósito deste capítulo, focamos apenas as características gerais.

Para comparar as características da confiabilidade, da objetividade e da validade, considere de novo o exemplo do exame para a carteira de habilitação. Imagine que ele incluía perguntas sobre a história do mundo. É provável que seu resultado tenha sido baixo (a não ser que você seja historiador). Se fizer o exame no dia seguinte sem se preparar para as questões de história, de novo, o resultado será baixo. Assim, podemos dizer que o exame tem boa confiabilidade. Ademais, se os dois examinadores olharem para seu desempenho na prova, ambos vão concordar que você fracassou. Portanto, podemos dizer que o exame tem alto grau de objetividade. Contudo, a questão principal é que o exame seja feito para medir o quanto você conhece das leis e regras da conduta segura, não o que você sabe de história. Logo, esse exame não é uma medição verdadeira, ou válida, do conhecimento que se pretende avaliar.

Gerenciar o processo

Agora que você sabe como é importante a qualidade da avaliação, e que a avaliação deve ser vinculada à aprendizagem e um processo contínuo, o próximo passo é aprender a fazer uma boa avaliação. Muitos acreditam que a avaliação da qualidade é um processo laborioso, que pode desviar a atenção do ensino. Não é o caso. Existem estratégias que podem ajudar os professores a avaliar o comportamento de seus alunos de modo prático, sem sacrificar a qualidade da intervenção. Já que isso é particularmente verdadeiro quando as avaliações são integradas no processo de aprendizagem, os professores devem selecionar avaliações que podem completar enquanto ensinam; por exemplo, via listas de verificações e questionários de saída, que serão apresentados mais detalhadamente neste capítulo.

Os professores podem usar também vídeos e mídias para ajudar o processo de avaliação. Uma câmera de vídeo colocada em um canto ou fora da área com lente grande-angular fornece registros das ações e interações dos professores e alunos. O gravador digital de som tem preço acessível e é pequeno o suficiente para caber no bolso de uma camisa. Gravar a voz durante jogos de atividade física é um jeito fácil de registrar o que professores e alunos dizem. Pode ser um tesouro valioso de dados de avaliação.

Voluntários também podem ajudar a gerenciar o processo de avaliação sendo treinados para avaliar os comportamentos de alunos e professores. Uma coisa a ser lembrada é que a confiabilidade, a objetividade e a validade não são necessariamente mais fortes quando a avaliação é complexa. As avaliações simples também podem proporcionar dados de qualidade.

Seleção dos indicadores apropriados para o sucesso do programa

Um sistema de avaliação válido e pragmático permite que os professores coletem dados relativos a variáveis de resultados e de processo. As **variáveis de resultado** são as mudanças no comportamento causadas pela intervenção, ou programa, como o desenvolvimento do desempenho e das habilidades do aluno durante o jogo. As **variáveis de processo** são os elementos de uma intervenção que levam a variáveis de resultado, como o envolvimento do aluno ou o desempenho do professor. Elas são o produto do desempenho (por exemplo, precisão ou velocidade). Um exemplo de uma variável de resultado é o número de pinos que uma criança derruba jogando boliche, que indica a habilidade da criança em rolar a bola até o alvo a partir de certa distância. Já as variáveis de processo envolvem a execução do movimento de rolar a bola (por exemplo, a qualidade do movimento). Mais especificamente, deve ser avaliada a maneira como a criança dobra o joelho, balança o braço e acompanha o movimento.

Variáveis de resultado: mudanças no comportamento causadas pela intervenção, ou programa, como o desenvolvimento do desempenho e das habilidades do aluno durante o jogo.

Variáveis de processo: elementos de uma intervenção que levam a variáveis de resultado, como o envolvimento do aluno ou o desempenho do professor.

Quantitativo: dado numérico.

Qualitativo: dado narrativo ou em categorias.

Tanto os métodos de coleta de dados **quantitativos** (isto é, numéricos) quanto os **qualitativos** (de relatos – entrevistas – ou por categorias) podem ser usados para coletar dados de avaliação. O primeiro passo rumo à avaliação de qualidade é identificar os indicadores de uma intervenção de jogo de atividade física de qualidade. Focar tanto as variáveis de resultado como as de processo propicia o melhor esquema de avaliação. O próximo passo consiste em selecionar as abordagens de medição e em identificar as fontes de dados. É útil reunir dados qualitativos e quantitativos. O Quadro 8.1 ilustra as diferenças entre os dois tipos de dados de avaliação em termos de propósito, tipo, método de coleta, técnica de análise e critérios quanto ao rigor. No entanto, essa apresentação lado a lado não é feita para sugerir que um seja melhor que o outro. Ambos têm seu valor, dependendo daquilo que o professor quer medir por meio de determinado plano de avaliação.

As abordagens qualitativas para coletar e analisar dados ajudam a dar sentido ao que ocorre em um ambiente de jogo de atividade física e aos significados que crianças, pais e professores atribuem ao que ocorre (Denzin e Lincoln, 1994). As abordagens qualitativas implicam coletar dados na forma de texto, ao passo que as quantitativas procuram medir o que ocorre em um ambiente de jogo de atividade física. Como mostraram Creswell e Clark (2007), as abordagens qualitativas são usadas para coletar dados abertos, e as quantitativas dizem respeito a dados fechados.

As duas abordagens usam métodos de coleta de dados diferentes. Os dados qualitativos são coletados por meio de entrevistas, observações e análises de documentos (Patton, 2002), e os quantitativos são coletados basicamente por meio de testes, pesquisas e experiências. As abordagens também diferem na maneira como os dados são analisados. Dados de métodos de coleta qualitativa são analisados indutivamente (descobrindo os temas que surgem dos dados) ou dedutivamente (classificando-os de acordo com um padrão existente). Os dados de métodos de coleta quantitativa, pelo contrário, usam análises estatísticas. Juntos, esses métodos dão indicadores dos progressos das crianças e ajudam o professor a modificar os jogos para beneficiar as crianças levando em conta suas diferenças individuais.

Esta seção apresenta maneiras de obter dados que indicam se os jogos de atividade física estão funcionando de modo contínuo, prático e válido. As avaliações devem ajudar os professores a ver e medir os progressos realizados no intuito de alcançar os resultados do programa. É essencial avaliar as melhorias da criança nas habilidades físicas e mentais, o processo pelo qual ela alcança níveis maiores de desempenho e a adequação da prestação do professor.

Quadro 8.1 – Dados da avaliação qualitativa *versus* quantitativa

Categoria	Qualitativa	Quantitativa
Propósito	Para dar sentido a fatos e seus significados	Para medir
Tipo de dado	Texto	Números
Métodos de coleta de dados	Entrevistas, observações, análise de documentos	Pesquisas, testes, experiências
Técnicas de análise de dados	Análise indutiva e dedutiva	Análises estatísticas
Critérios quanto ao rigor	Confiabilidade, credibilidade, transferibilidade	Validade, confiabilidade, objetividade, generalizabilidade

Desempenho no jogo

A mudança no desempenho de uma criança é um indicador-chave de resultado de aprendizagem, em particular nos programas extraescolares, em que as crianças raramente são reunidas por idade. Aquelas que participam desse tipo de estrutura de jogos podem diferir bastante em seus níveis de desenvolvimento motor e mental. Essas diferenças influenciam claramente a eficiência dos programas de intervenção. Por exemplo, considere as diferenças entre os pontos de partida e de chegada de duas crianças. A que tem bom desempenho no começo do jogo vai, no final, apresentar ganhos menores do que aquela que, inicialmente, acha o jogo desafiador. Em contrapartida, o ponto de partida inferior de uma criança menos hábil deixa mais espaço para melhorias.

O *feedback* do professor é crucial para motivar as crianças. É preciso desenvolver estratégias de ensino individuais e coletivas. Por exemplo, uma criança pode não ser capaz de demonstrar suas habilidades ao lançar a bola porque apenas recebe a bola de outros jogadores. Alternar as regras vai ajudar o professor a avaliar as habilidades dessa criança. Lembre-se, no entanto, de que considerar apenas os resultados do desempenho em termos de valores absolutos pode ter impacto motivacional negativo sobre crianças com habilidades menores. Da mesma maneira, avaliar apenas em termos de progresso pode ser frustrante para crianças com habilidades maiores, que têm menos espaço para melhorar. Portanto, os indicadores relativos de progresso que levam em conta o nível inicial do aprendiz devem ser usados com crianças que variam amplamente em termos de habilidades ou aptidão física. Em contrapartida, as medições do processo podem revelar o conhecimento que a criança tem do jogo e o uso de estratégia. Lembre-se dos tipos de conhecimento de jogos mencionados no Capítulo 3. A memória declarativa subtende o conhecimento de jogos de atividade física, e a memória procedural subtende o conhecimento de como jogar jogos de atividade física. Avaliar ambos os tipos de conhecimento é crucial quando os alunos têm idades e habilidades diferentes.

Desenvolvimento de habilidade

Medir a proficiência dos movimentos da criança é essencial para a avaliação do programa. Superficialmente, seria o bastante testar as habilidades de movimento da criança. Entretanto, o teste "deve comparar os objetivos instrucionais para realmente determinar o domínio da habilidade" (Baumgartner *et al.*, 2007, p. 156). Testes padronizados, como o Fitnessgram, têm um papel importante quando várias crianças devem ser avaliadas. Um ponto fraco da bateria típica de testes de habilidade é que ela tende a medir o desempenho de habilidade da criança de maneira isolada, e, em consequência disso, corre o risco de não retratar exatamente a eficiência dos movimentos da criança no contexto do jogo. As avaliações autênticas de desempenho de habilidades motoras são recomendadas porque desafiam o aluno a entender e a aplicar o conhecimento e as habilidades essenciais em um ambiente dinâmico e real.

A importância da análise de tarefa ao desenvolver e ensinar jogos de atividade física foi abordada no Capítulo 4. Os passos para adquirir habilidades no jogo podem, também, servir de base às avaliações. A abordagem de lista de verificações, descrita mais tarde neste capítulo, propicia uma descrição escrita de cada passo requerido para desempenhar uma habilidade. Por exemplo, na análise de tarefa e na lista de verificações apresentadas no Capítulo 4, quatro passos foram envolvidos no lançamento de bola. Os comportamentos da criança em cada passo podem ser considerados como aceitáveis ou inaceitáveis. É importante ressaltar que o critério usado deve ter como base ações claramente identificadas. Considere a importância da objetividade previamente discutida. Se vários professores observam as ações de uma criança, seus resultados para cada passo da análise de tarefa devem ser semelhantes. Assim, os professores precisam ter muito cuidado ao descrever o que significa ter comportamentos aceitáveis em cada estágio.

As listas de verificações das análises de tarefa usadas regularmente por vários dias de instrução de jogo mostram como as crianças progridem ao longo da curva de aprendizagem. Nos estágios iniciais da aprendizagem de um novo jogo, a criança pode ser capaz de mostrar um desempenho adequado em apenas alguns dos passos requeridos para a competência no jogo. Contudo, com instrução direta adequada, prática e *feedback*, o número de passos bem executados vai aumentar, assim como a qualidade das ações em cada passo.

©kellywegel.com

As crianças devem ser incentivadas a explorar e a ser criativas.

Lembre-se de que o envolvimento mental da criança é alto durante os estágios cognitivo e associativo da aprendizagem, porque a aprendizagem de novas habilidades é baseada no esforço. Embora os professores não possam ver nem medir as atividades mentais da criança, eles podem fazer suposições qualificadas sobre seu envolvimento mental com base em suas ações. Assim, os métodos de análise de tarefa podem ajudá-los a reunir dados quantitativos e qualitativos. Por exemplo, a lista de verificações da análise de tarefa da Figura 4.4*b*, no Capítulo 4, inclui não somente os passos envolvidos no desempenho da tarefa, mas também descrições sobre a qualidade das ações da criança.

À medida que a criança se torna mais hábil, as condições do jogo devem variar para manter seu envolvimento mental. É sabido que a criança que dominou um jogo logo pode perder interesse nele. Assim, a análise de tarefa é uma maneira formal para que os professores identifiquem quando e como um jogo deve ser mudado para manter o ponto de desafio ideal da criança, ou para saber quando mudar de jogo.

Indicadores de qualidade do processo criativo

Como discutimos nos Capítulos 6 e 7, uma das estratégias de ensino que gera envolvimento cognitivo é o método de exploração e descoberta. Com esse método, o papel do professor é o de facilitador que promove os processos criativos da criança. Um tipo de instrução pode ser usado tanto para promover como avaliar o processo criativo. Os produtos criativos podem variar daqueles que requerem habilidades motoras finas (como desenhar) até aqueles que requerem habilidades motoras grossas (por exemplo, tarefas de controle locomotor ou de objetos).

As tarefas de desenho comuns utilizadas para medir o pensamento criativo são a construção de imagens com caneta e papel e a finalização de atividades realizadas em um ambiente recreativo e de resolução de problemas. Por exemplo, a criança pode ter que completar de modo inovador figuras incompletas. Em geral, as tarefas de criatividade baseadas em movimentos para induzir e avaliar o processo de criatividade na educação infantil e no começo do ensino fundamental são: (1) tarefas motoras grossas com instruções como *"Quantas maneiras...?"* ou *"Você pode se movimentar como...* (por exemplo, certo animal)?", para provocar movimentos corporais, e (2) tarefas manipulativas introduzidas por *"O que pode ser?"* ou *"Que outras maneiras...?"*, para provocar usos alternativos de objetos (Bertsch, 1983; Torrance, 1981).

O que os professores devem observar enquanto uma criança desenha ou realiza tarefas de criatividade motora grossa? Em ambos os casos, não há um único indicador de criatividade a observar; em vez disso, há um único indicador para cada dimensão primária de criatividade no pensamento e no movimento: flexibilidade, fluência e originalidade.

Pense, por exemplo, na tarefa de passar sobre obstáculos, discutida no Capítulo 6. Dependendo da altura do obstáculo e da idade da criança, do nível de desenvolvimento da habilidade motora (equilíbrio, força das pernas) e das habilidades motoras fundamentais, ela vai experimentar soluções diferentes. A criança que tem ampla experiência com atividades de jogo estruturadas ou espontâneas provavelmente vai tentar dar um passo por cima, pular ou saltar, ao passo que a criança menos hábil pode se limitar a querer dar um passo por cima. Essas duas crianças diferem na **flexibilidade** e na habilidade para ajustar os movimentos às mudanças das condições do jogo.

Contudo, a flexibilidade é apenas uma dimensão da criatividade. Na verdade, é possível que duas crianças com habilidades semelhantes, ambas capazes de usar uma variedade de habilidades de movimento (por exemplo, pisar, pular, saltar), não tenham a mesma capacidade de encontrar variantes de cada habilidade. Uma criança pode apenas pular para a frente sobre o obstáculo, sempre saindo do chão e caindo nos dois pés. Outra pode pular de lado e sair do chão com um dos pés ou ambos. Uma criança pode saltar para a frente com os braços esticados ou balançando para ajudar o movimento da perna, enquanto outra pode se virar e bater palmas enquanto pula. Essas crianças diferem na **fluência**, a qualidade indicada pela gama de soluções aplicadas.

Flexibilidade: quantidade de categorias de resposta usadas para ajustar os movimentos às mudanças das condições do jogo.

Fluência: gama de soluções diferentes que podem ser aplicadas.

Originalidade: habilidade de gerar produtos ou soluções únicas e incomuns.

Finalmente, a terceira dimensão da criatividade é a **originalidade**, que se refere à habilidade de gerar produtos ou soluções únicas e incomuns. A singularidade de uma solução de movimento depende do jogo; por exemplo, em um ambiente estruturado de atletismo, algumas técnicas de salto sobre obstáculos são mais comuns do que em ambientes recreativos. Os professores podem avaliar a originalidade, nessas situações, ao considerar com que frequência cada solução surge dentro do ambiente educacional, recreativo e esportivo.

Indicadores da eficiência do programa

Os comportamentos das crianças são complexos. Avaliar seus movimentos e seus resultados é, de fato, informativo. Todavia, outros aspectos de seus comportamentos podem ajudar os professores a avaliarem a qualidade de seus métodos instrucionais. Eles podem reunir informações sobre os comportamentos dos alunos (tanto sociais quanto em sala de aula), de outros professores e dos pais. Essas informações refletem o quanto controlam sua atenção, assim como seu grau de impulsividade, nível de autonomia e planejamento de habilidades. Observar as melhoras simultâneas dos comportamentos das crianças tanto em ambientes de jogos de atividade física como em de sala de aula propicia evidências valiosas e convergentes para o professor e a eficiência do programa.

O envolvimento do aluno

Obter ótimos efeitos do desenvolvimento cognitivo da criança ao ensinar jogos de atividade física depende de duas condições: em primeiro lugar, a criança deve estar envolvida em atividades de moderadas a vigorosas; em segundo, ela deve pensar e se envolver em suas ações.

Envolver-se significa estar atento; implica resolver um programa de movimentos. O envolvimento mental é importante porque separa os jogos de atividade física de simples atividades. Por exemplo, um adulto em uma esteira ou bicicleta ergométrica costuma estar envolvido mentalmente apenas em organizar e controlar seus músculos, dada a natureza rotineira dos exercícios. Porém, um jogo de atividade física bem planejado e apresentado resulta em uma criança fisicamente ativa que pensa em vários movimentos e estratégias, quer esteja jogando na defesa ou se desviando de um defensor para receber um passe.

Medir a qualidade do envolvimento da criança precisa ser parte de um plano de avaliação. A criança pode estar envolvida, mas não de modo apropriado em termos de desenvolvimento que possa adequadamente desafiá-la. Por um lado, as intervenções propriamente apresentadas produzem os resultados físicos e mentais desejados. Por outro, as intervenções mal ou incorretamente apresentadas podem resultar em comportamentos fora da tarefa e frustrações, ou levar a criança a se desinteressar do jogo. Nenhum desses resultados promove o entusiasmo da criança em participar de atividades físicas.

O prazer do aluno

Um adulto que aprecia um jogo ou esporte (por exemplo, jogo de cartas, golfe, tênis, natação) adquiriu uma medida da sua competência na atividade. Em geral, o prazer derivado da participação aumenta a probabilidade de uma participação contínua do adulto nessa atividade. Isso também ocorre com a criança; assim, o prazer de jogar é uma consideração importante na avaliação do sucesso dos jogos de atividade física. Os professores devem monitorar até que ponto a criança gosta de participar desses jogos, de maneira a promover alterações apropriadas. Como os adultos, e até mais em alguns casos, a criança fica mais propensa a continuar participando de atividades físicas quando se diverte com elas. As consequências naturais da participação contínua em jogos de atividade física são o aumento da atividade física, da competência nos movimentos e a melhora das habilidades para o jogo.

Interações professor-aluno e aluno-aluno

Para motivar seus alunos a serem fisicamente ativos, os professores devem interagir com eles, além de conduzi-los. Isso se reflete nos comportamentos conscientes e intencionais que estimulam as ações da criança. Um bom professor se conecta com os alunos por meio do elogio e do incentivo (Griffey e Housner, 1991), fazendo perguntas (Livingston e Borko, 1989), dando *feedback* sobre o desempenho (positivo, específico e corretivo) e redirecionando-os quando eles estão fora da tarefa.

Contudo, é importante notar que os jogos de atividade física são orientados para equipes. Assim, cada criança influencia o envolvimento e o nível de atividade das outras. A interação entre alunos é o ponto crucial da avaliação dos jogos de atividade física. Se a interação entre alunos for negativa, como discussões, isolamento e críticas, ela pode dificultar o envolvimento, do mesmo modo que o incentivo, a inclusão e o elogio podem melhorá-lo.

Abordagens e fontes de coleta de dados

Uma vez que os comportamentos de jogo apropriados foram identificados, o próximo passo consiste em determinar uma abordagem de coleta de dados que propicie a maior quantidade de informações da maneira mais pragmática possível. Esse processo pode ser complicado. Lembre-se de que os dados podem ser qualitativos ou quantitativos e de que coletar ambos os tipos reforça a avaliação.

Embora as próprias crianças sejam a maior fonte de dados, muitas outras fontes são disponíveis. A seção seguinte descreve várias fontes e métodos de coleta de dados. Essa lista não é exaustiva; ela proporciona exemplos simples e práticos de coleta de dados para avaliar programas de jogos. O processo de **triangulação**, ou verificação cruzada de dados de duas ou mais fontes, pode melhorar a qualidade de um plano de avaliação.

Listas de verificações

A lista de verificação com rubricas contém avaliações autênticas do desempenho da criança em determinadas habilidades. A **rubrica** é uma matriz de avaliação que descreve vários níveis de qualidade e êxito em determinada tarefa; serve como guia que define os critérios para um desempenho específico. Um exemplo é apresentado no Quadro 8.2. A rubrica tem dois papéis importantes: informa o aprendiz sobre os padrões de avaliação, e, para o professor, é uma maneira de determinar a qualidade do desempenho em uma habilidade, e não apenas o resultado.

Triangulação: processo de verificação cruzada de dados de duas ou mais fontes.

Rubrica: matriz de avaliação que descreve os vários níveis de qualidade e êxito de determinada tarefa.

A lista de verificação com rubricas também proporciona flexibilidade. Ela utiliza um sistema de pontos que permite ao avaliador selecionar comportamentos vinculados às necessidades instrucionais de cada criança. Pode variar à medida que a criança progride nos níveis de aprendizagem – cognitivo, associativo e autônomo. Os itens identificados para cada sessão ajudam a mantê-la em um ponto ótimo de desafio. Durante os estágios de aprendizagem, a combinação de listas de verificação com análises de tarefas propicia uma avaliação refinada das habilidades físicas e mentais da criança. Um exemplo de lista de verificação das habilidades de jogo é apresentado na Figura 8.1.

Quadro 8.2 – Rubrica de avaliação do comportamento da equipe no jogo

Categoria	Critérios
Excelente (E)	Inclui os colegas do time em quase todos os jogos; sempre escuta os colegas que estão falando; propõe constantemente sugestões para os problemas; usa sempre o nome dos colegas; incentiva os colegas de forma consistente; sempre joga segundo as regras; aceita as próprias penalidades e faltas, quando apropriadas.
Muito bom (MB)	Inclui os colegas do time na maior parte dos jogos; escuta com frequência os colegas que estão falando; propõe com frequência sugestões para os problemas; em geral, usa o nome dos colegas; costuma incentivar os colegas; joga segundo as regras a maior parte do tempo; ocasionalmente, aceita as próprias penalidades e faltas.
Justo (J)	Às vezes, inclui os colegas do time; não fala quando os colegas estão falando; nem sempre oferece sugestões para os problemas; usa esporadicamente o nome dos colegas; vez ou outra, incentiva os colegas; sempre joga segundo as regras; aceita pelo menos duas penalidades e faltas, quando apropriadas.
Fraco (F)	Isola-se dos colegas do time; ignora os colegas quando estão falando; nunca oferece sugestões para os problemas; raramente fala o nome dos colegas; incentiva muito pouco seus colegas; tenta mudar as regras; não aceita mais do que uma penalidade ou falta, quando apropriada.

Avaliação da *performance* de jogo/habilidade: Futebol de lixeira

Nome:____________________________ Data: __________

Jogo/Habilidade motora	Pontos obtidos
Move-se sem a bola.	2
Quando está com a bola, mantém sua posse ou passa a bola para um companheiro de equipe.	1
Tenta realizar passes OU tenta driblar.	1
Completa um passe para um companheiro de equipe OU dribla e mantém a posse de bola por pelo menos 3 paces.	3
Marca um oponente quando o time não tem a bola.	1
Está a um passo de um oponente ao marcá-lo.	3
Realiza pelo menos duas comunicações (verbais ou não verbais) com companheiros de equipe.	2

Escore perfeito: > 12

Bem próximo: 10–12

Fazendo grandes progressos: 8–9

Continuaremos trabalhando nisso: < 7

FIGURA 8.1 – Lista de verificação das habilidades de jogo.

Observação sistemática

Examinar o comportamento da criança antes, ao longo e depois do jogo proporciona um indicador importante de seu nível de envolvimento. Os métodos de medição da estimulação física têm melhorado muito na última década, e novos métodos eletrônicos de medição da atividade física da criança estão disponíveis (Ridgers, Stratton e Fairclough, 2005). Embora a tecnologia moderna tenha produzido equipamentos de medição como os acelerômetros, os podômetros e os monitores cardíacos para trazer dados consistentes, especialmente para os pesquisadores, seu uso é limitado por motivos de custos e logística. Por essa razão, a maior parte dos ambientes escolares (e extraescolares) se limitam a técnicas de avaliação observacionais (McKenzie, Sallis e Nader, 1991).

Os instrumentos de observação sistemática proporcionam dados descritivos significativos fáceis de obter e que trazem informações essenciais de avaliação. Nesta seção, vamos descrever brevemente um conhecido instrumento de observação sistemática, o tempo de aprendizagem acadêmica de Educação Física [ALT-PE; em inglês, *academic learning time – Phisical Education*], que pode ser facilmente adaptado para a avaliação em jogos.

O instrumento ALT-PE foi desenvolvido para medir "o período de tempo, em aula de Educação Física, em que a criança está envolvida em atividade motora em um nível de sucesso apropriado" (Parker, 1989, p. 195). Como já notamos diversas vezes, os ambientes extraescolares não são classes de Educação Física; no entanto, o conteúdo e o modelo da instrução extraescolar são parecidos com os da aula de Educação Física e, assim, o instrumento ALT-PE é bastante útil. É o único que mede o envolvimento cognitivo e físico. Um exemplo de instrumento ALT-PE modificado e usado por professores é apresentado na Figura 8.2.

Instrumento ALT-PE de observação sistemática adaptado para registrar o desempenho do aluno

Classe: ______________________________ Data: ____________

Duração do tempo de observação: _____ minutos Momento de observação: ____________

	1	2	3	4	5	6	7	8	9	10	11	12	13	14	15
Aluno A															
Aluno B															
Aluno C															

	16	17	18	19	20	21	22	23	24	25	26	27	28	29	30
Aluno A															
Aluno B															
Aluno C															

Instruções

1. Selecione aleatoriamente três alunos para observar e chame-os de Aluno A, Aluno B e Aluno C.
2. Observe o Aluno A por 6 segundos.
3. Nos próximos 6 segundos, determine o envolvimento (envolvido ou não) do aluno, selecione a categoria específica que melhor descreva seu comportamento e registre o código apropriado no espaço da coluna 1.
4. Repita o processo com o Aluno B.
5. Repita o processo com o Aluno C.
6. Recomece o processo com o Aluno A e registre os códigos na coluna seguinte.

Figura 8.2 – Instrumento ALT-PE de observação modificado.

Os instrumentos de observação sistemática também são úteis para medir as interações professor-aluno e aluno-aluno. Uma ferramenta de análise de interação bem conhecida, projetada para contextos de atividade física, é a Adaptação por Cheffers do Sistema de Análise de Interação de Flanders [CAFIAS – em inglês, Cheffers' Adaptation on the Flanders' Interaction Analysis System] (Cheffers e Mancini, 1989). Embora o treinamento para usar esse instrumento possa ser demorado, ele possibilita codificar a interação de modo que qualquer comportamento seja categorizado entre verbal, não verbal ou ambos.

Questionários de saída

As medições qualitativas são úteis para verificar o prazer que a criança experimenta com a atividade física. Perguntar formalmente às crianças sobre suas experiências e percepções é vital para a avaliação dos jogos de atividade física. É fácil para uma criança, em grupos grandes, misturar-se ao ambiente e se tornar uma "espectadora competente" (Tousignant e Siedentop, 1983), que observa mais do que participa. Essas crianças, em geral, não são notadas porque não ficam separadas, e raramente enfrentam problemas. Contudo, os professores devem seguir e avaliar todas as crianças. Quando os jogos de atividade física não correspondem às suas necessidades e aos seus desejos, elas logo perdem interesse neles.

Embora obter dados casuais das crianças por meio de perguntas informais (por exemplo, "*Annie, do que gostou nesse jogo?*") possa trazer alguma indicação sobre a eficiência do jogo, existem outras maneiras fáceis de obter informações qualitativas das crianças. Os questionários de saída, por exemplo, podem ser preenchidos em menos de um minuto, enquanto as crianças deixam a área de aprendizagem (ver Figura 8.3). Os **questionários de saída** são pequenas questões escritas (em geral, não mais do que três perguntas simples) usadas para determinar se a criança aprendeu e se divertiu com a atividade (Graham, Holt/Hale e Parker, 2013). Entre as crianças mais jovens, o questionário pode recorrer a desenhos como meio de comunicação, ou apresentar desenhos que as crianças marcam ou circulam para indicar como se sentem em relação à atividade. Quando os professores fazem perguntas dessa maneira, as respostas das crianças são representações verdadeiras de seus sentimentos e do que sabem.

O questionário de saída tem a vantagem de manter a opinião da criança confidencial. Assim, há menos risco de uma opinião negativa ter consequências sociais negativas. Mesmo que a maior parte das crianças sejam honestas (às vezes, mais do que gostaríamos!) quando interrogadas por adultos, suas repostas costuma ser vagas ou elaboradas para não ferir sentimentos. Os questionários de saída podem ser anônimos ou usar informações identificáveis. Bem provável que, ao usar os dois tipos de questionário alternativamente, os dados sejam mais confiáveis.

Entrevistas com crianças

Os questionários de saída proporcionam uma ótima maneira de identificar questões maiores em relação à experiência de jogos de atividade física que requerem atenção. Eles ajudam a identificar tendências no conhecimento da criança e na sua percepção do jogo. Quando as tendências são identificadas, esses questionários podem assinalar a necessidade de fazer mudanças. Antes que estas sejam implantadas, uma boa ideia é perguntar a uma amostra de crianças o que acham das mudanças propostas.

Perguntar às crianças sobre os jogos de atividade física antes ou depois da aula propicia uma série de dados confiáveis e ricos sobre o que elas estão aprendendo e o que as atrai. Essas perguntas podem trazer dois benefícios. Primeiro, se forem feitas corretamente, as respostas poderão proporcionar uma representação apurada daquilo que ocorre no programa e que, talvez, não seja perceptível por meio da observação sistemática. O segundo benefício é que as crianças têm um senso de propriedade que pode estimular seu interesse em participar.

Entrevistar uma grande quantidade de alunos não é uma tarefa fácil, mas esses dados podem ser obtidos. Nesse intuito, os professores devem lembrar que não precisam coletar todos os dados. Utilizar outros professores ou pais voluntários, por exemplo, é uma abordagem razoável. Como Graham (1995, p. 480) notou:

> pode ser eficiente outra pessoa entrevistar os alunos e compartilhar anonimamente suas conclusões com os professores... A pergunta certa, feita de maneira apropriada, tem potencial para ser muito útil!

Isso se aplica especialmente às crianças que têm dificuldade em expressar sentimentos negativos.

Questionários de saída: pequenas questões escritas (em geral, não mais que três perguntas simples) usadas para determinar se a criança aprendeu e se divertiu com a atividade.

Entrevistas com pais ou responsáveis

Coletar dados confiáveis e críveis de pais é outra maneira que os professores encontram para triangular suas informações. Com o uso de questionários escritos curtos (como na Figura 8.4), pesquisas por *e-mail*, ou entrevistas de grupos, os professores podem aprender muito sobre a qualidade dos jogos de atividade física e o impacto que eles têm sobre as crianças. Os pais podem ajudá-los nisso respondendo como seus filhos costumam se referir aos jogos de que participam, quantas vezes eles veem ou ouvem seus filhos jogar os jogos que aprenderam, ou se têm detectado diferenças nos comportamentos físicos e cognitivos dos filhos. Uma pesquisa recém-desenvolvida, o Parent Survey on After School Program Satisfaction (PSEP) [Pesquisa sobre a satisfação dos pais em relação a programas pós-período escolar] (Byon *et al.*, 2012), é considerada uma indicação confiável da satisfação dos pais e de sua vontade de matricular os filhos em um programa desses.

Questionário de saída

Nome: ______________________________

1. Fale-me alguma coisa de que gostou nesse jogo. Se não gostou de alguma coisa, diga-me o que foi.

2. Ao jogar, quais são as duas maneiras de ficar aberto para receber um passe?

3. Em uma escala de 1 (mais baixo) a 5 (mais alto), avalie seu esforço de hoje.

Se quiser fazer outros comentários, por favor, utilize o espaço abaixo:

Questionário de saída

Nome: ______________________________

No espaço abaixo, por favor, desenhe um diagrama para mostrar como a equipe deveria se distribuir quando tem a posse da bola. Use X para identificar quatro jogadores da sua equipe e O para identificar quatro jogadores da equipe oposta.

Figura 8.3 – Exemplos de questionário de saída.

Questionário parental

Caros pais:

Por favor, ajudem-nos a reunir informações sobre o impacto que o programa Frogs'n'Dogs PAGs [sapos e cachorros] está tendo sobre seus filhos em relação aos jogos de atividade física. Podem manter-se anônimos ou escrever o nome da criança no espaço previsto. Este pequeno questionário não vai tomar mais que dois minutos de seu tempo e será de grande ajuda para que possamos avaliar nosso programa de modo a melhorá-lo e a torná-lo mais benéfico para seu filho.

Agradecemos por nos permitirem ensinar seu filho e por tomar seu tempo com este questionário.

Atenciosamente,
A equipe instrucional do Frogs'n'Dogs

Nome da criança (opcional): ____________________

Por favor, respondam às seguintes perguntas usando uma escala de 1 (discordo totalmente) a 5 (concordo fortemente):

1. Meu filho fala sobre suas atividades no programa Frogs'n'Dogs PAGs. Nota: ___
2. Meu filho fala sobre suas atividades no programa Frogs'n'Dogs PAGs sem que eu precise perguntar. Nota: ___
3. Notei mudanças na atitude de meu filho em relação a atividades físicas e/ou esportes. Nota: ___
4. Notei mudanças no nível de atividade física de meu filho nos horários extraescolares. Nota: ___
5. Meu filho acha o programa Frogs'n'Dogs PAGs divertido. Nota: ___

Se quiser acrescentar algum comentário, use o espaço abaixo ou o verso desta folha.

FIGURA 8.4 – Questionário parental.

Dados do professor (responsável)

Uma avaliação dos jogos de atividade física é incompleta sem os dados sobre a pessoa que os ensina. Diariamente nas trincheiras, o professor pode identificar questões que precisam de atenção e fazer pequenas alterações nas rotinas gerenciais e nos próprios jogos de atividade física. Para reunir esses dados, os professores precisam refletir sobre o ensino de jogos de atividade física e registrar suas reflexões como o fariam em um diário.

A maior parte dos professores pensa em suas classes de modo introspectivo ou reflexivo. Colocar os pensamentos no papel de forma rotineira melhora a qualidade dos dados. Registros diários irregulares podem ofuscar a perspectiva, porque as informações importantes podem ser esquecidas. Em contrapartida, registros diários reflexivos e introspectivos usados durante um longo período propiciam uma imagem mais verdadeira dos sentimentos dos professores. Dedicar 15 minutos para escrever e revisar um diário logo após ensinar ou antes da chegada das crianças é um procedimento fácil. Os professores menos aptos a escrever seus pensamentos podem recorrer a gravadores de voz digitais para terem um registro de áudio. A consistência é a chave do processo.

Diferenças individuais, mensuração e desenvolvimento de jogos

Talvez o maior desafio ao ensinar jogos de atividade física esteja na acomodação das diferenças entre as crianças. Já tratamos da necessidade de intervenções instrucionais que respondam às capacidades e características das crianças. A questão das diferenças entre elas surge, também, na hora de avaliar seus progressos na aquisição de habilidades de jogo.

Combinações de capacidades

O estudo das diferenças individuais tem uma rica história nos campos da psicologia e da Educação Física. Toda criança traz, a cada sessão de aprendizagem, uma combinação única de capacidades físicas e mentais, que são traços duradouros vinculados à genética, como apresentamos no Capítulo 1. Em qualquer momento, a capacidade de aprender da criança reflete uma mistura de muitas capacidades. Essa composição de capacidades explica por que algumas crianças aprendem um jogo rapidamente e com poucos esforços. Essas crianças se destacam nas capacidades mentais requeridas para o jogo. No entanto, as mesmas crianças podem ter dificuldades para coordenar seus movimentos em outros jogos. Por isso, é importante que os professores identifiquem as forças e fraquezas de cada criança ao criar e apresentar jogos.

Comportamentos fundamentais de movimento

A Parte III deste livro foca o desenvolvimento de jogos mentalmente envolventes para crianças pequenas (Capítulo 10) e mais velhas (Capítulo 11). Dedicamos dois capítulos por causa das diferenças claras relacionadas à idade nos comportamentos fundamentais de movimento das crianças. A primeira infância (de 3 a 6 anos) é caracterizada pela emergência rápida de comportamentos de movimento bem-definidos e pelo aumento do controle dos movimentos; mais tarde, na segunda infância (7 a 11 anos), a habilidade dos movimentos se torna mais refinada. Com o decorrer do tempo, os bebês mostram padrões de movimento reflexivos, as crianças pequenas mostram padrões de movimento lentos e imaturos, que se tornam cada vez mais controlados, e as mais velhas mostram padrões de movimento maduros. Os professores podem empregar as ferramentas de mensuração descritas anteriormente neste capítulo para avaliar as crianças enquanto passam dos comportamentos imaturos aos maduros e refinados. É importante que eles estejam cientes do desenvolvimento do comportamento de movimento das crianças. Entender quando e como esses comportamentos de movimento emergem é crucial para a elaboração e o desenvolvimento dos jogos. Por sua vez, os próprios jogos alteram e refinam os movimentos das crianças, bem como a maneira de jogar.

Embora uma visão detalhada do desenvolvimento motor da criança esteja além do escopo deste livro, apresentamos um resumo das observações-chave feitas por pesquisadores (Gabbard, 2004). Os comportamentos fundamentais de movimento que propiciam a base da participação em jogos de atividade física se encaixam em três grandes categorias: locomotores, não locomotores e manipulativos. Um conhecimento rudimentar dessas categorias é essencial para conduzir avaliações e usar dados das avaliações para ajustar os jogos de atividade física de modo que eles envolvam as crianças de modo apropriado

Comportamentos locomotores

O conceito de motricidade, apresentado no Capítulo 1, ilustra a importância de ser capaz de se mover voluntariamente de um lugar para outro. As crianças desenvolvem uma ampla gama de movimentos e os usam para se transportar fisicamente para a frente, para cima ou para baixo.

Andar é um comportamento complexo, visto primeiramente nos bebês e exibido pela maior parte das crianças aos 13 meses de idade. Essa habilidade está totalmente desenvolvida entre 4 e 5 anos de idade. Correr difere de andar no sentido de que requer o uso da força da perna para propulsionar o corpo no espaço. Ao contrário de andar, em que sempre há o apoio de uma perna ou outra, ao correr, há uma fase durante a qual a pessoa não tem contato direto com o chão. Assim, o corpo é menos estável quando corre do que quando anda. A maior parte das crianças se torna eficiente na corrida aos 5 anos de idade.

O aumento da força das pernas e do controle dos movimentos têm papel importante na ação de pular, que, tipicamente, envolve um único movimento explosivo, e na de saltar, que envolve repetidos arranques e aterrissagem no chão. Muitos jogos de atividade física envolvem corridas de velocidade, pulos e saltos, que são movimentos complexos e refinados com a experiência. Pular, por exemplo, é um comportamento incomum entre crianças antes dos 3 anos de idade, e não é executado de forma consistente antes dos 6 anos.

Comportamentos não locomotores

As crianças precisam aprender a se mover em ambientes que mudam ao seu redor. Quando se abaixam e giram, precisam manter uma base de apoio e equilíbrio. O equilíbrio é um fenômeno complexo que envolve a integração de muitos aportes sensoriais. A combinação da visão, que propicia informações sobre o que está acontecendo no ambiente, com estruturas vestibulares, que fornecem informações sobre o que está acontecendo dentro do corpo durante o movimento, é crucial para manter o equilíbrio. Do mesmo modo, o desenvolvimento da força muscular permite um controle maior dos movimentos e melhora a estabilidade.

O equilíbrio pode ser melhorado com o treinamento e a prática. É interessante observar o prazer de crianças pequenas sendo balançadas pelos pais. Parecem nunca se cansar de brinquedos que giram, sobem e descem (talvez, para a consternação dos pais, que não se sentem mais empolgados pela desorientação e a sensação de enjoo que acompanha a perda de equilíbrio).

Considere a técnica de localização que os jovens ginastas aprendem para manter o equilíbrio após completar saltos e giros. A localização requer definir um alvo em um ponto fixo, como uma parede, que serve de ponto de referência e ajuda a pessoa a controlar seus músculos e a manter o equilíbrio, localizando objetos ao seu redor.

Comportamento manipulativos

Muitos jogos envolvem as ações de apanhar, jogar, atingir e chutar, e as crianças usam as mãos e os pés para desempenhar movimentos específicos. Esses tipos de comportamentos manipulativos são muito complexos e envolvem **capacidades psicomotoras**, características duradouras que influenciam a capacidade de manipular e controlar objetos. No cerne das habilidades para jogos está a capacidade de articular o tempo dos movimentos com mudanças nas condições ambientais. Apanhar uma bola requer da criança que ela veja a velocidade e o tamanho dessa bola, avalie sua velocidade (a parte *psico* de *psicomotor*) e, então, utilize os músculos do braço e da mão para interceptá-la (a parte *motora*).

A capacidade de cronometrar, ou medir, movimentos é crucial para o desenvolvimento das habilidades manipulativas. Não é tipicamente observada de forma madura antes dos 5 ou 6 anos de idade. Consequentemente, a capacidade de uma criança pequena para driblar, chutar ou pegar uma bola não está bem desenvolvida. Embora as crianças possam mostrar movimentos de lançamento maduros desde os 6 anos de idade, esses movimentos não se tornam eficientes antes da adolescência. Isso ocorre sobretudo no caso do lançamento por cima da cabeça. Algumas crianças, em geral as meninas, nunca dominam esse movimento. Os professores tiram proveito da avaliação do nível de eficiência de cada criança para habilidades motoras fundamentais e, então, podem documentar as mudanças que ocorrem após sua participação em atividades de jogos.

Capacidades mentais básicas

Muitos testes têm sido feitos para avaliar as capacidades mentais das crianças. Ao contrário das medições de movimento, que podem ser vistas diretamente, as medições de capacidades mentais são obtidas indiretamente, por meio de testes. Os professores usam os testes para inferir o que a criança tem aprendido, já que a aprendizagem não pode ser vista diretamente; ela ocorre em algum lugar do cérebro. Discussões aprofundadas sobre o desenvolvimento da cognição da criança, especialmente suas funções executivas, foram apresentadas nos Capítulos 1 a 4. Os educadores utilizam testes para inferir a aprendizagem da criança em assuntos como matemática, linguagem e literatura. Os professores de jogos de atividade física, por sua vez, podem tirar conclusões sobre as atividades mentais da criança observando seu comportamento. As capacidades mentais básicas para participar de jogos de atividade física se encaixam em duas grandes categorias: atenção e memória.

Capacidades psicomotoras: características duradouras que influenciam a capacidade de manipular e controlar objetos.

Atenção seletiva: processo mental usado para identificar informações importantes e bloquear informações que, para o indivíduo, não são importantes.

Atenção dividida: processo mental que ajuda as pessoas a processarem e a desempenharem várias atividades ao mesmo tempo.

Atenção

Atenção é uma palavra usada em conversas normais. No entanto, pesquisadores concluíram que é difícil defini-la. Os cientistas contemporâneos sugerem que existem três tipos de atenção: seletiva, dividida e sustentada.

A **atenção seletiva** é um processo mental usado para identificar informações importantes e bloquear informações que, para o indivíduo, não são importantes. As pessoas usam seus sistemas sensoriais para reunir informações do mundo ao redor. A visão, a audição, o tato, o olfato, o paladar e o movimento propiciam uma imagem ou representação do mundo.

A **atenção dividida** é um processo mental que ajuda as pessoas a processar e desempenhar várias atividades ao mesmo tempo. Os adultos podem dirigir um carro, escutar o rádio e pensar no que precisam comprar. Do mesmo modo, as crianças podem funcionar em ambientes com tarefas e processos múltiplos. O comportamento eficiente é, muitas vezes, determinado pela maneira como as pessoas usam a energia mental para executar rotinas diárias e tarefas.

A **atenção sustentada** é um processo mental que as pessoas utilizam para evitar o cansaço e se concentrar em continuar executando a tarefa. A capacidade da criança para um desempenho eficiente em sala de aula tende a diminuir ao longo do dia. As aulas que ocorrem no final do dia costumam exigir que as crianças superem o acúmulo de cansaço mental e físico do dia e mantenham a atenção nas tarefas.

As crianças com *deficit* de atenção são bem documentadas pelos professores. Até mesmo durante as atividades mais bem planejadas, sua mente se perde, inevitavelmente. Claro, em contextos educacionais que envolvem crianças e adultos, elas podem ter dificuldades para prestar atenção. Em especial, salientam-se as crianças com transtornos de atenção, como o transtorno de *deficit* de atenção e hiperatividade (TDAH). Existem três classificações de TDAH: com predomínio de desatenção, com predomínio de sintomas de hiperatividade-impulsividade e o combinado.

No mundo todo, os transtornos de atenção são os distúrbios psiquiátricos mais comumente diagnosticados entre crianças, afetando de 3% a 5% das crianças em idade escolar. Os meninos são diagnosticados com mais frequência do que as meninas. Os transtornos de atenção são complexos, e muitos debates têm surgido a respeito das causas e dos tratamentos. A prevalência desses distúrbios é suficiente para que os professores esperem que uma parte dos seus alunos já tenha sido diagnosticada e esteja tomando remédios ou recebendo outra forma de tratamento.

Os professores precisam entender que o comportamento de crianças com transtornos de atenção não é muito diferente do de crianças sem transtornos. A característica definidora é o grau e a persistência no decorrer do tempo da distração, da desatenção e da inquietação, e se esses comportamentos interferem na aprendizagem e nas relações sociais.

Alguns estudos descobriram que a atividade física reduz os transtornos de atenção nas crianças. A observação direta do comportamento dos alunos na classe, usando escalas como a ALT-PE, pode proporcionar aos professores dados quantitativos sobre os comportamentos de atenção e como eles mudam durante o jogo.

Os professores podem observar os alunos durante a instrução e os jogos para avaliar sua capacidade de prestar atenção.

Memória

A memória propicia uma maneira de armazenar experiências e de se lembrar delas quando necessário. O papel da memória no processamento de informações e no desempenho da criança foi discutido no Capítulo 3. Assim como a atenção, existem vários tipos de memória, todos complexos. A capacidade de memória da criança aumenta com a idade e a experiência. No entanto, as capacidades de memória de crianças de mesma idade podem diferir notavelmente.

As crianças diagnosticadas com **transtornos de aprendizagem** têm dificuldade para escutar, raciocinar e desempenhar habilidades acadêmicas como ler, escrever e resolver problemas de matemática. Essas crianças não são preguiçosas e, em muitos casos, têm inteligência média ou média-alta. De fato, muitas crianças estão cientes de sua incapacidade em acompanhar os outros e expressam com frequência frustração e descontentamento. Suas dificuldades se originam na maneira como o cérebro processa as informações. Os professores que trabalham com crianças com transtorno de memória e aprendizagem precisam modificar as intervenções de aprendizagem para ajudá-las a aprender. Avaliações qualitativas e entrevistas propiciam percepções sobre as necessidades de cada criança e dão dicas dos métodos instrucionais mais adequados para ajudar crianças com transtornos de aprendizagem a aprender jogos baseados em movimentos.

Avaliação de progresso

As capacidades e habilidades motoras e mentais que cada criança traz às sessões de jogo costumam mudar no decorrer do tempo. Dois fatores são responsáveis por essa mudança: maturação e desenvolvimento. Lembre-se: no Capítulo 1, vimos que a maturação reflete as mudanças geneticamente vinculadas que ocorrem na mente e no corpo em momentos específicos. O desempenho reflete as mudanças na mente e no corpo causadas pela experiência e pela aprendizagem. O desempenho de um menino no jogo pode melhorar do começo ao fim do terceiro ano porque ele está crescendo e por causa da instrução que ele recebe. Os professores têm o desafio de determinar quanto dessas mudanças no comportamento da criança se deve aos planos de aulas e à sua execução.

Atenção sustentada: processo mental que as pessoas utilizam para evitar o cansaço e se concentrar em continuar executando a tarefa.

Transtornos de aprendizagem: transtornos que tornam difícil para a criança escutar, raciocinar e desempenhar habilidades acadêmicas como ler, escrever e resolver problemas de matemática.

Medição da sensibilidade: o grau em que as mudanças no desempenho podem ser avaliadas.

Muitas ferramentas de avaliação descritas anteriormente neste capítulo podem ser modificadas para obter avaliações apuradas dos progressos de cada criança. Entre as modificações podemos incluir notar as capacidades principais de uma criança no nível inicial e classificá-las em relação aos outros alunos da classe. É particularmente importante cuidar da **medição da sensibilidade**, que é o grau em que as mudanças no desempenho podem ser avaliadas. Por exemplo, considere uma criança que tem dificuldades para desempenhar determinado passo descrito na análise de tarefas. É possível que ela esteja melhorando nesse passo, mas os critérios usados para medir esse sucesso são gerais demais e não detalham os subcomponentes específicos do passo. Modificar os critérios usados para avaliá-lo dá mais espaço para que ocorram mudanças medíveis e permite ao professor detectar e medir as melhoras no desempenho. Em contrapartida, outra criança pode desempenhar todos os passos do jogo de forma correta desde o começo. Para essa criança, é importante aumentar a precisão dos critérios usados para medir cada passo. Modificar os critérios de medição propicia uma maneira de mensurar as crianças cujo desempenho é normalmente distribuído do começo ao fim.

Implicações para os educadores

A avaliação tem uma conotação que, com frequência, afasta professores e alunos. Acima de nosso entendimento do que é ensinar crianças deve estar o lembrete de que, se bem realizada, a avaliação é uma ferramenta vital que ajuda os professores a planejar aulas para melhorar a aprendizagem infantil. Especificamente em nosso contexto, a avaliação pode permitir que os professores de educação física saibam se aquilo que estão fazendo está dando certo.

Uma vez lembradas as contribuições da avaliação, precisamos aprender as características das avaliações de qualidade. As avaliações de qualidade, interligadas com a instrução, são uma fonte de *feedback* contínuo para os aprendizes, se conduzidas no contexto apropriado e marcadas por uma comunicação clara entre professores e alunos. Ademais, as avaliações são mais eficientes quando são usadas as medições apropriadas.

Este livro apresenta uma lógica e um processo para os educadores encarregados de propiciar programas de atividade física para alunos da educação infantil e do ensino fundamental. Cada jogo é apropriado à idade e vinculado às capacidades motoras e cognitivas da criança. Nossa meta é descrever como e por que cada jogo desafia a criança e promove seu desenvolvimento cognitivo. A implementação eficiente dos jogos pode ser verificada apenas pelo uso sistemático de métodos de avaliação.

Ressaltamos, ainda, que são necessárias tanto as avaliações do desempenho dos alunos como da eficiência dos programas. As avaliações do desempenho das crianças no jogo, o desenvolvimento das habilidades e a criatividade parecem ser essenciais na hora de determinar seus progressos. Os indicadores de eficiência de programa podem ser avaliados por medições do envolvimento e do prazer do aluno e da interação professor-aluno.

Finalmente, a avaliação deve ser gerenciável e razoável. Reconhecemos que ela pode ser trabalhosa, motivo pelo qual muitos não gostam dela. O uso de listas de verificação, observação sistemática, questionários de saída, entrevistas com crianças e contribuições de pais são métodos viáveis e úteis de coleta dos dados necessários para tomar decisões sobre a direção de um programa de atividade física. Reconhecemos, claro, que os professores bem-sucedidos são autônomos e criam jogos que respondem às necessidades deles e às das crianças. Tendo o sucesso do ensino em mente, considere a importância de avaliar as diferenças individuais e acomodá-las por meio da diversificação das tarefas.

© Monkey Business

Capítulo

9

Integrando os jogos de atividade física no lar e na comunidade

Os historiadores do esporte notam que, no começo do século XX, durante o crescimento mundial da industrialização e das grandes cidades, os jogos e os esportes propiciaram maneiras de ensinar aos mais jovens responsabilidade social, cooperação, valores e as habilidades necessárias para se tornarem adultos saudáveis e produtivos. O papel da sociedade na promoção da saúde e do bem-estar de seus cidadãos aumentou em meados do século XX. A Organização Mundial da Saúde (OMS), criada em 1948 pelas Nações Unidas, apoiou a visão segundo a qual a saúde é "um estado de bem-estar mental e social, e não apenas a ausência de doença ou enfermidade" (Preamble to the Constitution of the World Health Organization, 1946). Na perspectiva da OMS, a saúde física e mental é um direito básico. Mais recentemente, com o crescimento de doenças relacionadas à inatividade física, muitas organizações têm desenvolvido e refinado as orientações sobre atividade física e saúde para ajudar os organismos sociais a incentivar atividades em prol da saúde.

Este capítulo foca o papel dos jogos de atividade física dentro do contexto de modelos ecológicos que examinam a influência de grande variedade de pessoas e organizações sobre a aprendizagem infantil e os comportamentos saudáveis.

As crianças de hoje vivem em um mundo muito diferente daquele em que seus pais e avós cresceram. A era da informação e a explosão do uso de computadores e da mídia transformaram a maneira como as crianças interagem e aprendem entre si. Os educadores notam as mudanças que ocorrem no século XXI. As experiências de aprendizagem são proporcionadas não só durante o dia escolar tradicional, mas, também, antes e depois da escola. As recentes descobertas de que os programas de atividade física bem projetados podem beneficiar a saúde física e mental levaram os legisladores a se interessar pelos educadores físicos, que têm um papel cada vez mais importante no ensino das crianças. Nesse contexto, este capítulo discute como os educadores físicos podem utilizar seus conhecimentos específicos e sua experiência para ajudar pais, famílias e a comunidade a se conectarem melhor com as crianças, bem como para lhes dar o apoio de que precisam para inculcar comportamentos duradouros que melhorem a saúde.

Modelos ecológicos

A saúde física e mental é influenciada por muitos fatores. Os profissionais procuram entender a complexidade do comportamento saudável em termos de **modelos ecológicos**. Esses modelos enfatizam os múltiplos fatores que determinam o comportamento das pessoas responsáveis pela saúde.

O modelo ecológico prototípico, apresentado na Figura 9.1, é baseado em cinco níveis interativos (McLeroy *et al.*, 1988). É fundamental para esse modelo a crença de que o comportamento das pessoas não ocorre no vazio. Ao longo da vida, os comportamentos saudáveis são influenciados em nível pessoal por **microfatores** (família, amigos, colegas) e em nível global por **macrofatores** (instituições e culturas).

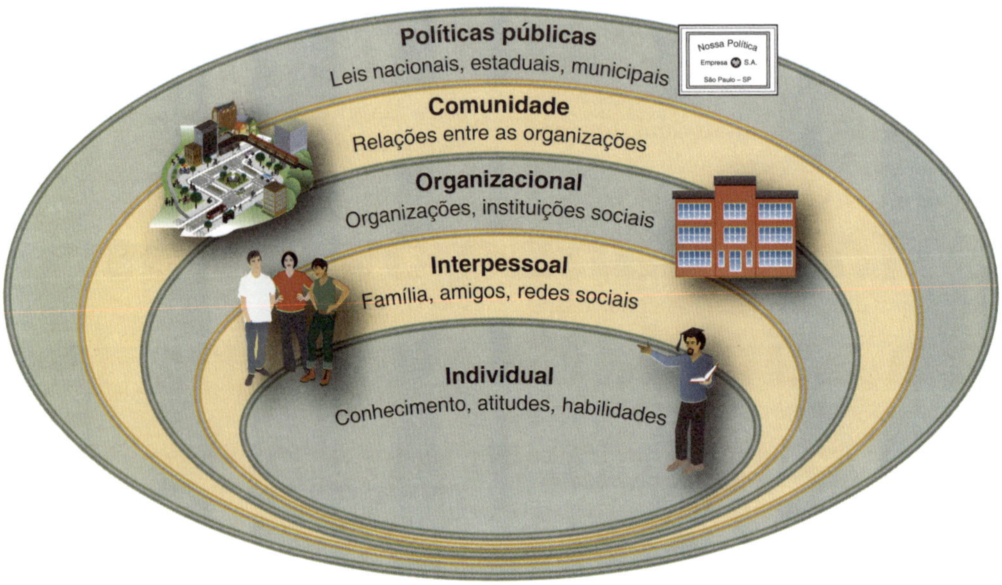

FIGURA 9.1 – Níveis interativos do modelo ecológico.

Embora os modelos ecológicos tenham sido desenvolvidos para se aplicarem às pessoas durante a vida toda, eles são especialmente apropriados para descrever os inúmeros microfatores e macrofatores que influenciam a atividade física da criança. Os cinco níveis de modelos ecológicos são os seguintes:

- *Individual*. Os comportamentos que se desenvolvem na criança são o resultado de um misto de natureza e educação. Os traços únicos da personalidade da criança e suas disposições preparam o terreno para o seu envolvimento no mundo e a aquisição de padrões de comportamento específicos e habilidades. Embora a criança seja naturalmente motivada a se movimentar, as experiências podem modificar suas motivações para ser fisicamente ativa. O desejo dos mais jovens de se envolver em jogos se baseia em rápidas percepções de autoeficácia, que é a crença da criança na capacidade de executar tipos específicos de jogos e expectativas de resultados que correspondam àquilo que ela havia antecipado. As capacidades mentais em rápido desenvolvimento do bebê e da criança pequena influenciam a maneira como eles agem e avaliam as consequências de suas ações de movimento.

- *Relações interpessoais*. Os bebês e as crianças pequenas são totalmente dependentes dos cuidados e do apoio dos pais e da família. Já as crianças mais velhas estabelecem rapidamente relações com amigos e com aqueles que se tornam **parceiros**, isto é, as pessoas importantes para seu bem-estar e sua autoimagem. A criança aprende mais observando amigos, pais e outros adultos. Além disso, o apoio e a inspiração proporcionados pelos parceiros promovem a aprendizagem.
- *Instituições sociais*. Na escola, os professores proporcionam às crianças regulamentações e regras de comportamento importantes para seu sucesso acadêmico e seu desenvolvimento social. Os professores têm uma posição única para ajudar as crianças a adquirir confiança e percepção de suas habilidades.
- *Comunidade*. Além das escolas, as crianças fazem parte de comunidades, que podem incluir igrejas e organizações sociais. Essas organizações propiciam uma série adicional de regras e expectativas para o desenvolvimento infantil. À medida que a criança pequena se desenvolve, um número cada vez maior de pessoas influencia sua **autoconfiança**, a confiança que ela tem em suas habilidades ou em seus julgamentos. A criança recebe informações consideráveis e, às vezes, conflitantes, sobre a maneira de pensar a seu próprio respeito e sobre como se comportar à medida que suas redes sociais aumentam. As atividades cooperativas interorganizacionais são ótimas para desenvolver a saúde física e mental da criança.
- *Legisladores*. As escolas em que as crianças estudam e as organizações de que fazem parte seguem protocolos determinados por **legisladores**, pessoas cujas opiniões influenciam fortemente o curso dos eventos. Leis estabelecidas em nível municipal, estadual e federal regulam as instituições que influenciam o desenvolvimento da criança.

Modelos ecológicos: enfatizam os múltiplos fatores que determinam os comportamentos das pessoas responsáveis pela saúde.

Microfatores: fatores que influenciam os comportamentos saudáveis em nível pessoal, como a família, os amigos e os colegas.

Macrofatores: fatores que influenciam os comportamentos saudáveis em nível global, como as instituições e a cultura.

Parceiros: pessoas importantes para o bem-estar e a autoimagem da criança.

Autoconfiança: a confiança geral de uma pessoa em suas habilidades ou em seus julgamentos.

Legisladores: pessoas cujas opiniões influenciam fortemente o curso dos eventos em vários níveis da sociedade.

Campeão: pessoa carismática que apoia fortemente uma inovação particular.

Muitos fatores podem influenciar a atividade física da criança e, por conseguinte, seu crescimento cognitivo. Os professores precisam conhecer as múltiplas fontes de orientação que afetam as convicções da criança sobre seu envolvimento em atividades físicas. No começo da vida, os cuidadores diretos têm papel-chave nas experiências da criança. Em um espaço de tempo relativamente curto, contudo, as experiências da criança aumentam rápido, à medida que ela se envolve em atividades escolares, comunitárias ou religiosas.

Modelo ecológico coordenado de saúde escolar

Um importante modelo ecológico que foca especialmente a saúde da criança foi apresentado por Allensworth e Kolbe (1987). O modelo coordenado de saúde escolar consiste em oito componentes: educação em saúde; Educação Física; serviços de saúde na escola; serviços de nutrição na escola; serviços psicológicos, sociais e de conselho escolar; ambiente escolar saudável; promoção de saúde na escola para os funcionários; envolvimento da família e da comunidade na saúde escolar. O programa coordenado de saúde escolar foi adotado pelos Centros de Controle e Prevenção de Doenças (CDC – do inglês, Centers of Disease and Control) americanos e tem servido de fundamento para iniciativas da organização para a saúde. O modelo ecológico apresentado na Figura 9.2 mostra como o programa de saúde escolar foi formulado (Lohrmann, 2010).

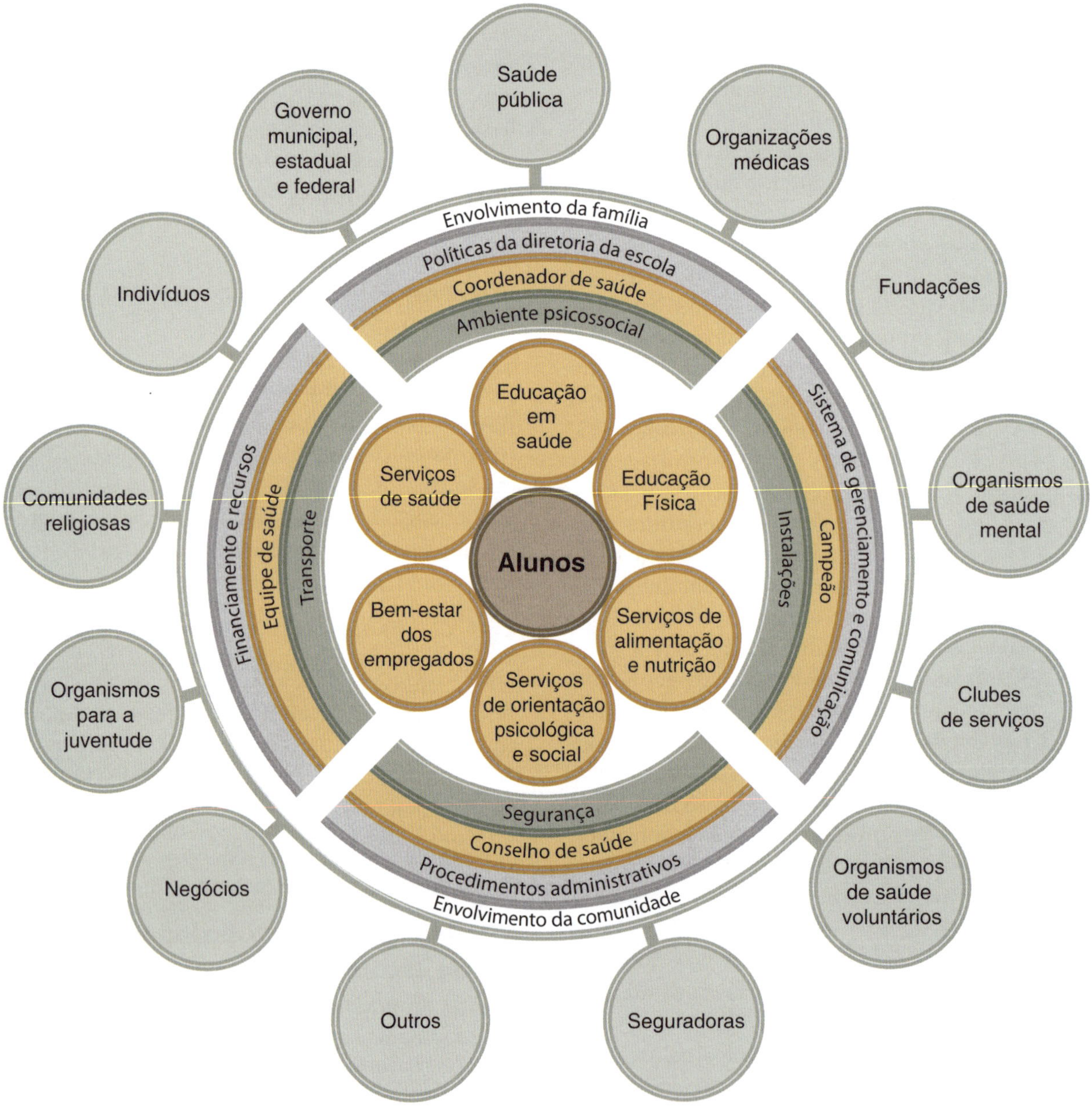

FIGURA 9.2 – Modelo ecológico do Programa Coordenado de Saúde Escolar (CSH).
Fonte: adaptada, com permissão, de Lohrmann (2010).

No centro do modelo, estão seis fontes de conhecimento que influenciam diretamente a saúde física e mental da criança: serviços de saúde, educação em saúde, Educação Física, alimentos e serviços nutricionais, orientação psicológica e serviços sociais, e bem-estar dos funcionários. O modelo destaca a importância de inibir ações precipitadas, de pensar em escolhas de estilo de vida e de planejar com antecedência antes de agir – habilidades de funcionamento executivo.

Mais distantes, mas, ainda assim, com influência na tomada de decisão da criança, estão as estruturas de governança. Um contribuinte ímpar na estrutura de governança é o **campeão**, pessoa carismática que apoia fortemente uma inovação particular. O campeão pode estar dentro da escola ou da organização (por exemplo, diretor, cuidadora, educador físico) ou fora (professor de universidade, parente ativista, membro de organismos para a saúde) e costuma ser emocionalmente vinculado a um método particular de educação. No entanto, o campeão só pode ser bem-sucedido se colaborar com a diretoria da escola ou a organização comunitária. As organizações, especialmente as estabelecidas há muito tempo, costumam ser resistentes a mudanças, de modo que os campeões que tentam ser inovadores perdem sua motivação e passam por desgastes. Os campeões bem-sucedidos são aqueles que estão no lugar certo no momento certo.

Acima das estruturas de governança estão as que fornecem os recursos financeiros às escolas e organizações. O financiamento da educação é estritamente vinculado às mudanças econômicas e às posições filosóficas dos representantes políticos. O envolvimento da família e da comunidade constitui a camada mais periférica do modelo do Programa Coordenado de Saúde Escolar (CSH – do inglês, Coordinated School Health). As interações ocorrem em todas as camadas do modelo ecológico, da mais externa até o círculo central.

Modelo ecológico Escola, Comunidade e Criança como um Todo

Embora o modelo CSH tenha se mostrado como uma maneira eficiente de identificar os fatores que influenciam a saúde da criança, algumas pessoas têm defendido mudanças nesse modelo (Association for Supervision and Curriculum Development, 2007). Argumenta-se que o modelo CSH pode ser melhorado se focalizar não só a saúde da criança, mas, também, os resultados educacionais e sociais. Consequentemente, desenvolveu-se o modelo Escola, Comunidade e Criança como um Todo (WSCC – do inglês, *Whole School, Whole Community, Whole Child*). Esse modelo, apresentado na Figura 9.3, forma-se e expande-se com base nos oito componentes do modelo CHS tradicional. Os componentes adicionais enfatizam a importância de um ambiente social e emocional, além do ambiente físico. O tema abrangente do modelo WSCC é a necessidade de criar ambientes de aprendizagem que envolvam a criança em uma participação ativa. O modelo WSCC foi desenvolvido em colaboração com os Centros de Controle de Doenças (CDC), e especialistas de vários campos.

Muitos temas discutidos nos capítulos anteriores se encontram no modelo WSCC. Os arquitetos do modelo destacaram a necessidade de ter condições de aprendizagem que abracem a interação da mente, do corpo e do espírito de cada criança. Supõe-se que a criança que se sente em ambientes seguros e confiáveis e é desafiada mediante tarefas de aprendizagem que a envolvem física e mentalmente desenvolve as habilidades de pensamento crítico necessárias para a vida toda. Nós também temos enfatizado a importância de desafios apropriados do ponto de vista do desenvolvimento que promovam o pensamento crítico, os processos executivos e o planejamento.

Um tema central do modelo WSCC é a visão de que a criança se beneficia mais das experiências educacionais que a ajudam a organizar conhecimentos de fontes múltiplas (escola, família, serviços de saúde e comunidade). Os proponentes do modelo afirmam que as escolas e comunidades que preparam a criança para o futuro devem mudar o conteúdo específico de ensino em benefício de experiências de aprendizagem multidisciplinares. Os jogos de atividade física podem propiciar um contexto único para uma aprendizagem que responda às necessidades de desenvolvimento da criança. Obviamente, reconhecemos que muitas outras configurações de experiências educacionais podem melhorar o desenvolvimento cognitivo, físico, social e emocional da criança. No entanto, como discutimos no Capítulo 1, a atividade física é uma excelente maneira de atender a várias áreas educacionais.

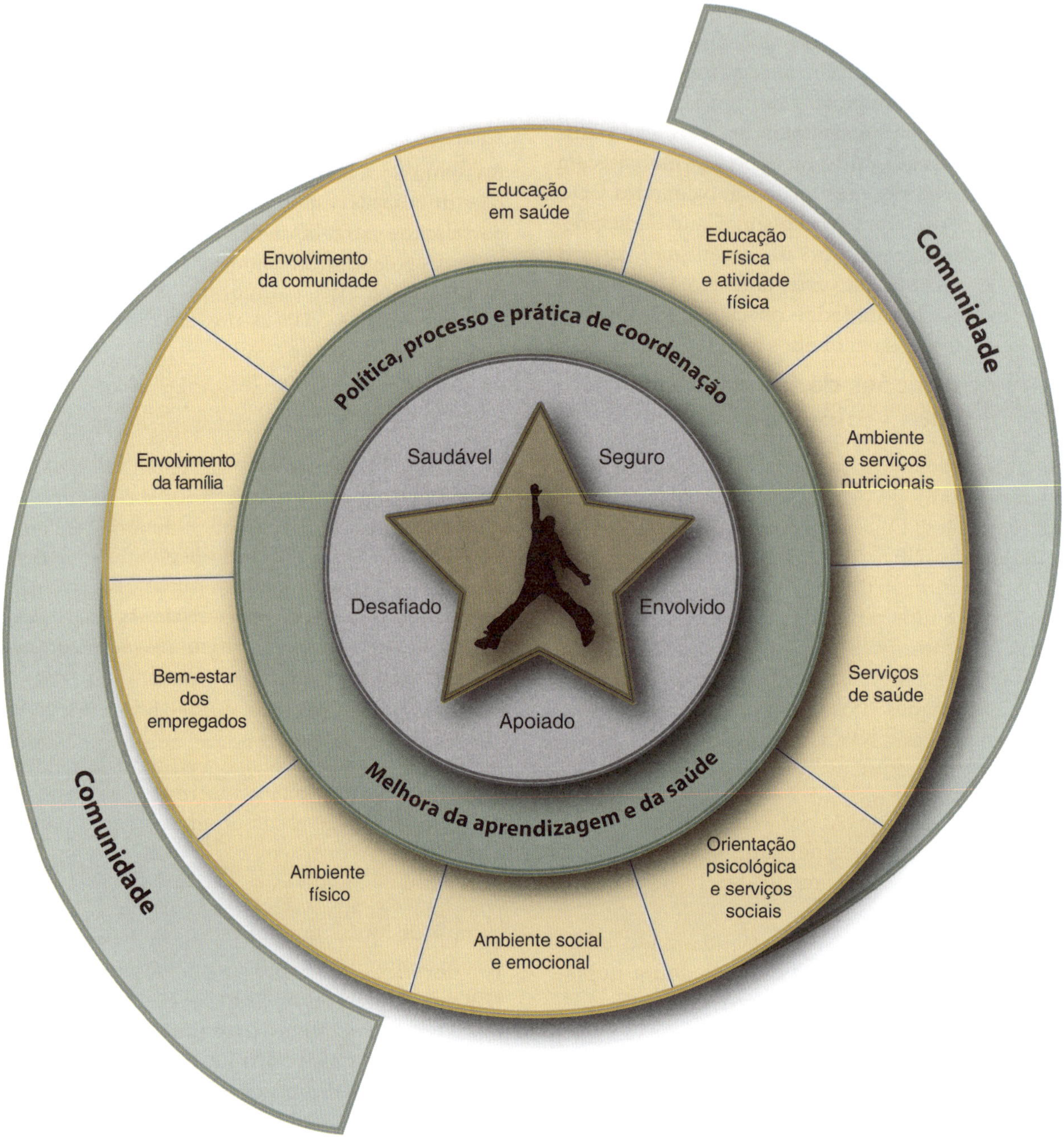

FIGURA 9.3 – Modelo ecológico Escola, Comunidade e Criança como um Todo (WSCC).
Fonte: adaptada, com permissão, de Santiago, Ferrara e Quinn (2012).

Orientações dos Centros de Controle de Doenças (CDC) americanos

Usando os modelos ecológicos como guias, os CDC têm reunido informações consideráveis sobre os comportamentos e as atividades organizacionais das pessoas. Ademais, esses centros têm desenvolvido orientações para descrever maneiras de prevenir doenças e melhorar a saúde.

Uma série de orientações aos professores e escolas foi recentemente desenvolvida para facilitar o envolvimento da família e da comunidade na atividade física e na saúde da criança. As pesquisas mostram que as crianças apoiadas pelos pais, pelos membros da família ou que se encontram em organizações comunitárias são mais ativas fisicamente, têm melhor desempenho acadêmico e mais habilidades sociais que as crianças que carecem desse suporte. As orientações completas dos CDC podem ser consultadas na página: www.cdc.gov/HealthyYouth. Três ações são cruciais para integrar os comportamentos de atividade física da criança em casa e na comunidade: conectar os pais, envolvê-los e mantê-los envolvidos.

As contribuições da Educação Física aos modelos ecológicos

Os modelos ecológicos revelam micro e macrofatores que podem influenciar a atividade física da criança. Claramente, não se espera que um único fator resulte em mudanças amplas nos níveis de atividade física da criança. Entretanto, algumas intervenções no nível micro podem afetar favoravelmente não só a criança, mas, também, a sua família e a comunidade.

A atividade física por muito tempo foi considerada como um tipo de medicina preventiva. De fato, organizações acadêmicas nacionais nos Estados Unidos, como o Colégio Americano de Medicina do Esporte [ACSM – em inglês, American College of Sport Medicine], têm proposto a noção de que o exercício é medicina (https://www.exerciseismedicine.org).

O crescimento mundial da obesidade infantil nas nações industrializadas ressaltou a importância da atividade física diária em cada nível do modelo ecológico. Os legisladores estão percebendo os benefícios econômicos que representam crianças saudáveis e fisicamente ativas. Com isso, os programas comunitários para aumentar o envolvimento das crianças no jogo e em atividades externas vêm crescendo quantitativamente. A administração escolar que constata a contribuição da saúde e dos exercícios da criança no desempenho acadêmico tem ponderado mudanças na Educação Física e na hora do recreio. As famílias reconhecem a possibilidade real de que a falta de rotina física pode submeter a criança a riscos, uma vez adulta, como o diabetes tipo 2. Aqueles que participam dos diferentes níveis de modelos ecológicos pedem aos educadores físicos que desenvolvam maneiras de tornar as crianças mais ativas fisicamente.

Adequação dos jogos de atividade física aos modelos ecológicos

Os modelos ecológicos proporcionam referências para a identificação dos papéis e das atribuições de quem é responsável por ensinar e preparar as crianças para lidar com os desafios que vão encontrar ao entrar na idade adulta. Tradicionalmente, é tarefa dos educadores físicos ensinar habilidades que as crianças possam usar em jogos e esportes na vida toda.

Como destacamos nos capítulos anteriores, a Educação Física não costuma focar diretamente a atividade física. Os educadores físicos tradicionais se concentram na instrução das habilidades para os jogos e pouco na atividade física moderada a vigorosa (AFMV). Na verdade, a maioria das aulas de Educação Física não promove os níveis de atividade física recomendados para as crianças. Ademais, lembre-se de que os exercícios não são iguais à atividade física. Os programas de exercícios para crianças focam a melhora da aptidão física. A maioria dos programas de exercícios se baseia naqueles usados por adultos para melhorar a aptidão aeróbia, a força muscular e a resistência. A atividade física é o movimento que resulta em consumo de energia. Em geral, os programas de exercícios para crianças consistem em rotinas que atendem a intensidade, a duração, o tempo e a frequência. Contudo, muitos consideram que, especialmente em relação a crianças mais jovens, os professores deveriam olhar para além desse referencial (Dwyer, Baur e Hardy, 2009; Pesce, 2012).

Os jogos de atividade física podem ser uma maneira de propiciar à criança algo mais do que o gasto de energia e a melhora da aptidão física. O nível e a duração da atividade física da criança despendida durante o jogo vão, em todos os casos, contribuir para sua aptidão física; entretanto, não se trata do foco principal. Os jogos de atividade física objetivam ajudar a criança a aprender a controlar seu corpo para resolver problemas. São experiências de aprendizagem naturais que promovem mudanças positivas nas habilidades mentais da criança, em sua autoconfiança e em suas habilidades sociais. Esses jogos não preparam a criança a ser bem-sucedida na prática de esportes; mais do que isso, eles preparam a criança para ser bem-sucedida na vida.

As descobertas das pesquisas descritas nos capítulos anteriores indicam que os educadores físicos apropriadamente treinados para proporcionar jogos de atividade física podem afetar o desenvolvimento cognitivo da criança. Os educadores físicos têm uma posição ímpar e bem adequada para desenvolver programas que melhoram as habilidades físicas e mentais da criança e contribuem para sua saúde geral. Reforçar essas habilidades, no entanto, requer mais do que os professores podem propiciar nas poucas horas que têm com as crianças durante os programas dentro e fora da escola. Mudar os comportamentos da criança relacionados à saúde requer contribuições de fontes múltiplas e em todas as camadas dos modelos ecológicos.

Pais e filhos que dedicam tempo a ser ativos juntos têm mais vínculos entre si.

Laços entre pais e filhos

Os jovens adultos que esperam seu primeiro filho costumam ter aulas de cuidados básicos com recém-nascidos. A noção de que os futuros pais precisam aprender habilidades básicas de cuidados e de alimentação das crianças é bem aceita. Menos aparente é o fato de que os jovens adultos podem precisar aprender a jogar com seus filhos. Como enfatizamos no Capítulo 7, a capacidade de ensinar não é inata, mas, sim, aprendida. Um papel importante dos educadores físicos nos modelos ecológicos é promover os vínculos familiares.

Muitos pais bem-intencionados entregam o papel de professores dos filhos à tecnologia e a especialistas. Computadores e equipamentos de comunicação são fundamentais no século XXI, mas não podem substituir a aprendizagem que ocorre em condições naturais. Na verdade, eles podem tirar dos pais a oportunidade de ensinar e orientar diretamente seus filhos. Basta pensar nos progressos dos automóveis, que permitem que as crianças usem fones de ouvido e assistam à televisão. Quando estão conectados, os modelos das crianças vêm da mídia, e não dos pais. As habilidades que as crianças, os adolescentes e os adultos aprendem com os jogos de computador são limitadas aos próprios jogos, carecem de utilidade para resolver problemas na vida real. Jogar em uma simulação bidimensional um esporte como o boliche não tem efeito nenhum sobre a habilidade de praticar o esporte na vida real.

Além disso, por várias razões, os pais têm recorrido aos serviços de especialistas ao preparar os filhos para o esporte, as artes e os trabalhos manuais. Por bem ou por mal, os pais acreditam que proporcionar um treinamento especial precoce vai aumentar o sucesso das crianças. Os métodos usados pelos treinadores de crianças são dirigidos primeiro à identificação de talentos precoces, ao treinamento e à competição. As crianças logo são iniciadas na prática deliberada, que melhora apenas o desempenho atlético. Nessas condições, a prática é um empreendimento sério destinado a obter uma melhora contínua. As rotinas de prática envolvem repetição e pouco envolvimento ou pensamento. Esse tipo de aprendizagem tem seu valor, mas os pais devem reconhecer que ela priva as crianças de oportunidades de se envolver em jogos adequados para estimular o desenvolvimento mental e social. Os jogos de atividade física podem propiciar aos pais maneiras de aumentar as interações de qualidade com seus filhos; por meio dos jogos, pais e filhos podem estabelecer laços duradouros (Ginsburg, 2007).

Laços sociais

À medida que a criança se desenvolve, suas redes sociais aumentam, e a primeira rede é a família, que transfere o conhecimento de geração em geração, por meio das tradições. As habilidades dos mais velhos são reconhecidas por seus filhos e netos. As tradições familiares criam laços entre os membros. A expressão "Filho de peixe peixinho é"[6] transmite a noção de que os membros da família carregam metas e aspirações comuns. Os pesquisadores têm notado o papel que os jogos e esportes têm em manter as tradições familiares.

As regras dos jogos e o conceito de jogo limpo estabelecidos no campo de jogo podem moldar a autoimagem das crianças e dos adolescentes. As estruturas e os clubes comunitários para jovens há muito servem de centros para a promoção da saúde, de jogos e esportes. Os educadores físicos costumam ser chamados para liderar programas nessas estruturas. Apresentar jogos de atividade física apropriados para o desenvolvimento pode vincular experiências positivas a essas instituições e promover não só o desenvolvimento mental, mas lembranças duradouras – aquelas que, talvez, décadas depois, alimentem a maneira como as pessoas orientam os próprios filhos. Este livro traz exemplos de jogos interculturais tradicionais, modificados para estimular o desenvolvimento cognitivo.

Alguns pais não têm o luxo de poder dizer aos seus filhos para sair de casa e jogar. Hoje, muitas famílias vivem em comunidades que não propiciam a atividade física. Os jogos descritos neste livro não requerem aulas nem equipamentos especiais; podem ser executados em áreas limitadas e a baixo custo. Todos os professores precisam de um entendimento básico do modo como os jogos de atividade física facilitam o envolvimento mental. Os educadores físicos que trabalham com outros especialistas em estruturas comunitárias podem ajudar as famílias a restaurar ou manter os laços sociais dentro da família. Os pediatras também têm um papel-chave por fornecerem uma educação parental e defenderem a implementação de lugares e programas que garantam o jogo infantil. Segundo a Academia Americana de Pediatria [em inglês, American Academy of Pediatrics], os pediatras devem educar os pais quanto à importância do jogo livre e quanto ao valor da participação em atividades físicas.

Laços comunitários

A saúde mental e física se reflete na maneira como a criança em desenvolvimento acomoda as regras e os regulamentos impostos na comunidade. Instituições como escolas, igrejas e organizações comunitárias têm regras que sancionam o comportamento adequado. Com frequência, os eventos comunitários se concentram em reunir as pessoas (por exemplo, recreações, jogos e esportes que promovem a socialização, e não a competição).

Historicamente, jogos e esportes têm sido utilizados para resolver diferenças étnicas, religiosas e políticas. De fato, pense que o movimento olímpico moderno foi baseado na prática que as antigas cidades gregas tinham de baixar as armas e jogar em termos iguais. Existem muitos outros exemplos de jogos e esportes que atendem às necessidades da comunidade e do bem comum.

[6] N. do E.: "*Blood is thicker than water*", no original.

Os educadores físicos, por causa de suas habilidades únicas, são bem posicionados para ajudar os organizadores da comunidade a promover a inclusão e a estabilidade.

Os jogos de atividade física propostos neste livro estão alinhados às recomendações da Academia Americana de Pediatria, no sentido de criar oportunidades iguais de jogo para todas as crianças e práticas inclusivas para as crianças desfavorecidas, do ponto de vista econômico e educacional (Milteer, Ginsburg e Mulligan, 2012). Os programas pós-período escolar supervisionados são vistos como cruciais para as crianças que vivem em comunidades em que os jogos externos não supervisionados por ser arriscados.

Jogos que desafiam as crianças cognitivamente, como os descritos neste livro, que podem ser facilmente incluídos em programas pós-período escolar supervisionados e ensinados por não especialistas, devem ser integrados aos programas escolares destinados a promover as crianças de baixa renda (por exemplo, o programa de serviços sociais Head Start), e, também, aos programas extraescolares propiciados por organizações voluntárias e fundações. Esses jogos podem ser empregados por uma variedade de intervenientes, desde educadores escolares e pais até grupos comunitários e voluntários.

Influências culturais

O mundo está se tornando rapidamente uma comunidade global. Os padrões de imigração têm tido influências profundas sobre os sistemas educacionais. Os educadores lidam com classes cada vez mais diversificadas. Por essa razão, é particularmente importante para os educadores físicos e especialistas em atividade física valorizar o quanto a herança e a cultura determinam as respostas da criança aos jogos de atividade física e esportes.

> **Cultura**: sistema de convicções sobre a maneira de as pessoas interagirem dentro de um segmento da população.
>
> **Culturas tradicionais**: os costumes e as práticas transmitidos de uma geração para outra.
>
> **Aculturação**: processo de mudança cultural e psicológica.

A **cultura** é definida como um sistema de convicções sobre a maneira de as pessoas interagirem dentro de um segmento da população. Quem emigra para um novo país leva crenças e valores que refletem seu país de origem. Uma vez no novo país, os imigrantes costumam se deparar com a escolha entre manter suas **culturas tradicionais**, costumes e práticas transmitidos de uma geração para outra, ou abraçar a **aculturação**, processo de mudança cultural e psicológica (Martinez *et al.*, 2008). A cultura familiar pode influenciar a maneira como a criança participa dos jogos de atividade física e esportes. Por exemplo, as meninas, e mais especialmente as adolescentes, em certas culturas, são desestimuladas ou até proibidas de se envolver em atividades físicas por lazer (Allender, Cowburn e Foster, 2006).

A criança responde favoravelmente a intervenções de atividade física pensadas em critérios culturais ou étnicos. Assim, podem ser feitas mudanças para tornar os jogos culturalmente relevantes. Pesquisadores descobriram que as crianças são mais ativas quando as intervenções são realizadas por pessoas parecidas com elas.

Adaptar os jogos de atividade física às necessidades individuais das crianças é particularmente desafiador para os professores. O ensino eficiente reflete um entendimento das inter-relações que existem entre as crianças, suas famílias, comunidades culturais, as instituições e as comunidades maiores.

Escolas do século XXI

Antes da industrialização e da migração de trabalhadores para as grandes cidades, as famílias se encontravam principalmente nas áreas rurais. As crianças aprendiam habilidades observando seus pais e avós e recebendo sua orientação. Por milhares de anos, os pais vêm transmitindo habilidades diretamente às crianças. As habilidades de cultivar, construir, caçar e se comunicar, vitais para o sucesso de uma geração, eram transmitidas ininterruptamente de pai para filho e de mãe para filha.

Com a industrialização do começo do século XX, os sistemas educacionais mudaram o ensino das crianças. A educação pública nos

Estados Unidos e na Europa tem sido considerada parte de um processo democrático essencial para proporcionar oportunidades iguais aos membros da sociedade (Laguardia e Pearl, 2009). Desde as primeiras décadas do século XX, as classes têm sido ensinadas segundo um formato modular, com grupos para cada assunto. E mais, o ensino vem sendo retirado do mundo real e colocado em um contexto controlado. Os estudiosos do começo do século XX apoiaram esse novo método de ensino e, durante esse período, ele teve bastante sucesso no preparo das crianças para serem adultas em um mundo industrializado caracterizado por comportamentos rotineiros.

A educação nas sociedades modernas

As escolas do século XX refletiam o crescimento de indústrias estáveis que produziam produtos. Habilidades específicas eram exigidas dos trabalhadores, e as escolas eram planejadas para responder a essas necessidades. A globalização, entretanto, tem alterado fundamentalmente a maneira como os países interagem. A mobilidade cada vez maior, as mudanças na criação de empregos e os deslocamentos populacionais têm mudado a estrutura social em relação à que existia no século XX. A estrutura familiar mudou também, com famílias monoparentais e pais que ficam menos em casa, o que resultou em uma necessidade crescente de programas pós-período escolar e comunitários. Ademais, a rede social propiciada por famílias ampliadas tem sido afetada pela mobilidade e pela globalização.

Hoje em dia, surgem debates nacionais relativos à política educacional nos Estados Unidos. De um lado, aqueles que querem manter as estruturas escolares em vigor há um século; de outro, aqueles que sugerem mudanças radicais na maneira como as crianças são educadas (Lawson, 2009). O tema principal dos pesquisadores que estudam as políticas educacionais é que as escolas modernas precisam mudar e se adaptar à maneira como o mundo tem mudado. As predições sobre os efeitos da globalização, a mobilidade e as mudanças nas oportunidades de emprego têm levado a recomendações em relação ao papel das escolas e à preparação das futuras gerações para o mundo em que vão viver.

Programas de ensino dentro e fora da escola

Os programas realizados antes e depois do período escolar têm tido um papel crescente em propiciar acesso a atividades físicas, artes e oportunidades de recreação. De fato, os pesquisadores em políticas têm notado uma mudança do foco tradicional de uma educação que abrange da educação infantil ao ensino médio (K-12)[7] para uma educação que abrange da pré-escola ao curso universitário (P-16),[8] tipo de sistema "do berço à carreira" (Lawson, 2012). Um programa que começou em 1998 nos Estados Unidos, chamado centros de aprendizagem comunitários do século XXI, provê financiamentos federais para apoiar programas realizados antes e depois do período escolar e programas de verão para escolas com desempenho baixo em áreas desfavorecidas, e atende aproximadamente 1,2 milhão de crianças (U.S. Departament of Education, 2010). Preparar as crianças para atender as rápidas mudanças sociais e exigências de emprego que existirão em uma década ou mais é um desafio para os educadores em geral, mas sobretudo para os professores de Educação Física.

Alguns analistas de políticas têm apontado uma mudança no papel da Educação Física no século XXI (Lawson e Lawson, 2013). Tradicionalmente, os professores se especializam em áreas específicas – ciências, matemática, línguas ou educação física. Embora existam benefícios na especialização, ela dificulta o trabalho interdisciplinar que pode afetar os níveis de atividade física da criança. Conforme os princípios dos modelos ecológicos, afirmamos que podem ser obtidos ganhos na atividade física da criança quando os professores aceitam uma abordagem de equipe que incentiva a atividade o dia todo mediante programas dentro e fora da escola. Ademais, os papéis e a proeminência dos educadores físicos provavelmente serão mais importantes em um futuro próximo, em uma colaboração entre escola e comunidade.

---

[7] N. do T.: *from kindergarten through high school*, no original, o que implica um início por volta de 5 anos de idade.

[8] N. do T.: *from preschool to the undergraduate degree*, no original, o que implica um início por volta de 3 anos de idade.

A aprendizagem não pode ser confinada ao dia na escola; a aprendizagem da criança deve ser sustentada por um ensino de qualidade por parte de todos os adultos.

Os educadores físicos com conhecimento especializado em métodos de ensino devem compartilhar sua perícia com paraprofissionais, pais e organizações comunitárias. O sucesso dos jogos de atividade física depende da maneira como são ensinados. Manter as crianças na curva de aprendizagem exige envolvimento do professor e instrução, orientação e *feedback* diretos, assim como estratégias de ensino que promovam a resolução de problemas, a descoberta e a criatividade. O bom ensino não é algo simples e requer mais do que organizar cronogramas de atividades das crianças. Os professores de programas realizados antes, ao longo e depois do período escolar e de programas comunitários devem adequar a instrução aos métodos de ensino. Responder a essa necessidade condiz com os modelos ecológicos; contudo, as estruturas extraescolares e comunitárias proporcionam desafios únicos para os professores do século XXI, porque, nesses ambientes, eles são menos suscetíveis a serem instruídos nesses métodos de ensino.

Novos papéis para os educadores físicos

Requerem-se inovações para reconfigurar a educação física em programas esportivos e de desenvolvimento da juventude durante o dia, após a escola ou comunitários (Lawson, 2009). Tradicionalmente, os programas de treinamento dos professores universitários têm fornecido conhecimento de conteúdo e treinamento especializado em métodos de ensino no ambiente escolar. Iniciativas federais, estaduais e locais nos Estados Unidos estão mudando a paisagem das oportunidades educacionais das crianças. Provedores de programas privados, orientados para o mercado, estão atuando em muitas organizações extraescolares. Os educadores físicos contemporâneos têm sido chamados não só a prover serviços instrucionais às crianças, mas para treinar os prestadores a implementar programas institucionais. Os professores de Educação Física bem-sucedidos conseguem adaptar as metodologias de ensino aos novos ambientes de instrução.

É imprescindível que existam conexões firmes entre os professores escolares e aqueles que proporcionam intervenções de atividade física em ambientes pós-período escolar e comunitários. O conceito de prática de jogos de atividade física destacado neste livro é baseado em resultados de pesquisas multidisciplinares. Deve-se manter a fidelidade das intervenções de jogo compartilhando os métodos de instrução com aqueles que trabalham em diferentes contextos ou ambientes.

O modelo RE-AIM (que significa alcance, efetividade, adoção, implementação e manutenção) propicia uma maneira de avaliar a necessidade de abordagens interdisciplinares para instituir jogos de atividade física em programas realizados antes e depois do período escolar. A **pesquisa translacional** pode ser definida como a captação, a implementação e a sustentabilidade de resultados de pesquisa dentro de um tratamento padrão (Estabrooks e Glasgow, 2006). Nas últimas cinco décadas, grande parte da pesquisa científica de base conduzida no mundo todo tem sido realizada em laboratórios universitários e nacionais. A ciência básica é fundamentada na convicção que as descobertas dos pesquisadores vão responder a perguntas específicas sobre fenômenos naturais. Dos anos 1960 aos anos 1990, a pesquisa financiada ao nível federal nos Estados Unidos levou a muitos avanços que tiveram o potencial de ajudar a humanidade. A transferência de conhecimento dos laboratórios de pesquisa ao mundo real seguiu um modelo de caminho linear, que assumiu que professores, médicos, clínicos e legisladores iam descobrir e adotar novos programas por conta própria.

Embora grandes avanços tenham sido realizados em algumas áreas, observa-se a falta da transferência de pesquisa sobre exercícios e atividade física para aplicações no mundo real. Em resposta, uma abordagem diferente, conhecida como o modelo de relacionamento, foi recomendada em meados dos anos 1990. O trabalho translacional bem-sucedido foi visto com uma troca de conhecimento entre fontes múltiplas baseada em relações interpessoais e sociais. Para que os projetos translacionais floresçam e sejam bem-sucedidos, requer-se a contribuição de indivíduos, de organizações e de redes maiores – o processo deve ser transdisciplinar (Estabrooks e Glasgow, 2006).

Pesquisa translacional: captação, implementação e sustentabilidade de resultados de pesquisa dentro de um tratamento padrão.

O modelo geral RE-AIM, desenvolvido por Glasgow *et al.* (2004), é uma abordagem da pesquisa translacional que considera fatores ecológicos e contextuais. É formado por cinco componentes:

- *Alcance (reach)*: o número de crianças e pais cuja participação é esperada. Esse componente aborda vários assuntos. Por exemplo, se há uma população-alvo específica, será que as pessoas dessa população vão se beneficiar do programa? Um programa de atividade física para crianças em áreas socioeconômicas mais baixas precisa de medidas para garantir que essas crianças possam participar.
- *Efetividade (effectiveness)*: o impacto da intervenção na qualidade de vida dos participantes. As intervenções devem ter resultados claramente anunciados para limitar efeitos negativos e consequências inesperadas. Os benefícios obtidos pelas crianças devem ser óbvios.
- *Adoção (adoption)*: o sucesso de um programa, com base no número de escolas e organizações que o adotam. Um programa de atividade física criado para crianças em programas pré e pós-período escolar pode ser perfeitamente projetado, mas, para ser bem-sucedido, precisa do apoio dos administradores e dos demais funcionários da escola.
- *Implementação (implementation)*: com que consistência o programa é apresentado e qual o tempo e o custo da intervenção. O sucesso de uma intervenção de atividade física é determinado pela qualidade de seus professores e a consistência da instrução em termos de locais e dias.
- *Manutenção (maintenance)*: o nível em que o programa mantém a adesão dos participantes e se torna institucionalizado.

Utilizar o modelo RE-AIM é uma maneira prática de planejar e implementar programas de atividade física para crianças. Ele destaca fatores cruciais para a iniciação, a execução e a manutenção de qualquer projeto de pesquisa translacional. As relações mostradas na Figura 9.4, a seguir, revelam os vínculos múltiplos dentro dos modelos ecológicos que subtendem a implementação de uma intervenção de atividade física de qualidade.

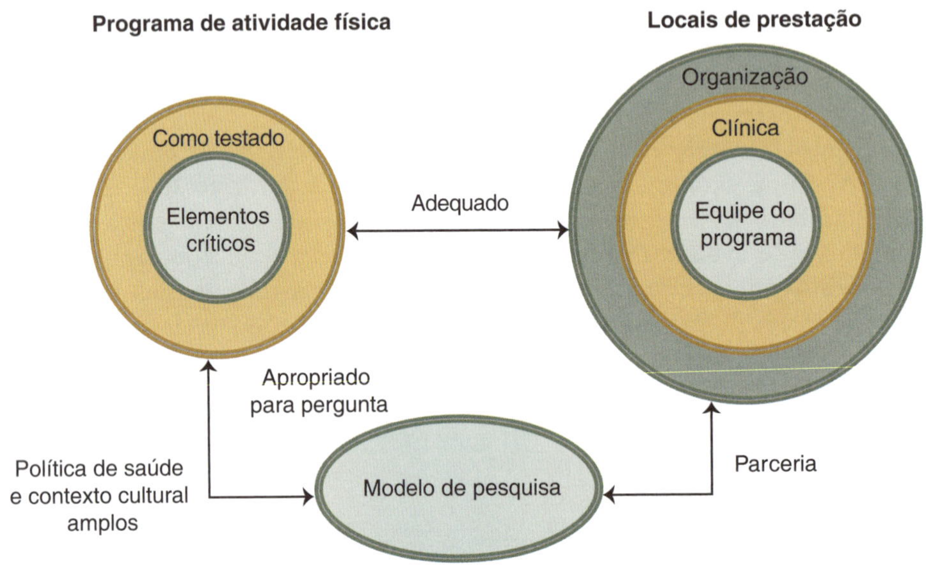

Figura 9.4 – Modelo simplificado de sistemas de pesquisa translacional em atividade física.
Fonte: Estabrooks e Glasgow (2006, p. S45-S56), com permissão.

Implicações para os educadores

A educação faz parte da filosofia democrática. Contudo, os recursos para financiá-la estão vinculados a fatores econômicos e políticos. Durante os períodos de crescimento econômico, o financiamento de programas educacionais ocorre sem muito debate; no entanto, quando a economia desacelera, menos recursos ficam disponíveis, e surgem discussões sobre as prioridades educacionais entre os responsáveis políticos. Historicamente, as áreas instrucionais fundamentais da ciência, matemática e línguas têm sido mantidas nas escolas mesmo quando os recursos econômicos diminuem. A educação nas artes e a Educação Física, pelo contrário, tendem a receber menos apoio e recursos. Uma percepção duradoura é que os educadores físicos são um elo fraco do processo educacional como um todo.

Essa percepção tem mudado na última década, à medida que os pesquisadores revelaram a importância da atividade física para o corpo e a mente no desenvolvimento das crianças e para prevenir a obesidade e outras doenças (Physical Activities Guidelines, 2008). Fontes de financiamento nacionais e internacionais nos Estados Unidos estão começando a apoiar a pesquisa translacional, tornando os resultados de estudos laboratoriais básicos aplicáveis em condições reais.

A colaboração multidisciplinar é um tema central da pesquisa translacional. Muitos problemas sociais são vistos como complexos demais para serem resolvidos por uma única especialização. Nas universidades, é cada vez mais importante que os formadores de professores preparem a próxima geração de educadores físicos para trabalhar em um cenário em mutação, em que as habilidades especializadas e o conhecimento da Educação Física possam ser aplicados em vários ambientes.

No mundo todo, os governos e as organizações privadas e comunitárias estão mudando a maneira de alocar recursos aos pesquisadores e médicos que focam a saúde mental e física da criança. Os governos alocam fundos de apoio à pesquisa e programas que promovem o bem-estar geral das pessoas.

Historicamente, a pesquisa tem sido classificada em **pesquisa básica**, que foca a acumulação de fatos sobre os seres humanos e o mundo, e **pesquisa aplicada**, que focaliza a resolução de problemas práticos. Os pesquisadores solicitam subvenções revisadas por conselhos que determinam quem merece ser financiado. Em geral, as subvenções do governo são distribuídas em resposta a questões científicas especificas e básicas. Os fundos para estudos e programas de pesquisa aplicada nos Estados Unidos costumam ser disponibilizados para organismos regionais e estaduais que apoiam programas comunitários. Organismos ou grupos comunitários, como a YMCA e os Boys and Girls Clubs, submetem propostas aos responsáveis estaduais e regionais para serem avaliadas e apoiadas. Atualmente, muitos programas realizados antes e depois do período escolar e programas de verão obtêm apoio para contratar professores e equipes por meio dos organismos regionais e estaduais.

As fundações privadas apoiam, também, programas que respondem a necessidades sociais. Ademais, há um papel emergente da indústria no financiamento de programas educacionais de promoção da atividade física. Em resposta ao aumento alarmante da obesidade e da inatividade física na faixa etária pediátrica, as empresas estão cada vez mais envolvidas na promoção de iniciativas esportivas e atividades físicas que melhorem a saúde e estejam inseridas em suas políticas de responsabilidade social empresarial.

O recado importante das mudanças que ocorrem no mundo todo é que a disciplina Educação Física está prestes a sofrer mudanças extremas e ter papel central na política educacional emergente do século XXI.

Pesquisa básica: pesquisa que foca a acumulação de fatos sobre os seres humanos e o mundo.

Pesquisa aplicada: pesquisa que focaliza a resolução de problemas práticos.

Parte III

Criando jogos de atividade física eficientes

A parte final deste livro consiste em dois capítulos: um mostra os jogos para crianças da educação infantil (3 a 6 anos), e o outro mostra jogos para crianças do ensino fundamental (7 a 11 anos). Para cada jogo, são descritas alterações e modificações propostas para despertar o envolvimento e a aprendizagem da criança. Estes últimos capítulos explicam também como apresentar os jogos para crianças com idade e nível de desenvolvimento diferentes. Há, ainda, orientações relativas à aplicação de jogos de atividade física nos contextos antes e depois do período escolar.

A finalidade deste livro não é só proporcionar uma série de jogos para promover o desenvolvimento mental e motor. Ele também oferece explicações detalhadas para ensinar os jogos de modo eficiente. A cada jogo, explicamos por que ele funciona, à luz daquilo que sabemos sobre a natureza e o desenvolvimento da cognição. Isso promove um entendimento mais profundo das funções executivas específicas, das capacidades e habilidades motoras que cada jogo desafia, e como as regras e condições de novos jogos alteram esses desafios. Com esse conhecimento, os professores podem, sozinhos, fazer alterações e criar novos jogos. Ensinar jogos de atividade física de qualidade para promover o desenvolvimento cognitivo, físico e social não é uma tarefa simples e fácil, mas as recompensas são enormes.

Capítulo

10

Jogos de atividade física para crianças da educação infantil

O nível de desenvolvimento motor de crianças da educação infantil vem declinando nas últimas décadas. Esse atraso na capacidade motora despertou demandas para redobrar a atenção à qualidade das experiências de atividade física, tanto no jogo livre como na atividade física estruturada. Este capítulo foca a qualidade dos jogos de atividade física para crianças dessa idade.

A aprendizagem baseada nos movimentos é muito importante durante os anos da educação infantil (de 3 a 6 anos). O desafio para os educadores é alinhar estreitamente as experiências de aprendizagem com os níveis de desenvolvimento das crianças pequenas em termos de habilidades motoras fundamentais e funções mentais. É importante reconhecer que, embora as habilidades motoras fundamentais e as funções mentais das crianças estejam relacionadas, elas têm trajetórias de desenvolvimento diferentes. Isso representa um desafio claro para o educador, mas ele pode ser superado.

Os jogos apresentados neste capítulo promovem, de acordo com a idade, o desenvolvimento das habilidades motoras fundamentais e das funções mentais para garantir a adaptabilidade e a autorregulação em contextos educacionais e sociais. Eles também facilitam a mudança natural dos jogos paralelos, comuns entre crianças de 2 a 3 anos, para jogos sociais e de grupo, que surgem aos 4 anos.

Em vista desses objetivos gerais, o presente capítulo: (1) traz um breve resumo dos componentes dos jogos de atividade física necessários para facilitar a transição das brincadeiras aos jogos; (2) explica como os jogos são relacionados às orientações (crianças entre 3 e 4 anos) e aos padrões (crianças entre 5 e 6 anos) da Society of Health and Physical Educators (SHAPE America) para crianças fisicamente proficiente; e (3) dá exemplos de jogos apropriados para o desenvolvimento, sugerindo alterações em jogos para promover o desenvolvimento cognitivo, além de informarem as demandas mentais e motoras dos jogos de movimento.

Como passar das brincadeiras aos jogos

Do nascimento à primeira infância, as crianças passam progressivamente da exploração e brincadeira deliberada à prática deliberada de jogos. A exploração aumenta quando a criança fica à vontade em seu contexto e com as pessoas ao seu redor. Vimos no Capítulo 4 que a brincadeira deliberada é um fim em si, caracterizada pela flexibilidade e pela diversão positiva. A brincadeira é escolhida livremente, é agradável, simbólica e envolve o tanto o aspecto físico como o psicológico (Huges, 2010). Já a prática deliberada é um treinamento específico, centrado em uma tarefa que requer instruções.

Os jogos são atividades organizadas em que existem regras e uma meta (tipicamente, vencer o jogo). Do ponto de vista do desenvolvimento, os jogos com regras tendem a ser comuns a partir dos 6 anos de idade, ao passo que a brincadeira simples é mais frequente dos 2 aos 6 anos. A transição da brincadeira para os jogos e das atividades não estruturadas para as estruturadas é um passo importante do desenvolvimento. Para facilitar essa transição que ocorre nos anos da educação infantil, os professores devem oferecer experiências de aprendizagem que mantenham as características essenciais da brincadeira, mas levem a atividades organizadas e com meta. Os jogos propostos neste capítulo seguem esse caminho.

Jogos de faz de conta

Os jogos deste capítulo têm características de atividades de brincadeira simbólica, de faz de conta, que são dominantes no trabalho com crianças da educação infantil (Smith e Pellegrini, 2008). As crianças fingem dar sentidos diferentes para ações ou objetos. O jogo de sociodrama, apresentado no Capítulo 7, é um jogo de faz de conta social com uma história que requer representar um papel e entender as intenções alheias. É comum entre crianças de cerca de 3 anos de idade. As regras dos jogos que promovem o desenvolvimento cognitivo podem ser incorporadas em um ambiente de faz de conta caracterizado por papéis e cenas imaginárias. O mundo imaginário dá às crianças a oportunidade de misturar histórias e contribui para a construção da história.

Jogos de descoberta

Os jogos deste capítulo são abertos e apenas parcialmente estruturados, o que dá às crianças certa liberdade para tomar decisões. Eles não requerem que as crianças reproduzam padrões de movimentos predeterminados demonstrados pelo professor; em vez disso, promovem a descoberta pelas crianças de uma ou mais soluções para aumentar seu envolvimento mental. Como discutimos nos Capítulos 6 e 7, os jogos podem ser ensinados usando-se o método de exploração e descoberta ou o método de instrução direta, ou uma combinação dos dois (Siedentop e Tannehill, 2000).

Jogos que desafiam as funções executivas

Como vimos no Capítulo 1, as funções executivas centrais da criança aparecem em diversos momentos, começando cedo, durante a idade pré-escolar. Assim, todas as funções executivas já estão presentes na criança da educação infantil até certo ponto. Este capítulo fornece exemplos de jogos de movimento que aumentam a eficiência dessas funções executivas e promovem as habilidades de controle dos pensamentos e das ações da criança.

Os jogos propostos aqui refletem os três princípios de envolvimento mental apresentados no Capítulo 6: (1) interferência contextual, (2) controle mental (parar, atualizar e mudar) e (3) descoberta. Os jogos e as alterações de jogos que propomos são apenas exemplos; os professores podem criar seus próprios jogos e alterá-los para atender às necessidades das crianças que ensinam. Para tanto, precisam estar cientes das habilidades exigidas para o desempenho do jogo não só no campo motor, mas também no campo mental.

Cada descrição de jogo neste capítulo destaca, também, as mudanças que podem desafiar essas habilidades em um nível maior, e apresenta desafios adicionais não presentes na versão básica do jogo. Entre as alterações estão as que podem ser feitas dentro do jogo ou entre os jogos, ou ao mudar de uma versão para outra. Cada jogo inclui três versões para proporcionar variabilidade ao desafio mental.

Enfocamos alterações de jogo que aumentam o esforço mental de maneira progressiva e, mais especificamente, treinam as funções executivas. Como notamos no Capítulo 2, gerar um esforço mental não depende tanto do tipo de habilidade motora que a criança desempenha. O que importa é a complexidade da coordenação motora e as demandas por uma ação consciente. O equilíbrio adequado de variações dentro do jogo e entre os jogos estabelece e mantém um ponto de desafio ótimo para cada criança, bem como desafia as funções executivas. Procurar o ponto de desafio ótimo para a cognição é crucial para o sucesso do jogo, porque as funções executivas devem ser continuamente desafiadas para propiciar melhoras. Assim, as crianças que não são desafiadas não melhoram no funcionamento executivo.

Os jogos podem variar da seguinte maneira:

- Mudar as demandas motoras, acrescentando movimentos ou aumentando sua dificuldade de coordenação.
- Alterar as regras para tornar o jogo mais desafiador.
- Mudar a intensidade ou a duração do jogo, ou ambas.
- Alterar os papéis das crianças para maximizar o esforço do grupo.
- Mudar a estrutura do jogo para incentivar a resolução de problemas e a descoberta divergente.

Como os jogos são caracterizados e apresentados

Segundo a progressão desenvolvimental típica (Gallahue e Cleland, 2003), os jogos apresentados aqui têm as seguintes características:

- Limitados e sem equipamentos.
- Regras limitadas, com apenas uma ou duas estratégias, ou uma levemente mais complexa.
- Foco em habilidades únicas ou combinação simples de habilidades motoras.
- Podem ser jogados por uma pessoa ou um pequeno grupo, em nível baixo de competição.

O formato de apresentação dos jogos ao longo dos Capítulos 10 e 11 é constante. A cada jogo apresentado, destacam-se os pontos-chave das instruções e as estratégias para manter a criança na curva de aprendizagem.

A organização das seções é a seguinte:

- *Pontos essenciais e explicações do professor.* Descreve o conteúdo e a organização das tarefas, sua sequência, e como estruturar o ambiente de aprendizagem.
- *Desafios propostos.* Cobre as questões de fluxo instrucional e de flexibilidade que influenciam quando e como alterar o jogo.
- *Pequenas modificações e continuação.* Sugere pequenas mudanças para ajustar o envolvimento físico e cognitivo da criança.
- *Destaques do jogo.* Apresenta uma análise das habilidades mentais e motoras requeridas para desempenhar o jogo.
- *Detalhamento do jogo.* Fornece um detalhamento dos jogos, como equipamentos, habilidades requeridas, regras e questões que podem ser usadas para promover o envolvimento mental (estratégias de "ensino mediante perguntas").

Jogos de conexão para crianças da educação infantil segundo os padrões da SHAPE America

No Capítulo 7, enfatizamos a importância de criar jogos que atendam às orientações e aos padrões internacionais de atividade física de qualidade e de Educação Física para crianças. Recentemente, a American Alliance for Health, Physical Education, Recreation and Dance (AAHPERD), que inclui a National Association for Sport and Physical Education (NASPE), a qual publicou declarações autorizadas, orientações e padrões para a atividade física infantil, foi reorganizada e renomeada Society of Health and Physical Educators, ou SHAPE America. O documento *Active Start: A Statement of Physical Activity Guidelines for Children From Birth to Five Years* [Início ativo: declaração de orientações de atividade física para crianças do nascimento aos 5 anos] destaca orientações e informações para professores, pais e outras pessoas encarregadas de crianças. Os jogos para crianças da educação infantil apresentados neste capítulo seguem as orientações do *Active start*, listadas a seguir (NASPE, 2009):

- *Orientação 1*: as crianças entre 3 e 4 anos[9] devem acumular pelos menos 60 minutos de atividade física por dia.
- *Orientação 2*: as crianças entre 3 e 4 anos devem se envolver diariamente em uma atividade física não estruturada, de 60 minutos até várias horas, e não ser sedentárias por mais de 60 minutos por vez, exceto quando dormem.
- *Orientação 3*: as crianças entre 3 e 4 anos devem ser incentivadas a desenvolver competências em habilidades motoras fundamentais que servirão de componentes essenciais para futuras habilidades motoras e atividades físicas.
- *Orientação 4*: as crianças entre 3 e 4 anos devem ter acesso a áreas internas e externas que atendam ou excedam os padrões de segurança recomendados para desempenhar atividades musculares maiores.
- *Orientação 5*: os pais e os cuidadores encarregados da saúde e do bem-estar de crianças da educação infantil, são responsáveis por entender a importância da atividade física e promover habilidades motoras, propiciando oportunidades de atividade física estruturada e não estruturada.

Essas orientações não seguem uma ordem de prioridade.

Os jogos deste capítulo, baseados em princípios de variabilidade de prática, estão alinhados com a orientação 3, para crianças entre 3 e 4 anos, que recomenda promover o desenvolvimento de competência em habilidades motoras fundamentais que servirão de componentes essenciais para futuras habilidades motoras.

As orientações 1 e 2 recomendam que as crianças pequenas acumulem pelo menos 60 minutos de atividade física estruturada e se envolvam por, no mínimo, 60 minutos em atividade física não estruturada por dia. Os jogos deste capítulo têm potencial para modificar a atividade física das crianças pequenas. Ao focarem a brincadeira deliberada, eles promovem a atividade espontânea que pode ser desempenhada em vários ambientes. Ao participar desses jogos de contexto de atividade física estruturada, a criança pode se envolver em elementos de jogo espontâneo criando suas próprias linhas narrativas. Mais tarde, ela pode usar essas experiências em contextos de atividade física não estruturada. Assim, esses jogos devem facilitar o fluxo entre jogo espontâneo e deliberado em contextos não estruturados e prática deliberada em contextos estruturados.

Os jogos para crianças da educação infantil deste capítulo também refletem os Padrões Nacionais para a Educação Física da SHAPE America (2014) que se aplicam à faixa etária entre 5 e 6 anos,[10] e são os seguintes:

- *Padrão 1*: o indivíduo fisicamente proficiente mostra competência em uma série de habilidades motoras e padrões de movimentos.
- *Padrão 2*: o indivíduo fisicamente proficiente aplica conceitos de conhecimento, princípios, estratégias e táticas relacionados ao movimento e ao desempenho.
- *Padrão 3*: o indivíduo fisicamente proficiente mostra conhecimento e competências para alcançar e manter o nível de atividade e aptidão física que melhora a saúde.
- *Padrão 4*: o indivíduo fisicamente proficiente apresenta um comportamento pessoal e social responsável que respeita a si mesmo e aos outros.
- *Padrão 5*: o indivíduo fisicamente proficiente reconhece o valor da atividade física para a saúde, o prazer, o desafio, a expressão pessoal e/ou a interação social.

Esses padrões não seguem nenhuma ordem de prioridade.

O Quadro 10.1 é um localizador de jogos deste capítulo que conecta os aspectos de cada jogo aos padrões da SHAPE America para a Educação Física.

[9] N. do T.: *preschoolers*, no original.

[10] N. do T.: *kindergartners*, no original.

Quadro 10.1 – Localizador de jogos para crianças da educação infantil

<table>
<tr><th>Jogo</th><th>Pág.</th><th>Resultados do desempenho (crianças entre 3 e 4 anos)</th><th>Resultados do desempenho (crianças entre 5 e 6 anos)</th></tr>
<tr><th colspan="4">JOGOS QUE ENFATIZAM A INTERFERÊNCIA CONTEXTUAL</th></tr>
<tr><td>O flautista</td><td>174</td><td rowspan="6">▪ Alterna movimentos lentos e rápidos e deslocamento para a frente e para as laterais, e mudanças de direção em resposta a um sinal ou obstáculo, usando uma variedade de habilidades locomotoras (padrão 1).
▪ Memoriza uma regra e se comporta de acordo com ela, com mudanças adequadas entre duas ações (padrão 2).
▪ Envolve-se em sessões curtas e frequentes de atividade física moderada a vigorosa (AFMV), alternando pausas curtas no desenrolar dos jogos (padrão 3).
▪ Segue as diretivas dadas à classe para uma atividade da classe inteira e é capaz de usar o espaço com segurança, evitando colisões (padrão 4).
▪ Gosta de se expressar em vários papéis de faz de conta, lidando com emoções divergentes (padrão 5).</td><td rowspan="6">▪ Reage a mudanças imprevisíveis no ambiente e adapta a direção e a velocidade dos movimentos conforme essas mudanças, usando uma variedade de habilidades locomotoras (padrão 1).
▪ Memoriza uma regra que envolve mais de duas ações alternativas, e é capaz de usá-las de modo adequado em resposta a vários sinais (padrão 2).
▪ Envolve-se em fases de jogo progressivamente mais longas caracterizadas por atividade física moderada a vigorosa (AFMV) (padrão 3).
▪ Apresenta as primeiras formas de comportamento pró-social, concentrando-se não só na participação no jogo, mas, também, na responsabilidade pelos outros (liberando os colegas de equipe) (padrão 4).
▪ Não se afasta do jogo; gosta de passar da competição (pegar) à cooperação (liberar) e aceita riscos (ser pego) (padrão 5).</td></tr>
<tr><td>O flautista e os ratinhos</td><td>175</td></tr>
<tr><td>O camaleão</td><td>177</td></tr>
<tr><td>Pedra, papel e tesoura</td><td>178</td></tr>
<tr><td>Mosca, sapo e serpente</td><td>180</td></tr>
<tr><td>O maior pega o menor e O menor pega o maior</td><td>182</td></tr>
<tr><th colspan="4">JOGOS QUE ENFATIZAM O CONTROLE MENTAL</th></tr>
<tr><td>Jogo de estátua: um, dois, três... Estrela</td><td>183</td><td rowspan="6">▪ Alterna habilidades locomotoras (andar, correr) e para rapidamente em resposta a sinais (padrão 1).
▪ É capaz de inibir respostas prepotentes e parar movimentos conforme as regras do jogo (padrão 2).
▪ Envolve-se em sessões curtas e frequentes de atividade física moderada, alternados com breves pausas ao jogar (padrão 3).
▪ Aceita a decisão do professor quando ela é desfavorável (por exemplo, voltar à linha de partida) (padrão 4).
▪ Gosta de se expressar em vários papéis de faz de conta e é capaz de assumir uma variedade de partes, com ênfase em animais e objetos (padrão 5).</td><td rowspan="6">▪ Demonstra contrastes entre movimentos lentos e rápidos, para a frente e para trás, e várias posições corporais em resposta a sinais (padrão 1).
▪ Memoriza uma regra que envolve mais de duas ações alternativas e é capaz de usá-las para se mover ou parar adequadamente em resposta a vários sinais (padrão 2).
▪ Envolve-se em fases de jogo progressivamente mais longas e caracterizadas por atividade física moderada a vigorosa (AFMV) (padrão 3).
▪ Aprende a competição para vencer no jogo e a cooperação para achar soluções com os colegas (padrão 4).
▪ Interage com os outros para superar os desafios de resolução de problemas de tarefas motoras e gosta das diferenças entre suas próprias soluções e as dos outros (padrão 5).</td></tr>
<tr><td>Um, dois, três... Estrela ou Lua</td><td>185</td></tr>
<tr><td>Um, dois, três... Estrela ou Lua ou Sol</td><td>187</td></tr>
<tr><td>Luzes de trânsito loucas</td><td>188</td></tr>
<tr><td>Meu relógio está atrasado</td><td>190</td></tr>
<tr><td>O aro mágico e a vara do contrário</td><td>192</td></tr>
<tr><th colspan="4">JOGOS QUE ENFATIZAM A DESCOBERTA</th></tr>
<tr><td>A teia e as pequenas aranhas</td><td>194</td><td rowspan="6">▪ Explora maneiras de resolver problemas motores grossos simples e alternar o uso de objetos com habilidades locomotoras e manipulativas simples (padrão 1).
▪ Inibe respostas habituais e mais comuns em prol de estratégias de movimento menos usuais (padrão 2).
▪ Envolve-se intermitentemente por períodos curtos em atividade física moderada (padrão 3).
▪ Exibe contato físico respeitoso ao usar o corpo do professor para lidar com tarefas motoras de resolução de problemas (padrão 4).
▪ Gosta de se expressar em vários papéis de faz de conta e as diferenças entre suas soluções e as dos outros (padrão 5).</td><td rowspan="6">▪ Mostra competência em descobrir e executar soluções motoras originais e pertinentes, usando uma variedade de habilidades motoras grossas (locomotoras) e motoras finas (manipulativas) (padrão 1).
▪ Desenvolve estratégias para se mover criativamente quando o ambiente está estável e quando muda (padrão 2).
▪ Envolve-se de modo intermitente em períodos de tempo cada vez mais longos em atividade física moderada (padrão 3).
▪ Trabalha em pares para descobrir formas simples de soluções cooperativas em um ambiente estável ou que muda devagar (padrão 4).
▪ Lida com o medo (por exemplo, de subir) e interage com os outros, para superar os desafios de tarefas motoras de resolução de problemas (padrão 5).</td></tr>
<tr><td>A teia movediça e as pequenas joaninhas</td><td>195</td></tr>
<tr><td>A fábula da teia mágica</td><td>197</td></tr>
<tr><td>Álbum de fotos</td><td>199</td></tr>
<tr><td>Fotos de coragem</td><td>200</td></tr>
<tr><td>Filme do mundo animal</td><td>202</td></tr>
</table>

Jogos que enfatizam a interferência contextual

Os jogos desta seção são do tipo pega-pega. O que os torna únicos é que os participantes alternam entre ser o pegador e apanhado. As condições do jogo não permitem que a criança repita as sequências de movimentos. Essas condições geram interferências contextuais e promovem o uso da repetição sem repetição.

Como discutimos no Capítulo 6, o princípio da interferência contextual se aplica quando as demandas do jogo não são totalmente previsíveis, e a criança deve assumir mais de um papel (em geral, dois, nessa idade). Já que a situação é incerta, a criança não pode repetir uma solução e precisa repetir sem se repetir, isto é, precisa resolver o problema várias vezes e de várias maneiras. A maior parte dos jogos desta seção requer apenas um espaço aberto e seguro. Alguns requerem pequenas ferramentas ou equipamentos caseiros.

O FLAUTISTA

No jogo simbólico ou de sociodrama, os participantes em geral têm o papel de amigos ou de adversários. Este jogo dá à criança a oportunidade de experimentar esses papéis em situações lúdicas. O jogo promove a interferência contextual porque a criança deve alternar comportamentos de aproximação e de evasão, dependendo se estiver mostrando as características de um amigo (com expressões faciais amigáveis e abrindo os abraços para convidar a se aproximar) ou de um adversário (com expressões faciais ameaçadoras e se movendo para apanhar alguém ou obrigá-lo a fugir).

Pontos essenciais e explicações do professor

Explique que você é o flautista, uma pessoa que pode enfeitiçar e capturar ratinhos com o som mágico da sua flauta. Faça uma demonstração dando uma volta e explicando que finge tocar uma linda música na flauta, e peça às crianças que o sigam em silêncio como ratinhos enfeitiçados. Depois, pare e, então, explique que, às vezes, você é um flautista bom, que gosta de ratinhos, e, às vezes, um flautista mau, que quer apanhá-los. Explique que você pode mudar de um tipo para o outro de repente, mostrando um lindo sorriso e abrindo os braços para abraçá-los, ou mostrando um rosto bravo e tentando apanhá-los. Dito isso, comece o jogo. Para desafiar a habilidade cognitiva das crianças em alternar comportamentos de aproximação e de evasão, vire-se para elas em momentos variáveis e alterne os papéis de flautista bom e mau.

Desafios propostos

Durante as breves pausas entre as fases do jogo, pergunte às crianças de que maneira elas tentaram fugir (ver as perguntas na seção sobre o Detalhamento do jogo). Embora as crianças muito pequenas talvez não consigam responder, elas vão pensar melhor e, provavelmente, mostrar como se comportaram. Isso vai ajudar você a destacar que existem várias maneiras de evitar ser apanhado e que elas não precisam repetir sempre a mesma solução. Use as pausas também para lembrar às crianças que devem prestar atenção enquanto correm para evitar colisões ("*Mantenham os olhos abertos*"), seja quando abraçam ou quando fogem.

O jogo do flautista ensina as crianças a inibir respostas complexas.

Pequenas modificações e continuação

Quando todas as crianças tiverem demonstrado que podem aderir às regras do jogo, você pode introduzir a mudança seguinte. Ao se virar de repente para as crianças, diga "*Abracem Susana!*" ou "*Peguem João!*", indicando uma criança para ser abraçada ou apanhada. Isso aumenta a incerteza da situação; a regra é a mesma, mas a direção para onde correr muda a cada vez, de acordo com a criança que você designou para ser abraçada ou pega. Tenha o cuidado de escolher crianças que se afastaram para trazê-las de volta ao grupo.

Destaques do jogo

Este jogo se relaciona ao domínio mental (isto é, às funções executivas) propondo dois papéis para você e dois comportamentos motores para as crianças (aproximação e abraço *versus* evasão e fuga). As crianças devem memorizar as duas responsabilidades que desafiam sua memória funcional. Em termos de pesquisa científica, isso corresponde ao desafio proposto por tarefas simples de memória funcional que requerem das crianças que memorizem informações em longo prazo. Além disso, os dois papéis mudam de modo imprevisível durante o jogo, exigindo da criança que desempenhe ações contínuas (seguir o flautista) e, depois, mude e escolha uma de duas ações (aproximar-se ou fugir). Isso envolve a inibição de resposta e o redirecionamento mental. Em termos de pesquisa científica, corresponde aos desafios lançados por tarefas complexas de inibição de resposta (que requerem da criança que lembre uma regra, responda de acordo com essa regra, e iniba outra resposta) e a tarefas de mudança de resposta, que requerem da criança que elabore uma série arbitrária de estímulos-resposta (o professor se vira/a criança se aproxima) e, então, mude para outra série de estímulos-resposta (o professor se vira/a criança foge).

Este jogo se relaciona, também, ao domínio motor (isto é, às capacidades de coordenação) desafiando a adaptação perceptual motora (orientação de resposta, tempo de reação). As crianças devem reagir a mudanças no ambiente que são bastante imprevisíveis e adaptar a direção e a velocidade dos movimentos de acordo com essas mudanças. O jogo alterna entre atividade física vigorosa (quando o flautista se vira e começa a apanhar as crianças), atividade moderada (quando o professor anda devagar), e pausas (quando o professor se vira e convida a abraços).

Detalhamento do jogo

Este jogo, estimulante física, cognitiva e emocionalmente, envolve habilidades locomotoras fundamentais (andar e correr). As crianças experimentam entre duas ações que são carregadas de emoções (aproximar-se e abraçar ou fugir).

Equipamento

Uma classe de 30 alunos requer apenas um espaço seguro e aberto.

Habilidades requeridas

- Habilidades locomotoras: andar, correr.
- Deslocamento seguro no espaço, caçar e fugir.
- Leitura de expressões faciais e comunicação corporal.

Regras

1. Quando você anda no papel do flautista, as crianças devem segui-lo em fileira.
2. Quando você para e se vira para as crianças, elas devem reconhecer sua expressão facial e reagir de acordo com ela (aproximar-se diante de um sorriso ou fugir diante de uma expressão brava).

Perguntas

- Como você tentou escapar?
- Como você fez para me manter à vista?
- Quantas vezes você mudou de direção?

O FLAUTISTA E OS RATINHOS: QUEM APANHA QUEM?

Os jogos de pega-pega estão entre os mais comuns jogos de movimento transculturais (Dienstmann, 2008). Na versão mais comum do jogo de pega-pega, o apanhador é identificado de antemão e não muda de papel até o fim do jogo. Nesta variação, o flautista é menos previsível e pode se comportar de várias maneiras. Ao se virar para as crianças, você pode: (1) sorrir e abrir os abraços para abraçar os ratinhos; (2) mostrar um rosto bravo e começar a caçar as crianças; (3) parecer impassível (não mostrar expressão nenhuma); ou (4) parecer assustado. No primeiro e no segundo caso, a regra é a mesma do jogo do flautista (aproximar-se e abraçar, ou afastar-se e fugir); no terceiro caso, os ratinhos devem permanecer onde estão, e, no quarto, devem apanhar o flautista.

Pontos essenciais e explicações do professor

Explique que o flautista nem sempre consegue enfeitiçar os ratinhos com a música. Quando você se virar e olhar os ratinhos sem expressão, eles devem congelar onde estão. Quando você olhar com medo, significa que os ratinhos não estão mais enfeitiçados e podem apanhá-lo. Explique e acrescente a terceira e a quarta alternativa em sequência, após as crianças terem representado as duas primeiras alternativas corretamente. Antes de começar o jogo, mostre as quatro expressões faciais e pergunte às crianças o que elas veem e o que devem fazer quando veem cada expressão ou gesto. Assim que elas entenderem as regras e lembrarem as quatro alternativas, comece o jogo. Para desafiar a habilidade cognitiva das crianças a mudar rapidamente de comportamento, vire-se para elas em tempos diferentes e escolha os papéis de modo aleatório.

Desafios propostos

Assim como no jogo do flautista, faça pequenas pausas entre as fases do jogo e pergunte às crianças de que modo tentaram pegá-lo ou evitá-lo. Pergunte a algumas se querem mostrar como fizeram. Use as pausas para lembrar às crianças que devem prestar atenção nas outras enquanto correm para evitar colisões.

Pequenas modificações e continuação

Uma vez que as crianças demonstraram que conseguem aderir às regras, crie pequenos grupos e atribua o papel do flautista a uma criança de cada grupo. Com base no que você observou nas fases anteriores do jogo, escolha como flautistas as crianças mais capazes de manter as quatro alternativas de resposta.

Destaques do jogo

Este jogo se relaciona ao domínio mental (isto é, às funções executivas), confrontando as crianças com regras mais complexas que têm três e, depois, quatro soluções de movimento (aproximar-se, afastar-se, parar, pegar) que elas devem lembrar. Ele representa um desafio maior para a memória funcional do que o jogo do flautista. A novidade reside no fato de que as crianças devem alternar os papéis de ratinho apanhador e de apanhado, de acordo com a expressão e a ação do flautista. Essa mudança de tarefa de resposta é mais desafiadora do que no jogo do flautista. As crianças precisam variar não só entre duas alternativas (o professor se vira/a criança se aproxima ou foge), mas entre mais alternativas (o professor se vira/a criança congela ou pega).

As demandas do domínio motor (isto é, as capacidades de coordenação) são semelhantes às do jogo do flautista, exceto pelo fato de que o número maior de alternativas desafia as habilidades de adaptação perceptual-motora rápida, especialmente o tempo de reação.

Detalhamento do jogo

Este jogo é estimulante dos pontos de vista físico, cognitivo e emocional, e requer habilidades locomotoras básicas. As crianças escolhem, de maneira alternada, várias ações carregadas de emoção (aproximar-se e abraçar, evitar e fugir, caçar ou congelar). O componente emocional deste jogo cognitivamente desafiador torna-o divertido. Mais importante ainda: as crianças aprendem a interpretar as emoções alheias e a reagir a elas de modo apropriado, o que é uma habilidade de empatia relevante.

Equipamento

Uma classe de 30 alunos requer apenas um espaço seguro e aberto.

Habilidades requeridas

- Habilidades locomotoras: andar, correr.
- Deslocamento seguro no espaço, caçar e fugir.
- Leitura de expressões faciais e comunicação corporal.

Regras

1. Quando você anda como flautista, as crianças devem segui-lo em fileira.
2. Quando você para e se vira para as crianças, elas devem reconhecer sua expressão facial e reagir de acordo com ela: aproximar-se, fugir, correr em sua direção ou parar.

Perguntas

- Como você tentou escapar?
- Como você fez para me manter à vista?
- Quantas vezes você mudou de direção?
- Qual era sua posição quando congelou?
- Foi mais fácil para você fugir do flautista ou tentar apanhá-lo? Por quê?

O CAMALEÃO

A história do flautista pode ser transformada em uma história sobre um camaleão (você) que pode assumir os aspectos de vários animais. Neste jogo, você circula seguido pelos alunos. Você pode mudar de animal toda vez que se virar para as crianças. As crianças também são animais. Há quatro alternativas: (1) você é um pássaro que chama seus filhotes para um abraço ou tenta pegar borboletas; (2) você é um sapo que quer abraçar seus filhotes ou pegar grilos; (3) você é uma serpente que quer abraçar seus filhotes ou pegar sapos; (4) você é uma águia que chama seus filhotes ou tenta pegar coelhos.

Pontos essenciais e explicações do professor

Primeiro, diga às crianças que você pode se transformar em vários animais. Comece o jogo com os dois primeiros animais (pássaro e sapo) e acrescente o terceiro (serpente) e o quarto (águia), na sequência. Explique que vai começar a circular imitando um animal, e peça às crianças que sigam você em silêncio. Contudo, elas devem prestar atenção porque, de repente, você pode se virar e dizer que está procurando seus filhotes para abraçá-los, ou que está faminto e quer capturar animais. Demonstre as regras com uma criança; para cada animal que interpretar, diga à criança: "*Agora sou um pássaro e você é meu filhote*", abrindo os braços, ou "*Agora sou um pássaro e você, uma deliciosa borboleta*", e corra para pegá-la. Explique que ela deve se aproximar, imitando os movimentos do filhote de pássaro, ou fugir de você, fingindo ser uma borboleta. Então, comece o jogo com todas as crianças. Para desafiar a prontidão delas, vire-se para elas em intervalos variáveis e alterne os papéis aleatoriamente (pássaro, sapo, serpente, águia), procurando filhotes ou comida.

Desafios propostos

Como nos jogos anteriores, propicie pequenas pausas entre as fases do jogo e peça às crianças para explicar e mostrar as maneiras como tentaram pegá-lo ou evitaram ser pegas. Isso promove uma reflexão sobre as ações. Lembre às crianças que elas devem prestar atenção nas outras quando correrem.

Pequenas modificações e continuação

Para modificar esse jogo, pergunte às crianças quais outros animais elas gostariam de interpretar. Você pode adicionar uma nova regra quando as crianças atuarem como rapina ou fugirem de você (o predador), pedindo que corram atrás de você para pegá-lo, antes que você o faça com elas. A criança que conseguir assume o papel de um novo animal.

Destaques do jogo

O jogo se relaciona ao domínio mental (isto é, às funções executivas) ao confrontar as crianças com várias opções que desafiam sua memória funcional. Diferentemente do jogo o flautista e os ratinhos, há apenas duas respostas possíveis ao seu comportamento, e não quatro: abraçar ou evitar ser pego. Contudo, o esforço cognitivo é melhorado, porque as crianças não sabem de antemão como deverão se comportar em resposta à sua transformação em pássaro, sapo, serpente ou águia. Você deve esperar o último momento para dizer se está procurando seus filhotes ou um jantar. Ademais, o jogo desafia a interferência contextual quando você finge ser um sapo amigável ou uma serpente faminta. Em ambos os casos, as crianças devem fingir ser sapos, mas se comportar de modo diferente: aproximando-se e abraçando, no primeiro caso, e fugindo e evitando ser pegas, no segundo.

No domínio motor (isto é, as capacidades de coordenação), os desafios são semelhantes aos dos jogos anteriores, mas o nível de dificuldade para as crianças varia conforme os papéis que você assume. Ao interpretar um pássaro ou sapo, o jogo é mais fácil, porque o padrão motor desempenhado ao se aproximar ou fugir é o mesmo (bater asas, como filhotes de pássaro ou como borboleta). De forma análoga, quando você interpreta o sapo, as crianças pulam ao se aproximar como filhotes de sapo ou fugir como grilos. Já no caso da serpente, ao serem filhotes, as crianças se aproximam arrastando-se, e fogem dando pulos como sapos. No caso da águia, os filhotes se aproximam correndo e batendo asas, e fogem como coelhos, correndo sobre quatro apoios.

Detalhamento do jogo

Este jogo, estimulante física, cognitiva e emocionalmente, requer das crianças que usem padrões de movimentos fundamentais alternados para desempenhar duas ações (aproximar-se e fugir).

Equipamento

Uma classe de 30 alunos requer apenas um espaço seguro e aberto.

Habilidades requeridas

- Habilidades locomotoras: andar, correr, pular.
- Habilidades não locomotoras: arrastar-se, andar sobre quatro apoios.
- Deslocamento seguro no espaço, caçar e fugir.
- Lidar com a alternância de emoções, positivas e negativas.

Regras

1. Quando você circula, as crianças devem segui-lo em fileira.
2. Quando você para e se vira dizendo que animal é e se quer abraçar seus filhotes ou se está com fome, as crianças devem reagir de acordo com essa informação, selecionando o comportamento apropriado (aproximar-se ou fugir) e o padrão de movimento do animal que fingem ser.

Perguntas

- Como você tentou escapar?
- Como você fez para me manter à vista?
- Quantas vezes você mudou de direção?
- Você errou de animal ao se mexer (o pássaro em vez do sapo)?
- Você cometeu outros erros ao se aproximar para um abraço ou ao escapar?
- Você pulou de maneira igual ou diferente quando foi um sapo querendo um abraço ou escapando de um predador?

PEDRA, PAPEL E TESOURA: O APANHADOR APANHADO

Pedra, papel e tesoura é um jogo de pega-pega que não tem papéis estáveis. Cada criança pode pegar e ser pega: a pedra vence (ou pega) a tesoura, mas é pega pelo papel; a tesoura pega o papel, mas é pega pela pedra; e o papel pega a pedra, mas é pego pela tesoura. Esse jogo requer equipamento caseiro (cartões coloridos com desenhos); suas modificações requerem algumas ferramentas.

Pontos essenciais e explicações do professor

Para começar, prepare um cartão para cada criança com um desenho de pedra, de papel ou de tesoura. As crianças podem colorir seus próprios cartões e pendurá-los em volta do pescoço. Para identificar melhor os três objetos, use fundos de cor diferente. Então, demonstre os três papéis, fazendo uma rodada baseada em movimentos: as crianças com desenho de papel usam os braços para envolver as crianças com desenho de pedra; as crianças-tesoura abrem e fecham os braços para cortar as crianças-papel virtualmente; e as crianças-pedra resistem ao corte das crianças-tesoura, colocando os braços em volta dos joelhos para assumir a forma de uma pedra redonda. Verifique se as crianças entenderam que as crianças-papel devem pegar as crianças-pedra, mas evitar as crianças-tesoura, e assim por diante. Explique que elas são pegas quando tocadas por um apanhador. Uma vez pega, a criança deve se agachar. Deixe três crianças jogarem para dar o exemplo a todas. Então, deixe todas as crianças jogarem, andando e não correndo. Essa é uma boa maneira de ajudar as crianças pequenas a aprender a jogar pega-pega, porque, inicialmente, a maior parte delas não consegue se mover em segurança em um espaço aberto quando tentam pegar ou fugir. Essa fase deve ser jogada apenas até todas as crianças entenderem a regra principal, para não excluir as crianças menos hábeis. Aquelas que precisam praticar mais são excluídas mais cedo e devem ficar fisicamente inativas (agachadas) por mais tempo que as crianças mais aptas e mais hábeis. Uma vez entendidas as regras, explique a regra seguinte: uma criança pega pode ser libertada se outra criança jogando o mesmo papel (isto é, com cartão idêntico) a tocar. De novo, peça a um grupo menor (seis crianças, duas para cada papel) fazer uma demonstração. Depois, todas as crianças jogam.

Transforme um jogo de mãos clássico em um pega--pega divertido com Pedra, papel e tesoura.

Desafios propostos

Já que as crianças são bem novas, limite as orientações e dê apenas um *feedback* suficiente para manter o jogo e incentivar os jogadores a libertar colegas com cartões idênticos. Isso garante que as crianças pegas voltem ao jogo. Faça pequenas pausas entre as fases do jogo para que as crianças reflitam sobre o que fizeram para evitar ser pegas e para apanhar outros jogadores. As pausas podem ser usadas para lembrar as crianças a prestar atenção quando correm, para não colidir entre si. O risco principal nos jogos de pega-pega é que as crianças batam umas nas outras porque costumam prestar atenção apenas na criança que querem apanhar ou de que tentam fugir. A regra de que as crianças são consideradas pegas quando tocadas reduz o risco de colisão.

Pequenas modificações e continuação

Muitos jogos tradicionais de pega-pega têm certos espaços em que as crianças podem ficar a salvo e não serem pegas. Esses lugares, geralmente chamados de casa, base ou zona segura, dão à criança a oportunidade de fazer uma pausa, o que reduz a carga física e emocional do jogo e lhe dá tempo para observar o jogo e refletir sobre a pressão do tempo antes de voltar a jogar. Essa modificação é útil para observar as crianças que não aderem às regras. Os locais seguros podem ser marcados com aros no chão. Para aumentar a demanda cognitiva do jogo, os aros podem ter as três mesmas cores usadas nos cartões de pedra, papel e tesoura. As crianças podem parar apenas no aro que tem a cor de seu cartão. Com crianças entre 5 e 6 anos de idade, você pode melhorar as demandas cognitivas permitindo que parem em segurança apenas em um aro que tenha cor diferente do cartão, ou fixe um tempo-limite para ficar na zona de segurança.

Destaques do jogo

Este jogo se relaciona ao domínio mental (isto é, às funções executivas) propiciando dois papéis (apanhador e apanhado) que a criança deve memorizar, o que desafia a memória funcional. Ademais, os papéis de apanhador e apanhado mudam de modo imprevisível no jogo, requerendo que a criança iniba ações contínuas (apanhar) para mudar para outro tipo de ação (evitar ser pega) em resposta a uma criança se aproximando; trata-se de uma tarefa de redirecionamento mental.

Os jogos de pega-pega se relacionam ao domínio motor (isto é, capacidades de coordenação) sobretudo por desafiar a coordenação em um tempo limitado e, especialmente, as habilidades de adaptação perceptual-motora rápida (orientação de resposta, tempo de reação). As crianças devem reagir a mudanças no jogo que são imprevisíveis e adaptar a direção e a velocidade dos movimentos de acordo com essas mudanças. Os jogos de pega--pega alternam momentos de atividade física moderada a vigorosa (AFMV) com pausas. Ser pega e esperar ser liberta para voltar ao jogo dá à criança um tempo de descanso. As pausas são naturalmente sintonizadas com os níveis de aptidão física das crianças: uma criança com aptidão menor vai sentir cansaço mais cedo, desacelerar e ser pega. A pausa fornece tempo para observar e aprender os papéis e as regras do jogo.

Detalhamento do jogo

Neste jogo, o esforço mental é gerado pelo fato de cada criança poder apanhar e ser apanhada de acordo com os papéis que desempenha (pedra, papel, tesoura). As crianças experimentam a alternância entre duas ações (caçar e fugir) carregadas de emoções. O jogo treina também formas de comportamento pró-social (libertar e ser libertado) e promove a aprendizagem da competição (pegar) e da cooperação (libertar) (Lafont e Winnykamen, 1999).

Equipamento

Necessidades para uma classe de 30 alunos:

- Espaço aberto e seguro.
- Equipamentos caseiros: cartões de três cores com desenhos, um por criança.
- Pequenas ferramentas (seis aros).

Habilidades necessárias

- Habilidades locomotoras: andar, correr.
- Deslocamento seguro no espaço: caçar, fugir, se esquivar.

Regras

1. A criança-papel pega a criança-pedra; a criança-pedra pega a criança-tesoura; a criança-tesoura pega a criança-papel.
2. As crianças são pegas quando tocadas e devem se agachar.
3. Uma criança pega é liberta quando tocada por outra criança no mesmo papel.

Perguntas

- Como você tentou pegar outra criança ou escapar dela?
- Você prestou mais atenção em pegar ou em evitar ser pego?
- Como fez para manter os apanhadores à vista?
- Você mudou de direção com frequência?
- Quantas vezes você tentou libertar crianças do seu time?

MOSCA, SAPO E SERPENTE: O APANHADOR APANHADO

Esta é uma variação divertida do jogo pedra, papel e tesoura para crianças entre 5 e 6 anos de idade, semelhante àquela proposta por Kubesch e Walk (2009). A história é construída no conceito de cadeia alimentar. Perto de um lago, uma serpente procura seu jantar. Acha um sapo que, por sua vez, procurar comer uma mosca. A mosca viu a serpente e quer irritá-la para se divertir. A premissa básica é a mesma que no jogo pedra, papel e tesoura: uma relação circular existe entre a mosca, o sapo e a serpente. Contudo, esse jogo apresenta novas alterações para proporcionar mais demandas cognitivas. Não precisa de equipamentos, a não ser cartões coloridos caseiros com desenhos de sapo, de mosca e de serpente.

Pontos essenciais e explicações do professor

Para começar, prepare um cartão para cada criança com o desenho de uma mosca, um sapo ou uma serpente. As crianças podem colorir seus próprios cartões e pendurá-los em volta do pescoço. Para identificar melhor os três objetos, use fundos de cor diferente. Então, demonstre os três papéis, fazendo uma rodada baseada em movimentos: a mosca irrita a serpente, movimentando-se em volta dela e tocando-a repetidamente com o dedo; o sapo come a mosca, abrindo e fechando os braços, como uma grande boca em volta da criança-mosca; e a serpente come o sapo da mesma maneira. Explique que elas são pegas quando tocadas por um apanhador. Uma vez pega, a criança deve se agachar. A criança pega é libertada se outra com o mesmo cartão tocá-la.

O jogo difere do pedra, papel e tesoura porque apenas metade das crianças começa o jogo; a outra metade fica em volta, em pares. O par representa o lugar seguro; uma criança não pode ser pega quando andar com seu par. Todavia, quando uma criança se junta a um par para não ser pega, a outra criança do par (isto é, a criança não tocada pela criança que procurou refúgio) deve sair. A criança que sai deve conferir rapidamente seu cartão com o do apanhador para saber se deve caçar ou fugir. Se tiverem o mesmo cartão, elas se separam, para que cada uma procure uma presa. Antes de começar o jogo, deixe oito crianças (quatro jogadores soltos e quatro em pares) demonstrarem os papéis e as regras a todas as crianças. Então, deixe as crianças jogarem, primeiro andando, para poderem aprender as regras e se mover com segurança no espaço aberto, com menor pressão do tempo.

Desafios propostos

Limite as orientações e o *feedback* durante o jogo, embora incentive as crianças a formar pares várias vezes e a libertar os colegas que têm o mesmo cartão, para garantir que todas as crianças tenham uma oportunidade de deixar o par e voltar ao jogo. Em comparação com o pedra, papel e tesoura, aqui há menos necessidade de pausas, porque metade das crianças ficam sem se movimentar durante o jogo. Durante as pausas, faça perguntas às crianças que aderiram às regras. Nessa idade, as perguntas não devem ser gerais, mas concretas (por exemplo, "*Jeff, como tentou evitar ser pego por Matthew no começo do jogo?*").

Pequenas mudanças e continuação

Para crianças entre 5 e 6 anos e mais velhas, uma nova regra pode ser acrescentada: uma criança que quer se juntar a um par para evitar ser pega não pode fazer isso se a criança que tiver que sair do par tiver o mesmo cartão que ela. Ademais, as crianças podem imaginar um mundo fantástico em que as moscas ficam enormes e com uma boca tão grande que podem comer sapos, que, por sua vez, desenvolvem o estômago para poder engolir as serpentes sem ter que mastigar; as serpentes têm boca de mel para atrair as moscas. É um exemplo de dramatização e de interpretação de papéis baseada em movimentos, mas você pode preferir receber sugestões das crianças. Uma vez aprendidos os novos papéis e as novas regras, o jogo pode recomeçar.

Destaques do jogo

Este jogo pode parecer mais fácil do que o pedra, papel e tesoura, da perspectiva do domínio mental (funções executivas), porque o número de apanhadores é dividido em dois, e as crianças podem escapar, juntando-se em pares, que ficam em volta. Isso reduz a pressão do tempo de modo geral, mas a memória funcional e a habilidade de mudança são desafiadas. As crianças devem memorizar uma regra a mais (se uma criança se juntar a um par, a outra criança do par deve sair) e decidir o que fazer após comparar seu próprio animal com o do jogador livre que estava caçando.

Em termos de domínio motor (capacidades de coordenação), a mosca, o sapo e a serpente é semelhante ao pedra, papel e tesoura, a não ser pelo fato de as habilidades de adaptação perceptual–motora rápida serem desafiadas em grau menor, por causa do número menor de jogadores livres e, em consequência, de apanhadores potenciais. Ademais, a possibilidade de parar em um local seguro propicia às crianças pequenas pausas frequentes entre os períodos de atividade. Isso reduz a necessidade de promover pausas.

Detalhamento do jogo

Este jogo de pega-pega para crianças entre 5 e 6 anos tem papéis de apanhadores circulares semelhantes aos do pedra, papel e tesoura. A regra adicional de que as crianças podem se juntar aos pares de crianças que ficam em volta e estão protegidos – mas o outro componente do par deve sair – aumenta o esforço mental. Além disso, ao se juntar a um par sob a pressão do tempo para evitar ser pega, a criança não pode escolher um amigo preferido. Isso contribui para melhorar a relação com a maior parte dos colegas.

Equipamento

Necessidades para uma classe de 30 alunos:

- Espaço aberto e seguro.
- Equipamentos caseiros: cartões de três cores com desenhos, um por criança.

Habilidades necessárias

- Habilidades locomotoras: andar, correr.
- Deslocamento seguro no espaço: caçar, fugir, se esquivar.

Regras

1. A serpente pega o sapo, o sapo pega a mosca, a mosca pega a serpente.
2. As crianças são pegas quando tocadas e devem se agachar.
3. Uma criança pega é liberta quando tocada por outra criança no mesmo papel.
4. A criança que se junta a um par (local seguro) não pode ser pega, mas o outro componente do par deve sair.

Perguntas

- Como você tentou pegar outra criança ou escapar dela?
- Você prestou mais atenção em pegar ou em evitar ser pego?
- Como você fez para manter os apanhadores à vista?
- Você mudou de direção com frequência?
- Como você tentou evitar ser pego por Matthew no começo do jogo?
- Quando você estava tentando pegar Jane, que se juntou a Tim para ser salva, prestou atenção no cartão de John, que tinha deixado o par, para saber se tinha que pegá-lo ou escapar dele?
- Quantas vezes tentou libertar alguma criança de sua equipe?

O MAIOR PEGA O MENOR E O MENOR PEGA O MAIOR

Neste jogo para crianças entre 5 e 6 anos, os papéis de animais variam durante o jogo. As crianças recebem cartões de uma ou duas cores, sem desenhos de animais, que penduram no pescoço. Você tem vários cartões com as mesmas duas cores, mas seus cartões têm desenhos de animais maiores e menores. A novidade do jogo é que ele requer a forma de inibição chamada **controle de interferência**, que é habilidade de selecionar informações relevantes para a tarefa e filtrar as informações irrelevantes e que distraem. É difícil quando as informações irrelevantes atraem mais a atenção do que as relevantes. Neste jogo, o controle de interferência é necessário quando o tamanho relativo do animal desenhado nos cartões de dois jogadores e seu tamanho real são incoerentes, não batem (por exemplo, um desenho grande de rato e pequeno de elefante). Este jogo requer equipamento caseiro fácil (cartões coloridos para as crianças e cartões coloridos com desenhos para você).

Pontos essenciais e explicações do professor

Para começar, forneça a cada criança um cartão de uma das duas cores para pendurar no pescoço. Explique que elas devem prestar atenção nos animais desenhados em seus dois cartões. Se, no cartão amarelo, houver um elefante e, no azul, um ratinho, as crianças com cartão amarelo serão os apanhadores. Após uma breve pausa, recomece o jogo mostrando os mesmos cartões ou dois cartões novos e reverta a associação entre cores e animais, e os papéis de apanhador e apanhado. Uma vez pega, a criança deve se agachar, e é libertada quando tocada por outra criança com cartão da mesma cor. Deixe algumas crianças jogarem como exemplo para o resto do grupo. Quando todas as crianças entenderem as regras, explique que você é uma fada ou um mágico, que pode reduzir ou aumentar o tamanho dos animais e deixar o elefante menor que o ratinho, ou a girafa menor que o cachorro, por exemplo. Apresente, então, os novos cartões mostrando, por exemplo, um desenho grande de ratinho e um menor de elefante. Lembre-se, porém, de explicar que apenas o tamanho real do animal é importante, não o tamanho mostrado no cartão.

Controle de interferência: habilidade de selecionar informações relevantes para a tarefa e filtrar as informações irrelevantes e que distraem. É difícil quando as informações irrelevantes atraem mais a atenção do que as relevantes.

Desafios propostos

Limite as orientações e o *feedback* durante o jogo, e use pausas para que as crianças descansem e reflitam sobre ele. Como nos jogos de pega-pega anteriores, todas as crianças devem jogar primeiro andando, para poderem aprender as regras e se mover com segurança no espaço com baixa pressão do tempo. Para reduzir os riscos de colisão, durante as pausas, recorde a regra de que a criança é pega quando tocada e use lembretes no jogo ("*Lembrem-se de manter os olhos abertos*").

Contudo, no jogo, o mágico é quem controla as repetições e mudanças, porque os papéis mudam conforme os cartões que você mostra nas pausas. Para melhorar progressivamente a interferência contextual, varie as associações de animais com os cartões coloridos. Primeiro, faça isso de modo regular e, depois, mais aleatório. Para ajudar as crianças a lidar com cartões díspares, antes de começar o jogo, mostre os cartões e pergunte se já viram um elefante no zoo, no circo ou em outro lugar (para ver se entendem o conceito de *tamanho real*).

Pequenas modificação e continuação

Com crianças entre 5 e 6 anos, você pode decidir, em algum momento, reverter as regras, de modo que os animais menores cacem os maiores. Essa mudança requer a capacidade de alternar disposições mentais, porque é um tipo de **tarefa de categorização reversa** (isto é, que requer o uso de inibição de resposta complexa). Ao introduzir uma nova regra (os animais pequenos são os apanhadores, os maiores os apanhados), use no começo apenas cartões coerentes (desenhos de elefante grande e ratinho pequeno), para evitar uma sobrecarga cognitiva. Uma vez aprendida a nova regra, use os cartões díspares, a fim de estimular o controle de interferência.

Destaques do jogo

Neste jogo, o domínio mental (funções executivas) é estimulado pelo acréscimo de cartões díspares. As crianças devem aprender a nova regra de ignorar o tamanho dos desenhos e memorizá-la, além de se concentrar no tamanho real dos animais. Os cartões díspares geram interferências e promovem o controle da interferência. Para escolher o papel de apanhador ou apanhado, as crianças devem suprimir as interferências geradas pelo tamanho enganador do animal no desenho e se concentrar no tamanho real.

Este jogo se relaciona ao domínio motor (capacidade de coordenação) sobretudo ao desafiar a coordenação sob pressão de tempo e, em especial, a habilidade de adaptação perceptual-motora rápida (orientação de resposta, tempo de reação). As crianças devem reagir às mudanças no jogo, que são bastante imprevisíveis, e se adaptar à direção e à velocidade dos movimentos às mudanças. Os jogos de pega-pega alternam períodos de AFMV com pausas. Ser pego, esperar ser liberto e voltar ao jogo dá às crianças breves descansos. Essas pausas são naturalmente sintonizadas à aptidão física das crianças; uma criança com aptidão menor vai sentir cansaço mais cedo, desacelerar e ser pega. A pausa proporciona tempo para observar e aprender os papéis e as regras do jogo.

Tarefa de categorização reversa: requer o uso de inibição de resposta complexa. Por exemplo, as crianças colocam peças grandes em baldes grandes e peças pequenas em baldes pequenos, e, depois, fazem o contrário.

Detalhamento do jogo

Este jogo de pega-pega para crianças entre 5 e 6 anos alterna os papéis de apanhador e apanhado. As crianças assumem papéis de animais que variam durante o jogo, em um ritmo que você define. Em comparação com os jogos de pega-pega anteriores, a interferência adicional é gerada pela maneira como você usa os desenhos de animais para decidir quem pega quem.

Equipamento

Necessidades para uma classe de 30 alunos:

- Espaço aberto e seguro.
- Equipamentos caseiros: cartões de duas cores com desenhos, uma por criança, e oito cartões das mesmas duas cores com desenhos grandes e pequenos de dois animais.

Habilidades necessárias

- Habilidades locomotoras: andar, correr.
- Deslocamento seguro no espaço: caçar, fugir, se esquivar.

Regras

1. A regra básica deste jogo é que o animal maior pega os menores.
2. Cada criança tem um cartão de uma das duas cores sem desenho de animal. As crianças com cartões de cor semelhante à sua com o animal maior são os apanhadores.
3. Uma criança pega é liberta quando tocada por outra criança com cartão da mesma cor.
4. Se a criança mostrar cartões díspares (por exemplo, ratinho grande e elefante pequeno), elas devem considerar apenas o tamanho real do animal para entender se são apanhadores ou apanhados.

Perguntas

- Como você tentou escapar?
- Como você fez para manter os apanhadores à vista?
- Você mudou de direção com frequência?
- Como você tentou evitar ser pego no começo do jogo?

Jogos que enfatizam o controle mental

Lembre-se de que, como vimos no Capítulo 6, diferentes tipos de jogos desafiam diferentes aspectos de controle mental. Os jogos de parar desafiam comportamentos de inibição de respostas simples e complexas. Os jogos de atualização desafiam o uso da memória funcional simples e complexa. Os jogos de mudança requerem o uso de mudança de resposta e de atenção.

O JOGO DA ESTÁTUA: UM, DOIS, TRÊS... ESTRELA

Este jogo e os dois seguintes aplicam a tarefa de parar. O jogo da estátua é popular e tem vários nomes no mundo todo. Na Itália, chama-se "*Um, dois, três... Estrela*"; na França, "*Um dois, três... Sol*"; no México, "*Um, dois, três... Abóbora*".

O jogo é ótimo para aumentar de maneira progressiva as demandas de coordenação motora e executiva. O professor ou a criança é o líder, e fica em uma ponta da área de jogo; as estátuas (o resto das crianças) estão no outro extremo, atrás de uma linha de partida. O objetivo do jogo é que a estátua toque o líder, tornando-se o novo líder, e o jogo recomeça. As estátuas podem se mover livremente em direção ao líder enquanto este estiver de costas, mas devem congelar quando ele se virar para elas. As estátuas pegas pelo líder se movendo voltam à linha de partida. O jogo requer só um espaço livre e seguro.

Pontos essenciais e explicações do professor

Para começar, explique que você é o líder e que as crianças são as estátuas. Explique que as estátuas em geral são imóveis porque feitas de pedra. Diga que elas são estátuas mágicas e podem se mover quando o líder não está olhando, e podem correr em sua direção quando você está de costas, contando em voz alta: "*Um, dois, três*". Entretanto, elas deverão congelar na posição quando, a qualquer momento após dizer "*três*", você se virar para elas e gritar "*Estrela!*". Enfatize que as crianças devem prestar atenção porque, se você as pegar em movimento e não paradas como estátuas, elas devem voltar à linha de partida. Explique, também, que a primeira criança que o tocar vence e se torna o líder da próxima rodada.

Desafios propostos

Entre cada jogo, peça às crianças para explicarem como evitaram ser pegas se movendo. Faça perguntas que as ajudem a relembrar quando e como pararam (ver as perguntas na seção *Detalhamento do jogo*). Pergunte a elas como se comportaram quando chegaram bem perto de você. Os jogadores mais velhos costumam ficar logo atrás do líder sem tocá-lo, só tocando quando o líder se virar para contar. Eles têm a habilidade de atrasar a resposta. Se as crianças não descobrirem essa estratégia sozinhas, propicie esse tipo de inibição recomendando que não o toquem antes de você virar as costas.

Pequenas modificações e continuação

O jogo requer que as crianças parem em uma pose específica. Aquelas pegas se movimentando ou parando na pose errada voltam à linha de partida. No entanto, você não deve definir totalmente e, acima de tudo, não deve demonstrar a pose de modo a promover a aprendizagem da descoberta descrita no Capítulo 6 e aplicada na seção *Jogos que enfatizam a descoberta*, neste capítulo. Por exemplo, você pode pedir para "*parar sobre quatro apoios*" ou "*parar em um pé só*", sem demonstrar a pose predefinida, de modo que as crianças descubram a pose que conseguem fazer mais rapidamente (quando você pede para "*parar sobre quatro apoios*", para uma criança correndo, é mais fácil e rápido agachar-se com as mãos no chão e a barriga para baixo do que ficar nessa posição com a barriga para cima). A necessidade de parar em uma pose parcialmente definida é uma obrigação de tarefa que dificulta a demonstração das habilidades por parte da criança.

Outra modificação consiste em fazer as crianças jogarem em pares e acrescentar uma regra que exige que os pares parem de modo que uma criança fique atrás da outra. Essa modificação requer que as crianças controlem não só os próprios movimentos e posição, como os do parceiro, acrescentando à regra a alternativa entre andar e parar conforme os sinais dados pelo líder (isto é, a regra "ir ou não ir").

Com alunos principiantes, mantenha sempre o mesmo ritmo ao se virar e gritar. À medida que as crianças ficam mais acostumadas com o jogo, você pode aumentar a dificuldade, variando a velocidade da fala ou dizendo-a tão rápido que os jogares não tenham tempo de se mover. E, também, diga "*Um, dois, três*" lentamente e varie as velocidades para dizer "*Estrela!*", conforme sua escolha.

Destaques do jogo

Este jogo desafia uma função executiva específica, no domínio mental: a inibição de respostas antecipadas, que são difíceis de segurar. Trata-se de uma tarefa de inibição de resposta complexa (parar): as crianças devem memorizar a regra e responder de acordo (andar quando o líder está contando e parar quando ele grita "*Estrela!*") e inibir uma resposta preponente (continuar a se mover quando o líder se vira por causa do desejo de pegá-lo rapidamente).

No domínio motor (capacidades de coordenação), correr em resposta a um sinal para "ir" e parar a um sinal "não ir" cria uma tarefa de tempo de reação de discriminação que desafia a habilidade de adaptação perceptual-motora rápida e a habilidade de controle motor rápido (congelar na posição). Os jogos alternam períodos de AFMV com pausas.

Detalhamento do jogo

Esse jogo desafia a função executiva de inibição de resposta, ou seja, de parar. Sua versão básica pode ser facilmente utilizada com crianças a partir de 3 anos de idade. É uma maneira útil de aumentar progressivamente as demandas de coordenação executiva e motora. A modificação para que as crianças andem em pares e parem uma na frente da outra promove buscas de soluções cooperativas e criativas.

Equipamento

Uma classe de 30 alunos precisa de um espaço aberto e seguro.

Habilidades necessárias

- Habilidades locomotoras: andar, correr.
- Deslocamento seguro no espaço.

Regras

1. As crianças correm livremente enquanto você está de costas contando em voz alta, e devem congelar quando você se vira e grita "*Estrela!*".
2. A criança pega se movendo deve voltar à linha de partida.
3. A primeira criança que o tocar se tornará líder da próxima rodada.

Perguntas

- Você parou em determinado número ou quando comecei a me virar?
- Em que pose você estava quando parou?
- Como você se comportou quando chegou perto de mim?

UM, DOIS, TRÊS... ESTRELA OU LUA

Na variante australiana do jogo de estátua, chamada Londres, o líder pode gritar "*Londres*" ou "*A ponte de Londres caiu*", antes de se virar. No primeiro caso, as crianças devem congelar em pé; no segundo caso, devem sentar ou, pelo menos, não ficar em pé quando o líder se virar. O jogo de estátua pode ser modificado acrescentando-se uma condição de congelamento acoplada à exigência de congelar, como "*Estrela*" ou "*Lua*", quando você conta "*Um, dois, três*" e, depois, "*Estrela*" ou "*Lua*". As crianças que estão se movendo ou em postura diferente daquela anunciada voltam à linha de partida.

Pontos essenciais e explicações do professor

Para começar, explique que você é o líder, e as crianças são as estátuas. Explique que as estátuas são imóveis, porque são feitas de pedra. Diga que, ao contrário das comuns, elas são estátuas mágicas, que podem se mover quando o líder não está olhando e correr em sua direção quando você está de costas contando em voz alta: "*Um, dois, três*". Contudo, elas devem congelar na posição quando, a qualquer momento após dizer três, você se virar para elas e gritar "*Estrela*" ou "*Lua*". Enfatize que as crianças devem prestar atenção, porque, se você as pegar em movimento, e não paradas como estátuas, elas devem voltar à linha de partida. Explique, também, que a primeira criança que o tocar vence e se torna líder da próxima rodada.

O jogo difere do da estátua no sentido de que, ao se virar, você fala "*Estrela*" ou "*Lua*", e as crianças devem parar em uma pose representando uma estrela ou a Lua. Para ajudá-las a descobrir como a estrela e a lua podem ser representadas, deixe que joguem uma fase preliminar de exploração para tentarem achar todas as maneiras possíveis de representar a estrela e a Lua. Assim, você promove a aprendizagem da descoberta descrita no Capítulo 6 e aplicada na seção *Jogos que enfatizam a descoberta*, neste capítulo. No final dessa fase preliminar, você deve identificar, com as crianças, as poses de estrela e de lua adotadas pela maioria. Serão essas as poses válidas para o jogo.

Desafios propostos

Entre cada jogo, peça às crianças para explicarem como evitar ser pegas se movendo. Faça perguntas que as ajudem a relembrar quando e como pararam (ver as perguntas na seção *Detalhamento do jogo*). Pergunte a elas como se comportaram quando chegaram bem perto de você. Os jogadores mais velhos costumam ficar logo atrás do líder sem tocar, só tocando quando o líder se virar para contar. Essas crianças têm a habilidade de atrasar a resposta. Se as crianças não descobrirem essa estratégia sozinhas, propicie esse tipo de inibição, recomendando que não toquem antes de você virar as costas.

Acrescente perguntas sobre as diferentes maneiras que encontraram de representar uma estrela ou uma lua durante a fase preliminar de exploração e quantas usaram no jogo. Elas vão descobrir por conta própria que, sob a pressão do tempo, trocam a diversidade das soluções pela velocidade, usando apenas a solução mais fácil para congelar a tempo.

Pequenas modificações e continuação

Durante a fase preliminar de descoberta, peça às crianças que explorem em pares as diferentes maneiras de assumir poses de estrela ou de lua. Comece o jogo pedindo às crianças que andem em pares e congelem juntas, em pose de estrela ou de lua. Já que acrescentou uma nova responsabilidade, reduza a velocidade da fala "*Um, dois, três... Estrela* (ou *Lua*)" e mantenha-a constante e previsível.

Destaques do jogo

Em termos de domínio mental (funções executivas), o jogo desafia a capacidade de inibir respostas antecipadas. Ademais, a adição de uma alternativa desafia a capacidade de manter informações na memoria funcional (assumir a pose de estrela ou de Lua com base no que foi chamado).

Em termos de domínio motor (capacidades de coordenação), a presença de duas associações estímulo-resposta (falar "estrela"/fazer pose de estrela, falar "lua"/fazer pose de lua) gera uma tarefa de tempo de reação de escolha que desafia a habilidade de adaptação perceptual-motora rápida. As demandas de controle motor rápido são maiores do que no jogo anterior, porque essa variação requer a alternância de habilidades motoras (andar e correr) e de posições paradas (de pé ou sentado de maneiras diferentes), sob a pressão do tempo. Esse jogo alterna períodos de AFMV com pausas.

Detalhamento do jogo

Esta variação do jogo Um, dois, três... Estrela desafia também a função executiva de inibição de resposta, ou seja, de parar. Essa alteração acrescenta uma regra que exige das crianças que parem em uma posição representando uma estrela ou uma lua. Essa exigência aumenta a necessidade de controle motor rápido. O ponto até o qual o controle motor rápido é desafiado depende da dificuldade das poses de estrela e de lua que você selecionar com as crianças no final da fase preliminar de exploração em que as crianças descobrem as diferentes poses que podem fazer para representar uma estrela ou uma lua.

Equipamento

Uma classe de 30 alunos precisa de um espaço aberto e seguro.

Habilidades necessárias

- Habilidades locomotoras: andar, correr.
- Habilidades não locomotoras: debruçar-se, girar, balançar-se.
- Deslocamento seguro no espaço.

Regras

1. As crianças correm livremente enquanto você está de costas contando em voz alta, e devem congelar quando você se vira e grita "*Estrela*" ou "*Lua*".
2. A criança pega se movendo ou tendo escolhido a pose errada entre estrela e lua deve voltar à linha de partida.
3. A primeira criança que o tocar se tornará líder da próxima rodada.

Perguntas

- Você parou em determinado número ou quando comecei a me virar?
- Em que pose você estava quando parou?
- Como você se comportou quando chegou perto de mim?
- Quantas maneiras você encontrou para representar uma estrela ou uma lua antes de começar o jogo?
- Quantas poses de estrela ou de lua você utilizou durante o jogo?

UM, DOIS, TRÊS... ESTRELA, LUA OU SOL

O jogo anterior pode ser alterado incluindo-se uma terceira alternativa à estrela e à lua: o sol! Se você gritar "*Sol*", as crianças não devem parar, mas, sim, continuar andando. Se gritar "*Estrela*" ou "*Lua*", elas devem congelar na pose que representa a estrela ou a lua. Lembre-se de que você pode introduzir uma fase preliminar de exploração em que as crianças tentam fazer tantas poses de estrela e de lua quanto possível, e, então, você seleciona com elas as poses que serão válidas no jogo.

Pontos essenciais e explicações do professor

Para começar, explique que você é o líder e que as crianças são as estátuas. Explique que as estátuas são imóveis porque feitas de pedra. Diga que elas são estátuas mágicas, que podem se mover quando o líder não está olhando e correr em sua direção quando você está de costas, contando em voz alta: "*Um, dois, três*". Contudo, elas deverão congelar na posição quando, a qualquer momento após dizer três, você se virar para elas e gritar "*Estrela*" ou "*Lua*". Para ajudá-las a descobrir como a estrela e a lua podem ser representadas, faça uma fase preliminar de exploração para encontrar o maior número possível de poses de estrelas e luas. Assim, você promove a aprendizagem da descoberta, descrita no Capítulo 6 e aplicada na seção *Jogos que enfatizam a descoberta*, neste capítulo. No final dessa fase preliminar, você deve identificar claramente com as crianças as poses de estrela e lua consideradas válidas. Ao contrário da estrela e da lua, se você disser "*Sol*" após a contagem, as crianças continuarão andando. Explique que, enquanto o sol brilhar, as estátuas mágicas continuarão andando. Sob os raios quentes do sol, as crianças não podem congelar. O sol dá às estátuas um poder contra o qual você não pode agir. Explique, também, que a primeira criança que o tocar vence e se torna líder da próxima rodada.

Desafios propostos

Entre cada jogo, peça às crianças para explicarem como evitaram ser pegas se movendo. Faça perguntas que as ajudem a relembrar quando e como pararam (ver as perguntas na seção *Detalhamento do jogo*). Pergunte a elas como se comportaram quando chegaram bem perto de você. Os jogadores mais velhos costumam ficar logo atrás do líder sem tocar, só tocando quando o líder se virar para contar. Essas crianças têm a habilidade de atrasar a resposta. Se as crianças não descobrirem essa estratégia sozinhas, propicie esse tipo de inibição, recomendando que não toquem antes de você virar as costas.

Acrescente perguntas sobre as diferentes maneiras que encontraram de representar uma estrela ou uma lua durante a fase preliminar de exploração e quantas usaram no jogo. Elas vão descobrir por conta própria que, sob a pressão do tempo, trocam a diversidade das soluções pela velocidade, usando apenas a solução mais fácil para congelar a tempo. Enfoque especialmente saber se foram capazes de continuar andando quando você se virou e falou "*Sol*" ou se elas congelaram antes de voltar a andar.

Pequenas modificações e continuação

Você pode situar o jogo no mar em vez de no céu. Em vez de "*Estrela*", "*Lua*", ou "*Sol*", diga "*Peixe-estrela*", "*Peixe-balão*" ou "*Lagostim*". Quando disser "*Peixe-estrela*" ou "*Peixe-balão*", as crianças devem congelar e representar os peixes certos. No caso do lagostim, as crianças devem continuar andando, mas como um lagostim, de costas, em direção à linha de partida, até você se virar e voltar a contar. Essa alteração acrescenta às duas alternativas anteriores (parar ou seguir adiante) uma terceira opção, que é andar para trás.

Destaques do jogo

Este jogo se relaciona ao domínio mental (funções executivas) ao desafiar mais a capacidade de inibir respostas antecipadas do que os jogos de estátua anteriores. Nesses jogos, após a contagem, que era o sinal para as crianças se moverem em direção ao líder, a regra era que a próxima palavra seria um sinal de parar, independentemente da posição no momento de congelar. Na presente alteração, a palavra pronunciada após a contagem pode ser um segundo sinal para seguir adiante ("*Sol*"), indicando que as crianças devem continuar se movendo. Em consequência disso, a tendência a continuar se movendo será mais forte, e a função inibitória para parar ao ouvir "*Estrela*" e "*Lua*" será mais desafiada. Ademais, acrescentar uma nova alternativa (seguir adiante ao ouvir "*Sol*") requer que as crianças guardem mais informações na memória funcional.

Em termos de domínio motor, o acréscimo da associação estímulo-resposta aumenta a dificuldade da tarefa de tempo de reação de escolha, e, assim, as demandas sobre as habilidades de adaptação (reação) perceptual-motora. Além disso, o jogo alterna os períodos de AFMV com pausas. Ademais, a alteração do jogo para "dentro do mar" introduz maiores demandas de orientação de resposta e equilíbrio, já que, quando as crianças podem se mover, elas devem alternar a direção e a velocidade (correr para a frente quando o líder diz "*Um, dois, três...*" e caminhar para trás quando ele grita "*Lagostim*").

Detalhamento do jogo

Esta nova alteração do jogo básico Um, dois três... Estrela também desafia a função executiva de inibição e resposta, ou seja, de parar. O acréscimo da opção de continuar se movendo desafia a habilidade para reagir ou inibir uma reação em um grau mais alto, e o compromisso afetivo também é forte.

Equipamento

Uma classe de 30 alunos precisa de um espaço aberto e seguro.

Habilidades necessárias

- Habilidades locomotoras: andar, correr.
- Habilidades não locomotoras: debruçar-se, girar, balançar-se.
- Deslocamento seguro no espaço.

Regras

1. As crianças correm livremente enquanto você está de costas contando em voz alta, e devem congelar quando você se vira e grita "*Estrela*" ou "*Lua*".
2. A criança pega se movendo ou tendo escolhido a pose errada entre estrela e lua deve voltar à linha de partida.
3. Se o líder disser "*Sol*" em vez de "*Estrela*" ou "*Lua*", as crianças devem continuar andando em sua direção.
4. A primeira criança que o tocar se tornará líder da próxima rodada.

Perguntas

- Você parou em determinado número ou quando comecei a me virar?
- Em que pose você estava quando parou?
- Como você se comportou quando chegou perto de mim?
- Quantas poses de estrela ou de lua você utilizou durante o jogo?
- Você conseguiu seguir adiante quando me voltei e gritei "*Sol*", ou você parou antes de recomeçar a andar?
- Você parou quando me virei e gritei "*Sol*" e recomeçou a andar porque viu outras crianças voltar a andar ou porque lembrou que o sol é quente e não pode congelar você?

LUZES DE TRÂNSITO LOUCAS

O jogo de estátua também é conhecido como Sinal aberto/Sinal fechado. Esse jogo, que, primeiramente, requer capacidade inibitória, pode ser o ponto de partida para desenvolver um novo jogo que desafia outro aspecto da inibição – o controle de interferência – e desafia a função de redirecionamento para promover a flexibilidade cognitiva. A primeira e a segunda fase do jogo não se dirigem à interferência. Na primeira fase, as crianças podem se mover livremente quando você diz "*Sinal aberto, vão*" e devem parar imediatamente quando você diz "*Sinal fechado, parem*". Na segunda fase, você não dá instruções verbais, mas emite um sinal colorido, segurando um objeto verde ou vermelho. A terceira fase introduz interferências. Você dá um sinal verbal e visual simultaneamente, mas em alguns casos são contraditórios (você diz "*Vão*", mas segura um objeto vermelho, ou diz "*Parem*", mas mostra um objeto verde). As crianças devem agir de acordo com o sinal colorido, não com o verbal. O jogo requer um espaço aberto e dois objetos pequenos, um verde e outro vermelho.

Pontos essenciais e explicações do professor

De início, explique que você é agente de trânsito. Peça que as crianças se movam livremente quando você grita "*Sinal aberto, vão!*" e parem imediatamente quando você grita "*Sinal fechado, parem!*". Para reforçar o fato de ter que parar imediatamente, elogie as crianças mais rápidas. Quando perceber que elas entenderam as regras, faça uma pausa e explique que, agora, você é um sinal de trânsito. Explique que, quando segura um objeto verde, elas podem andar. Se segurar um objeto vermelho, elas devem parar. Uma vez entendida a regra, faça uma pausa para explicar que agora você é um sinal de trânsito quebrado, e está fazendo o contrário do que deveria. Demonstre isso dizendo "*Vão!*" enquanto levanta o objeto vermelho, e dizendo "*Parem!*" enquanto mostra o objeto verde. Explique que elas vão ignorar o que você diz e obedecer à cor do objeto, verde ou vermelho. Para integrar as características do jogo simbólico e torná-lo mais divertido, peça às crianças que finjam conduzir um carro. Elas podem imitar o som dos carros quando andam, quando param ou quando fingem fazer uma curva.

Desafios propostos

Propicie mais uma pausa na terceira (interferência) fase do jogo, perguntando às crianças como conseguiram não se confundir com as instruções verbais enganosas (ver as perguntas na seção *Detalhamento do jogo*). Elas podem ter escolhido como estratégia observar suas mãos o maior tempo possível enquanto se movimentam. Essa estratégia, embora boa, resulta, com frequência, em distração no controle dos próprios movimentos e em riscos de colisão. Por isso, os lembretes são importantes ("*Lembrem-se de manter os olhos abertos*").

Pequenas modificações e continuação

Para crianças entre 5 e 6 anos, as demandas de capacidade inibitória e de flexibilidade cognitiva podem ser melhoradas ao se exigir delas que lidem com a categorização reversa (parar no verde e andar no vermelho). Explique às crianças que agora você está dirigindo um carro na Lua, onde as regras de trânsito são invertidas: os motoristas da lua andam na luz vermelha e param na luz verde. O esforço cognitivo é maior quando a informação enganosa que as crianças devem ignorar é reforçada por informações verbais e visuais consistentes (por exemplo, você grita "*Vão!*" levantando o objeto verde, mas as crianças devem parar). Você pode variar também os movimentos das crianças e suas posições paradas se elas fingirem que são mais leves porque estão na Lua. Elas podem usar o que aprenderam nos jogos Álbum de fotos e Filme sobre o mundo animal, descritos adiante neste capítulo. Isso requer ações como se mover em quatro apoios ou parar com os dois pés e uma mão no chão, ou mover-se num pé só e parar com as duas mãos e um pé no chão.

Destaques do jogo

Esse jogo desafia três funções executivas centrais no domínio mental. Na primeira fase do jogo, as crianças devem memorizar uma regra e responder de acordo com essa regra (mover-se em resposta a um sinal dado e parar em resposta a outro sinal), inibindo a tendência a seguir adiante. É uma tarefa de inibição de resposta complexa. Na segunda fase, as crianças devem aprender uma nova regra (tarefa de memória funcional simples) e mudar da regra previamente aprendida (prestar atenção e reagir a um sinal verbal) para a nova regra de prestar atenção e reagir a um sinal visual. Trata-se de uma tarefa de mudança de atenção (redirecionamento mental). Finalmente, na terceira fase do jogo, elas precisam suprimir ativamente a tendência a reagir ao sinal de voz que distrai a atenção do sinal colorido ao qual devem reagir. Essa fase desafia o controle de interferências das crianças, que é a capacidade de ignorar intromissões (inibição de resposta).

No domínio motor (capacidades de coordenação), as demandas são análogas às dos jogos de estátua anteriores: a presença de duas associações estímulo-resposta (sinal aberto/vão, sinal fechado/parem, ou a associação invertida) gera uma tarefa de tempo de reação que desafia a habilidade de adaptação perceptual-motora rápida. Ademais, existem demandas de orientação de resposta porque não há nenhuma direção de movimento imposta. Esse jogo alterna períodos de AFMV com pausas.

Detalhamento do jogo

Este jogo para crianças da educação infantil é baseado no jogo popular Sinal aberto/Sinal fechado, que desafia a função executiva de mudança mental. O esforço mental é gerado e a flexibilidade cognitiva é desafiada pela mudança de regras e pela variação de associações aplicadas aos estímulos e às maneiras como as crianças devem responder a elas. Além disso, esse jogo e suas alterações introduzem outro aspecto da inibição, o controle de interferência: você dá, simultaneamente, um sinal verbal e visual que, às vezes, são contraditórios. O faz de conta favorece o envolvimento emocional.

Equipamento

Necessidades para uma classe de 30 alunos:

- Um espaço aberto e seguro.
- Um objeto pequeno verde e outro vermelho.

Habilidades necessárias

- Habilidades locomotoras: andar, correr.
- Deslocamento seguro no espaço.

Regras

1. Quando você faz o papel de agente do trânsito e diz "*Sinal aberto, vão!*", as crianças se movem livremente. Quando você diz "*Sinal fechado, parem!*", eles devem parar imediatamente.
2. Quando você finge ser um sinal de trânsito funcionando e mostra um objeto verde, as crianças podem se mover, mas se segurar um objeto vermelho, elas devem parar.
3. Quando você finge ser um sinal de trânsito quebrado, as crianças devem ignorar o que diz e reagir à cor do objeto que você mostra.

Perguntas

- Quantas vezes você seguiu minha voz e se esqueceu de prestar atenção na cor?
- Quais são as coisas que o ajudaram a não seguir minha ordem verbal?

MEU RELÓGIO ESTÁ ATRASADO

Este jogo não é uma alteração do jogo Luzes de trânsito loucas, mas um exemplo diferente de como o princípio de controle mental pode ser aplicado, introduzindo a exigência de atualizar a informação guardada na memória funcional. Lembre-se de que o princípio de controle mental é um termo genérico que inclui parar, atualizar e mudar. Especificamente, o presente jogo consiste em **imitação atrasada**, que requer parar e atualizar. Envolve uma tarefa em que a criança imita um padrão de movimento, mas com certo atraso. Neste jogo, criado para melhorar a coordenação dos alunos, você fica diante deles e executa padrões de movimento predefinidos que eles devem imitar. A sequência de coordenação é a seguinte: (1) bata palmas quatro vezes; (2) pule no lugar quatro vezes; (3) pule fazendo uma rotação completa quatro vezes; (4) alterne a posição agachado e de pé duas vezes cada. Para introduzir o princípio de imitação atrasada, não deixe as crianças começarem os movimentos com você; peça que elas comecem a bater palmas quando você estiver pulando, a pular quando você está girando, e assim por diante.

Esta atividade fica melhor com o uso de música, que ajuda as crianças a manterem o ritmo certo de movimento.

Pontos essenciais e explicações do professor

Antes de aplicar o princípio da imitação atrasada, as crianças precisam aprender a desempenhar os padrões de coordenação. Para facilitar a aprendizagem motora, a carga cognitiva pode ser reduzida usando-se uma **prática progressiva por partes**, que envolve praticar uma sequência de segmentos até que cada um seja aprendido antes de juntar progressivamente as partes. Por exemplo, as crianças podem aprender a alternar bater palmas quatro vezes e, então, pular quatro vezes, imitando seus movimentos. Antes de acrescentar novos segmentos, introduza a imitação atrasada.

Para explicar o princípio de imitação atrasada, peça às crianças para fingirem que são relógios e que você é um relojoeiro distraído, que atrasa todos os relógios. Torne divertida essa fase do faz de conta em que as crianças se encontram, pedindo que as crianças mexam os braços como ponteiros. Após isso, você pode recomeçar a tarefa de coordenação com as palmas, mas diga às crianças que elas não podem se mover ainda, porque são relógios atrasados. Dê um sinal verbal ("*Batam palmas agora*"), para avisá-los de que devem iniciar a sequência quando você começar a pular. Quando você voltar à sequência de palmas, diga "*Pulem agora!*", para que elas comecem a sequência de pulos. Em outras palavras, enquanto você bate palmas, as crianças pulam. Pratique até que elas desempenhem a tarefa sem dicas verbais. Após uma pausa, demonstre a parte seguinte da sequência (pule enquanto gira, agache e levante-se) e ensine essas novas partes por meio da imitação, sem acrescentar a exigência de imitação atrasada. Quando as crianças conseguirem desempenhar a sequência inteira, você poderá reintroduzir o tema do relojoeiro e aplicar o princípio de imitação atrasada à sequência inteira dos quatro tipos de movimentos.

Desafios propostos

Durante as pausas, pergunte às crianças como conseguiram não imitar seus movimentos e como se comportaram como relógios atrasados. Pergunte se elas observaram o que outras crianças estavam fazendo ou se tentaram seguir suas dicas verbais (ver as perguntas na seção *Detalhamento do jogo*).

Imitação atrasada: imitar um padrão de movimento, mas após um atraso.

Prática progressiva por partes: praticar uma sequência em segmentos até que cada um seja aprendido antes de juntar progressivamente as partes.

Pequenas modificações e continuação

Para simplificar ou dificultar esta atividade, modifique a complexidade dos movimentos, o número de repetições de cada movimento e o número de movimentos dentro das sequências. As crianças entre 3 e 4 anos devem praticar essa atividade de maneira mais fácil (por exemplo, alternando oito repetições de apenas dois padrões de movimento fáceis com movimentos de braços e pernas). Com crianças entre 5 e 6 anos, você pode melhorar progressivamente as demandas de coordenação entre membros (por exemplo, acrescentando movimentos de braços aos pulos no lugar), reduzir o número de repetições (de oito para quatro e dois) e acrescentar novos movimentos à sequência (de dois a quatro tipos de movimentos).

Destaques do jogo

No domínio mental (funções executivas), este jogo envolve a capacidade de inibir respostas habituais (inibição de resposta simples) e de atualizar e manipular informações memorizadas (memória funcional complexa). Por um lado, as crianças devem inibir a tendência habitual a imitar imediatamente seus movimentos. Por outro lado, elas devem memorizar o padrão de movimento observado na memória funcional. Após um prazo, elas podem desempenhar aquele movimento e retirá-lo da memória funcional, mas devem memorizar o padrão de movimento seguinte que você está executando. Isso significa que devem atualizar continuamente as informações da memória funcional.

Em termos de domínio motor (isto é, capacidades de coordenação), esta atividade desafia habilidades de controle motor precisas, especialmente a de combinar movimentos e controlar o equilíbrio (sobretudo quando pular e girar ao mesmo tempo).

Detalhamento do jogo

O grau de complexidade deste jogo deve ser adequado à idade e ao nível de habilidade da criança, como indicado na seção *Pequenas mudanças e continuação*. Este jogo aplica o princípio da imitação atrasada; as crianças aprendem a sequência de movimentos coordenados ao imitá-los, mas desempenham a sequência com atraso. As características de faz de conta da atividade promovem o envolvimento emocional.

Ajude os alunos a trabalharem o controle motor e o equilíbrio com sequências de coordenação que incluam movimentos como pular, girar e ficar em pé após se agachar.

Equipamento

Necessidades para uma classe de 30 alunos:

- Um espaço seguro.
- Música com andamento apropriado e ritmo facilmente identificável.

Habilidades necessárias

- Habilidades locomotoras: pular.
- Habilidades não locomotoras: girar.
- Habilidades de reprodução de ritmo.

Regras

1. As crianças aprendem uma sequência de movimentos feita de segmentos acrescentados progressivamente mediante imitação imediata.
2. As crianças, fingindo ser relógios atrasados por um relojoeiro distraído, imitam seus movimentos com atraso.

Perguntas

- Você às vezes olha o que as outras crianças estão fazendo?
- Você escutou minha voz para lembrar o que precisava fazer depois?

O ARO MÁGICO E A VARA DO CONTRÁRIO

Este jogo é derivado das experiências de movimento propostas por Mezzetti-Pantanelli e Maiello (2001) tanto para crianças em fase pré-escolar como para crianças que já estão na escola. É adaptado aqui para promover a criatividade e desafiar a função de inibição de resposta complexa. Assim, ele não é uma alteração do jogo Luzes de trânsito loucas ou Meu relógio está atrasado, mas um exemplo de como o princípio de controle mental pode ser aplicado e unido ao princípio de descoberta e criatividade que domina a próxima seção dos jogos. Lembre-se de que o princípio de controle mental é um termo geral, que inclui parar, atualizar e mudar, e que a criatividade se apoia nesses componentes.

Seu aspecto novo é a alternância entre imitação imaginativa e **anti-imitação**. A anti-imitação é uma forma de inibição de resposta complexa em que a criança faz gestos que são o oposto daqueles do professor. Para tornar a anti-imitação mais divertida para crianças dessa idade, aplicam-se as características dos jogos de faz de conta. As crianças não imitam seus movimentos, mas os movimentos de um objeto que você está segurando, fingindo que eles são o objeto. A primeira fase do jogo é apenas uma imitação imaginativa, em que as crianças tentam interpretar os movimentos do objeto (o aro mágico) que está segurando e manipulando. A segunda fase, que alterna imitação imaginativa e anti-imitação, implica segurar um novo objeto (a vara do contrário) em várias posições (por exemplo, horizontal, vertical, perto do chão, acima da cabeça). Após determinado tempo de imitação, as crianças devem assumir uma posição contrária àquela em que a vara é segurada.

O jogo requer um espaço aberto e pequenas ferramentas, como aro, vara e corda. Uma música apropriada pode ajudar as crianças a entrarem no papel do objeto que se move, seguindo seu andamento e seu ritmo.

Pontos essenciais e explicações do professor

Para começar, explique que o aro que você segura é mágico: quando ele começa a se mexer, as crianças devem imaginar que se tornam aros e não resistem à tentação de se mexer com ele. Então, comece a sequência musical e a mover o aro lentamente diante das crianças. Varie o andamento e o ritmo dos seus movimentos, movendo o aro de todas as formas possíveis (rolando-o no chão, segurando-o em ângulo reto em relação ao chão e fazendo-o saltar, girando-o com os dedos). Após uma pausa, troque o aro por uma vara e repita a atividade. Uma vez que as crianças aprenderam a imitar a vara, faça uma pausa e introduza a fase anti-imitação do jogo. Explique que a vara é boba. Às vezes, ela gosta de criança obediente, e elas devem se mover como a vara. Outras vezes, ela gosta de criança desobediente, e as crianças devem fazer o contrário dela. Por exemplo, quando você segurar a vara em pé, as crianças devem se deitar; quando a vara estiver no chão, as crianças devem se levantar. Para desafiar a inibição de resposta, alterne os pedidos de anti-imitação (*"Agora, o contrário"*) com pedidos de imitação.

Anti-imitação: uma forma de inibição de resposta complexa em que a criança faz gestos que são o oposto daqueles do professor.

Desafios propostos

Após a fase de aro mágico, mas antes de começar a fase de instruções para a vara do contrário, pergunte às crianças quantas maneiras encontraram de rolar, saltar e girar como o aro, e peça que mostrem de novo como se mover. Durante o jogo, as crianças jogam sozinhas e se concentram nos movimentos do aro e em sua própria imitação dos movimentos. Essas perguntas são uma oportunidade de elas compararem suas soluções. As crianças gostam de que haja várias maneiras de interpretar um objeto em movimento. Após terem jogado a fase da vara ao contrário, pergunte (como já fez com Meu relógio está atrasado) se elas se concentraram no que os colegas estavam fazendo ou nos movimentos da vara.

Pequenas modificações e continuação

Para simplificar o Arco mágico e a Vara do contrário ou torná-lo mais difícil, você pode mudar o número de posições e movimentos aos quais as crianças devem responder com anti-imitação. Para crianças entre 5 e 6 anos, você pode acrescentar mais alternativas, pedindo que elas girem à direita quando a vara está à esquerda, que se agachem quando estiver acima de sua cabeça e se estiquem para cima quando a vara estiver perto do chão. Ademais, as crianças podem liderar o jogo: crie pequenos grupos de três crianças cada em que os membros sejam líderes alternativamente. O líder pode ter dois bastões, movendo-os simultaneamente na mesma direção ou em direções diferente, ou cruzando-os, para promover a interação social entre as crianças que imitam.

Destaques do jogo

As fases de imitação e de anti-imitação são caracterizadas por várias demandas cognitivas no domínio mental (funções executivas). A fase de imitação é uma tarefa aberta que requer imaginação e criatividade. Já a fase de anti-imitação desafia a capacidade a memorizar uma regra (fazer um gesto ou adotar uma posição oposta à da vara), responder de acordo com essa regra, e inibir um forte desejo de imitar (inibição de resposta complexa).

Em termos de domínio motor, as demandas das habilidades motoras e das de coordenação dependem fortemente do posicionamento dos objetos e de como as crianças interpretam o movimento deles. A intensidade está atrelada ao andamento e ao ritmo estabelecidos: a música deve alternar entre andamentos mais lentos ou mais rápidos, para que haja pausas entre períodos de alta intensidade.

Detalhamento do jogo

Este jogo é ideal para crianças da educação infantil, por causa do uso da imitação imaginativa, que desafia a criatividade motora (a criatividade motora é crucial para os próximos jogos). A fase de anti-imitação, que pode ser mais apropriada para crianças entre 5 e 6 anos, desafia a inibição e a flexibilidade cognitiva. O fato de imitar um objeto, e não um ser vivo, desafia a empatia de modo inabitual.

Equipamento

Necessidades para uma classe de 30 alunos:

- Um espaço seguro.
- Música que alterna andamentos mais rápidos e mais lentos, para propiciar repouso após períodos de alta intensidade.
- Dez ferramentas pequenas (bastões, aros, cordas).

Habilidades necessárias

- Habilidades não locomotoras: arrastar-se, girar, rolar etc.
- Habilidades de reprodução de ritmo.
- Habilidades imaginativas e criatividade motora.

Regras

1. Fase de imitação: as crianças fingem ser o objeto que estão segurando e se movem como o objeto.
2. Fase de anti-imitação: as crianças devem fazer o contrário da vara. Por exemplo, quando você segurar a vara para cima, elas devem se deitar; quando a vara estiver no chão, elas devem ficar de pé.
3. Alterne as séries de imitações e anti-imitações para desafiar a inibição de resposta.

Perguntas

- Você encontrou quantas maneiras de rolar, saltar e girar como um aro?
- Laura, pode mostrar de novo como você imitou o aro rolando?
- Quantas vezes você se moveu como Laura?
- Você encontrou outras maneiras de saltar como um aro, além da maneira como Terry fez?

Jogos que enfatizam a descoberta

Os jogos apresentados nesta seção são simbólicos, que aplicam os princípios de descoberta divergente, de repetição sem repetição e de criatividade apresentados no Capítulo 6. A tarefa de criatividade baseada em movimentos para crianças da educação infantil são (1) tarefas motoras grossas introduzidas por instruções como "*Quantas maneiras...?*" ou "*Você pode se mover como...* (por exemplo, animais)?", destinadas a gerar vários movimentos corporais originais, e (2) as tarefas manipulativas introduzidas por "*O que pode ser...?*", ou "*Que outras maneiras...?*", que geram ideias sobre usos alternados de objetos (Bertsch, 1983; Torrance, 1981). Como notamos nos Capítulos 6 e 7, as estratégias-chave de ensino para promover a criatividade motora utilizam tarefas abertas, proporcionando a oportunidade de exploração livre, com uma variedade de sugestões apropriadas, criando um ambiente que apoia o processo criativo das crianças e lhes permite integrar seus próprios pensamentos.

Os jogos desta seção requerem espaço aberto e seguro. Alguns requerem pequenos objetos ou música. Um deles envolve subir e requer tapete de borracha.

A TEIA E AS PEQUENAS ARANHAS

Como o jogo do Aro mágico e a Vara do contrário, este jogo é derivado de experiências de movimento propostas por Mezzetti-Pantanelli e Maiello (2001) da fase pré-escolar em diante. Foi adaptado para utilizar os princípios de aprendizagem de descoberta e criatividade.

A história fala de uma aranha-pai/mãe (professor) que constrói uma teia com elástico fixado nos punhos e tornozelos. As crianças são os filhotes da aranha, que exploram a teia entrando e saindo dela várias vezes. Elas podem abraçar você e encostar no seu corpo quando passeiam pela teia. Você pode incentivá-las a encontrar novas maneiras de andar pela teia (descoberta divergente), para que passem por ela mais vezes (repetição...), enquanto exploram maneiras diferentes de fazê-lo (...sem repetição). A procura de novas soluções para a mesma tarefa promove a criatividade. A atividade não requer equipamentos, a não ser o elástico.

Pontos essenciais e explicações do professor

Explique às crianças que elas vão fingir ser filhotes de aranha. Primeiro, devem se agachar e, com os braços, envolver as pernas flexionadas para criar uma forma redonda e levantar devagar, estender braços e pernas e andar em quatro apoios como se estivessem saindo do casulo. Fixe um elástico em seus punhos e em seus tornozelos, e assuma a posição da aranha na teia (abaixando-se sobre um joelho com os braços abertos e estendidos). Explique que a teia é uma linda casa com muitas entradas e saídas a serem descobertas. Promova a descoberta divergente perguntando: "*Quantas passagens vocês conseguem encontrar?*" e "*Quantas maneiras de passar pela teia vocês encontraram?*". Explique que você é uma aranha-pai/mãe que gosta de ajudar as crianças, e que elas podem usar braços, pernas e corpo como suporte enquanto passam pela teia. Elas também podem abraçar você para descansar, se estiverem cansadas. Após indicar o começo da história, a meta e as condições da tarefa, deixe as crianças explorarem enquanto estiverem envolvidas e curtindo a atividade.

Desafios propostos

Não indique por onde nem como passar pela teia, porque isso promove a imitação e a descoberta convergente. Para ajudar as crianças a entender que não há só uma solução correta, evite julgar o desempenho e elogie apenas a novidade: enquanto houver diferentes soluções pertinentes, todas são boas, não importa que uma solução seja mais simples e outra mais complexa ou sofisticada. Dê *feedback* apenas se uma criança usar a mesma maneira de forma repetida no mesmo ponto da teia (por exemplo: "*Tente passar de outra maneira*" ou "*Tente aqui de novo, mas de outro jeito*"). Proponha pequenas pausas entre as fases de exploração, para que as crianças relembrem quantas maneiras encontraram e quais gostaram mais, e para lembrarem que devem ir uma de cada vez, para evitar colisões ou destruir a teia.

Pequenas modificações e continuação

Você pode acrescentar novos estímulos no ambiente e mudar a tarefa, a fim de promover a criatividade e incentivar as crianças a procurar novas soluções. Para criar uma nova situação, avise que uma tempestade destruiu a teia, que deve ser reconstruída. Então, mude de posição. Isso gera novos desafios para as crianças. Outra mudança é autorizar as crianças a passar em pares pela teia, uma ajudando a outra. Nessa idade, a maior parte delas vai passar de mãos dadas, mas sem cooperação, para encontrar nova solução. Entretanto durante a pausa, proponha uma reflexão sobre suas reações, e pergunte se foi mais fácil ou mais difícil, ou mais divertido ou menos divertido passar pela teia em pares ou sozinhas.

Destaques do jogo

A pergunta "*Quantas maneiras...?*" promove a busca criativa de soluções, o que desafia as funções executivas no domínio mental. Após as crianças passarem pela teia das maneiras mais fáceis e comuns, incentive-as a explorar soluções mais originais. Vimos no Capítulo 6 que a originalidade no movimento é estritamente vinculada à capacidade de inibir respostas motoras habituais (inibição de resposta simples). Com a finalidade de gerar novas soluções, as crianças devem monitorar as informações na memória funcional para lembrar que soluções já experimentaram e evitar repeti-las (memória funcional complexa). Ademais, requer-se a capacidade de mudar de estado mental: por exemplo, a associação entre estímulos (sua perna flexionada) e a resposta (arrastar-se por baixo dela) deve ser rompida para criar uma nova solução. Nesse caso, você deve trocar a parte do corpo sob a qual a criança deve se arrastar (por exemplo, um braço) ou a criança pode mudar o movimento que usa quando passa por baixo de sua perna flexionada (por exemplo, rolar).

Em termos de domínio motor (capacidades de coordenação), as crianças não precisam desempenhar movimentos altamente precisos, e não se requer coordenação rápida. Você pode aumentar as demandas em capacidades de coordenação aplicando as modificações indicadas na seção *Pequenas mudanças e continuação*.

Detalhamento do jogo

Este jogo utiliza os princípios da aprendizagem de descoberta e criatividade e é destinado a crianças da educação infantil. A modificação do jogo permite às crianças passarem pela teia em pares, promovendo a cooperação.

Equipamento

Necessidades para uma classe de 30 alunos:

- Um espaço seguro.
- Um elástico longo.

Habilidades necessárias

- Habilidades locomotoras: andar, pular.
- Habilidades não locomotoras: rolar, arrastar-se, subir.
- Habilidades imaginativas e criatividade motora.

Regras

1. As crianças devem entrar e sair da teia várias vezes (repetição...) e explorar diferentes maneiras de fazê-lo (...sem repetição).
2. As crianças podem se encostar no corpo da aranha-pai/mãe para se apoiarem ao passarem pela teia.

Perguntas

- Você encontrou quantas maneiras de passar pela teia? Consegue encontrar outras maneiras?
- Você encontrou quantas passagens? Existe outra maneira de passar?
- Você pode se mover de outra maneira quando tenta passar pela teia?
- Foi mais fácil ou mais difícil, mais divertido ou menos divertido passar pela teia em par ou sozinho?

A TEIA MOVEDIÇA E AS PEQUENAS JOANINHAS

Esta variação do jogo A teia e as pequenas aranhas, envolvendo um grupo de joaninhas, acrescenta novos papéis e regras que alteram as interações cognitiva, motora e social. A meta das joaninhas é trazer para casa pedras preciosas (pequenas bolas), localizadas na extremidade na área do jogo. Para trazê-las com segurança, elas devem passar pela teia de uma aranha má (você) várias vezes, e sempre de um modo diferente. As pequenas joaninhas não podem tocar a aranha, que, às vezes, move as pernas e os braços. Assim, a tarefa básica é a mesma que no jogo anterior, já que as crianças não podem repetir as soluções. Neste jogo, contudo, a tarefa é mais precisa, e as restrições de tempo são maiores para criar mais desafios. A atividade requer apenas um elástico longo e pequenas bolas ou outros objetos.

Pontos essenciais e explicações do professor

Para começar, amarre o elástico em seus punhos e tornozelos, e assuma a postura de uma aranha na teia (abaixando-se sobre um joelho, com os braços abertos e estendidos). Em seguida, apresente o jogo e peça às crianças que finjam ser joaninhas. Elas podem tentar andar em quatro apoios ou "voar" em volta, ou se mover em silêncio quando se aproximam da aranha. Antes de começar, explique que a meta é trazer para casa todas as pedras preciosas passando-as pela teia. Lembre às crianças que a aranha às vezes dorme, mas, outras vezes, acorda e move braços e pernas; pode até mudar de posição para construir uma nova teia em outro lugar. Demonstre isso mexendo os braços e indo para outro lugar. Em seguida, explique que não devem tocar a aranha porque ela fica irritada. Ademais, se as joaninhas não passarem pela teia usando uma maneira diferente a cada vez, a aranha vai pegá-las porque lembra onde e como passaram da última vez. Promova a descoberta divergente perguntando: "*Quantas passagens vocês encontram?*" ou "*Quantas maneiras encontraram de passar pela teia?*". Jogue até as crianças apanharem todas as bolas.

Desafios propostos

Como no jogo anterior, a promoção de descoberta divergente exige que você evite julgar o desempenho das crianças. Limite as orientações e o *feedback* o quanto for possível, fornecendo *feedback* apenas quando as crianças repetem soluções. Você pode abordar o jogo no modo sociodrama, que é divertido à criança, pretendendo capturar as joaninhas que o tocam ao passar pela teia. Proponha pequenas pausas entre as fases de exploração para dar às crianças tempo para relembrar quantos caminhos e modos diferentes de se mover encontraram para evitar serem pegas.

Pequenas modificações e continuação

Quando os movimentos da aranha geram novas formas de teia, as crianças têm novos desafios que requerem novas soluções. Contudo, isso gera também pressão do tempo que limita o processo criativo. Assim, de início, faça apenas movimentos lentos, repetitivos e previsíveis com os braços. Aos poucos, acrescente movimentos menos previsíveis e aleatórios do corpo inteiro. Se criar uma nova teia em uma estrutura de escalar, autorize as crianças a passarem por cima e por dentro da teia, para estimular a exploração de soluções para subir. Como no jogo anterior, outra modificação consiste em autorizar as crianças a passar pela teia em pares, uma ajudando a outra.

Destaques do jogo

Neste jogo, o domínio mental (funções executivas) é desafiado pela aranha má, que captura as joaninhas que tentam passar pela teia duas vezes da mesma maneira. Isso torna mais imperativa a busca de novas soluções. Como no jogo anterior, esse processo criativo desafia as três funções executivas principais: inibir respostas habituais e mais comuns (inibição de resposta); atualizar informações sobre o modo como a criança já passou pela teia (memória funcional); e associar diferentes respostas motoras com as mudanças de posição da aranha (redirecionamento mental).

No domínio motor (capacidades de coordenação), a necessidade de coordenar movimentos de modo preciso e rápido é maior que no jogo anterior. São necessárias habilidades de controle motor precisas para evitar tocar a aranha, assim como habilidades de adaptação perceptual-motora precisas para evitar ser tocado quando a aranha se move.

Detalhamento do jogo

Essa variação do jogo A teia e as pequenas aranhas utiliza também os princípios de aprendizagem de descoberta e de criatividade, e é própria para crianças da educação infantil. As crianças praticam a contenção de comportamentos e a cooperação em uma situação de jogo de sociodrama em que encenam a relação entre presa e predador. A modificação do jogo que lhes permite passar pela teia em pares promove a cooperação.

Equipamento

Necessidades para uma classe de 30 alunos:

- Um espaço seguro.
- Um elástico longo.
- Pequenas bolas (uma para cada criança).

Habilidades necessárias

- Habilidades locomotoras: andar, pular.
- Habilidades não locomotoras: rolar, arrastar-se, subir.
- Habilidades manipulativas: agarrar, alcançar.
- Habilidades imaginativas e criatividade motora.

Regras

1. As crianças devem entrar e sair da teia várias vezes (repetição...) e explorar diferentes maneiras de fazê-lo (...sem repetição) para trazer pequenas bolas à outra extremidade da área de jogo.
2. As crianças não podem encostar no corpo da aranha enquanto passam pela teia.

Perguntas

- Você encontrou quantas maneiras de passar pela teia? Pode encontrar outras maneiras?
- Você encontrou quantas passagens? Existe outra maneira de passar?
- Você pode se mover de outra maneira quando tenta passar pela teia?
- Foi mais fácil ou mais difícil, mais divertido ou menos divertido passar pela teia em par ou sozinho?
- Você conseguiu evitar tocar a aranha quando ela moveu os braços?

A FÁBULA DA TEIA MÁGICA

Neste jogo, a teia é mágica, e você é uma aranha-bruxa, que pode transformar as pessoas em animais (pequenas aranhas ou joaninhas) e os animais em pessoas mágicas, que também podem transformar objetos. A novidade é que apenas soluções cooperativas que envolvem crianças em pares (uma aranha e uma joaninha) são permitidas. Assim, as crianças descobrem soluções que não são possíveis quando jogam individualmente. De novo, a meta é passar pela teia muitas vezes de várias maneiras. Se uma arranha e uma joaninha encontrarem pelo menos cinco maneiras de passar pela teia mantendo o contato corporal e ajudando-se, uma à outra, a aranha-bruxa as recompensa, transformando-as em crianças mágicas e dando-lhes uma vara. As crianças mágicas podem transformar a vara em qualquer coisa que pareça uma vara, como um guarda-chuva, uma vassoura de bruxa ou um cavalo (Mezzetti-Pantanelli e Maiello, 2001).

Este jogo de faz de conta inclui duas tarefas de criatividade baseadas em movimentos. A primeira é a busca de diferentes maneiras de passar pela teia. Essa tarefa é apresentada com a instrução: "*Quantas maneiras diferentes...?*", como no jogo anterior, mas com o critério a mais de que as crianças devem apresentar soluções cooperativas. A segunda tarefa de criatividade baseada em movimentos é a busca de usos alternados e inabituais da vara. É introduzida pela pergunta "*O que poderia ser?*". Essa atividade requer um elástico longo e varas ou objetos pequenos (por exemplo, cordas de pular), apropriados para usos alternados, e equipamentos caseiros (cartões coloridos com desenhos).

Pontos essenciais e explicações do professor

Primeiro, ajude as crianças a prepararem os cartões com desenho de aranha ou joaninha que elas devem pendurar no pescoço. Se a formação de pares for dificultada pelo fato de mais crianças quererem ser aranhas do que joaninhas (ou vice-versa), estabeleça a regra de que, na metade do jogo, as crianças vão trocar de papel. Diga que elas devem fingir que você é uma aranha-bruxa que as transforma em pequenas aranhas ou em joaninhas. As crianças devem pegar os cartões assim que você as transformar. Amarre o elástico em seus punhos e tornozelos e adapte a posição da aranha na teia (abaixando-se sobre um joelho, com os braços abertos e estendidos).

Antes de começar o jogo, explique que a meta é passar pela teia pelo menos cinco vezes, de modo que você possa transformar as pequenas aranhas e joaninhas em crianças mágicas. Explique que as pequenas aranhas e joaninhas são amigas e autorizadas a passar pela teia em pares. Apenas pares de aranha-joaninha (e não aranha-aranha nem joaninha-joaninha) são autorizadas, já que as joaninhas podem passar pela teia apenas se forem acompanhadas por uma aranha. A dupla aranha-joaninha não pode perder o contato corporal ao se mover pela teia, e não pode tocar a teia. Promova a descoberta divergente ao perguntar "*Quantas passagens e maneiras de passar pela teia você e seu amigo encontraram?*" e, após eles terem encontrado uma solução, "*Vocês podem encontrar outra maneira?*".

Depois de indicar o começo da história (no qual elas devem andar juntas), a meta (descobrir pelo menos cinco passagens e modos de passar pela teia para serem transformadas em crianças mágicas), e as obrigações (não devem tocar a aranha nem perder o contato uma com a outra), deixe as crianças jogarem até que todas tenham completado a fase da teia e tenham sido transformadas em crianças mágicas. Então, dê a cada criança uma vara e pergunte: "*O que essa vara poderia ser?*". Lembre-as de que são crianças mágicas que podem transformar a vara em qualquer coisa que se pareça com uma vara.

Desafios propostos

Evite julgar o desempenho das crianças e dê *feedback* apenas quando elas repetirem a mesma solução. Já que a novidade deste jogo é a busca de soluções cooperativas enquanto trabalham em pares, durante as breves pausas, faça perguntas como: "*Como pode ajudar sua amiga, a pequena aranha (ou joaninha), a atravessar a teia quando passa por cima da aranha?*".

Pequenas modificações e continuação

Você pode acrescentar estímulos ao jogo ou mudar as exigências das tarefas. No primeiro exemplo (atravessar a teia), promova a exploração e aumente os desafios às habilidades de controle motor e de adaptação, pedindo às crianças que andem aos pares e mantenham o contato corporal usando uma nova parte do corpo (por exemplo, o contato mais comum, de mãos dadas, pode ser usado uma só vez). Como aranha, você pode aumentar o limite de tempo fazendo movimentos lentos que levam ao contato se as crianças não forem rápidas o suficiente. Outra modificação é dar às crianças novos objetos em vez de varas (por exemplo, cordas e aros) e perguntar: "*O que isso poderia ser?*". Por exemplo, as crianças podem fingir que as cordas são rédeas de cavalo.

Destaques do jogo

Como nos jogos anteriores, a busca de soluções divergentes é um processo criativo que desafia as três funções executivas principais do domínio mental: inibição de resposta, memória funcional e mudança mental.

Em termos de domínio motor (ou seja, capacidades de coordenação), as demandas por habilidades de adaptação perceptual-motora são maiores que nos jogos anteriores, porque as crianças devem afinar mais seus movimentos e adaptá-los aos movimentos e às perturbações geradas por seus parceiros enquanto tentam não tocar a teia.

Detalhamento do jogo

Esta variação do jogo A teia e as pequenas aranhas utiliza também os princípios de aprendizagem de descoberta e de criatividade, e é própria para crianças da educação infantil. Esse jogo de faz de conta inclui duas tarefas de criatividade baseada no movimento. A primeira é a busca de diferentes maneiras de passar pela teia em pares. A segunda é a busca de utilizações alternativas e inabituais de pequenos objetos. Esta promove a descoberta divergente e a criatividade.

Equipamento

Necessidades para uma classe de 30 alunos:

- Um espaço seguro.
- Um elástico longo.
- Pequenas ferramentas (por exemplo, cordas de pular) apropriadas para usos alternativos (uma por criança).
- Equipamento caseiro: cartões em duas cores com desenhos, um por criança.

Habilidades necessárias

- Habilidades locomotoras: andar, pular.
- Habilidades não locomotoras: rolar, arrastar-se, subir.
- Habilidades manipulativas: agarrar, alcançar, manipular.
- Habilidades imaginativas e criatividade motora.

Regras

1. As crianças devem entrar e sair da teia várias vezes (repetição...) e explorar diferentes maneiras de fazê-lo (...sem repetição) em pares. Após elas passarem pela teia de cinco maneiras diferentes, a aranha-bruxa as transforma em crianças mágicas.
2. As crianças não podem perder o contato corporal entre si nem tocar a aranha quando passam pela teia em pares.
3. As crianças devem tentar usos alternativos dos pequenos objetos que recebem por ter passado pela teia.

Perguntas

- Você encontrou quantas maneiras de passar pela teia? Pode encontrar outras maneiras?
- Você encontrou quantas passagens? Existe outra maneira de passar?
- Você pode se mover de outra maneira quando tenta passar pela teia?
- Foi mais fácil ou mais difícil, mais divertido ou menos divertido passar pela teia em par ou sozinho?
- Você conseguiu evitar tocar a aranha quando ela moveu os braços?
- Quantas passagens ou maneiras de passar pela teia você e seu amigo encontraram juntos?
- Como ajudou seu amigo (pequena aranha ou joaninha) a atravessar a teia enquanto passava por cima (ou por baixo) da perna da aranha?
- O que (a vara ou a corda) pode ser?
- Quantas maneiras diferentes de utilizar (a vara ou a corda) você encontrou?

ÁLBUM DE FOTOS

Neste jogo, você faz o papel de DJ ou de fotógrafo. Você vai precisar de música, ao som da qual as crianças devem correr livremente pela área. Quando a música parar, as crianças devem fazer certa pose, como se você estivesse tirando uma foto delas. Todas as tarefas do jogo são abertas; elas podem achar maneiras diferentes, porém, apropriadas, de resolver cada tarefa.

Após instruir as crianças sobre as poses que devem fazer, peça que repitam a tarefa várias vezes (repetição...) e procurem outras maneiras de posar (...sem repetição). A sequência instrucional começa com as crianças escolhendo suas poses em um número limitado de poses fáceis antes de mudar para poses mais difíceis. O jogo requer um espaço aberto e música.

Pontos essenciais e explicações do professor

Comece dizendo às crianças que você é um DJ que vai tocar e interromper a música. Ao som da música, as crianças podem correr livremente pela área de jogo. Quando você para a música, elas devem parar imediatamente porque agora você é fotógrafo e quer tirar fotos delas. Antes de tocar a música, peça a elas que mostrem a pose que vão fazer quando a música parar, e incentive-as a pensar nessa pose enquanto estão correndo. A sequência instrucional para as poses é a seguinte:

1. Duas mãos e dois pés (sobre quatro apoios).
2. Dois pés e uma mão.
3. Duas mãos e um pé.
4. Uma mão e um pé.
5. Um pé.

Cada pose deve ser repetida várias vezes, contanto que as crianças estejam se divertindo. Após terem executado cada pose na sequência várias vezes, peça que parem na pose da escolha delas, explicando que, para completar o álbum de fotos, você precisa do maior número de fotos possível e que cada uma deve ser única. A essa altura, as crianças não precisam mais seguir a sequência, mas devem fazer uma pose nova a cada vez. Já que exploraram sistematicamente várias maneiras de fazer cada pose na sequência, agora, devem ser capazes de mudar as poses trazendo novas ideias.

Desafios propostos

Como em todos os jogos desta seção, evite demonstrações e julgamentos sobre o desempenho das crianças e dê *feedback* apenas quando uma criança repete uma solução no período de pose livre, dizendo: "*Preste atenção! Você já fez essa pose antes!*". Prorrogue as pausas enquanto elas posam e promova a imaginação das crianças com perguntas como: "*Essa pose é de quê?*".

As crianças se tornam fisicamente ativas e criativas no jogo Álbum de fotos.

Pequenas modificações e continuação

A parte mais repetitiva da atividade, correr ao som da música, pode ser variada, para promover o desenvolvimento de uma gama mais ampla de habilidades motoras fundamentais, alternando correr com galopar, pular ou saltar. É possível emparelhar as habilidades executadas com a idade e o nível de desenvolvimento das crianças, já que as crianças aprendem antes a correr e, depois, a galopar, pular e saltar. A fim de promover a busca de novas soluções cooperativas no período de pose livre, incentive as crianças a encontrarem poses que requerem duas pessoas ou talvez um pequeno grupo de três ou quatro.

Destaques do jogo

A pergunta "*Quantas maneiras...?*" promove a busca criativa de soluções e desafia as três funções executivas principais do domínio mental: inibição de resposta, memória funcional e redirecionamento mental.

Posar para fotografias se relaciona ao domínio motor (capacidades de coordenação), já que há demandas cada vez maiores de habilidade de controle motor preciso e de equilíbrio estático. Este jogo alterna períodos de AFMV com pausas.

Detalhamento do jogo

Composto por tarefas abertas, o jogo utiliza os princípios da aprendizagem da descoberta e da criatividade. As crianças têm a oportunidade de apreciar diferenças nos resultados do mesmo processo de resolução e problemas.

Equipamento

Necessidades para uma classe de 30 alunos:

- Um espaço seguro.
- Música com andamento e ritmos variados.

Habilidades necessárias

- Habilidades locomotoras: correr, galopar, pular, saltar.
- Habilidades de reprodução de ritmo.
- Habilidades imaginativas e criatividade motora.

Regras

1. Quando a música começar, as crianças devem correr livres pela área de jogo.
2. Quando a música parar, elas devem parar imediatamente e fazer uma pose para a foto.
3. A sequência instrucional para as poses é: (1) em quatro apoios; (2) dois pés e uma mão; (3) duas mãos e um pé; (4) uma mão e um pé; (5) um pé.
4. Todas as instruções (por exemplo, "*Parem sobre quatro apoios*") são ensaiadas mais de uma vez, a cada parada as crianças devem respeitar a instrução, mas fazer uma nova pose (por exemplo, sobre quatro apoios, com barriga para cima ou para baixo).
5. Quando a sequência instrucional é completada (várias vezes sobre quatro apoios, então, várias vezes em dois pés e uma mão, encontrar novas maneiras de fazê-lo etc.), as crianças podem escolher livremente o tipo de pose, exceto todas as poses já feitas.

Perguntas

- Você está posando de quê?
- Quantas maneiras você encontrou de ficar em quatro apoios, nos dois pés e em uma mão etc.)?
- No que estava pensando enquanto corria?
- Você olhou o que seus colegas estavam fazendo?

FOTOS DE CORAGEM

Este jogo mescla as características do jogo de Álbum de fotos com aqueles de experiência de movimento propostos por Mezzetti-Pantanelli e Maiello (2001). De novo, você interpreta os papéis de DJ e de fotógrafo. A novidade são as fotos de coragem que você tira. Quando a música para, as crianças assumem uma nova pose, subindo em estruturas. Como para o Álbum de fotos, a sequência instrucional começa com as poses fáceis e muda progressivamente para as mais difíceis. Este jogo requer um espaço aberto, uma estrutura para subir e tapetes de borracha.

Pontos essenciais e explicações do professor

Comece dizendo às crianças que você é um DJ e que vai tocar a música e interrompê-la a música. Ao som da música, as crianças podem correr livremente pela área de jogo. Quando a música parar, elas devem subir lentamente e com cuidado (para não cair) em uma estrutura, até alcançar a altura que preferem e parar em uma pose, porque, agora, você é fotógrafo e quer tirar fotos delas. Antes de a música começar, diga que pose devem tomar e incentive-as a pensarem nessa pose enquanto correm. A sequência instrucional do jogo é manter a pose na estrutura usando a seguinte ordem:

1. Dois pés e duas mãos.
2. Dois pés e uma mão.
3. Duas mãos e um pé.
4. Uma mão e um pé.
5. Apenas as mãos.

Como no jogo do Álbum de fotos, os passos da sequência devem ser repetidos várias vezes com as crianças subindo até uma altura confortável e tomando a pose pedida de maneira diferente a cada vez, de maneira que possa tirar uma nova foto da coragem delas. Após terminar todas as poses da sequência, as crianças podem escolher novas poses livremente.

Desafios propostos

Como nos demais jogos desta seção, evite demonstrar e julgar o desempenho das crianças. Dê *feedback* apenas quando a criança repetir a pose que já fez antes. Utilize as pausas para lembrá-las de que devem prestar atenção quando subirem. Para acionar a imaginação, pergunte "*Essa pose é de quê?*".

Pequenas modificação e continuação

Durante a fase da atividade com música, peça que as crianças alternem andar com outros padrões motores (galopar, pular, saltar), de acordo com a idade e o seu estágio de desenvolvimento mental.

Destaques do jogo

Como nos jogos anteriores, a busca por soluções divergentes é um processo criativo que desafia as três funções executivas principais do domínio mental: inibição de resposta, memória funcional e redirecionamento mental.

Posar para fotografias se relaciona ao domínio motor (habilidades de coordenação), já que há demandas cada vez maiores de habilidade de controle motor preciso e de equilíbrio estático. Este jogo desafia também a habilidade de subir e alterna períodos de atividade física moderada com pausas.

Detalhamento do jogo

Este jogo é composto por tarefas abertas que utilizam os princípios da aprendizagem da descoberta e da criatividade, e é dirigido a crianças da educação infantil. As crianças têm a oportunidade de lidar com o medo de subir e a altura graças às características divertidas dessa experiência.

Equipamento

Necessidades para uma classe de 30 alunos:

- Um espaço seguro.
- Estrutura para subir.
- Tapetes de borracha.

Habilidades necessárias

- Habilidades locomotoras: andar.
- Habilidades não locomotoras: subir.
- Habilidades de reprodução de ritmo.
- Habilidades imaginativas e criatividade motora.

Regras

1. Quando a música começar, as crianças devem se mover livremente na área de jogo.
2. Quando a música parar, elas devem subir até uma altura confortável e manter a pose na estrutura, conforme as instruções.
3. A sequência instrucional para as poses é: (1) dois pés e duas mãos; (2) dois pés e uma mão; (3) duas mãos e um pé; (4) uma mão e um pé; (5) apenas as mãos.
4. Todas as instruções (por exemplo, "*Segurem-se na estrutura com os dois pés e as duas mãos*") são ensaiadas mais de uma vez. A cada parada as crianças devem respeitar a instrução, mas assumir uma nova pose (por exemplo, tomar a pose de frente ou de costas para a estrutura).
5. Quando a sequência instrucional é completada (várias vezes com dois pés e duas mãos, então, várias vezes em dois pés e uma mão etc.), as crianças podem escolher livremente o tipo de pose, exceto todas as poses já realizadas.

Perguntas

- Essa pose é de quê?
- Quantas maneiras você encontrou de se segurar com os dois pés e as duas mãos, com dois pés e uma mão etc.?
- No que estava pensando enquanto andava?
- Você olhou o que seus colegas estavam fazendo e até que altura subiram?
- Você tentou subir mais alto?
- Você tentou novas poses em uma altura menor ou maior?

FILME DO MUNDO ANIMAL

Esse jogo mescla as características do jogo de Álbum de fotos com características de jogo de faz de conta. Você faz o papel de DJ e diretor de filme. A novidade é que as crianças não têm que fazer poses. Em vez disso, elas são instruídas a se moverem de forma criativa e a encontrarem novas maneiras de lidar com as tarefas que você propõe enquanto pretende filmar. Nas fases do jogo com música, as crianças correm ou andam, para alternar períodos de AFVM. Quando a música para, as crianças devem se mover de acordo com suas instruções. Após uma fase de exploração sem história, promova a descoberta divergente, contando uma fábula em que certos animais devem se mover em mundos diferentes e mudar seus movimentos quando entram nesses novos mundos. Este jogo requer um espaço aberto e seguro, e suas modificações requerem equipamentos como bancos e pequenos obstáculos (por exemplo, cones, aros ou cordas de pular) para passar por baixo ou por cima.

Pontos essenciais e explicações do professor

Comece dizendo às crianças que você é um DJ e vai tocar a música e interrompê-la. Ao som da música, as crianças podem correr livremente pela área de jogo. Quando a música parar, elas devem continuar a se mover, mas da maneira que você instruiu antes. Antes de a música começar, diga que elas têm que se mover quando a música parar, e incentive-as a pensar nisso enquanto correm ao som da música. A sequência das maneiras de se mover quando a música para é a seguinte:

1. Dois pés e duas mãos.
2. Dois pés e uma mão.
3. Duas mãos e um pé.
4. Uma mão e um pé.
5. Apenas um pé.

Assim como para o jogo do Álbum de fotos, os passos da sequência devem ser repetidos várias vezes. Peça às crianças para mudarem a maneira de se mover toda vez que a música parar, de modo que você possa filmar novas cenas do filme. Uma vez que exploraram várias maneiras de se mover, de acordo com seus pedidos, comece a nova fase do jogo com a pergunta: "*Vocês podem se mover como* (o nome de um animal)*?*". Para promover a busca de diferentes maneiras de se comportar como um cavalo, por exemplo, crie roteiros imaginários em que o cavalo está muito cansado após galopar por muito tempo, está feliz porque encontrou um amigo, machucou a perna ou deve atravessar uma floresta ou um rio.

Os desafios propostos

Evite demonstrar e julgar o desempenho das crianças. Dê *feedback* apenas quando uma criança repete a pose que já tomou antes ("*Preste atenção! Já gravei essa cena antes!*"). Enquanto as crianças exploram novas maneiras de se mover (por exemplo, sobre quatro apoios), pergunte: "*Que animal você é?*". Assim, você as prepara para a fase de faz de conta do jogo quando você disser "*Agora, vamos andar como* (o nome de um animal)*?*".

Pequenas modificação e continuação

Você pode alternar o desempenho de habilidades motoras nas fases com música de acordo com a idade e o nível de desenvolvimento das crianças. Nas fases de criatividade, quando a música parar, incentive as crianças a encontrar soluções que as obriguem a trabalhar em pares. Promova o desenvolvimento de habilidades motoras fundamentais mudando seus pedidos. Por exemplo, peça para que passem debaixo do equipamento (por exemplo, um banco) de modo diferente a cada vez. Isso promove a exploração de tipos de movimento (por exemplo, andar sobre quatro apoios, rolar, arrastar-se). Peça para subir nos bancos e passar por cima de obstáculos usando diferentes partes do corpo (sobre quatro apoios com dois pés e uma mão, com duas mãos e um pé, uma mão e um pé, ou com um pé só). Isso desenvolve as habilidades de subir, equilibrar-se e saltar de certa altura. Para um jogo seguro, verifique que bancos e obstáculos sejam adequados, estável e cercados por tapetes de borracha.

Destaques do jogo

Como nos jogos anteriores, a busca por soluções divergentes é um processo criativo que desafia as três funções executivas principais do domínio mental: inibição de resposta, memória funcional e redirecionamento mental.

No domínio motor (capacidades de coordenação), a progressão da resolução de problemas que começa andando em quatro apoios (passo 1) e acabando com um pé só (passo 5), envolve demandas cada vez maiores de habilidade de controle motor preciso e equilíbrio dinâmico. O jogo alterna períodos de AFMV.

Detalhamento do jogo

Composto por tarefas abertas, o jogo utiliza os princípios da aprendizagem da descoberta e da criatividade e é delineado para crianças da educação infantil. Para criar uma história e ajudar as crianças a descobrir soluções, use as estratégias de ensino apresentadas no Capítulo 7 (lista de verificação, relações forçadas, analogias, listagem de atributos). A sequência instrucional começa com movimentos fáceis e evolui para movimentos mais difíceis. O ambiente de faz de conta da fábula aumenta o envolvimento emocional das crianças.

Equipamento

Necessidades para uma classe de 30 alunos:

- Um espaço seguro.
- Bancos, pequenos obstáculos (por exemplo, cones, aros ou cordas de pular) para passar por cima ou por baixo e tapetes de borracha.

Habilidades necessárias

- Habilidades locomotoras: andar, correr, pular.
- Habilidades não locomotoras: arrastar-se, subir.
- Habilidades de reprodução de ritmo.
- Habilidades imaginativas e criatividade motora.

Regras

1. Quando a música começar, as crianças devem se movimentar livremente.
2. Quando a música parar, elas devem se movimentar de acordo com as tarefas que você propõe quando finge fazer um filme.

A sequência instrucional para as poses é: (1) em quatro apoios; (2) dois pés e uma mão; (3) duas mãos e um pé; (4) uma mão e um pé; (5) um só pé.

3. Todas as vezes que a instrução (por exemplo, "*Andem em quatro apoios*") é repetida mais de uma vez, as crianças devem respeitar a instrução, mas se mover de modo diferente.
4. Na fase de faz de conta com história, as crianças fingem se mover como animais com diferentes características em diferentes ambientes, sozinhas ou em pares.

Perguntas

- Você consegue andar como (nome de animal)?
- Que animal você é?
- Quantas maneiras você encontrou de andar em quatro apoios, com dois pés e uma mão etc.?
- No que estava pensando enquanto corria?
- Você olhou o que seus colegas estavam fazendo?
- O fato de jogar em dupla ajudou você a achar novas maneiras de andar como (nome de animal)?

Implicações para os educadores

Este capítulo destacou jogos de atividade física que promovem o desenvolvimento cognitivo para crianças da educação infantil. Para tanto, eles desafiam as funções executivas de modo divertido e apropriado para a idade, de acordo com os três princípios do envolvimento mental: interferência contextual, controle mental e descoberta. Para ajudar os professores a analisarem os jogos e criarem seus próprios jogos, explicamos por que e como cada um deles funciona. Focalizamos as demandas de coordenação mental e motora dos jogos, uma vez que influenciam fortemente o esforço mental necessário para jogá-los. Também indicamos alguns aspectos sociais e emocionais dos jogos, porque o treinamento da função executiva é mais eficiente quando integrado em experiências desafiadoras do ponto emocional e social (Diamond e Lee, 2011). Estamos convencidos de que os jogos deste capítulo traduzem na prática a perspectiva da "criança como um todo" para a Educação Física (NASPE, 2011).

Capítulo

11

Jogos de atividade física para crianças do ensino fundamental[11]

Muitas das condições que podem afetar o sucesso do ensino são atribuíveis unicamente a crianças do ensino fundamental. Seus padrões de atividade física e suas habilidades mentais diferem daquelas das crianças da educação infantil. Ademais, as condições que tornam os jogos intelectualmente desafiadores variam bastante. Modificá-los para desafiar a cognição das crianças pode ser uma tarefa difícil e exigente, mesmo para professores experientes. Este capítulo propõe jogos de atividade física que promovem o desenvolvimento cognitivo para crianças do ensino fundamental.

Jogos que desafiam as funções executivas

Da mesma maneira que os jogos para crianças da educação infantil apresentados no Capítulo 10, os jogos deste capítulo correspondem a três categorias: jogos que enfatizam a interferência contextual,

[11] N. do T.: *elementary school-age children*, no original.

jogos que enfatizam o controle mental e jogos que promovem a descoberta. Seis jogos são propostos em cada categoria, enfatizando-se a explicação, os desafios potenciais e a maneira como podem ser modificados. Todas as versões dos jogos são apresentadas em um formato fácil de usar.

Jogos de conexão para crianças do ensino fundamental segundo os padrões da SHAPE America

Como os jogos do Capítulo 10, os deste capítulo estão alinhados e se adequam aos padrões nacionais de Educação Física e resultados por nível escolar, para crianças no ensino fundamental [em inglês, National Standards & Grade-Level Outcomes for K-12 Physical Education], definidos pela Society of Health and Physical Educators (SHAPE America, 2014), conforme a lista a seguir:

- *Padrão 1*: o indivíduo fisicamente proficiente mostra competência em uma série de habilidades motoras e de padrões de movimentos.
- *Padrão 2*: o indivíduo fisicamente proficiente aplica conceitos de conhecimento, princípios, estratégias e táticas relacionados ao movimento e ao desempenho.
- *Padrão 3*: o indivíduo fisicamente proficiente mostra conhecimento e competências para alcançar e manter o nível de atividade, bem como ter uma aptidão física que melhore a saúde.
- *Padrão 4*: o indivíduo fisicamente proficiente apresenta um comportamento pessoal e social responsável que respeita a si mesmo e aos outros.
- *Padrão 5*: o indivíduo fisicamente proficiente reconhece o valor da atividade física para a saúde, o prazer, o desafio, a expressão pessoal e/ou a interação social.

Esses padrões não seguem nenhuma ordem de prioridade.

Além disso, os jogos apresentados neste capítulo estão alinhados com as Orientações Adequadas de Prática Instrucional (Appropriate Instructional Practice Guidelines da National Association for Sport and Physical Education [NASPE], 2009, p. 2), que representam

> um consenso pericial sobre importantes práticas apropriadas e inapropriadas observadas frequentemente na Educação Física do ensino fundamental.

Isto é, os jogos ajudam as crianças a desenvolver habilidades, conhecimento e desejo de aproveitar uma vida inteira de atividade física por meio da participação em atividades físicas apropriadas para seu nível de desenvolvimento. O Quadro 11.1 mostra como cada jogo corresponde a resultados específicos de aprendizagem para crianças da primeira e da segunda série e da terceira à quinta série.

Quadro 11.1 – Localizador de jogos para crianças do ensino fundamental

<table>
<tr><th>Jogo</th><th>Pág.</th><th>Expectativas e resultados do desempenho do estudante (1º e 2º ano)[12]</th><th>Expectativas e resultados do desempenho do estudante (3º ao 5º ano)[13]</th></tr>
<tr><td colspan="4">JOGOS QUE ENFATIZAM A INTERFERÊNCIA CONTEXTUAL</td></tr>
<tr><td>Pula, salva e pega</td><td>208</td><td rowspan="6">▪ Pula, galopa, corre e desliza, usando um padrão maduro (P1.F1.1)[14]
▪ Diferencia a força como forte e leve (P2.F3.1b).
▪ Aceita a responsabilidade pessoal usando os equipamentos e o espaço de modo apropriado (P4.F1.1).
▪ Aceita a responsabilidade pelos protocolos da classe em relação ao comportamento e ao desempenho de ações (P4.F2.2).
▪ Mostra sentimentos positivos que resultam da participação em atividades físicas (P5.F3.1a).</td><td rowspan="6">▪ Movimenta-se mostrando diferenciação entre correr e corrida de velocidade (P1.F2.3).
▪ Usa vários movimentos locomotores em uma variedade de tarefas de prática para pequenos grupos (P1.F1.4).
▪ Aplica estratégias e táticas simples em atividades de perseguição (P2.F5.3a).
▪ Aplica estratégias e táticas simples em atividades de fuga (P2.F5.3b).
▪ Participa com comportamento responsável em vários contextos, ambientes e instalações de atividade física (P4.F2.5a).
▪ Mostra respeito e adesão às regras em várias atividades físicas (P4.F5.4).
▪ Descreve e compara as interações sociais positivas quando envolvido em atividades físicas com parceiros ou grupos grandes ou pequenos. (P5.F4.4).</td></tr>
<tr><td>O time se salva</td><td>209</td></tr>
<tr><td>A bola é do apanhador</td><td>211</td></tr>
<tr><td>Hoopla</td><td>212</td></tr>
<tr><td>Guardião do hoopla</td><td>214</td></tr>
<tr><td>Hoopla de mãos livres</td><td>216</td></tr>
<tr><td colspan="4">JOGOS QUE ENFATIZAM O CONTROLE MENTAL</td></tr>
<tr><td>Boliche de equipe</td><td>217</td><td rowspan="6">▪ Lança por baixo usando padrões maduros (P1.F13.2).
▪ Diferencia a força forte da leve (P2.F3.1b).
▪ Movimenta-se demonstrando uma variedade de relações com os objetos (P2.F2.1b).
▪ Responde de modo apropriado ao feedback geral do professor (P4.F3.1).
▪ Aceita feedback corretivo específico do professor (P4.F3.2).
▪ Reconhece que os desafios das atividades físicas podem levar ao sucesso (P5.F2.1).</td><td rowspan="6">▪ Lança por baixo para um parceiro ou alvo, com precisão razoável (P1.F13.3).
▪ Combina deslocamentos com habilidades manipulativas para a execução de metas (P1.F1.5c).
▪ Aplica conceitos de movimentos a estratégias em situações de jogo (P2.F2.5a).
▪ Reconhece os tipos de ações precisas de lançamento, voleio ou golpe em vários jogos ou esportes (P2.F5.5c).
▪ Reconhece o papel das regras e da conduta adequada na atividade física com colegas (P4.F5.3).
▪ Analisa várias atividades físicas como prazerosas e desafiadoras e identifica os motivos de uma resposta positiva ou negativa (P5.F3.5).</td></tr>
<tr><td>Superboliche de equipe</td><td>219</td></tr>
<tr><td>Boliche com goleiro</td><td>221</td></tr>
<tr><td>Futebol de lixeira</td><td>222</td></tr>
<tr><td>A bola pródiga</td><td>224</td></tr>
<tr><td>Megafutebol de lixeira</td><td>225</td></tr>
<tr><td colspan="4">JOGOS QUE ENFATIZAM A DESCOBERTA</td></tr>
<tr><td>Polo de lixeira</td><td>226</td><td rowspan="6">▪ Bate a bola com instrumentos de cabo longo, enviando-a para a frente e segurando o instrumento de modo apropriado (P1.F25.3).
▪ Varia o tempo e a força de modo gradativo (P2.F3.2).
▪ Segue as orientações do professor para participar de modo seguro e faz uso adequado dos equipamentos sem lembretes do professor (P4.F6.1).
▪ Reconhece o papel das regras e da conduta adequada nas atividades planejadas pelo professor (P4.F5.2).
▪ Explica os motivos pessoais para gostar das atividades físicas (P5.F3.1b).</td><td rowspan="6">▪ Combina deslocamentos com as habilidades manipulativas driblar, lançar, apanhar e golpear em ambientes de prática de tarefas em pequenos grupos designados pelo professor (P1.F26.4).
▪ Combina golpes com instrumento de cabo longo com habilidades para receber e se deslocar, em jogos para pequenos grupos (P1.F25.5b).
▪ Aplica os conceitos de direção e força para golpear um objeto com instrumento de cabo longo (P2.F3.5b).
▪ Reconhece os tipos de ações precisas de lançamento, voleio ou golpe em vários jogos ou esportes (P2.F5.5c).
▪ Mostra adesão às regras e à conduta adequada em uma variedade de atividades físicas (P4.F5.4).
▪ Aplica princípios de segurança com atividades físicas apropriadas para a idade (P4.F6.5).
▪ Descreve as interações sociais positivas decorrentes do seu envolvimento em atividades físicas com outros (P5.F4.4).</td></tr>
<tr><td>Polo para quatro equipes</td><td>228</td></tr>
<tr><td>21 ou nada</td><td>229</td></tr>
<tr><td>Permuta rápida</td><td>231</td></tr>
<tr><td>Os corredores e a grade</td><td>233</td></tr>
<tr><td>Pega-pega pela porta</td><td>234</td></tr>
</table>

[12] N. do T.: *grades 1 and 2*, no original, o que correspondente a crianças entre 6 e 8 anos, aproximadamente.

[13] N. do T.: *grades 3 through 5*, no original, o que correspondente a crianças entre 8 e 11 anos, aproximadamente.

[14] N. do E.: o "P" se refere a "padrão"; o "F", a "(ensino) fundamental"; o último número indica o ano ao qual o jogo é recomendado. Para mais informações sobre os níveis, as habilidades, os padrões de movimento e a divisão de séries, consultar: https://www.shapeamerica.org/standards/pe/upload/Grade-Level-Outcomes-for-K-12-Physical-Education.pdf.

Jogos que enfatizam a interferência contextual

Os jogos desta seção destacam o princípio da interferência contextual. Como descrito nos capítulos anteriores, a chave para propor interferências contextuais e aumentar o envolvimento mental depende de como as atividades são espalhadas pelo jogo. A interferência contextual pode ser proposta em muitos jogos de pega-pega. A quantidade de interferências contextuais que as crianças experimentam pode ser controlada fazendo apenas pequenas mudanças nas regras, delimitações e maneiras de se deslocar.

PULA, SALVA E PEGA

Fonte: adaptado de Dienstmann (2008).

Os jogos evoluíram em todas as culturas como adaptações de jogos das gerações anteriores. Este jogo e suas variações são adaptadas de outro jogo, chamado Pega e salva (Dienstmann, 2008). Não precisa de equipamento, apenas de espaço aberto. Suas alterações subsequentes requerem um equipamento barato. Trata-se de uma versão diferente do jogo de pega-pega; traz desafios extras. Os alunos podem ter dificuldades no desempenho do jogo no começo, mas logo vão aprender a focar os elementos-chave.

Pontos essenciais e explicações do professor

Comece explicando que qualquer criança pode pegar qualquer outra; não há exceção. Essa regra propõe imediatamente uma interferência contextual, já que, em geral, uma pessoa (ou várias) deve ser evitada na maior parte dos jogos de pega-pega. Explique que essa maneira de jogar pode ser diferente da maneira como jogaram pega-pega no passado. Uma vez pega, a criança deve se agachar e só pode se levantar para voltar ao jogo quando alguém pega seu apanhador. Diga a elas que devem observar com cuidado a pessoa que as apanhou. Verifique se entenderam que podem apanhar qualquer um durante o jogo; os alunos costumam acreditar, erradamente, que estão competindo com seu apanhador inicial e devem caçar essa pessoa durante o jogo todo. Por exemplo, se a pessoa A apanha a pessoa B, B deve esperar que C apanhe A antes de se levantar e voltar ao jogo. Um jogador pode apanhar vários adversários antes de ser apanhado. Quem foi pego não pode apanhar ninguém enquanto agachado. Incentive as crianças a serem honestas e amigáveis com seus parceiros. Por exemplo, podem decidir quem foi pego com um jogo rápido de pedra, papel e tesoura.

Desafios propostos

Já que o jogo deve se desenrolar em pequenos períodos de atividade vigorosa, faça tantas pequenas pausas entre os períodos, tantas quanto for preciso. Essas pausas têm várias finalidades:

- Dão à criança um breve descanso.
- Dão à criança a oportunidade de aprender o jogo gradativamente e de aplicar estratégias que aprendeu implícita ou explicitamente.
- Permitem a você propor desafios que as crianças devem enfrentar.

Instintivamente, muitos professores sem experiência querem dar *feedback* às crianças sobre o que fazem e o que devem melhorar. Embora fáceis de dar, as orientações ajudam pouco o envolvimento mental. Em vez de ser direto, sugira a importância da comunicação entre jogadores pegos durante as pausas e dê ao grupo orientações como "*Levante a mão para compartilhar ideias sobre como evitar ser pego*". Se não obtiver resposta, recorra a uma criança que você viu usar uma estratégia – quer ela tenha percebido ou não. Faça perguntas adicionais depois, que tenham a ver com os dois papéis que cada jogador assume durante o jogo, como "*No que os apanhadores precisam prestar atenção e por quê?*" e "*Se for pego, no que você precisa prestar atenção e por quê?*". Embora ambas as perguntas não propiciem muitas respostas, fazê-las é uma maneira de sugerir coisas em que as crianças deveriam pensar enquanto jogam.

Assim como para todos os jogos, o ambiente deve limpo e seguro, as crianças devem entender as regras, manter os olhos abertos e ficar alertas. Para tanto, insista nas regras da aula, que devem ser claramente expostas e ensinadas.

Algumas responsabilidades requerem que o professor tenha um olho mais treinado, em especial para promover o funcionamento cognitivo. Uma estratégia é focar as crianças que estão seguindo as regras. Embora o *fair play* seja essencial, focar exclusivamente as crianças que deturpam ou desrespeitam as regras ou naquelas que seguem as regras talvez no seja o melhor plano. Contudo, as crianças que jogam de forma limpa e bem-sucedida e seguem as regras são as que usam estratégias. Estas podem ser escolhidas para responder às perguntas nas pausas.

Pequenas modificações e continuação

Se as crianças estão jogando de modo seguro, tente diminuir a área de jogo aos poucos – para dificultar escapar dos apanhadores. Tente variar os padrões de movimento também. Comece com as crianças andando rapidamente ou correndo, e então mude o modo de se deslocar por saltos, pulos ou galope. Uma vez que as crianças demonstraram que entendem as regras e os objetivos, pense em alterar o jogo.

Detalhamento do jogo

Este jogo requer pouco em termos de equipamento e habilidades motoras complicadas.

Equipamento

Uma classe de 30 alunos requer apenas um espaço seguro e aberto.

Habilidades requeridas

- Deslocamento seguro no espaço.
- Perseguição, fuga e esquiva.

Regras

Os jogadores podem apanhar vários oponentes antes de serem pegos. À medida que o jogo progride, sugira a importância da comunicação entre jogadores pegos.

1. Qualquer jogador pode pegar qualquer outro durante o jogo.
2. Uma vez pego, o jogador deve se abaixar e esperar que alguém apanhe seu apanhador mais recente.
3. Se dois jogadores se apanharem ao mesmo (ou quase mesmo) tempo, eles jogam pedra, papel e tesoura para determinar quem deve se agachar.
4. O jogador apanhado não pode apanhar ninguém enquanto estiver abaixado.

Perguntas

- Como você pode evitar ser apanhado? Descreva uma estratégia.
- No que um apanhador deve prestar atenção? Em outros apanhadores? Em quem foi pego? Por quê?
- No que uma pessoa pega deve prestar atenção? Em outros apanhadores? Em quem foi pego? Em quem foi seu último apanhador? Por quê?

O TIME SE SALVA

Fonte: adaptado de Dienstmann (2008).

O time se salva desafia as crianças a estarem cientes além da própria sobrevivência. Ambos os times devem ser diferenciados mediante o uso de distintivos (ou camisetas diferentes). Lembre aos alunos que são responsáveis por ajudar aqueles que fazem parte do seu time e não estão jogando uns contra os outros.

Pontos essenciais e explicações do professor

Comece pedindo que todos os jogadores do mesmo time coloquem os distintivos da mesma cor para se diferenciar do outro time, que não usa distintivos. Explique claramente que os apanhadores estão usando distintivos e perseguem apenas as crianças sem distintivos. Como antes, a criança pega não pode se levantar quando alguém apanha a última pessoa que a pegou. Insista que devem prestar atenção na pessoa que as apanhou. Um jogador pego não pode apanhar ninguém enquanto estiver agachado. Incentive as crianças a serem honestas e amigáveis umas com as outras. Por exemplo, podem decidir quem foi pego por um jogo rápido de pedra, papel e tesoura. Quando todos os jogadores de um time tiverem sido pegos, o jogo acaba.

Como para Pula, salva e pega, o entendimento que as crianças têm do jogo melhora após jogar algumas vezes. Para começar, peça que as crianças andem para apanhar outros jogadores. Após um ou dois períodos curtos para ilustrar o jogo, e uma vez que as crianças ganharam experiência nos mecanismos básicos, faça alterações para tornar o jogo mais desafiador para ambos os times.

Os distintivos ajudam as crianças a monitorar seus colegas de time no jogo O time se salva.

Desafios propostos

Durante as pausas entre jogos ou quando achar apropriado, insista nas noções de evasão e apoio ao time. As crianças devem ser capazes de responder a perguntas como: "*O que fazer para evitar o outro time?*", "*Colegas do mesmo time devem jogar juntos como um grupo ou se espalhar para apanhar adversários?*" ou "*Por que (ou por que não) esse é um bom plano?*". No final do segundo ou terceiro jogo, peça a uma criança para dizer qual é a responsabilidade dela como membro de um grupo. Peça a uma criança mais adiantada para compartilhar sua visão com outra e discutir como um time pode obter vantagens sobre o outro.

Neste jogo, o número de apanhadores possíveis foi reduzido pela metade em relação ao jogo Pula, salva e pega. À primeira vista, isso parece tornar o jogo mais fácil, porque um jogador sem distintivo precisa se esquivar de quem tem distintivo. No entanto, a responsabilidade de apanhar a pessoa do outro time que apanhou um colega do próprio time leva a considerar mais coisas do que em Pula, salva e pega. As crianças talvez precisem jogar várias partidas antes de se lembrar que devem evitar ser apanhadas enquanto apanham outras. Durante a primeira tentativa de O time se salva, talvez seja preciso interromper o jogo, lembrar as regras às crianças e demonstrar fisicamente uma situação antes de voltar a jogar.

Pequenas modificações e continuação

Tente dividir as crianças em mais de dois times por área de jogo (ou combine áreas de jogo, mas os times devem ser facilmente identificáveis). Verifique se existem jogadores suficientes em cada time para evitar que um time perca facilmente. Tente aumentar a área do jogo para aumentar o desafio. Comece com as crianças andando antes de fazê-las correr; isso reduz o ritmo do jogo e permite que as crianças apreendam melhor as regras do jogo. Depois, alterne a maneira de se deslocar por saltos, pulos ou galope.

Detalhamento do jogo

De novo, este jogo requer pouco em termos de equipamento. Lembre-se de que metade da classe precisa de distintivos e de espaço adequado.

Equipamento

Uma classe de 30 alunos requer:

- Um espaço seguro e aberto.
- Distintivos (de uma cor, para metade de classe).

Habilidades requeridas

- Deslocamento seguro no espaço.
- Perseguição, fuga e esquiva.

Regras

1. Os jogadores com distintivo só apanham jogadores do outro time (sem distintivo).
2. Uma vez pego, o jogador deve se abaixar e esperar que alguém apanhe seu apanhador mais recente.
3. Se dois jogadores apanharem um ao outro ao mesmo tempo (ou quase), eles jogam pedra, papel e tesoura para determinar quem deve se agachar.
4. O jogador apanhado não pode apanhar ninguém enquanto está abaixado.

Perguntas

- Como você evitar ser apanhado pelo outro time?
- Os membros de um mesmo time devem trabalhar juntos ou se espalhar para apanhar adversários?
- Que responsabilidade você tem como membro do seu time?
- Um time pode obter uma vantagem sobre outro? Como?

A BOLA É DO APANHADOR

Fonte: adaptado de Dienstmann (2008).

A bola é do apanhador amplia os jogos de Pula, salva e pega e O time se salva ao introduzir habilidades motoras manipulativas às ações de perseguir, fugir e se esquivar. Embora isso não seja imediato, as crianças logo entendem que lançar e apanhar bola com seus colegas de time é essencial para o sucesso.

Pontos essenciais e explicações do professor

Comece pedindo que todos os jogadores do mesmo time coloquem os distintivos da mesma cor para se diferenciar do outro time, que não usa distintivos. Dê a todos os jogadores de um time, menos para um deles, pequenas bolas que devem segurar na mão. Explique claramente que todos os jogadores de um time podem apanhar qualquer jogador do time oposto. Quando uma criança que segura uma bola for pega, deve dá-la ao apanhador e se agachar. Pode se levantar e voltar ao jogo se outra criança apanhar seu apanhador. Um jogador pego não pode apanhar ninguém enquanto estiver agachado. O jogo deve ter rodadas de 60 a 120 segundos. O objetivo é ver quantas bolas o time original possui em cada rodada. Alterne os times em posse das bolas a cada rodada.

Incentive as crianças a serem honestas e amigáveis com os colegas. Por exemplo, podem decidir quem foi pego com um jogo rápido de pedra, papel e tesoura.

Desafios propostos

Neste jogo, as crianças precisam pensar em manter a posse das bolas como um time. Nem todo mundo no time tem bola; uma pessoa sempre fica sem bola no começo do jogo. Uma coisa que se pode perguntar às crianças é: "*Quais são as duas maneiras de salvar a bola ou mantê-la em posse do seu time durante o jogo?*". De propósito, as orientações de A bola é do apanhador não mencionam a estratégia de passar a bola a outro membro do time antes de ser pego. Assim, as crianças vão ter que perguntar se isso é autorizado ou simplesmente descobrir por conta própria. Fazer perguntas como "*Todo mundo do seu time tem bola no começo?*" e "*Como os times ficam em posse da bola em outros esportes, como basquete ou futebol?*" ajuda as crianças a entender o valor de passar a bola. A posse da bola também tem implicações para a defesa, ou para o time que persegue. Evite focar apenas o time com a bola, mas estimule a classe inteira com perguntas como "*Você deve perseguir sempre quem tem a bola?*", "*Por que deveria perseguir adversários que não têm bola?*" e "*Por que não persegue oponentes sem bola?*".

Acrescentar mais bolas e dizer às crianças que fiquem em posse delas é a versão mais complexa do jogo original. Algumas crianças focam a posse da bola e esquecem as regras das duas versões anteriores do jogo. Observe bem, para garantir que se lembram das estratégias que aprenderam durante o jogo anterior, como apanhar quem apanhou os membros do time e prestar atenção à pessoa que as apanhou, de modo a saberem quando estão livres e podem voltar ao jogo. Quando a maioria dos estudantes desempenhar os comportamentos apropriados no jogo, foque os tipos de passe que usam e determine se precisam apresentar maneiras mais fáceis de passar a bola entre os membros da equipe.

Pequenas modificações e continuação

Sem dúvida, o tamanho e o tipo de bola ou de objeto podem ser mudados. A mistura de bolas de borracha, de futebol, de basquete, de tênis ou, até mesmo, de meia aumenta a interferência contextual que as crianças experimentam, porque precisam ser manipuladas de várias maneiras.

Detalhamento do jogo

Bolas fáceis de lançar e pegar são o único novo equipamento deste jogo. Em geral, são fáceis de achar; use bolas de tênis, se quiser.

Equipamento

Uma classe de 30 alunos requer:

- Distintivos (de uma cor, para metade de classe).
- Bolas de borracha (ou similares, suficientes para metade da classe, menos uma).

Habilidades requeridas

- Deslocamento seguro no espaço.
- Perseguição, fuga e esquiva.

Regras

1. O jogador que segura a bola deve entregá-la a quem o apanha.
2. Os jogadores devem apanhar apenas jogadores do outro time.
3. Uma vez pego, o jogador deve se abaixar e esperar que alguém apanhe seu apanhador mais recente.
4. Se dois jogadores se apanharem ao mesmo tempo (ou quase), eles jogam pedra, papel e tesoura para determinar quem deve se agachar.
5. O jogador apanhado não pode apanhar ninguém enquanto está abaixado.

Perguntas

- Quais são as duas maneiras de manter a bola em posse do seu time durante o jogo?
- Todos em seu time têm bola no começo? O que é preciso fazer para manter a posse da bola? (Pense em passá-la!)
- Você sempre deve perseguir alguém que está com bola? Por que perseguir adversários sem bola?

HOOPLA

Hoopla é outro jogo de atividade física que enfatiza a interferência contextual. Nas três versões apresentadas nesta seção, as crianças devem juntar e proteger objetos que consideram seus. Em cada versão, a meta e o processo de juntar e proteger objetos são alterados em relação à versão anterior.

Pontos essenciais e explicações do professor

Separe os alunos em quatro times com um máximo de quatro alunos por time. Em classes maiores, aumente o número de times desde que o espaço continue seguro. Coloque quatro objetos diferentes (por exemplo, bolas, bandeiras, *frisbees*, discos de borracha) dentro do aro de cada time. A meta do jogo é que cada time fique com quatro exemplares do mesmo objeto no seu aro. Coloque o aro de cada time a cerca de 1 metro de cada canto da área de jogo, para que haja um equilíbrio entre ataque e defesa nos aros.

Divida a área de jogo em quadrantes usando pequenos cones. Informe as crianças que há quatro times e que cada um tenta recuperar o maior número possível de objetos do outro time. É importante mostrar à criança como é o jogo após descrevê-lo, porque o desenrolar da partida pode ser caótico. A um sinal seu, cada time deve recuperar apenas um objeto de certa cor de cada aro, e trazer o objeto para seu próprio aro (por exemplo, o time azul pega os objetos azuis de outros aros e traz para o seu próprio), a fim de guardá-los. Aconselha-se que cada time use distintivos da mesma cor ou bandeirinhas de identificação.

A estratégia é obter apenas objetos da cor do seu time e juntar apenas um objeto por pessoa por vez. As crianças provavelmente vão perguntar se podem proteger seu próprio aro. Explique que não há motivo para proteger o próprio aro, porque não se deve impedir os objetos de serem levados. Como nos jogos anteriores (e, talvez, em todos os jogos deste capítulo), aconselha-se pedir para andar, e não correr, nas duas primeiras rodadas. As crianças podem bater facilmente umas nas outras no jogo, e andar reduz o risco de se machucar, além de ajudar as crianças a entender como jogar.

Outras regras ditam que os jogadores só podem recuperar objetos da cor do seu time; e que os jogadores não podem arremessar, chutar ou passar os objetos a membros do mesmo time.

Se quiser dar às crianças a opção de ter um defensor, tudo bem. Nesse caso, mostre o que o defensor deve fazer e como evitar que um objeto seja roubado. O defensor tem direito de apanhar alguém que tenha um objeto na mão. Se a pessoa que roubou o objeto for pega, deve colocá-lo de volta no aro antes de ir atrás de outros objetos.

As crianças separam os objetos por cores neste divertido jogo chamado *Hoopla*.

Desafios propostos

As crianças costumam expor os seguintes problemas e perguntas, não sem motivo. Converse com elas sobre os tópicos a seguir, para ajudá-las a verbalizar os desafios estratégicos do jogo. É importante não formular questões que possibilitem respostas ambivalentes. Uma abordagem útil consiste em formular perguntas diretivas. Os exemplos seguintes envolvem as crianças de modo a utilizarem funções cognitivas de ordem maior, que melhoram a maneira como jogam.

- Diga-me como é um time bom (por exemplo, espalhando-se ou ficando junto).
- Explique por que a comunicação é importante nesse jogo.
- Com tudo o que acontece no jogo, pode ser difícil se comunicar. Explique como você e seu time conseguiram comunicar.
- Conte três coisas que ajudariam seu time a ser bem-sucedido no jogo.

As crianças precisam estar alerta aos vários alvos e ameaças, já que devem invadir o campo adversário e se esquivar desses adversários enquanto tentam recuperar objetos. Equilibrar um ataque em uma área grande é difícil para as crianças. Estar ciente de quantos objetos os times adversários ainda têm é um aspecto do jogo que afeta a maneira como o time deve atacar. Se nenhuma criança conseguir perceber a importância disso, experimente fazer mais uma rodada antes de dar dicas sobre a maneira de jogar.

As crianças não costumam elaborar uma estratégia coerente na primeira ou na segunda vez que jogam *Hoopla*. Isso faz os membros de um time atacarem sistematicamente o mesmo aro. Quando isso acontece, as tarefas são distribuídas de maneira desequilibrada, e juntar objetos logo fica difícil. Quando o jogo acabar, e antes de outro começar, faça a seguinte pergunta: "*É mais fácil conseguir todos os objetos que vocês precisam quando todos vão aonde querem ou é melhor que cada pessoa seja responsável por um aro?*". Em seguida, pergunte: "*Por quê?*".

Se um time entender que a criança mais rápida (em geral, aquela de passos maiores) deve ser responsável por coletar os objetos no aro mais distante, pare o jogo e destaque essa estratégia.

Pequenas modificações e continuação

Deixe os times jogarem até coletarem todos os objetos da cor que lhes foi atribuída. Se um time dominar a primeira rodada, faça uma pausa entre os jogos para discutir a eficácia das estratégias de ataque.

A qualquer momento, você pode implementar Zoo *hoopla*, uma leve modificação. Diga o nome de um animal (por exemplo, tigre, elefante, sapo, siri), e peça às crianças para se deslocarem imitando os movimentos do animal. Não há uma maneira correta de se mover, e as crianças precisam de tempo para explorar soluções. Porém, os sapos não correm como os tigres; verifique que as crianças façam imitações razoáveis!

Dê às crianças o tempo de 30 a 60 segundos para representar cada animal de modo a poderem andar de maneiras diferentes. Recorde-as de que cada movimento representa um desafio em si na maneira de jogar. É crucial fazer as crianças verbalizarem essas mudanças. É possível que as crianças completem as rodadas do primeiro jogo rapidamente, e observe a habilidade das crianças para invadir áreas e trazer objetos para o aro do seu time e com que nível de cooperação e coordenação.

O defensor é opcional. Faça aos alunos a primeira pergunta da seção *Desafios propostos* após uma rodada ou duas, e dê os times a oportunidade de explorar o jogo com eu sem defensor.

Alguns alunos talvez tentem trazer objetos roubados, lançando-os para o defensor. Autorize essa estratégia de início e pergunte por que essa estratégia é boa ou não durante uma pausa.

Você pode escolher dispor cones em volta de cada aro e proibir os defensores de pisar dentro da área dos cones.

Detalhamento do jogo

O *Hoopla* requer mais equipamentos que os jogos anteriores. Todavia, esses objetos podem ser quaisquer, desde que quatro deles sejam da mesma cor.

Equipamento

Uma classe de 30 alunos requer:

- Quatro aros (bambolês).
- Objetos de quatro cores, 15 ou mais por cor (bolas, bandeiras etc.).
- Distintivos ou bandeirinhas para a identificação das equipes.
- Dez cones ou mais.

Habilidades requeridas

- Deslocamento seguro no espaço.
- Perseguição, fuga e esquiva.

Regras

1. Os times escolhem um objeto-alvo antes de cada rodada. Podem escolher o mesmo item. Isso aumenta o desafio do jogo.
2. Os jogadores devem roubar um item por vez.
3. Cada time pode ter um defensor no seu aro (mas o defensor deve ficar fora da área dos cones, se decidir usá-los).
4. Se o defensor – e somente ele – apanhar um adversário, o adversário deve volta ao aro do seu time (e se segurar um objeto, deve devolvê-lo ao defensor).

Perguntas

- Qual é a vantagem de ter um defensor? Qual é a desvantagem?
- Como você consegue os objetos escolhidos se outro time tenta pegar os mesmos objetos?

GUARDIÃO DO *HOOPLA*

Guardião do *hoopla* é um jogo de invasão que inclui aspectos de pega-pega. O *Hoopla* oferece às crianças um grau de liberdade e de prazer, por cumprir uma tarefa sem ser ameaçado por outros jogadores, ao passo que o Guardião do *hoopla* os desafia a serem mais cuidadosos e envolvidos cognitivamente durante o jogo. Os alunos trabalham individualmente e como membros de um time para juntar objetos e proteger objetos dos outros times.

Pontos essenciais e explicações do professor

Neste jogo, os jogadores recuperam objetos e os trazem para o seu aro, mas a dificuldade aumenta pela introdução de defensores que podem impedir os atacantes. Incorporar defensores acrescenta um elemento de exigência física ao jogo – perseguir, fugir, esquivar-se, enquanto tentam alcançar um objetivo não relacionado (roubar objetos).

Para começar, monte quatro times e dê a cada um uma cor; divida a área de jogo em quatro quadrantes (um para cada cor). Explique que a finalidade do jogo é que cada time recupere todos os objetos da sua cor dos aros dos adversários. Dependendo do tamanho da classe, o aro de cada quadrante deve ter de três a cinco objetos por cor, exceto da cor daquele time. Antes de começar, mostre aos alunos um exemplo de aro de time; eles podem ajudar a recolher os objetos após cada rodada.

O Guardião do *hoopla* é semelhante ao *Hoopla*, a principal diferença é em relação aos times que, agora, têm defensores, os quais podem apanhar os invasores de outros times, que devem voltar para o próprio aro. Por exemplo, se um jogador verde recupera uma bola verde no aro da equipe azul e é pego por um jogador azul dentro da área azul, o jogador verde devolve o objeto verde ao aro da equipe azul. O jogador verde deve voltar imediatamente para a área verde antes de atacar o aro de outro time.

Desafios propostos

Ao discutir estratégias e táticas, apresente os dilemas relativos aos elementos de ataque e de defesa. Faça as crianças discutirem, entre os membros do mesmo time, estratégias para se defender dos atacantes. Pergunte se o time deveria decidir o número certo de defensores e de atacantes, se o fato de ter mais ou menos de cada tipo de jogador ajuda ou complica o time, se os atacantes devem jogar sozinhos ou em grupo, e se há lugares melhores para atacar no começo.

Autorizar as crianças a defenderem seu próprio quadrante requer que elas tomem melhores decisões de planejamento. Elas devem estar cientes da posição dos adversários e iniciar os ataques quando eles não estiverem prestando atenção. Planejar um ataque requer programar uma fuga após recuperar um objeto. Os jogadores devem focar, também, a defesa contra os atacantes dos outros times. Se os jogadores azuis abandonarem seu quadrante, outros times não terão dificuldades para pegar objetos. Portanto, os membros de um mesmo time devem cooperar. Isso requer que discutam quem será atacante e quem será defensor. Sem comunicação clara entre os membros do time, não há sucesso.

Um jogador estará protegido dos adversários se estiver no seu quadrante. Mesmo assim, nenhum jogador pode guardar o aro do time (os defensores devem ficar a certa distancia do próprio aro – você precisa decidir esses limites e marcá-los colocando os aros atrás de uma linha ou dentro de um círculo de cones).

Embora as crianças entendam as regras, precisam de tempo para implementá-las. Um motivo possível é que a ideia de não guardar é ilógica para as crianças. Em muitos dos jogos que executam ou observam, a equipe defensora tenta impedir o outro time de alcançar seus objetivos. Em termos de desenvolvimento social, sabemos que a territorialidade é um componente do egocentrismo prevalecente em crianças do ensino fundamental. Esse jogo requer que as crianças ajam ao contrário dessa vontade, então, você precisa prestar atenção naquelas que parecem querer guardar instintivamente seu aro.

Pequenas modificações e continuação

Os times devem jogar até um deles recuperar todos os objetos da cor que lhe for atribuída. Alcançar essa meta pode ser difícil no começo por causa do elemento de defesa (isto é, pega-pega). Perder um objeto após ser apanhado requer das crianças que sejam persistentes em tentar juntar todos os objetos de uma mesma cor. Os membros de time podem relutar em cooperar entre si e, consequentemente, ser incapazes de formar e comunicar estratégias de ataque e de defesa. Nesse caso, pare o jogo e promova uma discussão no grupo para melhorar cada aspecto (por exemplo, distribuindo papéis, designando um capitão para dirigir os outros, tendo defensores para cobrir certas áreas do quadrante), ou deixe o time refletir sobre isso. Pense em mudar a maneira de se deslocar (por exemplo, como no Zoo *hoopla*, em que os jogadores se movem como animais, ver a descrição em *Hoopla*).

Se possível, combine as áreas de jogo (por exemplo, duas metades de uma sala de ginástica, ou de uma área externa) para formar quatro quadrantes maiores com mais alunos por time. As estratégias de defesa e de ataque podem mudar com quadrantes maiores e mais jogadores. Aumente de modo proporcional o número de objetos por cor em cada aro. Com uma área de jogo menor que uma quadra típica de basquete, você talvez não queira dividir em quadrantes. Nesse caso, siga as regras do *Hoopla*, com a única diferença de que os times devem tentar pegar objetos da cor do time.

Detalhamento do jogo

Os equipamentos do Guardião do *hoopla* são os mesmos usados no *Hoopla*. Apenas algumas regras mudam.

Equipamento

Uma classe de 30 alunos requer:

- Quatro aros (bambolês).
- Objetos de quatro cores, 15 ou mais por cor (bolas, bandeiras etc.).
- Distintivos ou bandeirinhas para a identificação das equipes.
- Dez cones ou mais.

Habilidades requeridas

- Deslocamento seguro no espaço.
- Perseguição, fuga e esquiva.

Regras

1. Os jogadores só estarão protegidos dos apanhadores se estiverem no quadrante do próprio time.
2. O jogador pego no quadrante de outro time deve voltar para o seu quadrante.

3. O jogador pego com o objeto roubado deve devolvê-lo ao aro do qual o roubou.
4. Os jogadores podem recuperar de cada vez apenas um objeto da cor atribuída.
5. Os defensores devem ficar a certa distância do aro que defendem.

Perguntas

- Os atacantes devem se espalhar ou tentar atacar uma área por vez?
- Um time deve ter mais atacantes ou defensores. Por quê?
- Quais são as três coisas que ajudam um time a vencer nesse jogo?

HOOPLA DE MÃOS LIVRES

O *Hoopla* de mãos livres envolve duplas de crianças e estimula a geração de soluções criativas para um problema familiar. Remover o elemento de pega-pega do *Hoopla* e do Guardião do *hoopla* permite que as crianças foquem a cooperação, que tem papel crucial na determinação do desempenho das duplas ao longo do jogo.

Pontos essenciais e explicações do professor

O *Hoopla* de mãos livres é notavelmente diferente dos dois jogos anteriores. Para começar, crie quatro times e atribua a cada time uma cor; então, divida a área de jogo em quatro quadrantes (um de cada cor). Junte os objetos em um espaço central em cada área de jogo. Uma vez os jogadores no seu próprio quadrante, explique que a meta é transportar objetos para os aros dos outros times. A diferença é que não podem usar as mãos. Devem começar no seu próprio aro. Explique que, quando der um sinal para parar, o time com menos objetos no aro vence!

A tarefa do jogo é pegar um objeto de qualquer cor e depositá-lo no aro de outro time. Entretanto, as crianças devem trabalhar sozinhas – no começo – para transportar objetos e devem fazê-lo sem as mãos. O objetivo é descobrir as maneiras mais eficientes de mover os objetos.

As crianças não podem mover um objeto que está no chão (isto é, não podem chutá-lo, empurrá-lo nem deslizá-lo). Para tornar o jogo mais desafiador, faça uma pausa após a primeira rodada (ou duas, dependendo da velocidade com a qual as crianças trabalham de início) e faça as crianças trabalharem em duplas. A regra continua igual, embora uma dupla de cada time (o time deve designar essa dupla e seguir estritamente essa regra) possa, por vez, transportar um objeto da cor do time de volta para o aro central, com as mãos livres. Se as crianças mostrarem criatividade e entenderem as estratégias requeridas para ser bem-sucedido, peça para que se movam como animais em duplas, a fim de transportar os objetos sem usar as mãos.

Desafios propostos

Este jogo suscita problemas e perguntas. Você pode ajudar as crianças a encontrarem soluções, dizendo: "*Quais partes do corpo são mais fáceis de usar do que outras?*"; "*Existem outras maneiras de se mover, além de andar e de ficar em pé?*"; "*Tente mover os objetos de uma maneira diferente* (por exemplo, com os pés, com a cabeça, as costas, a barriga)".

O problema mais imediato é descobrir uma maneira prática e confiável de transportar objetos sem as mãos. As crianças podem mostrar bastante criatividade no começo, tentando os cotovelos, as costas, o quadril ou as pernas. No entanto, uma vez que uma dupla de crianças tenha encontrado uma maneira eficiente de carregar objetos, outras crianças irão imitá-la. Um segundo problema reside no fato que a meta do jogo para um time é ter o menor número possível de objetos da sua cor no final do jogo. As crianças serão tentadas a carregar qualquer objeto até o aro do outro time, embora as crianças mais atentas entendam o benefício de levar objeto do próprio aro para os aros adversários.

Pequenas modificações e continuação

Modifique o jogo, distribuindo certos papéis aos alunos. Conforme o tamanho da classe, cada time pode ter um ou dois alunos encarregados de trazer e outros, de espalhar. Comece o jogo com dois objetos no aro de cada time, e os demais objetos no espaço central. Os encarregados de trazer podem transportar objetos do seu próprio aro até o espaço central, enquanto os espalhadores levam objetos do espaço central para o aro dos times oponentes. O jogo ainda é de mãos livres;

entre cada rodada, incentive as crianças a mostrarem à classe novas maneiras de carregar objetos.

Depois, tente limitar as maneiras como os jogadores podem transportar objetos (por exemplo, de mãos livres para mãos e braços livres).

Detalhamento do jogo

Não há nada de novo em termos de equipamentos e de habilidades neste jogo. Você pode dar aos times (ou jogadores) outros objetos para ajudá-los a transportar objetos (por exemplo, varinhas para usar como os *hashi* japoneses).

Equipamento

Uma classe de 30 alunos requer:

- Quatro aros (bambolês).
- Objetos de quatro cores, 15 ou mais por cor (bolas, bandeiras etc.).
- Distintivos ou bandeirinhas para a identificação das equipes.
- Dez cones ou mais (para identificar os quadrantes).

Habilidades requeridas

- Deslocamento seguro no espaço.
- Perseguição, fuga e esquiva.

Regras

1. Os jogadores podem carregar apenas um objeto por vez.
2. Os jogadores não podem chutar, deslizar ou arremessar objetos.
3. Os jogadores devem transportar os objetos sozinhos.
4. Os jogadores devem colocar os objetos nos aros dos outros times.

Perguntas

- Você deve colocar os objetos sempre no mesmo aro? Como você decide?
- Quais são as chaves do sucesso?
- Quais são as maneiras seguras de transportar objetos? Por que isso é importante?
- Você sempre deve se deslocar de pé? Que tal arrastar-se, rolar ou andar como um caranguejo?

Jogos que enfatizam o controle mental

Esta seção apresenta seis jogos que focam o principio de controle mental. Já que o esporte é um aspecto tão prevalente da sociedade que ultrapassa fronteiras culturais e une as pessoas de várias origens e experiências, ensinar atividades relacionadas ao esporte para crianças é um componente crucial da sua aprendizagem formal.

Os esportes têm formas variadas, por isso, decidir quais ensinar pode ser uma tarefa difícil para os educadores. Contudo, muitas das habilidades usadas em um esporte servem para outros. O princípio de controle mental é quase universal entre esportes e jogos. Os jogos e suas alterações progressivas destacados nesta seção estimulam o desenvolvimento do controle mental nas crianças.

BOLICHE DE EQUIPE

O Boliche de equipe não é um jogo que exige atividade física, mesmo que moderada. Porém, esse jogo não só provoca uma atividade física vigorosa, mas exige habilidades mais complexas, como as encontradas no basquete, no futebol e no handebol.

Pontos essenciais e explicações do professor

Semelhante ao handebol em vários aspectos, o Boliche de equipe envolve o uso de habilidades para rolar, passar e lançar para derrubar os pinos do time adversário. Como no jogo de handebol, os jogadores enfrentam limitações para segurar, correr e lançar a bola. Os times podem ter de cinco a sete jogadores (dependendo do tamanho da classe e do espaço disponível), e a linha de arremesso deve estar a cerca de 3 a 4,5 metros dos pinos. Cada time tem de cinco a sete pinos. As áreas de jogo são semelhantes à quadra de handebol (ver Figura 11.1) e têm dois times de até sete jogadores cada. Um time por área de jogo usa distintivos. Como no boliche tradicional, os alunos tentam derrubar os pinos. Contudo, no Boliche de equipe, os alunos formam equipes e tentam derrubar os pinos da equipe oponente. Para começar, deixe os pinos relativamente perto uns dos outros.

É preciso explicar claramente as regras. Recomendamos que uma folha de regras (como no golfe) na forma de cartaz ou dispositivo que pode ser pendurado ou projetado na parede da sala para lembrar as regras às crianças. As regras requerem que todos os jogadores joguem as bolas rente ao chão em arremessos contra os pinos adversários. Quando um jogador pega uma bola, ele pode dar apenas três passos antes de passá-la para a um colega do time e arremessá-la contra um ou mais pinos. No entanto, os jogadores do time oposto podem interceptar os passes ou o lançamento ao pino, desde que não estejam dentro da área delimitada pela linha de arremesso. As crianças vão ficar tentadas a usar os pés, mas podem interceptar uma bola rolando só com as mãos. Lembre os jogadores que não podem ficar atrás da linha de arremesso a menos que seja para recuperar uma bola arremessada pelo time adversário que não atingiu o alvo.

Os times podem adotar passes longos como uma estratégia para fazer a bola andar mais depressa. Essa estratégia é boa, mas exclui várias crianças do jogo. Verifique, também, que os alunos de um time não estejam todos campados do mesmo lado da quadra; deve existir um equilíbrio entre ataque e defesa.

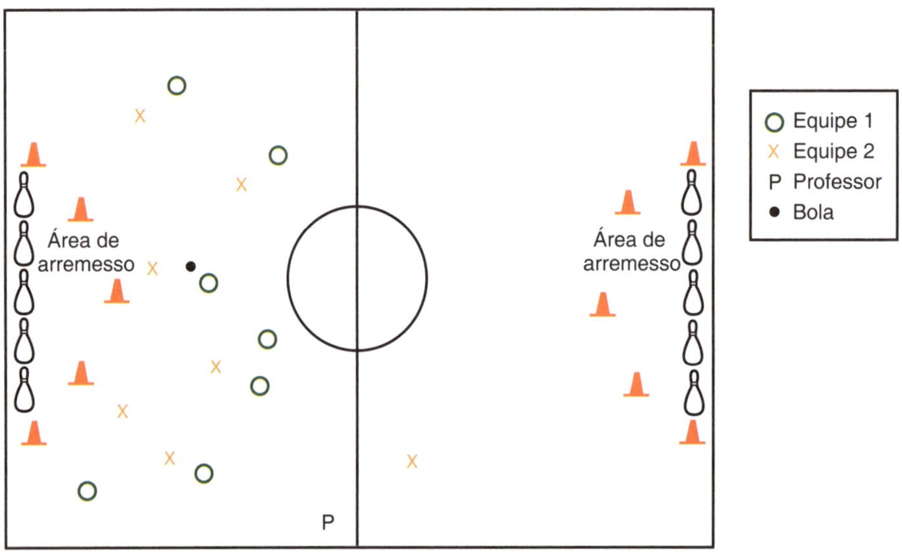

Figura 11.1 – Mapa de atividade para o Boliche de equipe.

Desafios propostos

Peça às crianças para considerarem a maneira como um arremessador pode derrubar o maior número de pinos de uma só vez, a melhor maneira de evitar que o outro time roube a bola. Elas precisam estar cientes das questões táticas, e algumas táticas requerem a ajuda de outros. Por exemplo, as crianças devem aprender que precisam passar a bola repetidamente para ter sucesso no jogo. Passar exige que o ataque esteja espalhado, e isso requer, também, que a defesa se espalhe. Um arremesso em curto alcance é mais eficiente do que em longo alcance, mas requer esforço mais concertado do time.

Quase invariavelmente, passar e arremessar de uma distância curta ocorre raramente durante as primeiras rodadas do jogo. Sugerimos que pare o jogo e aponte para a classe os momentos que o time usou passes múltiplos enquanto se espalhava para arremessar (mas não necessariamente faz) um arremesso de curta distância. Na verdade, é fundamental que você faça isso quando o arremesso não foi bem-sucedido porque as crianças costumam associar sucesso com arremesso, independentemente de como conseguiram. Parar e discutir um arremesso errado feito com base em boas decisões, e identificar o arremesso correto pode ressaltar a noção que a estratégia é crucial e vai, a maior parte das vezes, resultar em sucesso.

Pequenas modificações e continuação

Observe se as crianças fazem bons passes antes de arremessar a bola. No começo, devem ter dificuldades com a regra dos três passos, mas o desempenho melhora com o tempo e os lembretes. As crianças devem ser capazes de completar vários passes na posse da bola e ter chances de arremessar antes de mudar de jogo. De fato, um time deve mostrar a habilidade de se espalhar durante o jogo em que vez de ficar em torno da bola (no ataque e na defesa).

Para modificar o jogo, peça que o time faça um número consecutivo de passes antes de arremessar a bola, ou que todos no time toquem a bola antes do arremesso.

Detalhamento do jogo

Já que as habilidades requeridas para o Boliche de equipe são mínimas, é um jogo bastante inclusivo, o que ajuda os grupos de crianças a variar as habilidades. O equipamento é fácil de obter.

Equipamento

Uma classe de 30 alunos requer:

- Bolas de handebol para dois ou mais times (ou outras bolas semelhantes).
- De cinco a sete pinos de boliche por time (ou alvos semelhantes, 30 no máximo).
- Dez cones ou mais (fitas ou discos de borracha podem ser usados para delimitar a área).
- Distintivos ou bandeirinhas (para a identificação dos times).

Habilidades requeridas

- Rolar e passar (uma bola).
- Apontar para um alvo.

Regras

1. Os jogadores podem passar a bola de qualquer maneira, mas devem rolar a bola quando a arremessam para os pinos.
2. Um jogador segurando a bola pode dar três passos antes de passá-la a um colega do time ou arremessá-la para o pino.
3. Os jogadores devem interceptar passes somente com as mãos.
4. Os jogadores devem ficar fora da área desenhada pela linha de arremesso durante o jogo exceto quando recuperam a bola após um arremesso errado do outro time.
5. Se a bola sair dos limites, o time sem a bola a recupera a partir do lugar onde ela saiu.

Perguntas

- É possível derrubar mais um pino por vez?
- Como você evita que o outro time roube a bola?
- É melhor fazer arremessos pequenos ou grandes? Por quê?
- Todos devem vigiar a pessoa com a bola? Por quê?

SUPERBOLICHE DE EQUIPE

Aumentar a distância de arremesso e reduzir o tamanho do alvo criam desafios adicionais no Superboliche de equipe. Embora o jogo seja bastante similar ao Boliche de equipe, nele, as crianças devem reconhecer quando usar força forte e força leve, e aprender que nem todas as situações requerem a mesma força.

Pontos essenciais e explicações do professor

Como o nome sugere, o formato básico é basicamente igual ao do Boliche de equipe. Todavia, no Superboliche de equipe, as crianças enfrentam desafios adicionais em volta da linha de arremesso. Para facilitar esses desafios, a linha de arremesso deve estar vários passos mais distante dos pinos que no Boliche de equipe, e menos pinos devem ser colocados em um espaço maior (de 1 a 1,5 m) entre eles (como alternativa, variar o tamanho dos pinos ou alvos pode ajudar nisso). As áreas de jogo permanecem em geral iguais. Veja se as crianças estão cientes das áreas de arremesso e da organização dos pinos. Ambos aumentam a dificuldade do jogo. Passar é ainda mais difícil, porque as crianças devem arremessar as bolas para alvos menores de uma distância maior. Precisam estar cientes dos colegas de equipes mais próximos da área de arremesso e devem passar a bola para eles. Aqui, aplicam-se todas as regras do Boliche de equipe.

Desafios propostos

As crianças devem se mover para espaços abertos para receber os passes, e quem passa deve entender que, talvez, tenha que passar para trás para conservar a bola. Ademais, as crianças devem estar cientes de colegas de time em uma posição melhor, porque a distância de arremesso maior e os alvos menores requerem arremessos de vários ângulos.

O foco do Boliche de equipe era aprender a importância do passe; já o desafio do Superboliche de equipe é determinar os tipos de passe que funcionam melhor. As perguntas seguintes devem estimular as crianças nos processos e ajudá-las a decidir que passe escolher: *"O que é um bom passe?"*; *"Quando um passe por cima não é a melhor maneira?"*; *"Que tal fazer a bola quicar?"*; *"Qual é a importância de se comunicar com os colegas de time"*; *"Que informações você deve comunicar e como pode fazer isso?"*.

Sem dúvida, você precisa se concentrar na decisão das crianças sobre a maneira de passar a bola, tanto para passar no melhor momento como usar o melhor tipo de passe para a situação. De novo, destaque as estratégias ou movimentos que elas devem copiar assim que observarem uma criança usá-las. Pare o jogo, discuta uma escolha particularmente boa e deixe que as crianças envolvidas a expliquem aos colegas de classe.

Pequenas modificações e continuação

Dar três passos consecutivos pode ser uma modificação de jogo se as crianças parecerem ter dificuldades para se adaptar aos desafios do arremesso e da mudança de tamanho do alvo no Superboliche de equipe. Outra modificação pode começar sem a regra dos três passos consecutivos e praticá-la gradativamente. Para jogar bem, as crianças devem mover a bola pela quadra e depois perto da área de arremesso. Já que o Superboliche de equipe enfatiza mais o passe, as crianças precisam ter mais cuidados na posição de defesa; os passadores devem procurar o tempo todo colegas de time livres. Estar livre para arremessar a bola é importante, porque a distância de arremesso maior e os alvos menores tornam cada arremesso crucial. Uma vez que as crianças dominaram os movimentos e as estratégias, leve a classe para o jogo final.

Detalhamento do jogo

Como podemos ver, as habilidades e os equipamentos não diferem em quase nada daqueles do Boliche de equipe. Contudo, as crianças precisam jogar de modo diferente neste jogo.

Equipamento

Uma classe de 30 alunos requer:

- Duas ou mais bolas de handebol (ou bolas semelhantes).
- Vinte ou mais pinos de boliche (ou alvos semelhantes, 30 no máximo).
- Dez ou mais cones.
- Distintivos ou bandeirinhas (para a identificação dos times).

Habilidades requeridas

- Rolar e passar (uma bola).
- Apontar para um alvo.

Regras

1. Os jogadores podem passar a bola de qualquer maneira, mas devem rolar a bola quando a arremessam para os pinos.
2. Um jogador que segura a bola pode dar três passos antes de passá-la a um colega do time ou arremessá-la para o pino.
3. Os jogadores devem interceptar passes somente com as mãos.
4. Os jogadores devem ficar fora da área desenhada pela linha de arremesso durante o jogo, exceto quando recuperam a bola após um arremesso errado do outro time.
5. Se a bola sair dos limites, o time sem a bola a recupera a partir do lugar do qual ela saiu.
6. Os times devem dar três passos consecutivos antes de arremessar.

Perguntas

- Como dar três passos sem perder a bola?
- Deve-se ter mais cuidados com os arremessos do que no Boliche de equipe?
- A comunicação entre membros do time é importante? O que deve ser comunicado e como?

BOLICHE COM GOLEIRO

O Boliche com goleiro apresenta todos os aspectos do Superboliche de equipe com o acréscimo de um goleiro para cada time, que fica na zona de arremesso. O goleiro tenta bloquear os arremessos lançados pelo time oposto e pode usar as mãos, os pés ou o corpo para isso. Os pinos devem ficar à mesma distância que no Superboliche de equipe, para aumentar o desafio do goleiro.

Pontos essenciais e explicações do professor

Explique que esse jogo é bastante similar ao Superboliche de equipe, no sentido de que a linha de arremesso fica mais longe dos pinos, o número de pinos deve ser reduzido, e o espaço entre eles, maior (1 a 1,5 m). Contudo, há uma exceção: neste jogo, há um goleiro para proteger os pinos de cada time. Enfatize que o fato de ter um goleiro para cada time dificulta o desafio de marcar pontos. As novas regras do jogo dizem respeito ao goleiro, que: (1) não pode sair da área delimitada pela linha de arremesso; (2) deve passar a bola a um colega de equipe na sua própria linha de arremesso após bloquear um arremesso do adversário; e (3) pode usar os pés para bloquear arremessos quando permanecer apenas um pino por equipe. Mantenha a distância entre pinos e as demais modificações usadas no Superboliche de equipe. A cada rodada, o goleiro deve ser um novo jogador

Desafios propostos

Para ajudar as crianças a pensarem em questões táticas, explique como um time atacante pode impedir o goleiro de bloquear os arremessos. Explique também como enganar o goleiro ao fingir arremessos e ajude as crianças a identificar uma maneira de os atacantes fazerem mais de um arremesso por ataque.

O fato de haver um goleiro dificulta o sucesso do ataque. Como mencionado, as crianças devem criar oportunidades de fazer vários arremessos aos alvos, porque um arremesso fraco permite ao goleiro passar diretamente a bola a alguém de seu time. O time atacante deve tentar recuperar as bolas que quicam após o arremesso para aumentar a dificuldade do goleiro. As crianças têm mais chances de sucesso se fizerem o goleiro ir para um lado da área de jogo, permitindo que o atacante fique mais longe do goleiro na hora de arremessar (por exemplo, levando o goleiro para um canto e, então, lançando a bola pela área de arremesso para alvos que estão do lado oposto).

Pequenas modificações e continuação

Não há.

Detalhamento do jogo

Use uma camiseta especial para distinguir o goleiro do resto do time.

Equipamento

Uma classe de 30 alunos requer:

- Duas ou mais bolas de handebol (ou bolas semelhantes).
- Vinte ou mais pinos de boliche (ou alvos semelhantes, 30 no máximo).
- Dez ou mais cones.
- Distintivos ou bandeirinhas (para a identificação dos times) .

Habilidades requeridas

- Rolar e passar (uma bola).
- Apontar para um alvo.

Regras

1. Os jogadores podem passar a bola de qualquer maneira, mas devem rolar a bola quando arremessarem.
2. Um jogador que segure a bola pode dar três passos antes de passá-la ou arremessá-la.
3. Os times devem dar três passos consecutivos antes de arremessar.
4. Os jogadores podem interceptar um passe somente com as mãos.
5. Os jogadores devem ficar fora da área desenhada pela linha de arremesso durante o jogo.
6. Se um passe der errado ou sair fora dos limites, o time sem a bola a recupera a partir do lugar onde ela saiu. A contagem de passes do time é zerada.
7. O goleiro não pode sair da área de arremesso.

8. O goleiro deve passar a bola a um membro da equipe em sua própria linha de arremesso após ter bloqueado um arremesso dos oponentes.
9. Quando sobra apenas um pino na área do goleiro, ele pode usar os pés para bloquear arremessos adversários.

Perguntas

- Como o time atacante lida com um goleiro bloqueando os arremessos?
- É possível enganar o goleiro fingindo arremessos? Como?
- Como o time atacante pode fazer mais de um arremesso por ataque? (Pense em uma bola que o goleiro não pegou e que está quicando.)

FUTEBOL DE LIXEIRA

Um quarto jogo que ilustra o princípio do controle mental é o Futebol de lixeira. Trata-se de um jogo de invasão bem parecido com o futebol. Os jogos de invasão permitem que as crianças trabalhem individualmente e em equipes, atacando ou defendendo alvos em um contexto dinâmico. O Futebol de lixeira requer que as crianças desempenhem ambos os papéis, porque mudam de posição após cada gol.

Pontos essenciais e explicações do professor

Organize os alunos em times com quatro a seis pessoas, de modo a equilibrar os níveis de habilidade o quanto for possível. Dois times jogam um jogo de futebol em uma área menor usando lixeiras ou outros recipientes comparáveis como gol. Para marcar, o time deve chutar a bola no chão até o recipiente. Os times podem ter um goleiro para bloquear os chutes só com os pés e o corpo, mas devem manter pelo menos dois defensores na sua metade da área de jogo o tempo todo. Essa exigência equilibra o ataque e a defesa do time como no futebol. Atacantes e defensores devem mudar de papel após cada gol. Veja o esquema básico desse jogo na Figura 11.2.

As regras especiais do jogo, que podem diferir do futebol, são as seguintes: (1) quando uma bola sai dos limites, o time em posse da bola deve arremessá-la no chão do ponto em que ela saiu; (2) os jogadores podem chutar a bola de qualquer lugar da área, mas nenhum atacante pode estar mais perto do gol dos oponentes do que o último defensor; (3) após o gol, os atacantes e defensores dos times mudam de posição.

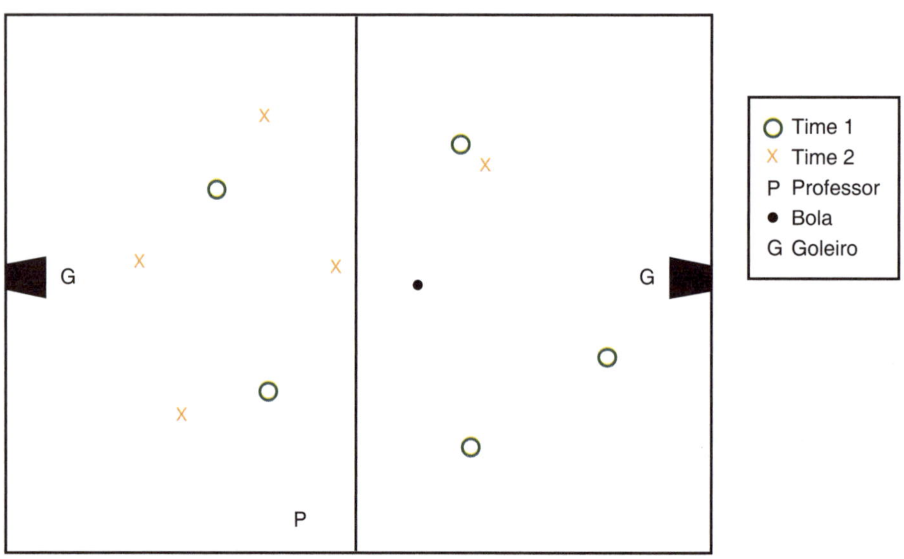

Figura 11.2 – Diagrama da organização do Futebol de lixeira.

Desafios propostos

Várias questões táticas vão evoluir durante o jogo. Ajude as crianças a pensarem (1) a melhor maneira de posicionar os atacantes; (2) se os atacantes devem passar a bola entre si; (3) a melhor posição para os defensores; (4) se uma defensa um por um funciona melhor que a defensa por área; e (5) a importância da comunicação entre posições e a informação que deve ser comunicada.

Este jogo deve obrigar as crianças a desenvolverem boas estratégias de ataque e defesa. Quando perguntadas sobre como conseguiram, as crianças devem responder "*Trabalho de equipe*". Pergunte, por exemplo, a respeito dos comportamentos no trabalho de equipe. Isso deve ajudá-las a desenvolver comportamentos de jogo cooperativos e responsáveis.

Os goleiros devem se concentrar em permanecer entre a bola e o gol. Incentive os goleiros a achar maneiras criativas de bloquear chutes (por exemplo, sentado ou de pé, em diferentes posições) e pense em autorizar o time a se juntar após cada gol ou série de gols para discutir as estratégias defensivas.

Após 10 minutos, identifique as diferenças óbvias de habilidades entre os times. Se um time parecer dominar por causa da habilidade de um jogador, redistribua os jogadores. Contudo, se os times parecerem equilibrados, mas um time superar o outro, pergunte a ambos os times por que acham que um está se dando melhor.

Pequenas modificações e continuação

Como modificação, use linhas e marcações existentes, ou cones para delimitar áreas a partir das quais as crianças não podem chutar e marcar mais pontos. Por exemplo, coloque uma linha de cones perto do meio-campo e estipule que um gol por trás dessa linha vale 3 pontos, ou, se atingir a lixeira, 2 pontos. No entanto, um gol na lixeira, feito após passar a linha de cones, vale 2 pontos. Mude para o próximo jogo, A bola pródiga, uma vez que as crianças tenham tido várias chances de jogar em ambas as posições e tenham demonstrado que entenderam as estratégias básicas por meio das discussões do time.

Detalhamento do jogo

Se não estiverem disponíveis lixeiras médias ou largas, use recipientes de plástico. Costumam ser baratos e podem ser achados em hipermercados locais.

Equipamento

Uma classe de 30 alunos requer:

- Uma bola de futebol (ou semelhante) por jogo, tamanho 4 ou 5.
- Quatro lixeiras (ou baldes ou outros recipientes grandes).
- Distintivos coloridos para metade da classe.
- Dez cones ou mais.

Habilidades requeridas

- Locomover-se com segurança no espaço.
- Perseguição, fuga, esquiva, chute.

Regras

1. O primeiro passo do jogo (e após os gols) deve ser para um colega de time.
2. Se a bola sair dos limites, o time que não chuta fica com a posse, e um jogador arremessa a bola chutando no chão do lugar do qual ela saiu.
3. Os jogadores podem chutar a bola de qualquer lugar da área. Os gols valem 2 pontos.
4. As faltas (por exemplo, puxar, usar as mãos ou empurrar) mudam a posse da bola e dão ao time adversário o direito a um chute livre do lugar onde ocorreu a falta.
5. Os atacantes não podem ficar mais perto do gol adversário que o último defensor.

Perguntas

- Qual é a melhor maneira de posicionar atacantes e defensores?
- Os atacantes devem tentar passar a bola? Por quê?
- Os defensores devem vigiar um jogador em especial? Por quê?
- Como se deve chutar a bola para alcançar o alvo?

A BOLA PRÓDIGA

Em A bola pródiga, mais de uma bola está em jogo ao mesmo tempo. Isso testa a habilidade das crianças a focar vários alvos ao mesmo tempo. Ademais, o envolvimento é maior para todas as crianças do que em um jogo com uma única bola. Permita aos times que alterem o número de jogadores no ataque e na defesa, dando-lhes oportunidades de explorar soluções para lidar com mais bolas. Os gols marcados na lixeira valem 1 ponto.

Pontos essenciais e explicações do professor

Como no Futebol de lixeira, organize os alunos em times de quatro a seis jogadores, de maneira a equilibrar os níveis de habilidades o quanto for possível. Dois times jogam um jogo de futebol em uma área menor usando lixeiras ou outros recipientes comparáveis como gol. Para marcar, o time deve chutar a bola no chão até o recipiente. Os times podem ter um goleiro para bloquear os chutes só com os pés e o corpo, mas devem manter pelo menos dois defensores na sua metade de área de jogo o tempo todo. Essa exigência equilibra o ataque e a defesa do time, como no futebol. Atacantes e defensores devem mudar de papel após cada gol.

As regras especiais do jogo que podem diferir do futebol são as seguintes: (1) quando uma bola sai dos limites, o time em posse da bola deve arremessá-la no chão do ponto em que ela saiu; (2) os jogadores podem chutar a bola de qualquer lugar da área, mas nenhum atacante pode ficar mais perto do gol dos oponentes do que o último defensor; (3) após um gol, os atacantes e os defensores dos times mudam de posição.

A bola pródiga difere do Futebol de lixeira de uma maneira específica e importante: os jogadores devem lidar com mais de uma bola. Para os dois primeiros gols do jogo, a bola a mais é a única diferença. Após dois gols, pare o jogo e explique que os times agora podem remover ou adicionar defensores. Cada time pode ter um goleiro, como no primeiro jogo, mas o uso de goleiro não é obrigatório. A escolha de um goleiro ou não é estratégica, devendo o time decidir entre reforçar o ataque ou a defesa. Após dois gols (não importa quem os fizer), autorize os times a discutir essa opção. Os jogadores devem continuar a inverter os papéis após cada gol, como no primeiro jogo.

Desafios propostos

O desafio deste jogo está na tomada de decisão e na atenção do jogador. As crianças devem desenvolver estratégias de ataque e de defesa para lidar com uma bola a mais. Elas devem entender que ter mais atacantes melhora a pontuação se os atacantes mantiverem a posse das duas bolas. Mais atacantes quer dizer menos defensores para o time, de modo que o time adversário pode chegar a pontuar mais. As crianças devem aprender a equilibrar essas duas posições.

Pequenas modificações e continuação

Como no Futebol de lixeira, implemente um número obrigatório de passes entre jogadores do mesmo time antes de chutar a bola. Por exemplo, o time tem a obrigação de passar a bola três vezes entre vários jogadores. Os times podem passar a bola mais de três vezes, sendo três o mínimo.

Durante uma rodada de 10 a 12 minutos, as crianças devem evitar discussões e desenvolver boas estratégias. É preciso intervir se o jogo ficar sem controle, com as crianças jogando sem regras, pensamento ou planejamento. Nessa situação, pare o jogo e lembre-lhes os papéis de atacantes e de defensores. Assim que puderem equilibrar ataque e defesa com uma bola a mais, estarão prontos para o jogo Megafutebol de lixeira.

Além de modificar a regra de pontuação, peça aos times que façam certo número de passes consecutivos antes de chutar. Três é o mínimo, porque envolve vários jogadores, e não apenas dois. Sob essa condição, os jogadores devem usar a quadra inteira de maneira mais eficiente para mover a bola e manter as posições.

Detalhamento do jogo

Você vai precisar de duas bolas por jogo. Use recipientes de plástico para substituir as lixeiras.

Equipamento

Uma classe de 30 alunos requer:

- Duas bolas de futebol (ou semelhante) por jogo, tamanho 4 ou 5.
- Quatro lixeiras (ou baldes ou outros recipientes grandes).
- Distintivos coloridos para metade da classe.
- Dez cones ou mais.

Habilidades requeridas

- Locomover-se com segurança no espaço.
- Perseguição, fuga, esquiva, chute.

Regras

1. O primeiro passo do jogo (e após os gols) deve ser para um colega de time.
2. Se a bola sair dos limites, o time que não chuta fica com a posse, um jogador arremessa a bola chutando no chão do lugar do qual ela saiu.
3. Os jogadores podem chutar a bola de qualquer lugar da área. Os gols valem 2 pontos.
4. As faltas (por exemplo, puxar, usar as mãos ou empurrar) mudam a posse da bola e dão ao time adversário o direito a um chute livre do lugar onde ocorreu a falta.
5. Os atacantes não podem ficar mais perto do gol adversário que o último defensor.
6. O goleiro, se houver, pode usar as mãos outra parte do corpo para bloquear os chutes.

Perguntas

- O fato de ter ou não um goleiro ajuda ou complica o time?
- O time deve ter mais atacantes porque há duas bolas? Por quê?

MEGAFUTEBOL DE LIXEIRA

Acrescentar uma meta de pontuação para cada time altera a percepção que as crianças têm do jogo do mesmo modo que acrescentar outra bola. Lidar com mais atacantes e oportunidades de pontuar faz aumentar a consciência que as crianças têm dessas ameaças e vantagens. Ademais, as crianças podem criar uma variedade de soluções para pontuar e se defender por causa do espaço adicional.

Com frequência, as crianças têm dificuldade para dominar as habilidades necessárias para jogar Megafutebol de lixeira. Como o jogo requer a percepção de vários atacantes e duas metas de pontuação, elas ficam continuamente envolvidas, física e mentalmente. Você deve focar a defesa de cada time. Como os times podem pontuar nos dois gols, eles são mais suscetíveis de abandonar as estratégias de defesa. Assim, pode ser útil colocar crianças em posição de defesa se um time (ou times) começar a perder o equilíbrio entre ataque e defesa.

Pontos essenciais e explicações do professor

O jogo Megafutebol de lixeira combina o Futebol de lixeira e A bola pródiga, mas, nele, os times podem atacar dois gols com três bolas. Os times precisam de distintivos de diferentes cores, e cada time defende seu próprio gol, mas ataca qualquer um dos dois outros gols do lado oposto da quadra. Um time não pode atacar um gol diretamente ao lado do seu. Como em A bola pródiga, o time deve ter pelo menos um defensor, ou mais, e pode escolher ter goleiro. Para dar a cada aluno uma chance de jogar em várias posições, o jogador que pontua deve ser goleiro até outro jogador do time pontuar. As únicas novas regras do jogo são que há três bolas em jogo ao mesmo tempo e não há limites de quadra. O jogo não para.

Desafios propostos

As crianças devem ser orientadas a pensar sobre os desafios gerados pelo uso de três bolas. Precisam tomar decisões sobre o que fazer quando o time não tem (mas quer) a posse da bola. Se as crianças tiverem dificuldades com essa decisão, induza sugestões ao perguntar: *"Os membros de time devem se separar para ir atrás de várias bolas individualmente?"*. Compartilhar estratégias para manter a posse da bola pode beneficiar todos os jogadores.

Ter dois gols em cada extremidade muda drasticamente os aspectos de ataque e de defesa do jogo. Os times costumam tentar ter um ataque forte de início, embora essa estratégia faça com que inevitavelmente eles sofram vários gols. Os defensores podem ficar irritados no começo, e os times devem usar o tempo, no começo, para desenvolver uma boa estratégia de defesa e, depois, de ataque.

Pequenas modificações e continuação

Não há.

Detalhamento do jogo

As crianças são desafiadas a atacar dois gols com três bolas. Lembre-lhes que são autorizadas a atacar dois gols com três bolas.

Equipamento

Uma classe de 30 alunos requer:

- Três bolas de futebol (ou semelhante) por jogo, tamanho 4 ou 5.
- Quatro lixeiras (ou baldes ou outros recipientes grandes).
- Distintivos coloridos para metade da classe.
- Dez cones ou mais.

Habilidades requeridas

- Locomover-se com segurança no espaço.
- Perseguição, fuga, esquiva, chute.

Regras

1. Três bolas estão em jogo ao mesmo tempo.
2. O primeiro passo do jogo (e após os gols) deve ser para um colega de time.
3. Não há limites de quadra – o jogo não para.
4. Os jogadores podem chutar a bola de qualquer lugar da área. Os gols valem um ponto.
5. As faltas (por exemplo, puxar, usar as mãos ou empurrar) mudam a posse da bola e dão ao time adversário o direito a um chute livre do lugar onde ocorreu a falta.
6. Os atacantes não podem ficar mais perto do gol adversário do que o último defensor.

Perguntas

- O que um time deve fazer quando não está em posse da bola?
- Os membros do time devem se separar e ir individualmente atrás de diferentes bolas?
- Como os membros de um time podem trabalhar juntos para manter uma bola?

Jogos que enfatizam a descoberta

O princípio da descoberta se encontra em vários jogos. Todavia, às vezes, as crianças descobrem por acaso estratégias ou táticas que usam em jogos. Da mesma forma, as descobertas das crianças podem levar a soluções não previstas ou autorizadas pelas regras.

Sua tarefa é propiciar um ambiente em que as crianças podem achar novas formas de alcançar metas enquanto permanecem nos parâmetros do jogo. Confiar somente nos jogos para proporcionar tacitamente às crianças chances de descobrir por meio de tentativas e erros diminui a probabilidade de que conseguirão; você precisa criar essas chances com suas escolhas de jogos e alterações. Os dois jogos e suas alterações apresentados nesta seção promovem o princípio da descoberta.

POLO DE LIXEIRA

O Polo de lixeira deriva da versão tradicional do polo de quadra, que é semelhante ao hóquei *indoor*, em que os times consistem em cinco jogadores e um goleiro. O objetivo é fazer gol, ao mesmo tempo que evita que o time adversário faça o mesmo. No entanto, neste jogo no chão, os jogadores experimentam uma maior atividade física moderada a vigorosa (AFMV), além de envolvimento mental; já os goleiros, muito menos. Ademais, apenas um jogador por vez pratica as habilidades manipulativas necessárias. Nossas modificações da versão tradicional aumentam o envolvimento mental de todos os participantes e de todos os níveis de AFMV.

Ao eliminar a posição do goleiro, o Polo de lixeira aumenta a AFMV e o envolvimento mental. O fato de substituir o goleiro tradicional por pequenas lixeiras viradas de lado propicia um alvo que não precisa ser guardado por um jogador. Uma área de jogo um pouco menor e um formato 3 × 3 (três jogadores em cada time) obriga os jogadores a cobrirem uma área de jogo maior e aumenta o número de toques individuais. Mais toques e mais espaço coberto aumentam a AFMV (mais corrida) e a quantidade e a qualidade das decisões estratégicas (por exemplo, a quem passar a bola, por onde correr, quem defender contra – dois defensores marcam um atacante – quando um adversário está livre).

Pontos essenciais e explicações do professor

O objetivo do jogo é colocar a bola na lixeira e evitar que o outro time o faça. Para conseguir isso, passar a bola aos colegas de time em um espaço aberto, driblar e jogar são essenciais. Para começar o jogo, disponha uma lixeira ou outro recipiente de lado para representar um pequeno gol (o jogo não tem goleiros). Forme times de cinco ou seis alunos. Explique que a meta é atirar a bola na lixeira ao mesmo tempo que impedir o time adversário de fazê-lo. Os jogadores passam a bola pelo chão aos colegas de time usando tacos de polo.

Os jogadores podem adotar várias estratégias para bater a bola. Verifique que sejam seguras. Além disso, quando a bola sair dos limites, os defensores devem se espalhar para longe do oponente que faz o arremesso.

Desafios propostos

Este jogo provoca o tipo de questões proporcionadas por jogos de invasão. Faça perguntas diretas e ajude as crianças a descobrir as respostas. As crianças precisam responder às seguintes perguntas antes de mudar para outras versões do jogo:

- Qual é a melhor maneira de mover a bola pela quadra?
- Como um jogador fica livre para receber um passe?
- Como um jogador se move com a bola ao mesmo tempo que monitora onde estão seus colegas de time?
- Qual é a melhor maneira de posicionar os jogadores na quadra? Deve haver mais jogadores no ataque ou na defesa?

Passar a bola a colegas livres na quadra, driblar e chutar são essenciais. Observe como as crianças passam e se movimentam. A combinação de não ter goleiro e de usar uma lixeira pequena aumenta a complexidade do jogo porque uma mudança da regra agora pode estipular que o chute não pode ser bloqueado ou apanhado (isto é, o que um goleiro pode fazer). Observe como as crianças protegem seu gol e destaque as abordagens que usam.

Pequenas modificações e continuação

Quando começar a perceber que as crianças jogam com menos confusão, modifique levemente as regras do jogo. Tente dividir os jogadores em times menores (por exemplo, 3 × 3) e diminua o tamanho da quadra. Isso aumenta o nível de AFMV e as oportunidades de resposta das crianças durante o jogo, além de exigir delas que planejem cuidadosamente as estratégias de ataque e de defesa.

Detalhamento do jogo

O Polo de lixeira requer o uso de uma habilidade que muitas crianças têm dificuldade para aprender: bater com um instrumento de cabo longo. Entretanto, lembre às crianças que a superfície do taco de polo tem espaço suficiente para bater impulsionar a bola.

Equipamento

Uma classe de 30 alunos requer:

- Taco de polo (ou de hóquei *indoor*) almofadado para cada jogador.
- Quatro ou mais bolas de polo almofadadas.
- Quinze cones ou mais.
- Quatro lixeiras (ou outros recipientes grandes).
- Distintivos coloridos ou bandeirinhas para identificar os times.

Habilidades requeridas

- Habilidades de locomoção: deslizar, correr.
- Habilidade manipulativa: bater com instrumento de cabo longo.

Regras

1. Os jogadores podem mover a bola apenas no chão (passar, pegar atirar) usando tacos de polo.
2. Nenhum time tem goleiro.
3. Se a bola sair dos limites da quadra, o time que não a arremessou fora ganha a posse da bola a partir do ponto de saída.
4. As faltas (por exemplo, puxar, derrubar o adversário ou levantar o taco) resultam em um lance livre a partir do ponto da falta.
5. Os jogadores não podem levantar os tacos acima do joelho.

Perguntas

- Qual é a melhor maneira de mover a bola na quadra?
- Como você fica livre para receber um passe?
- Você precisa olhar para seus colegas de time? Por quê?
- Você quer que seu time jogue mais no ataque ou na defesa? Por quê?
- O que dificulta pegar a bola e o que se pode fazer para resolver isso?

POLO PARA QUATRO EQUIPES

O Polo para quatro equipes é mais parecido com o Polo de lixeira do que o formato 3 × 3 descrito acima. Essa versão acomoda mais jogadores e propicia um envolvimento mental bem mais considerável, mesmo que o número de jogadores por time seja maior. Conforme a área disponível, um formato 5 × 5 pode proporcionar tanta AFMV quanto o formato 3 × 3. A área de jogo é essencialmente a mesma que no Polo de lixeira. Em vez de dois gols (lixeiras), e dois times, neste jogo, são quatro lixeiras e quatro times.

Para organizar o jogo, coloque uma lixeira em cada canto da quadra de jogo. Numere-as de 1 a 4 e dê aos jogadores três bolas em vez de uma. Se não houver 20 jogadores para formar quatro times de cinco jogadores cada, o mesmo jogo pode ser jogado com dois times de seis ou sete jogadores. Nesse caso, distribua dois gols (diametralmente opostos) por time e use apenas uma bola. A AFMV e o envolvimento mental dos jogadores são maiores, porque a quadra é maior e os dilemas estratégicos permanecem. Veja a Figura 11.3 para a organização do jogo.

Pontos essenciais e explicações do professor

Designe quatro times de até cinco jogadores cada e numere-os de 1 a 4. Devem usar distintivos com o número do time. Cada time defende uma lixeira ou recipiente colocado nos quatro cantos da quadra; numere-as de 1 a 4. Usando três bolas, os times devem tentar pontuar na lixeira que corresponde ao seu número (por exemplo, o time 1 pontua na lixeira 1). A equipe vencedora é aquela que pontua mais que os três outros times, de modo que defender os outros gols é tão importante quanto pontuar.

Com mais bolas em jogo, a atividade de jogo é mais animada e mais jogadores tocam a bola. Essas mudanças táticas em relação ao Polo de lixeira clássico aumentam muito o envolvimento mental dos jogadores. Embora pareça que os times só precisem se concentrar na pontuação na própria lixeira, a pontuação de um time deve ser maior do que a dos outros para que ele seja vencedor. Em consequência disso, defender os três outros gols é tão importante quanto pontuar. Isso aumenta a importância da cobertura da quadra e das táticas dos times. À primeira vista, esta versão pode não parecer muito diferente do Polo de lixeira. O aumento da complexidade vem do fato de os jogadores terem de impedir vários times de pontuar.

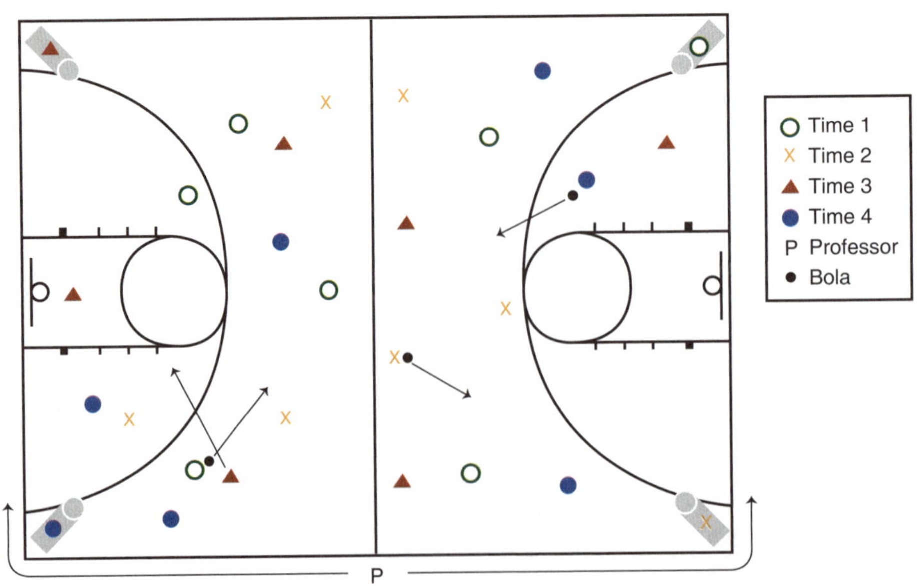

Figura 11.3 – Organização do Polo para quatro equipes.

Desafios propostos

Talvez mais do que qualquer outra versão deste jogo, o Polo para quatro equipes propicia as melhores oportunidades de descoberta, independentemente de táticas de abordagens. Por causa da multiplicação dos jogadores e dos gols, os jogadores enfrentam o desafio intensificado de impedir os outros de pontuar enquanto eles mesmos tentam pontuar. Entre as perguntas para estimular as crianças a pensar sobre os desafios inerentes ao jogo estão: *"Como deve distribuir seus jogadores no ataque e na defesa?"; "O que é mais importante: defender o gol dos adversários ou pontuar no seu próprio gol e por quê?"; "Como afastar os adversários do seu próprio gol?"*.

Pequenas modificações e continuação

Após dois períodos de 5 a 7 minutos, o jogo das crianças deve mostrar que entenderam as novas regras e estruturas. Talvez tenha que parar o jogo uma ou duas vezes para destacar e discutir situações estratégicas antes de implementar as novas regras. Quando os quatro times tiverem pontuado de modo equilibrado, as crianças estão prontas para a nova versão, 21 ou nada. Tente voltar a jogar em duas áreas com apenas dois times, mas aumente o número de jogadores por time (por exemplo, 6 × 6 ou 7 × 7). Os times ainda tentam pontuar no próprio gol, mas com uma única bola dessa vez.

Detalhamento do jogo

Como no Megafutebol de lixeira, a noção de atacar vários gols e defender o próprio às vezes pode confundir as crianças. Ser capaz de identificar seus colegas de time e os adversários é vital – destaque a importância dos distintivos.

Equipamento

Uma classe de 30 alunos requer:

- Taco de polo (ou de hóquei *indoor*) almofadado para cada jogador.
- Quatro ou mais bolas de polo almofadadas.
- Quinze cones ou mais.
- Quatro lixeiras (ou outros recipientes grandes).
- Distintivos coloridos ou bandeirinhas para identificar os times.

Habilidades requeridas

- Habilidades de locomoção: deslizar, correr.
- Habilidade manipulativa: bater com instrumento de cabo longo.

Regras

1. Um time pode estar em posse de mais de uma bola por vez (mas um jogador não pode ter mais de uma bola).
2. Se um time atirar a bola fora dos limites da quadra, o time mais próximo toma posse da bola.
3. As faltas (por exemplo, puxar, derrubar adversário ou levantar o taco) resultam em um lance livre a partir do ponto da falta.
4. Nenhum time tem goleiro.

Perguntas

- Como você pode equilibrar ataque e defesa?
- É mais importante defender outros gols ou pontuar no seu?
- Como faz para afastar os adversários do gol que está defendendo?

21 OU NADA

Combinando as regras do Polo de lixeira e do Polo para quatro equipes, este terceiro jogo se chama 21 ou nada e propicia níveis ainda maiores de atividade física, desenvolvimento de habilidades e envolvimento mental. Como no *blackjack* (também chamado 21) e no basquete de 21, o 21 ou nada requer que cada time pontue exatamente 21 pontos antes do outro time. Neste jogo, uma bola atirada na lixeira vale 2 pontos, e o chute que atinge a lixeira 1 ponto. As regras podem ser modificadas para serem mais parecidas com as do basquete, se houver uma linha a partir da qual se pode atirar. Nesse caso, uma bola arremessada na lixeira pode valer 3 pontos (talvez um número obrigatório de passes). Destaque que os jogadores não precisam atirar toda vez de uma linha ou depois de certo número de passes, mas que se trata de opções.

O desafio complementar de 21 ou nada é que essa pontuação deve ser alcançada exatamente;

ultrapassar a pontuação é sancionado pela perda de pontos ("nada"). Se um time com 20 pontos atira e, por engano, coloca a bola na lixeira em vez de só tocar na lateral dela, o time perde e sua pontuação volta a 11 pontos. No ataque, os times devem prestar atenção ao tipo de chutes que devem escolher e de onde podem chutar. Esse formato propicia novas considerações sobre a defesa. Se um chute valendo 1 ponto finaliza a partida, a defesa deve tentar defender as laterais da lixeira e não a frente. Pode até tentar forçar um arremesso dentro da lixeira mediante desvio da bola de modo que o time adversário perca pontos. Para acomodar as crianças com deficiências cognitivas ou de aprendizagem, numere as bolas e explique que o valor da bola dentro da lixeira vale um número definido de pontos. Ver os números ajuda essas crianças a fazer cálculos e a lembrar da pontuação.

No 21 ou nada, não só as táticas e habilidades são importantes, mas, neste jogo, as crianças devem trabalhar com os colegas de time para decidir que tipo de chute dar e que chute devem forçar o time adversário a dar. Em essência, uma boa tática pode consistir em deixar um time que já tem 20 pontos arremessar a bola na lixeira para perder pontos. Isso mantém o jogo vivo.

Pontos essenciais e explicações do professor

As regras do 21 ou nada são similares àquelas do Polo de lixeira. Explique que os times ganham 2 pontos se chutarem a bola dentro da lixeira e 1 ponto se arremessarem na lateral da lixeira. A meta para todos os times (decida se quer dois ou quatro times, com no máximo seis jogadores por time) é pontuar exatamente 21 pontos antes do outro time. Se um time pontuar mais de 21 pontos, sua pontuação cai para 11 pontos. Apenas uma bola deve estar em jogo por vez. O jogo pode ficar bastante complexo, porque cada time deve acompanhar sua própria pontuação e considerar maneiras de forçar o outro time a perder pontos. Veja na Figura 11.4, a seguir, um exemplo de como dividir a quadra para permitir vários jogos com dois times.

Além de explicar as regras de pontuação, é preciso enfatizar o conceito de pontuação de várias maneiras. Em outras versões do jogo (e em jogos mais tradicionais), a pontuação funciona apenas de uma maneira e todos os chutes valem o mesmo número de pontos. Neste jogo, pelo fato de que um gol dentro da lixeira vale 2 pontos, e se a bola bater na lateral da lixeira vale 1 ponto, as crianças precisam estar cientes de quando devem pontuar 1 ou 2 pontos.

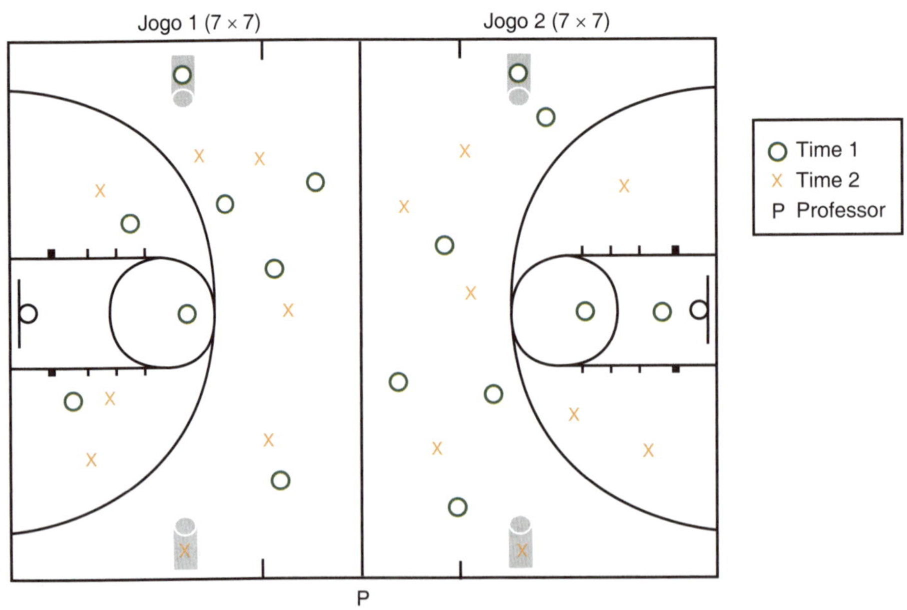

Figura 11.4 – Organização de dois jogos simultâneos do 21 ou nada, com dois times em cada jogo.

Desafios propostos

Neste jogo, estar continuamente ciente da pontuação é essencial para uma boa tomada de decisão estratégica e tática. As crianças precisam fazer mais do que só se preocupar com quem está vencendo. Os membros do time devem comunicar-se para alterar a defesa e impedir outro time de pontuar de certa maneira e também determinar que tipo de pontuação precisam fazer no ataque. Incentive as crianças a dividirem seu próprio sistema de monitoração das pontuações e fazer que os demais membros do time compartilhem essas informações.

Como na maior parte dos jogos de invasão, os times devem determinar por si sós quantos jogadores vão na defesa e no ataque. A única regra do 21 ou nada torna a descoberta mais complexa do que em jogos de invasão típicos. O jogo acaba quando um time alcança 21 pontos, nem um a mais. Isso muda a maneira como as responsabilidades dos jogadores são distribuídas e priorizadas.

Pequenas modificações e continuação

As possíveis modificações são chutes de 3 pontos de uma área particular da quadra. O gol de 3 pontos conta, por exemplo, se um chute for feito por trás de uma marcação ou linha e se a bola entrar na lixeira. Ademais, você pode exigir um número consecutivo de passes antes de um time tentar esse chute especial.

Detalhamento do jogo

Se o jogo parecer caótico, é porque o é. Uma coisa a lembrar é que monitorar a pontuação pode ser difícil. Informe as crianças que você acompanha a pontuação e que vai informá-las dos pontos com frequência – porque isso influencia a estratégia.

Equipamento

Uma classe de 30 alunos requer:

- Taco de polo (ou de hóquei *indoor*) almofadado para cada jogador.
- Quatro bolas de polo almofadadas ou mais.
- Quinze cones ou mais.
- Quatro lixeiras (ou outros recipientes grandes).
- Distintivos coloridos ou bandeirinhas para identificar os times .

Habilidades requeridas

- Habilidades de locomoção: deslizar, correr.
- Habilidade manipulativa: bater com instrumento de cabo longo.

Regras

1. Os jogadores devem mover a bola no chão (passar, pegar, atirar) usando os tacos de polo.
2. Nenhum time tem goleiro.
3. Se um time atirar a bola fora dos limites da quadra, o time adversário fica com a posse da bola a partir deste ponto. O jogador mais próximo do outro time toma posse da bola.
4. As faltas (por exemplo, puxar, derrubar adversário ou levantar o taco) resultam em um lance livre a partir do ponto da falta.
5. Os jogadores não podem levantar o taco acima do joelho.
6. Os times fazem chutes de 1 ou 2 pontos até alcançar 21 pontos.

Perguntas

- Quantos jogadores devem estar no ataque? E na defesa?
- Como você pode saber a pontuação (por exemplo, para dar um chute de 1 ou 2 pontos)?
- Como forçar o outro time a perder pontos?

PERMUTA RÁPIDA

Fonte: adaptado de Dowson (2009).

O jogo Permuta rápida e suas alterações são adaptados dos jogos bem conhecidos de troca de posições e papéis (Dowson, 2009). A permuta rápida e as versões mais complexas descritas em seguida (Os Corredores e a grade e Pega-pega pela porta) são essencialmente jogos de perseguição, fuga e esquiva (PFE). Os jogos de PFE costumam ser fáceis de ensinar e jogar, embora propiciem com frequência a base para habilidades usadas em atividades complexas e esportes. Se forem apresentados de modo deliberado e cuidadosamente projetados, os jogos de PFE podem ser mais que simples jogos de pega-pega. Na verdade, proporcionam muito envolvimento físico e mental.

Pontos essenciais e explicações do professor

Este jogo requer cinco jogadores, portanto, organize quantas áreas de jogo forem necessárias para acomodar todas as crianças. Coloque discos de borracha ou cones em cada canto da área de jogo. Quatro crianças ficam nos cantos e uma no meio. Ao seu sinal, as crianças dos cantos devem trocar de posição – duas por vez – ao longo do perímetro, enquanto o jogador do meio tenta tomar posse de uma posição aberta. A meta é que os jogadores dos cantos façam cinco permutas consecutivas. Se conseguirem, o jogador do meio muda de lugar com um jogador de canto. Lembre às crianças que apenas dois jogadores podem trocar de lugar por vez. Se não seguirem essa regra, a mecânica do jogo logo desanda, limitando o sucesso do jogador. É instrutivo mostrar aos jogadores o que acontece quando mais de dois jogadores tentam permutar ao mesmo tempo para ilustrar por que a regra de dois por vez é essencial no jogo.

Desafios propostos

Ao contrário dos jogos anteriores que enfatizam o princípio da descoberta, em que os times tinham números iguais de jogadores, a Permuta rápida tem um time de quatro jogadores contra um time de um único jogador. Ademais, os quatro jogadores nunca estão juntos, já que cada um ocupa um canto. Isso dificulta a comunicação, e as crianças são confrontadas a esse desafio de várias maneiras. Após uma ou duas rodadas, pergunte às crianças sobre os desafios que encontraram.

Pequenas modificações e continuação

Antes de mudar para a próxima versão (Os Corredores e a grade), tente aumentar a área de jogo ou o número de cantos (é uma boa oportunidade para discutir formas como quadrados e pentágonos). Isso dificulta as posições de permuta.

Após o time praticar e tentar várias táticas, observe se os jogadores de canto estão sempre contendo o jogador do meio. Nesse caso, pense em autorizar permutas diagonais (nas áreas quadradas). E também mude o modo de deslocamento de todos os jogadores (por exemplo, pular) ou apenas as crianças que permutam devem enfrentar novos desafios que requerem novas soluções.

Detalhamento do jogo

Enfatize a importância de ter apenas dois jogadores permutando por vez. A mecânica do jogo desanda quando mais de dois tentam trocar de lugar ao mesmo tempo.

Equipamento

Uma classe de 30 alunos requer 10 cones ou discos de borracha, ou mais.

Habilidades requeridas

- Perseguição, fuga, esquiva, drible (com as mãos).

Regras

1. Os jogadores de canto devem permutar pelo perímetro. As permutas diagonais são proibidas.
2. Apenas dois jogadores permutam de posição por vez.
3. O jogador do meio pode contar de 5 a 0 se ninguém permutar. Se a contagem chegar a 0, todos os jogadores de canto devem permutar.
4. Os jogadores ficam em pé o tempo todo.

Perguntas

- Como os jogadores de canto decidem permutar?
- Os jogadores de canto podem ter um sinal? Por quê?
- Os jogadores de canto podem confundir o jogador do meio? Como?
- A posição do jogador do meio é importante? De que maneira?
- Onde o jogador do meio deve ficar para ter mais chances de roubar o lugar de um jogador de canto?

OS CORREDORES E A GRADE

Fonte: adaptado de Dowson (2009).

O jogo Os corredores e a grade é diferente da Permuta rápida, mas ambos envolvem PFE. Os jogos de PFE costumam ser simples de ensinar e jogar, embora propiciem com frequência a base para habilidades usadas em atividades complexas e esportes. Trata-se de um jogo único, que propicia muitos desafios físicos e mentais!

Pontos essenciais e explicações do professor

Os corredores e a grade requer um número de jogadores suficiente para criar uma grade de quatro fileiras de quatro crianças e ter um caçador e um fugitivo (pelo menos, 18 jogadores).

Explique que as crianças que formam a grade de frente para uma direção devem dar as mãos, a um sinal seu ou de um líder da grade, girar 90° e voltar a dar as mãos. Os jogadores da grade devem fechar as mãos após girar (ver as modificações na seção *Pequenas modificações e continuação*), e, então, girar rapidamente, todos juntos (mostre um pivô de basquete). O caçador e o fugitivo devem lidar com esse ambiente que muda o tempo todo, e o caçador tem apenas cinco mudanças de grade para apanhar o fugitivo. Os corredores podem se deslocar em volta ou pelas linhas da grade. Quando o caçador apanha o fugitivo, ou após cinco giros da grade, os corredores trocam de lugar com dois jogadores da grade.

Desafios propostos

Este jogo propicia vários desafios cognitivos. Ademais, todos os jogadores na grade devem ter uma estratégia para girar com velocidade e implementá-la.

Pequenas modificações e continuação

Os jogadores da grade podem desempenhar tarefas de atividade física simples como pular ou estender-se (estender o pé até tocar o do jogador ao lado, desde que a tarefa mantenha o efeito de linha ou coluna). Se as crianças estiverem prontas em termos de desenvolvimento para combinar habilidades motoras e manipulativas, peça aos corredores para driblarem uma bola de basquete enquanto jogam, para aumentar o desafio.

Detalhamento do jogo

Assim como a Permuta rápida, Os corredores e a grade não precisa de quase equipamento nenhum. É possível que haja muitas hesitações no começo, mas, em algum momento, as crianças vão entender as regras.

Equipamento

Uma classe de 30 alunos requer:

- Dez cones ou discos de borracha, ou mais.
- Duas ou três bolas de basquete.

Habilidades requeridas

- Perseguição, fuga, esquiva, drible (com as mãos).

Regras

1. Os jogadores da grade devem fechar as mãos após girar (ver modificações).
2. Os jogadores da grade devem girar rapidamente, todos juntos e à esquerda, como em um pivô de basquete.
3. Os corredores podem deslocar-se em volta ou dentro da grade.
4. Quando o caçador apanha o fugitivo, ou após cinco giros da grade, os corredores permutam com dois jogadores da grade.

Perguntas

- Quando os jogadores da grade giram? Com que frequência?
- Quando os corredores correm em volta da grade e quando devem passar por ela?
- Os giros da grade podem ajudar ou prejudicar os corredores? Como?

PEGA-PEGA PELA PORTA

Fonte: adaptado de Dowson (2009).

Assim como Os corredores e a grade, neste jogo você precisa de uma quantidade suficiente de jogadores para formar uma grade de quatro linhas de quatro crianças e de um caçador e um fugitivo (isto é, pelo menos 18 jogadores). As crianças formam a grade (jogadores da grade) de frente para uma direção, dando as mãos, e, a um sinal (do professor ou de um líder da grade), devem girar a 90° e voltar a dar as mãos. Os jogadores da grade devem fechar as mãos após girar e girar rapidamente e todos juntos como em um pivô de basquete. O caçador e o fugitivo devem lidar com esse ambiente que muda o tempo todo.

Pega-pega pela porta difere de Os corredores e a grade porque o fugitivo deve entrar e sair da grade em lugares específicos, o que aumenta um pouco a complexidade. Após as crianças terem jogado e dominado Permuta rápida e Os corredores e a grade, Pega-pega pela porta propicie o desafio mental mais apropriado.

Pontos essenciais e explicações do professor

Com o mesmo *layout* e as regras de Os corredores e a grade, explique que o papel dos jogadores da grade é bem parecido em Pega-pega pela porta. A maior mudança é que o fugitivo deve entrar na grade somente em um ponto específico e escapa do caçador somente após sair da grade em outro ponto específico. Para se salvar, o fugitivo sai entre dois jogadores particulares da grade quando esses jogadores não estão de mãos dadas (os locais de entrada e de saída podem mudar a cada rodada). O caçador não pode guardar a saída e deve sempre tentar apanhar o fugitivo, que, por sua vez, tem 1 minuto para entrar e sair da grade, tempo durante o qual a grade pode fazer tantos giros quanto quiser. Uma vez que o caçador tenha apanhado o fugitivo, ou após cinco giros, os corredores permutam com dois jogadores da grade.

Desafios propostos

O jogo Pega-pega pela porta envolve as crianças em comportamentos de extrapolação e previsão em resposta a desafios que nem sempre têm resposta correta. Entre as perguntas que promovem esse tipo de pensamento estão: *"É sempre possível ir diretamente para a saída? Por quê?"* e *"O caçador deve seguir exatamente os passos do fugitivo na grade? Por quê?"*.

Pequenas modificações e continuação

Não há.

Detalhamento do jogo

De todos os jogos deste texto, Pega-pega pela porta talvez seja o mais complexo. Não introduza a modificação de driblar antes que as crianças tenham aprendido bem o jogo. Quando as crianças devem se preocupar com muitas coisas, as habilidades e a estratégia são prejudicadas.

Equipamento

Uma classe de 30 alunos requer:

- Dez cones ou discos de borracha, ou mais.
- Duas ou três bolas de basquete.

Habilidades requeridas

- Perseguição, fuga, esquiva, drible (com as mãos).

Regras

1. Os jogadores da grade devem fechar as mãos após girar.
2. Os jogadores da grade devem girar rapidamente, todos juntos e à esquerda, como em um pivô de basquete.
3. Os corredores pode se deslocar em volta ou dentro da grade.
4. Quando o caçador apanha o fugitivo, ou após cinco giros da grade, os corredores permutam com dois jogadores da grade.
5. O caçador não pode guardar a saída e sempre deve tentar apanhar o fugitivo.
6. O fugitivo tem 1 minuto para entrar e sair da grade.
7. Não há um limite de giros durante o período de 1 minuto.
8. Os jogadores devem ficar em pé o tempo todo.

Perguntas

- Sempre é possível ir diretamente para a saída? Por quê?
- O caçador deve seguir exatamente os passos do fugitivo na grade? Por quê?

Implicações para os educadores

Este capítulo oferece 18 jogos de atividade física que desafiam o processamento mental das crianças. Mais especificamente, 6 jogos enfatizam o principio de interferência contextual; 6, o princípio de controle mental; e 6, o princípio de descoberta.

Lembre-se de que não são apenas os jogos que beneficiam as crianças quanto ao físico e ao cognitivo. A essa altura, deve estar claro que o professor é tão importante quanto qualquer jogo para garantir que as crianças se desenvolvam física e cognitivamente ao jogar e se divertir.

Glossário

Acomodação: processo pelo qual a criança tenta modificar o que sabe para que corresponda ao mundo real.

Aculturação: processo de mudança cultural e psicológica.

Ambiente enriquecedor: qualquer situação ou condição que maximize ou melhore o desenvolvimento das habilidades de uma pessoa.

Análise de tarefa: identificar os componentes-chave do jogo e, então, decompor o jogo em uma série de movimentos cruciais para sua aprendizagem.

Andaime: suporte dado pelo professor durante o processo de aprendizagem.

Ansiedade infantil: estado caracterizado por uma preocupação, apreensão ou tensão que ocorre com frequência na ausência de perigo real e óbvio.

Anti-imitação: uma forma de inibição de resposta complexa em que a criança faz gestos que são o oposto daqueles do professor.

Aprendizagem: processo que resulta em uma mudança relativamente permanente e consistente no comportamento, e que baseia na experiência.

Aprendizagem cooperativa: abordagem educacional baseada na estruturação de uma interdependência positiva entre aprendizes que trabalham em conjunto para uma meta comum.

Aprendizagem explícita: aquela que requer atenção consciente e avaliação.

Aprendizagem implícita: aquela que produz hábitos que controlam os movimentos de modo quase reflexivo, sem que se tenha consciência.

Aprendizagem incorporada: teoria que estabelece a existência de uma interação dinâmica entre os movimentos corporais da criança, as experiências sensoriais obtidas por meio deles, e o contexto desses movimentos.

Assimilação: processo que leva a criança a estabelecer um equilíbrio entre o seu mundo físico e o mental.

Atenção: estado de consciência focada em algum aspecto do ambiente e na capacidade de se concentrar e manter o foco.

Atenção dividida: processo mental que ajuda as pessoas a processarem e a desempenharem várias atividades ao mesmo tempo.

Atenção seletiva: processo mental usado para identificar informações importantes e bloquear informações que, para o indivíduo, não são importantes.

Atenção sustentada: processo mental que as pessoas utilizam para evitar o cansaço e ajudar a se concentrar na continuação do desempenho da tarefa.

Atividade física: movimento corporal produzido pela contração de músculos esqueléticos que requer um gasto de energia.

Atividades fortalecedoras: colocam os aprendizes em situações desafiadoras que requerem fortes respostas fisiológicas.

Atualizar: mudar e manipular as informações que não são mais relevantes, à medida que novas informações se tornem relevantes para a tarefa em andamento.

Autoconfiança: a confiança geral de uma pessoa em suas habilidades ou em seus julgamentos.

Autoeficácia: convicção que alguém tem de que pode ter um desempenho adequado em uma dada situação.

Autoestima infantil: consiste no quanto uma criança se preza.

Automatismo: tipo de processamento rápido e inconsciente.

Autorrealização: estado psicológico caracterizado pela sensação de paz interior e de harmonia, experimentado quando atingimos o pleno potencial, o crescimento pessoal e a satisfação criativa.

Avaliação: reunião de dados para documentar a aprendizagem do estudante e a eficiência do professor.

Brincadeira: atividade livremente escolhida e intrinsicamente motivadora e prazerosa; a criança pode brincar ou jogar sozinha (brincadeiras solitárias), ao lado de outras crianças (brincadeiras paralelas), ou interagir como as outras (brincadeiras cooperativas).

Brincadeira cooperativa: brincadeira organizada que requer que se assuma um papel.

Brincadeira de luta: atividade social em que duas ou mais crianças fingem brigar, golpear e lutar.

Brincadeira deliberada: jogo ou esporte intrinsicamente motivador; propicia gratificação imediata e maximiza o prazer.

Brincadeira social ou sociodrama: brincadeira de faz de conta social, comum aos 3 anos de idade, em que a criança assume o papel de outras pessoas (por exemplo, pais, irmãos, professores) em situações de faz de conta caracterizadas por cenas imaginárias.

Campeão: pessoa carismática que apoia fortemente uma inovação particular.

Capacidades: atributos físicos e mentais geneticamente relacionados que determinam quão bem e rápido determinadas habilidades podem ser aprendidas.

Capacidades psicomotoras: características duradouras que influenciam a capacidade de manipular e controlar objetos.

Cerebelo: área do cérebro que se conecta com cada estrutura cerebral maior e tem papel importante no controle dos movimentos e na aprendizagem de novas habilidades.

Cognição: qualquer processo que permita ao organismo saber e estar consciente de algo.

Comportamentos sedentários: comportamentos que resultam em gastos de energia iguais aos de atividades como dormir, sentar, deitar no chão ou assistir à televisão.

Confiabilidade: indica que uma avaliação irá produzir os mesmos dados se for feita duas ou mais vezes em um período de tempo relativamente curto na mesma pessoa ou no mesmo grupo de pessoas.

Conhecimento do desempenho: informação sobre a qualidade do movimento.

Conhecimento dos resultados: informa em que nível a meta de movimento foi alcançada.

Conservação: entendimento de que a quantidade ou área de um objeto permanece igual, mesmo quando sua forma é alterada.

Controle de interferência: habilidade de selecionar informações relevantes para a tarefa e filtrar as informações irrelevantes e que distraem. É difícil quando as informações irrelevantes atraem mais a atenção do que as informações relevantes.

Córtex motor: faixa de tecido cerebral que envia comandos para controlar os músculos envolvidos nos movimentos.

Córtex pré-frontal: área do cérebro que consiste em redes neurais que formam as funções executivas do cérebro. É vinculado à consciência de condições atuais, à recuperação de lembranças armazenadas e à formulação de planos de ação.

Criatividade: habilidade de produzir um trabalho novo e útil em um contexto social determinado.

Cultura: sistema de convicções sobre a maneira de as pessoas interagirem dentro de um segmento da população.

Culturas tradicionais: os costumes e as práticas transmitidos de uma geração para outra.

Deficiência de desenvolvimento: transtorno invasivo apresentado durante a maturação.

Definição de meta: o processo de mirar resultados.

Depressão: transtorno caracterizado, na criança pequena, pelo fato de fingir estar doente, de se recusar a ir à escola, de se apegar demais a um dos pais, ou de ficar apreensiva que um dos pais morra; as crianças mais velhas podem ficar caladas, arrumar confusão na escola, ser negativas, agir de modo ranzinza ou se sentir incompreendidas.

Descoberta divergente (livre): estilo de ensino que utiliza tarefas abertas e incentiva os aprendizes a descobrir múltiplas soluções para um problema.

Desenvolvimento: mudanças influenciadas por fatores hereditários, pela maturação e pela experiência.

Desequilíbrio: sentido de assimetria que obriga a criança a reorganizar e reestruturar sua percepção da natureza.

Destreza: habilidade de encontrar soluções para um problema com os recursos físicos e mentais disponíveis.

Efetividade do movimento: capacidade de alcançar um objetivo específico.

Eficiência do movimento: nível de esforço requerido para alcançar o objetivo.

Egocêntrico: característica de quem é incapaz de ver eventos da perspectiva de outras pessoas.

Emoções: reações afetivas positivas ou negativas em curto prazo em relação aos objetos (reais ou imaginados).

Encadeamento para a frente: aplicação de princípios comportamentais à aprendizagem para reforçar as conexões entre os passos de uma habilidade complexa.

Envolvimento mental: ação estimulada, dirigida e sustentada usada para enfrentar e superar desafios e problemas.

Equilíbrio: estado estável ou balanceado entre forças opostas.

Equivalente metabólico (MET): unidade de medição do custo em energia física calculado como a proporção da taxa metabólica em relação a uma taxa metabólica de referência.

Erro: diferença entre o resultado esperado e o resultado real.

Esportes: formas de atividade física competitiva.

Esquemas: regras conceituais que a criança utiliza para conectar modos aprendidos de ver o mundo com novas maneiras possíveis de vê-lo.

Estabilidade: precisão motora alcançada durante o jogo.

Estresse: padrão de comportamento em resposta a eventos que perturbam o equilíbrio e esgotam a capacidade de lidar com situações.

Eustresse: estado em que as pessoas confiam ter as habilidades e os recursos necessários para enfrentar e superar situações potencialmente estressantes

Exercício: subcategoria da atividade física; consiste em movimentos corporais planejados, estruturados e repetitivos, executados com a finalidade de melhorar ou manter um ou mais componentes de aptidão física ou saúde.

Exercícios agudos: atividade física que produz mudanças temporárias na estimulação física da criança que afetam o processo de raciocínio.

Expectativas de resultados: os resultados que alguém antecipa antes de eles ocorrerem.

Exploração: investigação focada por meio da qual a criança adquire familiaridade com novos objetos ou ambientes; pode levá-la a praticar jogos.

Extrovertidas: pessoas que tendem a ser expansivas, impulsivas e ativas porque sua estimulação cerebral geral é relativamente lenta e, em consequência, de maneira natural, elas procuram sensações.

Feedback: informação que indica algo sobre as consequências dos movimentos.

***Feedback* contínuo**: *feedback* dado a cada tentativa de aprendizagem.

***Feedback* extrínseco**: informações que não podem ser obtidas diretamente; são fornecidas pelos professores e por outras pessoas que avaliam o desempenho e os movimentos do aprendiz.

***Feedback* intermitente**: *feedback* dado em algumas tentativas de aprendizagem, mas não em todas.

***Feedback* intrínseco**: *feedback* que se origina no corpo durante o movimento; os músculos, articulações, pele, olhos e ouvidos enviam informações ao cérebro que proporcionam um sentido de movimento.

***Feedback* prescritivo**: informa como melhorar na próxima tentativa.

Flexibilidade: (1) ajuste de movimentos para responder às mudanças no jogo; (2) quantidade de categorias de resposta usadas para ajustar os movimentos às mudanças das condições do jogo.

Fluência: gama de soluções diferentes que podem ser aplicadas.

Fluxo: estado psicológico experimentado quando alguém está imerso no momento do jogo ou no desempenho de uma habilidade.

Função executiva: a capacidade de pensar antes de agir, reter e manipular informações, refletir sobre as possíveis consequências de ações especificas e comportamento autorregulado.

Generalização: transferência da aprendizagem de uma tarefa ou situação para outras tarefas ou situações.

Habilidade: ação para usar o conhecimento de modo efetivo e imediato na execução de uma tarefa.

Habilidades de movimentos fundamentais: padrões de movimento que são a base para a aprendizagem de movimentos complexos; as três categorias de padrões de movimentos fundamentais são as ações locomotoras (andar e correr), as ações não locomotoras (debruçar-se, contorcer-se e balançar-se) e as ações manipulativas (atar nós, desenhar).

Habilidades motoras fundamentais: habilidades motoras que são a base das habilidades complexas de aprendizagem.

Hábitos: padrões de comportamento aprendidos que se tornam enraizados e duradouros.

Hierarquia de necessidades: a teoria de Maslow considera que as necessidades básicas devem ser satisfeitas antes que possamos progredir rumo à autorrealização.

Hipocampo: estrutura localizada na área profunda do cérebro que tem papel na memória e na aprendizagem.

Hipótese de habilidade mental: hipótese que vê as funções executivas como um grupo de habilidades mentais adquiridas gradativamente e influenciadas pela prática.

Hipótese de imaturidade cognitiva: noção de que o estado menos desenvolvido do sistema nervoso da criança e sua falta de experiência dificultam a execução de tarefas cognitivas de alto nível com a mesma eficiência do que a de adolescentes e adultos.

Hipótese de reserva neurogênica: enuncia que combinar atividade física e envolvimento cognitivo é especialmente importante no começo da vida, porque a reserva fornece recursos para a vida futura.

Homeostase: manutenção do equilíbrio nos processos corporais.

Humor: estado afetivo geral e profundo, positivo ou negativo, que pode influenciar o pensamento e o comportamento.

Imitação atrasada: imitar um padrão de movimento, mas após um atraso.

Impotência aprendida: escolher não agir nem tentar enfrentar os desafios que fazem parte das tarefas de aprendizagem de habilidades por causa da baixa expectativa de ser capaz de resolver problemas por conta própria.

Índice de massa corporal (IMC): método matemático usado par descrever a relação entre o peso corporal e a estatura.

Inibição de resposta: a capacidade de reter ações ou de modificar comportamentos contínuos.

Inibição de resposta complexa: capacidade de decorar uma regra, responder de acordo com essa regra e inibir outra resposta (por exemplo, apontar para algo branco quando o professor diz "grama" e para algo verde quando ele diz "neve").

Inibição de resposta simples: capacidade de guardar ou adiar uma resposta automática e habitual (por exemplo, trocar uma recompensa menor, mas imediata, por uma maior, mas postergada).

Instruções: afirmações que descrevem como fazer algo.

Interferência contextual: fenômeno em que a estrutura da prática resulta em um desempenho menos eficiente, mas propicia melhor aprendizagem em longo prazo.

Introvertidas: pessoas que tendem a ter níveis de estimulação cerebral geral relativamente altos e evitam situações estimulantes.

Jogos: brincadeiras competitivas caracterizadas por regras e metas determinadas.

Jogos abertos: jogos nos quais o ponto de partida, as regras e a meta são explicados, mas não como jogar.

Lei Yerkes-Dodson: lei que descreve a relação entre os níveis de estimulação e desempenho.

Legisladores: pessoas cujas opiniões influenciam fortemente o curso dos eventos em vários níveis da sociedade.

***Locus* de controle**: a convicção de que os desdobramentos das ações decorrem de fatores internos ou externos.

Lógica dedutiva: capacidade de gerar e testar hipóteses sobre eventos.

Macrofatores: fatores que influenciam os comportamentos saudáveis em nível global, como as instituições e a cultura.

Maturação: cronograma de eventos relacionados ao crescimento e ao desenvolvimento que são geneticamente organizados e pouco influenciados por fatores ambientais.

Medição da sensibilidade: o grau em que as mudanças no desempenho podem ser avaliadas.

Memória: são informações sobre o ambiente armazenadas por um período de tempo.

Memória declarativa: são as lembranças de eventos, fatos e conceitos; requerem consciência e atenção para serem armazenadas e lembradas.

Memória operacional: capacidade de reter e manipular informações de modo consciente.

Memória operacional complexa: capacidade de guardar informações na mente e de manipulá-las.

Memória operacional simples: capacidade de reter a informação na mente durante um período de tempo.

Memória procedural: são as lembranças de como fazer coisas (por exemplo, andar de bicicleta, amarrar sapatos, tocar um instrumento); podem ser armazenadas e lembradas sem esforço consciente.

Metacognição: consciência que a criança tem daquilo que sabe e de como usá-lo.

Metas de desempenho: metas usadas para julgar o progresso pessoal de alguém (por exemplo, o melhor desempenho pessoal).

Metas de processo: metas que focam a qualidade dos padrões motores (por exemplo, manter uma boa postura corporal ao chutar a bola).

Metas de resultado: metas que focam a comparação de desempenhos: quem é o melhor, o segundo, e assim por diante.

Método de exploração e descoberta: método de ensino em que os estudantes têm a oportunidade de escolher o método que melhor lhes convêm.

Método de instrução direta: método de ensino em que o instrutor determina como os estudantes vão cumprir a meta.

Método de padronização: forma de tratamento que utiliza os movimentos passivos dos membros corporais em sequências para estimular os reflexos básicos.

Microfatores: fatores que influenciam os comportamentos saudáveis em nível pessoal, como a família, os amigos e os colegas.

Mnemônica: estratégia para melhorar a memória e lembrar informações.

Modelagem do comportamento: termo geral frequentemente usado para descrever como a aplicação dos princípios de fortalecimento altera ou modifica as ações do aprendiz.

Modelagem ou aprendizagem observacional: aprendizagem pela observação de ações cruciais para a resolução de problemas de movimento.

Modelos ecológicos: enfatizam os múltiplos fatores que determinam os comportamentos das pessoas responsáveis pela saúde.

Modulação da excitabilidade: teoria de que a criança é inatamente levada e alcançar o nível ótimo de estimulação.

Momento propício ao ensino: oportunidade não planejada em que um professor tem uma chance ideal de proporcionar conhecimento aos alunos.

Motivação: estado psicológico ou disposição fisiológica que estimula o comportamento.

Motivação experimental: motivação derivada dos sentimentos gerados durante a execução de determinada atividade.

Motivação extrínseca: comportamento orientado por recompensas externas oriundas do meio ambiente (como prêmios, dinheiro ou elogios).

Motivação intrínseca: comportamento orientado por recompensas internas (como o prazer e a satisfação).

Motricidade: propriedade biológica do sistema nervoso que controla as ações propositais.

Mudança: interrupção daquilo que se está fazendo para agir de modo totalmente diferente.

Mudança de atenção: mudança na tarefa que requer afastar a atenção de um sinal para focalizar outro.

Mudança de resposta: mudança nas condições da tarefa que requer que o jogador pare um movimento e desempenhe outro diferente.

Necessidade: o objeto da motivação; pode ser um objeto específico (por exemplo, comida, água, dinheiro), um evento (por exemplo, elogio), ou um estado psicológico (por exemplo, bem-estar, felicidade) que uma pessoa deseja.

Necessidades: os objetos das motivações.

Obesogênico: aquilo que propicia um ganho excessivo de peso.

Objetividade: ocorre quando duas pessoas conduzem avaliações separadas sobre a mesma pessoa e obtêm os mesmos resultados.

Orientação: qualquer procedimento que dirija os aprendizes enquanto desempenham a tarefa.

Orientação para a tarefa: disposição motivacional que leva as pessoas a focar na mestria e no domínio por meio do esforço e persistência, para fazer o melhor, progredir com o tempo, resolver problemas e aprender.

Originalidade: habilidade de gerar produtos ou soluções únicas e incomuns.

Parar: a ação de parar descreve tarefas em que estímulos externos avisam a pessoa que ela deve interromper uma resposta motora já iniciada.

Parceiros: pessoas importantes para o bem-estar e a autoimagem da criança.

Pensamento animista: confere características humanas a objetos físicos e inanimados.

Período sensível: período em que a criança é particularmente receptiva a certas experiências ambientais.

Períodos críticos: momentos propícios para o surgimento de processos e comportamentos desenvolvimentais específicos.

Personalidade autotélica: tipo de personalidade de pessoas impulsionadas internamente e que apresentam um sentido de propósito e curiosidade.

Pesquisa aplicada: pesquisa que focaliza a resolução de problemas práticos.

Pesquisa básica: pesquisa que foca a acumulação de fatos sobre os seres humanos e o mundo.

Pesquisa translacional: captação, implementação e sustentabilidade de resultados de pesquisa dentro de um tratamento padrão.

Ponto ideal de desafio: hipótese de que a aprendizagem das habilidades é facilitada quando o nível de aptidão de quem executa a tarefa, a complexidade desta e o meio ambiente em que é executada são levados em consideração.

Prática constante: prática em que um único movimento é executado repetidamente.

Prática deliberada: prática desempenhada com a meta principal de melhorar a habilidade e a competência; é caracterizada por muito esforço mental e baixos níveis de prazer inerente.

Prática progressiva por partes: praticar uma sequência em segmentos até que cada um seja aprendido antes de juntar progressivamente as partes.

Prática variada: tentativas sucessivas de prática em que os requisitos para a resolução de problemas foram alterados (variam) conforme as tentativas e sem ordem particular.

Primeira infância: período da vida humana que vai dos 18 meses aos 6 anos.

Processo motor central de ensino-aprendizagem: modelo de ensino e aprendizagem baseado em movimentos; oferece várias situações de resolução de problemas que envolvem a criança em uma reflexão relevante e a levam a se concentrar na prática e no processo, em vez de no resultado final.

Programa motor: conjunto de comandos do cérebro que instruem o corpo a se mover em especificas direções.

Psicologia ecológica: abordagem teórica da psicologia que focaliza a interdependência entre o indivíduo e o ambiente.

Psicologia positiva: área de estudos que foca os aspectos da vida que são gratificantes e levam a obter um potencial ideal.

Psicometria: campo de estudos que utiliza testes padronizados para medir e classificar as habilidades.

Qualitativo: dado narrativo ou em categorias.

Quantitativo: dado numérico.

Questionários de saída: pequenas questões escritas (em geral, não mais que três perguntas simples) usadas para determinar se a criança aprendeu e se divertiu com a atividade.

Redirecionamento mental: capacidade de reconhecer mudanças em condições que requerem uma mudança de estratégia ou um comportamento diferente.

Repetição sem repetição: método de aprendizagem em que as pessoas não repetem a mesma solução para uma tarefa motora praticada; em vez disso, resolvem o problema muitas vezes de várias maneiras para identificar a melhor solução.

Responsabilidade social: habilidade de interagir cooperativamente com os outros, de inibir o comportamento antissocial e de formar relações estreitas, como a amizade.

Rubrica: matriz de avaliação que descreve os vários níveis de qualidade e êxito de determinada tarefa.

Segunda infância: período da vida humana que vai dos 6 aos 12 anos.

Síndrome metabólica: combinação de medições de saúde, como gordura corporal, pressão sanguínea e colesterol, reunidas e utilizadas para prever o risco de doenças cardiovasculares e de diabetes tipo 2.

Suspensão (do reforço): método utilizado para modificar a frequência de comportamentos de uma criança pela suspensão eventual da oportunidade de obter recompensas ou reforços.

Tarefa de categorização reversa: requer o uso de inibição de resposta complexa. Por exemplo, as crianças colocam peças grandes em baldes grandes e peças pequenas em baldes pequenos, e, depois, fazem o contrário.

Tarefas desenvolvimentais ao longo da vida: tarefas que surgem durante certos períodos da vida e que, se aprendidas, contribuem para a felicidade, o sucesso em tarefas futuras e a aprovação social.

Tendências seculares: alterações no padrão médio de crescimento ou de desenvolvimento de uma população no decorrer de várias gerações.

Teoria da mente: teoria que explica como uma criança pequena aprende a entender a perspectiva alheia.

Transferência: nível em que a aprendizagem de um contexto é usada em outro contexto.

Transtorno de ansiedade de separação: caracterizado pelo fato de não querer ir à escola, participar de atividades sociais ou ficar separado de alguém; em geral, ocorre entre os 18 meses e os 3 anos de idade.

Transtorno de ansiedade generalizada (TAG): caracterizado por preocupações excessivas com notas, assuntos familiares, amizades e desempenho na escola ou nos esportes.

Transtorno de conduta: comportamento excessivamente desafiador ou impulsivo.

Transtorno do espectro autista: transtorno neurodesenvolvimental que afeta as habilidades sociais, atrasa o desenvolvimento da linguagem, resulta em comportamentos repetitivos e interesses restritos, e impede o envolvimento acadêmico e social.

Transtorno hipercinético: disposição persistente para se comportar de modo inquieto, desatento, distraído e desorganizado.

Transtorno obsessivo-compulsivo (TOC): caracterizado por pensamentos indesejados e pelo sentimento de precisar realizar rituais e rotinas para aliviar a ansiedade.

Transtornos de apego: transtornos caracterizados pela dificuldade de estabelecer laços com os pais e por comportamentos de socialização escassos.

Transtornos de aprendizagem: transtornos que tornam difícil para a criança escutar, raciocinar e desempenhar habilidades acadêmicas como ler, escrever e resolver problemas de matemática.

Transtornos de humor na infância: incluem todo tipo de depressão e, às vezes, são chamados de transtornos afetivos.

Treinabilidade: expressa como a criança reage a um programa de intervenção com exercícios em vários estágios do crescimento.

Treinamento de exercício crônico: sessões repetidas de exercícios durante várias semanas, meses ou anos que produzem mudanças estruturais no cérebro e melhorias na aptidão física.

Triangulação: processo de verificação cruzada de dados de duas ou mais fontes.

Validade: determina se a avaliação mede realmente o que visa medir.

Variáveis de processo: elementos de uma intervenção que levam a variáveis de resultado, como o envolvimento do aluno ou o desempenho do professor.

Variáveis de resultado: mudanças no comportamento causadas pela intervenção, ou programa, como o desempenho do aluno durante o jogo ou o desenvolvimento das habilidades.

Referências

Allender, S., Cowburn, G., & Foster, C. (2006). Understanding participation in sport and physical activity among children and adults: a review of qualitative studies. *Health Education Research, 21*(6), 826-835.

Allensworth, D. D., & Kolbe, L. J. (1987). The comprehensive school health program: exploring an expanded concept. *Journal of School Health, 57*, 409-412.

Annesi, J. L. (2006). Relations of physical self-concept and self-efficacy with frequency of voluntary physical activity in preadolescents: Implications for after-school care programming. *Journal of Psychosomatic Research, 61*, 515-520.

Association for Supervision and Curriculum Development. (2007). The learning compact redefined: A call to action. Alexandria, VA: Author.

Audiffren, M. (2009). Acute exercise and psychological functions: a cognitive-energetic approach. In T. McMorris, P. D. Tomporowski & M. Audiffren (Eds.), *Exercise and cognitive function* (pp. 3-39). Chichester, United Kingdom: John Wiley & Sons.

Bailey, R. C., Olson, S. L., Pepper, S. L., Porszasz, J., Barstow, T. J., & Cooper, D. M. (1995). The level and tempo of children's physical activities: an observational study. *Medicine and Science in Sports and Exercise, 27*, 1033-1041.

Bandura, A. (1997). *Self-efficacy: The exercise of control*. New York, NY: Freeman.

Barnett, L. M., Van Beurden, E., Morgan, P. J., Brooks, L. O., & Beard, J. R. (2008). Does childhood motor skill proficiency predict adolescent fitness? *Medicine and Science in Sports and Exercise, 40*, 2137-2144.

Barnett, L. M., van Beurden, E., Morgan, P. J., Brooks, L. O., & Beard, J. R. (2009). Childhood motor skill proficiency as a predictor of adolescent physical activity. *Journal of Adolescent Health, 44*, 252-259.

Baumgartner, T. A., Jackson, A. S., Mahar, M. T., & Rowe, D. A. (2007). *Measurement for evaluation in physical education and exercise science* (8th ed.). New York, NY: McGraw-Hill.

Beighle, A., Morgan, C. F., Le Masurier, G., & Pangrazi, R. P. (2006). Children's physical activity during recess and outside of school. *Journal of School Health, 76*, 516-520. doi: 10.1111/j.1746-1561.2006.00151.x

Bertsch, J. (1983). *Le créativitè motrice. Son evaluation et son optimisation dans la pédagogie des situations motrices a l'ecole. [Motor creativity. Evaluation and optimization in the pedagogy of motor development. Test Handbook]*. Paris, France: INSEP.

Bjerke, O., & Vereijken, B. (2007). Promoting motor skills in school children and adolescents. In J. Luikkonen, Y. V. Auweele, B. Vereijken, D. Alfermann & J. Theodorakis (Eds.), *Psychology for physical educators* (2nd ed., pp. 219-237). Champaign, IL: Human Kinetics.

Bjorklund, D. F., & Bering, J. M. (2002). The evolved child: Applying evolutionary development psychology to modern schooling. *Learning and Individual Differences, 12*, 347-373.

Bleich, S. N., Ku, R., & Wang, Y. C. (2011). Relative contribution of energy intake and energy expenditure to childhood obesity: a review of the literature and directions for future research. *International Journal of Obesity and Related Metabolic Disorders, 35*, 1-15.

BOKS.org. From http://www.bokskids.org/

Bjorklund, D. F., & Green, B. L. (1992). The adaptive nature of cognitive immaturity. *American Psychologist, 47*, 46-54.

Bransford, J., Brown, A. L., & Cocking, R. R. (1999). *How people learn: Brain, mind, experience, and school*. Washington, DC: National Academy Press.

Buckworth, J., Dishman, R. K., O'Connor, P. J., & Tomporowski, P. D. (2013). *Exercise Psychology* (2nd ed.). Champaign, IL: Human Kinetics.

Budde, H., Voelcker-Rehage, C., Pietrassyk-Kendziorra, S., Ribeiro, P., & Tidow, G. (2008). Acute coordinative exercise improves attentional performance in adolescents. *Neuroscience Letters, 441*, 219-223.

Burnette, D. (2011). School playground duty outsourced, *Minneapolis Star-Tribune*. Retrieved from http:// www. startribune.com/printarticle/?id=121867879 (last updated: May 16, 2011).

Byon, K., Baker, T. A., Zhang, J. J., Berger, B. S., Sen, S., Min, S. D., & Mao, L. L. (2012). Relative influences of Multidimensional Parent Satisfaction Model on behavioral intentions. Paper presented at the *American Alliance of Health, Physical Education, Recreation, and Dance (AAHPERD)* Convention, Boston, MA.

California Department of Education. (2005). *A study of the relationship between physical fitness and academic achievement in California using 2004 test results*. Sacramento, CA: California Department of Education.

Carlson, S. A., Fulton, J. E., Lee, S. M., Maynard, L. M., Brown, D. R., Kohl, H. W., & Dietz, W. H. (2008). Physical education and academic achievement in elementary school: Data from the Early Childhood Longitudinal study. *American Journal of Public Health, 98*, 721-727.

Centers for Disease Control and Prevention. (2013). Goals of coordinated school health. From http://www.cdc.gov/healthyYouth/CSHP (last updated: February 27, 2013).

Chaddock, L., Erickson, K. I., Prakash, R. S., Kim, J. S., Voss, M. W., VanPatter, M., ... Kramer, A. F. (2010). A neuroimaging investigation of the association between aerobic fitness, hippocampal volume, and memory performance in preadolescent children. *Brain Research, 1358*, 172-183.

Chaddock, L., Pontifex, M. B., Hillman, C. H., & Kramer, A. F. (2011). A review of the relation of aerobic fitness and physical activity to brain structure and function in children. *Journal of the International Neuropsychological Society, 17*, 1-11.

Cheffers, J. T. F., & Mancini, V. H. (1989). Cheffers' adaptation of the Flanders' Interaction Analysis System (CAFIAS). In P. W. Darst, Zakrajsek, D. B., & Mancini, V. H. (Ed.), *Analyzing Physical Education and Sport Instruction* (2nd ed.) (pp. 119-135). Champaign, IL: Human Kinetics.

Chomitz, V. R., Slinning, M. M., McGowan, R. J., Mitchell, S. E., Dawson, G. F., & Hacker, K. A. (2009). Is there a relationship between physical fitness and academic achievement? Positive results from public school children in the Northeastern United States. *Journal of School Health, 79*, 30-37.

Collins, M. A., & Amabile, T. M. (1999). Motivation and creativity. In R. J. Sternberg (Ed.), *Handbook of creativity* (pp. 297-312). New York, NY: Cambridge University Press.

Corbetta, D., & Vereijken, B. (1999). Understanding development and learning of motor coordination in sport: the contribution of dynamic systems theory. *International Journal of Sport Psychology, 30*, 507-530.

Cote, J., Baker, J., & Abernethy, B. (2007). Practice and play in the development of expertise. In R. Eklund & G. Tenenbaum (Eds.), *Handbook of sport psychology* (3rd ed., pp. 184-202). Hoboken, NJ: Wiley.

Creswell, J. W., & Clark, V. L. P. (2007). *Designing and conducting mixed methods research* Thousand Oaks, CA: Sage.

Csikszentmihalyi, M. (1978). Intrinsic rewards and emergent motivation. In M. R. Lepper & D. Greene (Eds.), *The hidden costs of rewards: New perspectives on the psychology of human motivation* (pp. 205-216). Hillsdale, NJ: Erlbaum.

Csikszentmihalyi, M. (1990). *Flow: The psychology of optimal experience*. New York, NY: Harper & Row.

Csikszentmihalyi, M. (2000). *Beyond boredom and anxiety*. San Francisco, CA: Jossey-Bass.

Csikszentmihalyi, M., & Bennett, H. S. (1971). An exploratory model of play. *American Anthropologist, 73*, 45-58.

Curlik, D. M., & Shors, T. J. (2012). Training your brain: do mental and physical (MAP) training enhance cognition through the process of neurogenesis in the hippocampus? *Neuropharmacology, 64*, 506-514.

Danish, S. J., Fomeris, T., Hodge, K., & Heke, I. (2004). Enhancing youth development throughout sport. *World Leisure Journal, 46*, 38-49.

Datar, A., Sturm, R., & Magnabosco, J. L. (2004). Childhood overweight and academic performance: national study of kindergartners and first-graders. *Obesity Research, 12*, 58-68.

Davis, C. L., & Cooper, S. (2011). Fitness, fatness, cognition, behavior, and academic achievement among overweight children: Do cross-sectional associations correspond to exercise trial outcomes? *Preventive Medicine, 52*, S65-S69.

Davis, C. L., Tomporowski, P. D., McDowell, J. E., Austin, B. P., Yanasak, N. E., Allison, J. D., ... Miller, P. H. (2011). Exercise improves executive function and achievement and alters brain activation in overweight children: A randomized, controlled trial. *Health Psychology, 30*, 91-98.

Denzin, N. K., & Lincoln, Y. S. (1994). Entering the field of qualitative research. In N. K. Denzin & Y. S. Lincoln (Eds.), *Handbook of Qualitative Research* (pp. 1-17). Thousand Oaks, CA: Sage.

Diamond, A. (2013). Executive Functions. *Annual Review of Psychology, 64*, 135-168.

Diamond, A., & Lee, K. (2011). Interventions shown to aid executive function development in children 4 to 12 years old. *Science, 959,* 954-969.

Dienstbier, R. A. (1989). Arousal and physiological toughness: Implications for mental and physical health. *Psychological Review, 96,* 84-100.

Dienstmann, R. (2008). *Games for motor learning.* Champaign, IL: Human Kinetics.

Dishman, R. K., Heath, G. W., & Lee, I.-M. (2012). *Physical activity epidemiology* (2nd ed.). Champaign, IL: Human Kinetics.

Doman, G. (2005). *What to do about your brain-injured child.* New Hyde Park, NY: Square One Publishers.

Donnelly, J. E., Greene, J. L., Gibson, C. A., Smith, B. K., Washburn, R. A., Sullivan, D. K., ... Williams, S. L. (2009). Physical Activity Across the Curriculum (PAAC): A randomized controlled trial to promote physical activity and diminish overweight and obesity in elementary school children. *Preventive Medicine, 49,* 336-341.

Dowson, A. (2009). *More fun and games.* Champaign, IL: Human Kinetics.

Dustman, R. E., & White, A. (2006). Efficacy of exercise on cognition in older adults: A reexamination of proposed mechanisms. In L. W. Poon, W. J. Chodzko-Zajko & P. D. Tomporowski (Eds.), *Aging, exercise, and cognition: Active living, cognitive functioning, and aging* (Vol. 1, pp. 51-74). Champaign, IL: Human Kinetics.

Dwyer, G., Baur, L. A., & Hardy, L. L. (2009). The challenge of understanding and assessing physical activity in preschool-age children: Thinking beyond the framework of intensity, duration and frequency of activity. *Journal of Science and Medicine in Sport, 12,* 534-536.

Eisenberg, N., Valiente, C., & Eggum, N. D. (2010). Self-regulation and school readiness. *Early Education and Development, 21,* 681-898.

Eloranta, V., & Jakkola, T. (2007). Core-based motor teaching. In J. Luikkonen, Y. V. Auweele, B. Vereijken, D. Alfermann & J. Theodorakis (Eds.), *Psychology for physical educators* (Vol. 2nd, pp. 261-276). Champaign, IL: Human Kinetics.

Erickson, K. I., & Kramer, A. F. (2009). Aerobic exercise effects on cognitive and neural plasticity in older adults. *British Journal of Sports Medicine, 43,* 22-24.

Ericsson, K. A. (1996). The acquisition of expert performance: An introduction to some of the issues. In K. A. Ericsson (Ed.), *The road to excellence* (pp. 1-50). Mahwah, NJ: Erlbaum.

Estabrooks, P. A., & Glasgow, R. E. (2006). Translating effective clinic-based physical activity interventions into practice. *American Journal of Preventive Medicine, 31,* S45-S56.

Eysenck, H. J. (1967). *The biological basis of personality.* Springfield, IL: Thomas.

Eysenck, H. J., Nias, D. K., & Cox, D. N. (1982). Sport and personality. *Advances in Behaviour Research and Therapy, 4,* 1-56.

Faigenbaum, A. D., Farrell, A., Fabiano, M., Radler, T., Naclerio, F., Ratamess, N. A., ... Myer, G. D. (2011). Effects of integrative neuromuscular training on fitness performance in children. *Pediatric Exercise Science, 23,* 573-584.

Faigenbaum, A. D., Stracciolini, A., & Myer, G. D. (2011). Exercise deficit disorder in youth: a hidden truth. *Acta Paediatrica, 100,* 1423-1425.

Faucette, N., Nugent, P., Sallis, J. F., & McKenzie, T. L. (2002). "I'd rather chew on aluminum foil." Overcoming classroom teachers' resistance to teaching physical education. *Journal of Teaching in Physical Education, 21,* 287-308.

Fitts, P., & Posner, M. I. (1967). *Human performance.* Belmont, CA: Brooks/Cole.

Fleishman, E. A., & Quaintance, M. K. (1984). *Taxonomies of human performance.* New York, NY: Academic Press.

Gabbard, C. P. (2004). *Lifelong motor development* (4th ed.). New York, NY: Pearson.

Gallahue, D. L., & Cleland, F. (2003). *Developmental physical education for all children* (4th ed.). Champaign, IL: Human Kinetics.

Garon, N., Bryson, S., & Smith, I. M. (2008). Executive function in preschoolers: A review using an integrative framework. *Psychological Bulletin, 134,* 31-60.

Gibbs, L., O'Connor, T., Waters, E., Booth, M., Walsh, O., Green, J. L.,... Swinburn, B. (2008). Addressing the potential adverse effects of school-based BMI assessments on children's wellbeing. *International Journal of Pediatric Obesity, 3,* 52-57.

Ginsburg, K. R. (2007). The importance of play in promoting healthy child development and maintaining strong parent-child bonds. *Pediatrics, 119,* 182-191.

Glasgow, R. E., Klesges, L. M., Dzewaltowski, D. A., Bull, S. S., & Eastabrooks, P. (2004). The future of health behavior change research: What is needed to improve translation of research into health practice? *Annals of Behavioral Medicine, 27,* 3-12.

Goudas, M. (2010). Prologue: A review of life skills teaching in sport and physical education. *Hellenic Journal of Psychology, 7*, 241-258.

Graber, K., & Woods, A. M. (2013). *Physical education & activity for elementary classroom teachers*. New York, NY: McGraw-Hill.

Graham, G. (1995). Physical education through students' eyes and in students' voices: Implications for teachers and researchers. *Journal of Teaching in Physical Education, 14*, 478-482.

Graham, G., Holt/Hale, S. A., & Parker, M. (2013). *Children moving: A reflective approach to teaching physical education* (9th ed.). New York, NY: McGraw-Hill.

Griffey, D., & Housner, L. (1991). Differences between experienced and inexperienced teachers: Planning decisions, interactions, student engagement and instructional climate. *Research Quarterly for Exercise & Sport, 62*, 196-204.

Guadagnoli, M. A., & Lee, T. D. (2004). Challenge point: A framework for conceptualizing the effects of various practice conditions in motor learning. *Journal of Motor Behavior, 36*, 212-224.

Gunter, G. A., Kenny, R. F., & Vick, E. H. (2008). Taking educational games seriously: using the RETAIN model to design endogenous fantasy into standalone educational games. *Educational Technology Research & Development, 56*, 511-537.

Gutin, B. (2011). Diet vs exercise for the prevention of pediatric obesity: the role of exercise. *International Journal of Obesity and Related Metabolic Disorders, 35*, 29-32.

Gutin, B. (2013). How can we help people to develop lean and healthy bodies? A new perspective. *Research Quarterly for Exercise and Sport, 84*, 1-5.

Hastie, P., & Martin, E. (2006). *Teaching elementary physical education: Strategies for the classroom teacher*. San Francisco, CA: Benjamin Cummings.

Havighurst, R. J. (1972). *Developmental tasks and education* (3rd ed.). New York: David McKay.

Held, R. (1965). Plasticity in sensory-motor systems. *Scientific American, 213*, 84-94.

Hellison, D. R., & Templin, T. J. (1991). *A reflective approach to teaching physical education*. Champaign. IL: Human Kinetics.

Hertzog, C., Kramer, A. F., Wilson, R. S., & Lindenberger, U. (2009). Enrichment effects on adult cognitive development. Can the functional capacity of older adults be preserved and enhanced? *Psychological Science in the Public Interest, 9*, 1-65.

Hillman, C. H., Erickson, K. I., & Kramer, A. F. (2008). Be smart, exercise your heart: exercise effects on brain and cognition. *Nature Reviews Neuroscience, 9*, 58-65.

Hu, W. (2010). Forget goofing around: Recess has a new boss, *New York Times*. Retrieved from http://www.nytimes.com/2010/03/15/education/15recess.html?_r=1&pagewanted=print

Huges, F. P. (2010). *Children, play, and development*. Thousand Oaks, CA: Sage Publications.

Huizinga, M., Dolan, C. V., & Van der Molen, M. W. (2006). Age-related change in executive function: developmental trends and a latent variable analysis. *Neuropsychologia, 44*, 2017-2036.

Iacoboni, M. (2001). Playing tennis with the cerebellum. *Nature Neuroscience, 4*, 55-56.

Kazdin, A. E. (2013). *Behavior modification in applied settings*. Long Grove, IL: Waveland Publishers.

Kempermann, G. (2008). The neurogenic reserve hypothesis: what is adult hippocampal neurogenesis good for? *Trends in Neuroscience, 31*, 163-169.

Kirk, D. (2005). Physical education, youth sport and lifelong participation: the importance of early learning experiences. *European Physical Education Review, 11*, 239-255.

Kirk, D., & MacPhail, A. (2002). Teaching games for understanding and situated learning: Rethinking the Bunker-Thorpe model. *Journal of Teaching in Physical Education, 21*, 177-192.

Kobasa, S. C. (1979). Stressful life events, personality, and health: An inquiry into hardiness. *Journal of Personality and Social Psychology, 42*, 168-177.

Krafft, C. E., Schwarz, N. F., Chi, L., Weinberger, A. L., Schaeffer, D. J., Pierce, J. E., McDowell, J. E. (2014). An 8-month randomized controlled exercise trial alters brain activation during cognitive tasks in overweight children. *Obesity, 22*, 232-242.

Kramer, A. F., Hahn, S., McAuley, E., Cohen, N. J., Banich, M. T., Harrison, C., R.,...Vakil, E. (2002). Exercise, aging, and cognition: Healthy body, healthy mind? In W. A. Rogers & A. D. Fisk (Eds.), *Human factors interventions for the health care of older adults* (pp. 91-120). Mahwah, NJ: Erlbaum.

Krukowski, R. A., Smith West, D., Philyaw Perez, A., Bursac, Z., Phillips, M. M., & Raczynski, J. M. (2009). Overweight children, weight-based teasing and academic performance. *International Journal of Pediatric Obesity, 4*, 274-280.

Kubesch, S., & Walk, L. (2009). Körperliches und kognitives Training exekutiver Funktionen in Kindergarten und Schule [Physical and cognitive training of executive functions in preschool and school children]. *Sportwissenschaft, 39*, 309-317.

Lafont, L., & Winnykamen, F. (1999). Co-operation and competition in children and adolescents. In Y. V. Auweele, T. Bakker, S. J. H. Biddle, M. Durand & R. Selier (Eds.), *Psychology for physical educators* (pp. 379-404). Champaign, IL: Human Kinetics.

Laguardia, A., & Pearl, A. (2009). Necessary educational reform for the 21st Century: The future of public schools in our democracy. *Urban Review, 41*, 352-368.

Lawson, H. A. (2009). Paradigms, exemplars and social change. *Sport, Education and Society, 14*, 97-119.

Lawson, H. A. (2012). Realizing the promise to young people: Kinesiology and new institutional designs for school and community programs. *Kinesiology Review, 1*, 76-90.

Lawson, M. A., & Lawson, H. A. (2013). New conceptual frameworks for student engagement research, policy, and practice. *Review of Educational Research.* Published online before print March 19, 2013, doi: 10.3102/0034654313480891

Livingston, C., & Borko, H. (1989). Expert-novice differences in teaching: A cognitive analysis and implications for teacher education. *Journal of Teacher Education, 40*, 36-42.

Lohrmann, D. K. (2010). A complementary ecological model of the coordinated school health program. *Journal of School Health, 80*, 1-9.

Magill, R. A., & Anderson, D. (2014). *Motor learning and control: Concepts and applications* (10th ed.). Boston: McGraw Hill.

Malina, R. M., Bouchard, C., & Bar-Or, O. (2004). *Growth, maturation, and physical activity* (2nd ed.). Champaign, IL: Human Kinetics.

Marshall, S. J., & Welk, G. J. (2008). Definitions and measurement. In A. L. Smith & S. J. H. Biddle (Eds.), *Youth physical activity and sedentary behavior* (pp. 3-29). Champaign, IL: Human Kinetics.

Martinez, S. M., Arredondo, E. M., Ayala, G. X., & Elder, J. P. (2008). Culturally appropriate research and interventions. In A. L. Smith & S. J. H. Biddle (Eds.), *Youth physical activity and sedentary behavior* (pp. 453-477). Champaign, IL: Human Kinetics.

McCullick, B., Metzler, M., Cicek, S., Jackson, J., & Vickers, B. (2008). Kids say the darndest things: PETE program assessment through the eyes of students. *Journal of Teaching in Physical Education, 27*, 4-20.

McKenzie, T. L., Sallis, J. F., & Nader, P. R. (1991). SOFIT: System for observing fitness instruction time. *Journal of Teaching in Physical Education, 11*, 195-205.

McLeroy, K. R., Bibeau, D., Steckler, A., & Glanz, K. (1988). An ecological perspective on health promotion programs. *Health Education Quarterly, 15*, 351-377.

Meinel, K., & Schnabel, G. (1998). *Bewegungslehre. Sportmotorik [Movement theory. Sports motility].* Berlin, Germany: Sportverlag Berlin.

Memmert, D. (2011). Sports and creativity. In M. A. Runco & S. R. Pritzker (Eds.), *Encyclopedia of Creativity* (2nd ed., Vol. 2, pp. 373-378). San Diego, CA: Academic Press.

Metzler, M. W. (2011). *Instructional models for physical education* (3rd ed.). Scottsdale, AZ: Holcomb Hathaway.

Mezzetti-Pantanelli, R., & Maiello, P. (2001). L'insegnante sufficientemente buono. Attività motoria per bambini dai tre agli otto anni. *[The sufficiently good teacher, Movement activities for children aged 3-8 years].* Rome, Italy: Brain Edizioni.

Milteer, R. M., Ginsburg, K. R., & Mulligan, D. A. (2012). The importance of play in promoting healthy child development and maintaining strong parent-child bond: Focus on children in poverty. *Pediatrics.* 129, e204-e213.

Mosston, M., & Ashworth, S. (2008). *Teaching physical education* (5th ed.). Pearson Publishers (on line http://www.spectrumofteachingstyles.org/pdfs/ebook/Teaching_Physical_Edu_1st_Online_old.pdf)

Moreau, D., & Conway, A. R. A. (2013). Cognitive enhancement: a comparative review of computerized and athletic training program. *International Review of Sport and Exercise Psychology, 6*, 155-183.

Motl, R. W., Birnbaum, A. S., Tykubik, M. Y., & Dishman, R. K. (2004). Naturally occurring changes in physical activity are inversely related to depressive symptoms during early adolescence. *Psychosomatic Medicine, 66*, 336-342.

National Association for Sport and Physical Education. (2003). *What constitutes a quality physical education program [Position statement].* Reston, VA: Author.

National Association for Sport and Physical Education. (2009). *Appropriate instructional practice guidelines for elementary school physical education* (3rd ed.). Reston, VA: Author.

National Association for Sport and Physical Education. (2011). *Physical education is critical to educating the whole child [Position statement]*. Reston, VA: Author.

National Association for Sport and Physical Education. (2007). *What constitutes a highly qualified physical education teacher*. Reston, VA: American Alliance for Health, Physical Education, Recreation and Dance.

National Association for Sport and Physical Education and American Heart Association. (2012). *2012 Shape of the Nation Report: Status of Physical Education in the USA*. Reston, VA: American Alliance for Health, Physical Education, Recreation and Dance.

Nettlefold, L., McKay, H. A., Warburton, D. E. R., McGuire, K. A., & Bredin, S. S. D. (2011). The challenge of low physical activity during the school day: At recess, lunch, and in physical education. *Journal of Sports Medicine, 45*, 813-819.

Newcombe, N. S., & Frick, A. (2010). Early education for spatial intelligence: why, what, and how. *Mind, Brain and Education, 4*, 102-111.

Newell, A., & Rosenbloom, P. S. (1981). Mechanisms of skill acquisition and the law of practice. In J. Anderson, R. (Ed.), *Cognitive skills and their acquisition* (pp. 1-55). Hillsdale, NJ: Erlbaum.

O'Leary, K. C., Pontifex, M. B., Scudder, M. R., Brown, M. L., & Hillman, C. H. (2011). The effects of single bouts of aerobic exercise, exergaming, and videogame play on cognitive control. *Clinical Neurophysiology, 122*, 1518-1525.

Ogden, C. L., Carroll, M. D., Curtin, L. R., Lamb, M. M., & Flegal, K. M. (2010). Prevalence of high body mass index in US children and adolescents, 2007-2008. *Journal of the American Medical Association, 303*, 242-249.

Olds, T. S., Ridley, K., & Tomkinson, G. R. (2007). Declines in aerobic fitness: are they only due to increasing fatness? In G. R. Tomkinson & T. S. Olds (Eds.), *Pediatric Fitness: Secular Trends and Geographic Variability* (Vol. 50, pp. 226-240). Basel, Switzerland: Karger.

Papastergiou, M. (2009). Exploring the potential of computer and video games for health and physical education: A literature review. *Computers & Education, 53*, 603-622.

Parker, M. (1989). Academic learning time - physical education (ALT-PE), 1982 revision. In P. W. Darst, Zakrajsek, D. B., & Mancini, V. H. (Eds.), *Analyzing physical education and sport instruction* (2nd ed.) (pp. 195-206). Champaign, IL: Human Kinetics.

Parkinson, B. (1995). Emotion. In B. Parkinson & A. M. Colman (Eds.), *Emotion and motivation* (pp. 1-21). New York: Longman.

Pate, R. R., O'Neill, J. R., & Lobelo, F. (2008). The evolving definition of "sedentary." *Exercise and Sport Science Reviews, 36*, 173-178.

Patton, M. Q. (2002). *Qualitative research & evaluation methods* (3rd ed.). Thousand Oaks, CA: Sage.

Pellegrini, A. D., & Bohn, C. M. (2005). The role of recess in children's cognitive performance and school adjustment. *Educational Researcher, 34*, 13-19.

Pesce, C. (2012). Shifting the focus from quantitative to qualitative exercise characteristics in exercise and cognition research. *Journal of Sport & Exercise Psychology, 34*, 766-786.

Pesce, C., Crova, C., Cereatti, L., Casella, R., & Bellucci, M. (2009). Physical activity and mental performance in preadolescents: Effects of acute exercise on free-recall memory. *Mental Health and Physical Activity, 2*, 16-22.

Pesce, C., Crova, C., Marchetti, M., Struzzolino, I., Masci, I., Vannozzi, G., & Forte, R. (2013). Searching for cognitively optimal challenge point in physical activity for children with typical and atypical motor development. *Mental Health and Physical Activity, 6*, 172-180.

Physical Activity Guidelines Advisory Committee. (2008). *Physical activity guidelines advisory committee report*. Washington, DC: U.S. Department of Health and Human Services. (last updated: April 8, 2014)

Preamble to the Constitution of the World Health Organization as adopted by the International Health Conference. (1946). New York.

Proctor, R. W., Reeve, E. G., & Weeks, D. J. (1990). A triphasic approach to the acquisition of response-selection skill. In G. H. Bower (Ed.) *The psychology of learning: Advances in research and theory* (pp. 207- 240). New York, NY: Academic Press.

Rakoczy, H., Hamann, K., Warneken, F., & Tomasello, M. (2010). Bigger knows better: young children selectively learn rule games from adults rather than from peers. *British Journal of Developmental Psychology, 28*, 785-798.

Ridgers, N. D., Stratton, G., & Fairclough, S. J. (2005). Assessing physical activity during recess using accelerometry. *Preventive Medicine, 41*, 102-107.

Rink, J. E. (2010). *Teaching physical education for learning* (6th ed.). New York, NY: McGraw-Hill.

Roth, K., Ruf, K., Obinger, M., Mauer, S., Ahnert, J., Schneider, W., ... Hebestreit, H. (2010). Is there a secular decline in motor skills in preschool children? *Scandinavian Journal of Medicine & Science in Sports, 20*, 670-678.

Rowland, T. W. (2005). *Children's exercise physiology*. Champaign, IL: Human Kinetics.

Rushall, B. S., & Siedentop, D. (1972). *The development and control of behavior in sport and physical education*. Philadelphia, PA: Lea & Febiger.

Sabbagh, M. A., Xu, F., Carlson, S. M., Moses, L. J., & Lee, K. (2006). The development of executive functioning and theory of mind. A Comparison of Chinese and U.S. Preschoolers *Psychological Science, 17*, 74-81.

Salvy, S.-J., Bowker, J. C., Germeroth, L., & Barkley, J. (2012). Influence of peers and friends on overweight/ obese youth's physical activity. *Exercise & Sport Science Reviews, 40*, 127-132.

Santiago, E., Ferrara, J., & Quinn, J. (2012). *Whole child, whole school: Applying to practice in a community school*. Lanham, MD: R&L Education.

Schempp, P. G. (2003). *Teaching sport and physical activity: Insights on the road to excellence*. Champaign, IL: Human Kinetics.

Schmidt, R. A., & Wrisberg, C. A. (2008). *Motor learning and performance: A situation-based learning approach*. Champaign. IL: Human Kinetics.

Scibinetti, P., Tocci, N., & Pesce, C. (2011). Motor creativity and creative thinking in children: The diverging role of inhibition. *Creativity Research Journal, 23*, 262-272.

Seligman, M. E. P., & Csikszentmihalyi, M. (2000). Positive psychology: An introduction. *American Psychologist, 55*, 5-14.

Selye, H. (1974). *Stress without distress*. Philadelphia, PA: Lippincott.

Siedentop, D., & Tannehill, D. (2000). *Developing teaching skills in physical education* (4th ed.). Mountain View, CA: Mayfield.

Smith, E., Hay, P., Campbell, L., & Trollor, J. N. (2011). A review of the association between obesity and cognitive function across the lifespan: Implications for novel approaches to prevention and treatment. *Obesity Reviews, 12*, 740-755.

Smith, P. K., & Pellegrini, A. D. (2008). Learning through play. In R. E. Tremblay, R. G. Barr, R. D. V. Peters & M. Boivin (Eds.), *Encyclopedia on Early Childhood Development* (pp. 1-6). Montreal, Quebec, Canada: Centre of Excellence for Early Childhood Development. Available at: http://www.child-encyclopedia.com/documents/ Smith-PellegriniANGxp.pdf. Accessed [August 4, 2014].

Society of Health and Physical Educators America. (2014). *National standards & grade-level outcomes for K-12 physical education*. Champaign, IL: Human Kinetics.

Solmon, M. A., & Lee, A. M. (2008). Research on social issues in elementary school physical education. *Elementary School Journal, 108*, 229-239.

Sparrow, S., & Zigler, E. (1978). Evaluation of a patterning treatment for retarded children. *Pediatrics, 62*, 137-150.

Sternberg, R. J. (2005). The triarchic theory of successful intelligence. In D. P. Flanagan & P. L. Harrison (Eds.), *Contemporary intellectual assessment: Theories, tests, and issues* (pp. 103-135). New York, NY: The Guilford Press.

Stockman, I. J. (2004a). Introduction: the clinical problem. In I. J. Stockman (Ed.), *Movement and action in learning and developmental: clinical implications for pervasive development disorders* (pp. 1-19). New York, NY: Elsevier.

Stockman, I. J. (2004b). *Movement and action in learning and development: Clinical implications for pervasive developmental disorders*. New York, NY: Elsevier.

Strong, W. B., Malina, R. M., Bumkie, C. J. R., Daniels, S. R., Dishman, R. K., Gutin, B., ... Trudeau, F. (2005). Evidence based physical activity for school-age youth. *Journal of Pediatrics, 146*, 732-737.

Thelen, E. (2004). The central role of action in typical and atypical development: A dynamical systems perspective. In I. J. Stockman (Ed.), *Movement and action in learning and development: clinical implications for pervasive developmental disorders* (pp. 49-74). New York, NY: Elsevier.

Tocci, N., & Scibinetti, P. (2003). Essere creativi è utile? Studi sulla creatività motoria [Is being creative useful? Research on motor creativity]. *SdS – Rivista di Cultura Sportiva, 58-59*, 69-73.

Tocci, N., & Scibinetti, P. (2007). Essere creativi è utile. Indicazioni metodologiche per lo sviluppo della creatività motoria [Being creative is useful. Methods for promoting motor creativity development]. *SdS – Rivista di Cultura Sportiva, 72*, 53-71.

Tomkinson, G. R., & Olds, T. S. (2007). Secular changes in pediatric aerobic fitness test performance: The global picture. In G. R. Tomkinson & T. S. Olds (Eds.), *Pediatric Fitness: Secular Trends and Geographic Variability* (Vol. 50, pp. 46-66). Basel, Switzerland: Karger.

Tomporowski, P. D. (2003a). Cognitive and behavioral responses to acute exercise in youth: a review. *Pediatric Exercise Science, 15*, 348-359.

Tomporowski, P. D. (2003b). *The psychology of skill: A lifespan approach.* Westport, CT: Praeger.

Tomporowski, P. D., McCullick, B. A., & Horvat, M. (2010). *Role of contextual interference and mental engagement on learning.* New York, NY: Nova Science Publishers, Inc.

Torrance, E. P. (1981). *Thinking creatively in action and movement.* Bensenville, IL: Scholastic Testing Service.

Tousignant, M., & Siedentop, D. (1983). A qualitative analysis of task structures in required secondary physical education classes. *Journal of Teaching in Physical Education, 3,* 47-57.

Tudor-Locke, C., Johnson, W. D., & Katzmarzyk, P. T. (2010). Accelerometer-determined steps per day in US children and youth. *Medicine & Science in Sports & Exercise, 42,* 2244-2250.

U.S. Department of Education. (2010). 21st Century Community Learning Centers descriptive study of program practices. Menlo Park, CA: Author.

van der Mars, H. (1989). Systematic observation: An introduction. In P. W. Darst, D. B. Zakrajsek & V. F. Mancini (Eds.), *Analyzing Physical Education and Sport Instruction* (2nd ed., pp. 3-17). Champaign, IL: Human Kinetics.

Voss, M. W., Nagamatsu, L. S., Liu-Ambrose, T., & Kramer, A. F. (2011). Exercise, brain and cognition across the lifespan. *Journal of Applied Physiology, 111,* 1505-1513.

Weis, R., & Cerankosky, B. C. (2010). Effects of video-game ownership on young boys' academic and behavioral functioning: A randomized, controlled study. *Psychological Science, 21,* 463-470. DOI:10.1177/0956797610362670.

Welk, G. J., Corbin, C. B., & Dale, D. (2000). *Research Quarterly for Exercise and Sport, 71,* S59-S73.

Wells, A., & Matthews, G. (1994). *Attention and emotion: A clinical perspective.* Hillsdale, NJ: Erlbaum.

Winner, E. (1996). The rage to master: The decisive role of talent in the visual arts. In K. I. Erickson (Ed.), *The road to excellence* (pp. 271-301). Mahwah, NJ: Erlbaum.

Woodlee, M. T., & Schallert, T. (2006). The impact of motor activity and inactivity on the brain. Implications for the prevention and treatment of nervous-system disorders. *Current Directions in Psychological Science, 15,* 203-206.

World Health Organization. (2005). *Child and adolescent mental health policies and plans.* (WHO reference number: WM 34 2005ME-1). Geneva, Switzerland: World Health Organization.

Yerkes, R. M., & Dodson, J. D. (1908). The relation of strength of stimulus to rapidity of habit formation. *Journal of Comparative Neurology and Psychology, 18,* 459-482.

Zigler, E., & Balla, D. (1982). Motivational and personality factors in the performance of the retarded. In E. Zigler & D. Balla (Eds.), *Mental retardation: The developmental-difference controversy* (pp. 9-26). Hillsdale, NJ: Erlbaum.

Zigler, E., & Styfco, S. J. (2004). *The head start debate.* Baltimore, MD: Paul H. Brooks.

Índice remissivo

Observação: O *f* e o *q* em itálico a seguir do número da página se referem a figura e quadro, respectivamente.

#

21 ou nada 207*q*, 229–231, 230*f*

A

AAHPERD. *Ver* American Alliance for Health, Physical Education, Recreation and Dance
A bola é do apanhador 207*q*, 211–212
A bola pródiga 207*q*, 224–225
acomodação 23–24
acoplamento de ações 60
aculturação 160
adaptação 21
adolescentes, saúde mental dos 96–100
A fábula da teia mágica 173*q*, 197–198
Álbum de fotos 173*q*, 199–200
alívio da tensão 69
alteração, necessidade de 125–126
ALT-PE (tempo de aprendizagem acadêmica – Educação Física), instrumento 141, 141*f*, 147
ambiente
  cérebro modificado pelo 20, 24–27
  convidativo 118–119
  enriquecedor 27, 32
  gerenciamento do 116–119
  interação com o 36–37
  motivacional 76–83
  planejamento e estrutura do 114–116
  que promove a criatividade 120–122
  que promove a descoberta 119–122
ambiente convidativo 118–119
ambiente educacional 36–38
ambiente enriquecedor 27, 32
ambiente motivacional 76–83
ambiente que propício à criatividade 121
ambiente que promove a descoberta 120–122
ambientes/contextos naturais 36–38, 70
ambientes recreativos 36, 38–40
American Alliance for Health, Physical Education, Recreation and Dance (AAHPERD). 171 *Ver também* Society of Health and Physical Educators
análise 123
análise de tarefa
  a partir da abordagem da psicologia comportamental aplicada 78, 79*f*
  a partir da abordagem das diferenças individuais 78, 80, 80*f*
  importância de 137–138
analogia da corrente fluindo 87
analogias 87, 121
andaime 56–57, 81
ansiedade 96–97
anti-imitação 192
aprendizagem
  acoplamento de ações e 60
  ambiente 114–119
  ambiente motivacional criado para 76–83
  aptidão 61–62
  centros 161
  cooperativa 121–122
  cronogramas de prática e 57–58
  curva 51, 52*f*, 56–58, 103, 103*f*
  definição 50–51
  de habilidades 53–55, 55*f*
  desempenho e 50–51
  divertida 67–84, 101–109
  eficiente 49
  energia mental e 58–60
  estágio associativo de 53–54, 55*f*, 80–81, 101, 103
  estágio autônomo de 54–55, 81–83, 101
  estágio cognitivo de 51–53, 53*f*, 76–80, 101–103
  estímulo e 59–60, 60*f*
  estresse de 74, 99–100
  explicações, para os benefícios da atividade física 44–46
  explícita 53–54
  implícita 54
  incorporada 60, 88–89, 90–91
  instruções para 56
  observacional 56
  pelos jogos 34–35, 49–65
  processo motor central de ensino-aprendizagem 120
  transferência de 75–76
aprendizagem cooperativa 121–122
aprendizagem explícita 53–54
aprendizagem implícita 54
aprendizagem incorporada 60, 88–91
aprendizagem observacional 56
aptidão para aprender 61–62
ascídias 19
assimilação 23
A teia e as pequenas aranhas 173*q*, 194–195
A teia movediça e as pequenas joaninhas 173*q*, 195–196
atenção 52–54, 147
atenção dividida 146–147
atenção seletiva 146–147
atenção sustentada 147–148
atividade física. *Ver também* jogos; brincadeiras
  apropriada do ponto de visto desenvolvimental 30–31
  cognição melhorada pela 40–46, 42*f*
  comportamento sedentário e 91–93
  definição 33–34
  desempenho acadêmico relacionado à 43–44, 95–96

desenvolvimento mental e 17, 19, 29, 33–47, 49–65
em ambientes recreativos 36, 39–40
em ambientes educacionais 36
em ambientes naturais 36, 70
expansão neural influenciada pela 24–25
explicações biológicas para os benefícios da 44, 45*f*
explicações contemporâneas para os benefícios de 44–46, 45*f*
explicações da aprendizagem para os benefícios da 44–46
explicações socioafetivas pelos benefícios da 45–46
mudanças cerebrais relacionadas à 40–41, 42*f*
nível de 115
orientações para a 127–129, 128*q*, 129*q*, 156–157, 171–172, 206
para a saúde física 87–100
períodos críticos e 26–27
pesquisa traduzida na prática 85
saúde mental e 96–100
sobrepeso e 96
atividade física apropriada ao desenvolvimento 30
atividades fortalecedoras 74, 75*f*, 76, 84
atrasos de desenvolvimento 63–64, 90–91
autoconfiança 39, 153
autoeficácia
estresse e 74
importância da 98–100
modelo de 72–73, 72*f*
modificada 83
autoavaliação 74
autoestima infantil 99
automatismo 54–56, 103
autorrealização 31–32
avaliação
coleta de dados em 134–135, 135*q*, 137, 139–144, 140*f*, 141*f*, 143*f*, 144*f*
confiabilidade da 132–134
definição 131–132
de jogo 131–149
de progresso 148–149
desenvolvimento de jogo e 144–148
diferenças individuais 144–148
fundamentos 132–133
implicações da 148–149
indicadores de 134–140, 135*q*
motivos para 131–134
objetividade da 132–134
processo 134
validade da 132–134
avaliação de progresso 148

B
Bandura, Albert 72
bebê 88–90
Boliche com goleiro 207*q*, 221–222
Boliche de equipe 207*q*, 217–219, 218*f*
brincadeira
cooperativa 36–37
definição 36–37
de luta 37–38
sociodrama 120
transição para os jogos 170
brincadeira cooperativa 36–37
brincadeira de luta 37–38
brincadeira deliberada 83, 170, 172
brincadeira social ou sociodrama 120

C
CAFIAS (Sistema de Análise de Interação de Flanders por Cheffers) 142
campeão 153, 155
campo biológico 30
campo cognitivo 30
campo socioafetivo 30–31
capacidade aeróbia 35, 93
capacidades 25–26, 50, 145–149
capacidades mentais 146–148
capacidades psicomotoras 146
categorização reversa 182–183
centros de aprendizagem comunitários do século XXI 161
Centros de Controle e Prevenção de Doenças (CDC) 153, 155–157
cerebelo 40–41, 42*f*
cérebro
cerebelo 40–41, 42*f*
córtex motor 40–41, 42*f*
córtex pré-frontal 21, 40–41, 42*f*
desenvolvimento evolucionário do 19, 40
emergente 20–25
experiências ambientais modificam o 20, 26–27
hipocampo 40–41, 42*f*
movimento e 19
mudanças, atividade física vinculada ao 40–41, 42*f*
neocórtex 20, 21*f*
plasticidade 20
clima propício à criatividade 121
cognição
definição 21
fria 59
melhora pela atividade física 40–45, 42*f*
melhora pelos exercícios 40–41
metacognição 75–76
modelo dos componentes do processo da 53*f*, 62
quente 59
sobrepeso e 95–96
visão clássica da 21–24
cognição fria 59
cognição quente 59
coleta de dados
abordagens e fontes 139–144, 140*f*, 140*q*, 141*f*, 143*f*, 144*f*
em avaliações 131–136, 135*q*, 139–144, 140*f*, 140*q*, 141*f*, 143*f*, 144*f*
pelos professores 144
qualitativos 134–135, 137, 135*q*, 139, 142, 148
quantitativos 134–135, 137, 135*q*, 139, 147
comportamento
emocional 70–72
expectativas e consequências 116–117
reforço do 117–118
locomotor 145–146
manipulativo 146
modelagem 78
movimento fundamental 145–146
não locomotor 146
sedentário 91–93, 95–96
comportamento sedentário 91–93, 95–96
comportamentos locomotores 145–146
comportamentos manipulativos 146
comportamentos motores fundamentais 145–146
comportamentos não locomotores 146

comunicação 133
comunidade. *Ver* lar e comunidade
conceito de enriquecimento 27–29
confiabilidade 132–134
confiança 39
conhecimento
  abstrato 75
  conteúdo 126
  de desempenho 57, 59
  de resultados 57, 59
  fontes 153
conhecimento abstrato 75
conhecimento de conteúdo 126
consciência situacional 71
consequências, comportamento 116–117
conservação 22–23
controle de interferência 182
controle emocional 40
controle mental
  jogos na educação infantil que enfatizam o 170, 173*q*, 183–193
  jogos no ensino fundamental que enfatizam o 205, 207*q*, 217–226
  no envolvimento mental 104–107, 109
coordenação motora, tendências na 93–94
corpo
  composição 35
  peso 35, 93–95, 99
  tamanho e estatura 35
córtex motor 40–41, 42*f*
córtex pré-frontal 21, 21*f*, 40-41, 42*f*
criança(s). *Ver também* aprendizagem; desenvolvimento mental; envolvimento mental
  comportamentos emocionais da(s) 70–72
  dominância 126–127
  energia da(s) 33–34, 58–60
  entrevistas 142–143, 143*f*
  estudo de 19–20
  imparcialidade 126–127
  padrões de atividade da(s) 34–35, 35*f*
  perspectiva "criança como um todo" 128, 155–156, 203
  saúde mental da(s) 96–100
  tarefas desenvolvimentais da(s) 61–62
  tendências em aptidão física da(s) 93–94
  tendências em coordenação motora da(s) 93–94
  tendências em obesidade da(s) 94–96, 95*f*
  treinamento físico e 35–36, 41, 42*f*
crianças de 3 a 4 anos, orientações para 128–129, 128*q*
criatividade 37–38, 71, 104–107, 120–122
cultura 160
cultura tradicional 160

D
dados qualitativos 134–135, 135*q*, 137, 139, 142, 148
dados quantitativos 134–135, 135*q*, 137, 139, 147
deficiência de desenvolvimento 63–64
definição de meta 76
demonstração 122–123
depressão 97
desafio
  de funções executivas 102–103, 108, 170–171, 205–206
  desenvolvimento da criança e 74–76, 75*f*
  ideal 37, 102–103
  motivação e 76–77, 75*f*, 102
descoberta. *Ver também* método de exploração e descoberta
  divergente 107–108
  jogo 170
  jogos no ensino fundamental que enfatizam a 205, 207*q*, 226–234
  jogos na educação infantil que enfatizam a 169, 173*q*, 226–234
  no envolvimento mental 106–109, 138–139
descoberta divergente 106–108
desempenho
  acadêmico 41, 43–44, 95–96
  aprendizagem e 50–51
  conhecimento do 57, 59
  metas 76
  no jogo 136
  resultados 73
desempenho acadêmico 43–44, 95–96
desempenho em jogos 136
desenvolvimento. 20–21 *Ver também* desenvolvimento da criança; desenvolvimento mental
desenvolvimento cognitivo
  Piaget 21–24, 36, 68, 88–89, 106
  prontidão a aprender 62
  trajetória 26–29
desenvolvimento da criança. *Ver também* desenvolvimento mental
  analogia da corrente fluindo 87
  desafio 74–76, 75*f*
  períodos 61
desenvolvimento da linguagem 26
desenvolvimento mental
  assimilação e acomodação 23–24
  atividade física e 17, 20, 26–28, 33–47, 49–65
  cérebro emergente no 20–25
  múltiplos pontos de vista do 29–32
  natureza holística do 20
  Piaget e o 21–24, 36, 68, 88–89, 106
  visões clássicas do 21–24
  visões contemporâneas do 24–25
desequilíbrio 23, 36, 58–61, 68–70
destreza 106–107
diferenças individuais
  abordagem, análise de tarefa 78–80, 80*f*
  em avaliação 144–148
diversão
  ambiente motivacional criado pelo 76–83
dominância 126–127

E
Educação Física
  especialistas 112
  modelos ecológicos 157
  qualidade 85
educação, nas sociedades modernas 161
educadores. *Ver* professores
egocêntrica 22–23
emoção 30–31, 59–60
  definição 70–71
  durante brincadeiras e jogos 69
  estimulação e 71, 73, 102
encadeamento para a frente 78, 79*f*
energia
  das crianças 33, 58–60
  jogos e 69
  mental 58–60, 69

energia mental 58–60, 69
energia psicológica 69
enriquecimento ambiental 27, 32
ensino
  abordagem 108, 118–124, 125*f*
  eficiência do 124–127, 131
  em processo motor central de ensino-aprendizagem 120
  estilos de 84
  estratégias de 121
  método de exploração e descoberta de 107–109, 119–122, 126
  método de instrução direta 107–109, 119, 122–124, 125*f*, 126
  para o envolvimento mental 107–109, 111–129
entrevistas 142–143, 143*f*, 144*f*
entrevistas com pais ou responsáveis 143, 144*f*
entusiasmo 117
envolvimento. *Ver* envolvimento mental
envolvimento cognitivo. *Ver* envolvimento mental
envolvimento mental
  controle mental no 104–106
  definição 58–59
  descoberta no 106–109, 137
  ensinar para o 107–108, 111–129
  implicações 109, 129
  interferência contextual 103–104
  jogos para o 111–129
  manter o 109
  na aprendizagem divertida 101–109
  ponto ideal de desafio no 37, 102, 137
  qualidade do 139
  três princípios do 103–107, 170
equilíbrio 23, 36, 58–60
equivalente metabólico (MET) 91–92
erro 80
escolas do século XXI 160–164
escolha própria 84
espaço 121
esportes 39–40
esquemas 23
estabilidade 109
estágio associativo de aprendizagem 53–54, 55*f*, 80–81, 101, 103
estágio autônomo de aprendizagem 54–55, 81–83, 101, 103
estágio cognitivo de aprendizagem 51–53, 53*f*, 76–80, 101–103
estágio de coordenação fina 103, 103*f*
estágio de disponibilidade variável 103
estágio de coordenação grossa 103
estágio operatório concreto 22
estágio operatório formal 22
estágio pré-operacional 22
estágio sensório-motor 22
estatura 35
estimulação
  aprendizagem e 59–60, 60*f*
  emoção e 71, 73, 102
  modulação 36
estresse 74, 99–100
estruturar, ambiente de aprendizagem 114–116
eustresse 74
exclusividade exagerada 30
exercícios
  definição 33–34
  agudos 41
  jogos contrapostos com 34–35
  melhora das funções executivas 43, 43*f*
  melhorar a cognição com 40–41
  reserva neurogênica 27–28
  resposta das crianças aos 35–36, 41-43, 42*f*
  treinamento físico crônico 41, 43
exercícios agudos 41
exergames 70
expansão neural 24–25
expectativas, comportamento 116–117
expectativas de resultados 73–74
experiências vicárias 73
explicação 122–123
explicações biológicas, para os benefícios da atividade física 44, 45*f*
explicações socioafetivas, para benefícios da atividade física 45–46
exploração 106–107
expressão facial 71
extrovertidas 76
Eysenck, Hans 76

F

facilitadores, professores como 119–122
feedback 57–58, 81, 122–124, 132, 136
feedback contínuo 57, 59
feedback extrínseco 56–57
feedback intermitente 57–59
feedback intrínseco 56–57
feedback prescritivo 57, 59
Filme do mundo animal 173*q*, 202–203
flexibilidade 109, 138
fluência 138
fluxo 71–72, 72*f*, 98
força e resistência muscular 35
Fotos de coragem 173*q*, 200–201
funções executivas
  controle mental e 104–106
  cronogramas de prática e 53
  definição 23–24
  desafiadas 101–103, 107–108, 170–171, 205–206
  planejamento e 52
  melhoradas pelo exercício 43, 43*f*
  melhoradas pelo jogo 24–25, 31, 68, 75, 170–171
Futebol de lixeira 207*q*, 222–223, 222*f*

G

garra 31
generalização 27–28
genética 20, 27
Guardião do *hoopla* 207*q*, 214–216

H

habilidade
  aprendizagem de 53–56, 55*f*
  definição 25–26, 50
  desenvolvimento de 136–137
  mental 45–46
  movimento fundamental 62, 68–69
  necessidades dos professores 114–119, 129
  trajetória do desenvolvimento cognitivo e 26–29
habilidades
  movimento fundamental 68–69
  necessidade dos professores 114–119, 129

habilidades motoras fundamentais 62, 68–69
habilidades sociais 70
hábitos 91–92
hierarquia de necessidades 31–32
hipocampo 40–41, 42*f*
hipótese de imaturidade cognitiva 45–46
hipótese de reserva neurogênica 27–28
hipóteses de habilidade mental 45–46
hipóteses recurso-reserva 42*f*
homeostase 68
Hoopla 207*q*, 212–214
Hoopla de mãos livres 207*q*, 216–217
humor 70–71

I
imaginário mental 89
IMC. *Ver* índice de massa corporal
imitação atrasada 190–191
imparcialidade 126–127
impotência aprendida 64–65
inatividade, infância 92–93
incentivo verbal 73
índice de massa corporal (IMC) 94
individual, em modelos ecológicos 152–153
infância
  ansiedade 97
  autoestima 99
  inatividade 92–93
  primeira 61–62
  segunda 61–62
  transtornos do humor 97
inibição de resposta 23–25, 104–105, 192
inibição de resposta complexa 104–105
inibição de resposta simples 104–105
injustiça 126–127
instituições sociais 153
instruções 56
interações aluno-aluno 139
interações professor-aluno 139
interferência contextual
  jogos educação infantil que enfatizam a 170, 173*q*, 174–183
  jogos no ensino fundamental que enfatizam a 205, 207*q*, 208–217
  no envolvimento mental 101–106
intervalo/recreio 37, 45, 112–113
introvertido 76–77

J
Jogo de estátua: Um, dois, três... Estrela 104, 173*q*, 183–185
jogos. *Ver também* jogos no ensino fundamental; jogos na educação infantil
  abertos 106–108
  aprender por meio de 34, 49–65, 67–84, 101–109
  avaliação e 131–149
  como enriquecimento ambiental 32
  comportamento emocional durante 70–72
  de atualização (*updating games*) 104–105, 183
  de descoberta 170
  de faz de conta 170
  de mudança (*switching games*) 105–106, 183
  de parar (*stopping games*) 104, 183
  definição 38–39
  deliberado 82–83, 170, 172
  efeitos dos 28
  eficientes 167
  em ambientes educacionais 36
  em ambientes naturais 36–40
  em modelos ecológicos 157–158
  energia psicológica 69–70
  envolvimento em 31
  exercícios contrapostos a 34–35
  exergames 70
  funções executivas desenvolvidas por 24–25, 32, 68, 75, 170–171
  implementação de programa de 127–129, 128*q*, 129*q*
  motivação para 67–74
  mudanças de regras em 81
  na comunidade 151–165
  no lar 151–165
  papel 49
  para o envolvimento mental 111–129
  planejamento 114–115, 129
  prazer e 70–72, 72*f*
  progressão de 120–121
  resolução de problemas 24–25
  tipo de 120–121
  tomada de decisão em 55
  transição da brincadeira para o 170
  variabilidade em 103, 109, 136–138, 170–171
  videogames 69–70
jogos abertos 106–108
jogos de atualização (*updating games*) 104–105, 183
jogos de faz de conta 170
jogos de movimento. *Ver* jogos
jogos de mudança (*switching games*) 104–106, 183
jogos de parar (*stopping games*) 104, 183
jogos de pega-pega 174
jogos de resolução de problemas 25
jogos na educação infantil
  A fábula da teia mágica 173*q*, 197–198
  A teia e as pequenas aranhas 173*q*, 194–195
  A teia movediça e as pequenas joaninhas 173*q*, 195–196
  Álbum de fotos 173*q*, 199–200
  apresentação de 171
  controle mental 170, 173*q*, 183–193
  de descoberta 170, 173*q*, 193–203
  Filme do mundo animal 173*q*, 202–203
  Fotos de coragem 173*q*, 200–201
  funções executivas desafiadas nos 170–171
  implicações 203
  interferência contextual 170, 173*q*, 174–183
  Jogo de estátua: Um, dois, três... Estrela 104, 173*q*, 183–185
  localizador de jogo para 172, 173*q*
  Luzes de trânsito loucas 173*q*, 188–190
  Meu relógio está atrasado 173*q*, 190–191
  Mosca, sapo e serpente 173*q*, 180–181
  O aro mágico e a vara do contrário 173*q*, 192–193
  O camaleão 173*q*, 177–178
  O flautista 173*q*, 174–175
  O flautista e os ratinhos 173*q*, 175–176
  O maior pega o menor e O menor pega o maior 173*q*, 182–183
  padrões da SHAPE America conectados aos 171–172
  Pedra, papel e tesoura 173*q*, 178–180
  Um, dois, três... Estrela ou Lua 173*q*, 185–186
  Um, dois, três... Estrela ou Lua ou Sol 173*q*, 187–188
  visão geral de 169–172

jogos no ensino fundamental
  21 ou nada 207*q*, 229–231, 230*f*
  A bola é do apanhador 207*q*, 211–212
  A bola pródiga 207*q*, 224–225
  Boliche com goleiro 207*q*, 221–222
  Boliche de equipe 207*q*, 217–219, 218*f*
  controle mental 206, 207*q*, 217–226
  descoberta 206, 207*q*, 226–234
  funções executivas desafiadas por 205–206
  Futebol de lixeira 207*q*, 222–223, 222*f*
  Guardião do *hoopla* 207*q*, 214–216
  Hoopla 207*q*, 212–214
  Hoopla de mãos livres 207*q*, 216–217
  implicações 235
  interferência contextual 205, 207*q*, 208–217
  localizador de jogos 207*q*
  Megafutebol de lixeira 207*q*, 225–226
  Os corredores e a grade 207*q*, 233
  O time se salva 207*q*, 209–211
  Pega-pega pela porta 207*q*, 234
  Permutas rápidas 207*q*, 231–232
  Polo de lixeira 207*q*, 226–227
  Polo para quatro equipes 207*q*, 228–229, 228*f*
  Pula, salva e pega 207*q*, 208–209
  segundo os padrões da SHAPE America 206
  Superboliche de equipe 207*q*, 219–220
  visão geral dos 205–206
julgamento, suspensão de 122

L
laços comunitários 159–160
laços pais-filhos 158–159
laços sociais 159
lactância 61
lar e comunidade
  em modelos ecológicos 152–160, 152*f*, 154*f*, 156*f*
  escolas do século XXI 160–164
  implicações 164–165
  influências culturais 160
  jogos integrados no 151–165
  laços comunitários no 159–160
  laços pais-criança no 158–159
  laços sociais no 159
legisladores 153
Lei Yerkes-Dodson 59–60
limite de tempo 121–122
lista de atributos 121
listas de verificação 121, 124, 139–140, 140*f*
locus de controle 73–74
lógica dedutiva 22–23
Luzes de trânsito loucas 173*q*, 188–190

M
macrofatores 152–153
Mammadù, organização sem fins lucrativos 29
mapas mentais 88–92
Maslow, Abraham 31
maturação 20–21
medição da sensibilidade 148
Megafutebol de lixeira 207*q*, 225–226
memória
  armazenamento e uso da 52
  habilidades mentais 148
  declarativa 52, 54
  mnemônica 27–28
  operacional 24–25, 62, 104–105
  procedural 52, 54
memória declarativa 52, 54
memória operacional 24–25, 62, 104–105
memória operacional complexa 104–105
memória operacional simples 104–105
memória procedural 52, 54
MET. *Ver* equivalente metabólico
metacognição 75–76
metas de processo 76
metas de resultados 76
método científico 131
método de exploração e descoberta 107–109, 119–122, 126
método de instrução direta 107–110, 119, 122–124, 125*f*, 126
método de padronização 91
Meu relógio está atrasado 173*q*, 190–191
microfatores 152–153
mnemônica 27–28
modelagem 56, 73
modelo dos componentes do processo 53*f*, 62
modelo ecológico coordenado de saúde escolar 153–155, 154*f*
modelo Escola, Comunidade e Criança como um Todo (WSCC) 155–157, 156*f*
modelo multidisciplinar 29
modelo RE-AIM 163–164
modelo de relacionamento 163
modelos ecológicos
  contribuição da Educação Física aos 157
  modelo ecológico coordenado de saúde escolar 153–155, 154*f*
  individuais 152
  jogos aplicados aos 157–158
  lar e comunidade nos 152–160, 152*f*, 154*f*, 156*f*
  orientações dos CDC 156–157
  WSCC 155, 156*f*
modelo WSCC. *Ver* modelo ecológico Escola, Comunidade e Criança como um Todo
momento propício ao ensino 61–62
Mosca, sapo e serpente 173*q*, 180–181
motivação 31–32
  análise de tarefa e 78–80, 79*f*, 80*f*
  definição 68
  desafios e 74–76, 75*f*, 102
  em estágio cognitivo 76–80
  experimental 71–72
  extrínseca 68
  implicações 83–84
  intrínseca 68, 83
  jogo e 67–84
  no campo socioafetivo 30–31
  transferência de aprendizagem e 75–76
motivação experimental 71–72
motivação extrínseca 68
motivação intrínseca 68, 83
motivo 31
motricidade 19, 145
movimento
  cérebro e 19
  comportamentos fundamentais 145–146
  criatividade 107

efetividade 89
eficiência 89
habilidades fundamentais 62, 68–69
iniciado por conta própria/autoiniciado 88, 91
mapas mentais criados por 88–92
transtornos globais do desenvolvimento fundamentais 90–91
movimento autoiniciado 88, 91–92
movimento físico. *Ver* movimento
mudança de atenção 105
mudança de resposta 105
mudanças nas regras, do jogo 81
música 121

N
National Association for Sport and Physical Education (NASPE) 171. *Ver também* Society of Health and Physical Educators
National Guidelines for Physical Activity. *Ver* Orientações Nacionais de Atividade Física
National Standards & Grade-Level Outcomes for K-12 Physical Education. *Ver* padrões nacionais de Educação Física e resultados por nível escolar para crianças no ensino fundamental
necessidade 31–32, 68
neocórtex 20, 21*f*
novidade 58

O
O aro mágico e a vara do contrário 173*q*, 192–193
O camaleão 173*q*, 177–178
O flautista 173*q*, 174–175
O flautista e os ratinhos 173*q*, 175–176
O maior pega o menor e O menor pega o maior 173*q*, 182–183
O time se salva 207*q*, 209–211
obesidade
epidemia 47, 94–96
tendências 94–96, 95*f*
obesogênico 94
objetividade 132–134
objetos, em ambiente propício à criatividade 121
observação 123, 141–142, 141*f*
observação sistemática 141–142, 141*f*
OMS. *Ver* Organização Mundial da Saúde
Organização Mundial da Saúde (OMS) 151
orientação 77–78
orientação para a tarefa 122
orientações *Active Start* 171–172
Oerintações Adequadas de Prática Instrucional 206
orientações e padrões para a atividade física infantil 206
Orientações Nacionais de Atividade Física 128, 128*q*, 129
originalidade 138
Os corredores e a grade 207*q*, 233

P
padrões de atividades 34–35, 35*f*
padrões de atividades de alta intensidade 34, 35*f*
padrões nacionais de Educação Física e resultados por nível escolar para crianças no ensino fundamental 128, 206
parceiros 153
Pedra, papel, tesoura 173*q*, 178–180
Pega-pega pela porta 207*q*, 234
pensamento animista 22–23
percepção 121
períodos críticos 26–27
período sensível 27, 47
Permutas rápidas 207*q*, 231–232
personalidade autotélica 83
perspectiva "criança como um todo" 128, 155–157, 203
peso 35, 93–96, 99
pesquisa aplicada 165
pesquisa básica 165
pesquisa translacional 163
Piaget, Jean 21–24, 36, 68, 88–89, 106
planejamento 114–116, 129
plasticidade 20
Platão 41
poda 24
Polo de lixeira 207*q*, 226–227
Polo para quatro equipes 207*q*, 228–229, 228*f*
ponto ideal de desafio 37, 102, 137
prática
constante 57–59
cronogramas 57–58
deliberada 82–83, 170
passada 191
pesquisa traduzida para a 85
tipo de 81
variabilidade 58–59, 102, 109, 172
prática constante 57–59
prática deliberada 82–83, 170
prática passada 208
prática variada 58–59
prazer
medição do 139
prazer, jogos e 70–72, 72*f*
primeira infância 61–62
processo criativo, indicadores de 137–138
processo motor central de ensino-aprendizagem 120
processos de integração 73
professores
ambiente administrado por 116–119
ambiente planejado e estruturado por 114–116
como facilitadores 120–122
dados coletados por 144
em programas pré e pós-período escolar 113
especialistas em Educação Física 112
estilos de ensino dos 84
estusiasmo de 117
feedback e 57, 81, 123–124, 132, 136
fidelidade ao programa garantida por 124, 125*f*
habilidades requeridas dos 114–119, 129
implicações 32, 46–47, 64–65, 83–84, 100, 109, 129, 148–149, 164–165, 203, 235
importância dos 111, 235
novos papéis para os 162–164, 164*f*
papel principal dos 49–51
profissionais na área escolar 112–113
sala de aula 113
treinadores de esporte juvenil 113–114
treinadores no intervalo 112–113
treinamento de 112–114, 127–128
professores de atividade física. *Ver* professores
professores de sala de aula 113
profissional da área escolar 112–113
programas 161–162
eficiência de 138–139
pós-período escolar 113, 161–162

fidelidade de 124, 125*f*
implementação de 127–129, 128*q*, 129*q*
indicadores para o sucesso de 134–139, 135*q*
motores 53–54
programas pós-período escolar 113, 161–162
programas motores 53–54
programas pré-período escolar 113, 161–162
progressão, de jogos 120–121
progresso interdisciplinar 31–32
prontidão para a ação 71
psicologia
comportamental aplicada 78, 79*f*
ecológica 106–107
positiva 71
psicologia comportamental aplicada, análise de tarefa 78–81, 79*f*
psicologia ecológica 106–107
psicologia positiva 71
psicometria 78, 80, 80*f*
Pula, salva e pega 207*q*, 208–209

Q
questionamento 123–124
questionários de saída 142, 143*f*

R
redirecionamento mental 24–25
reforço, suspensão do 78
relações forçadas 121
relações interpessoais 153
repetição sem repetição 106–107
resolução de problemas estratégicos 82
responsabilidades sociais 45–46
resultados, conhecimento dos 57, 59
rubrica 139–140, 140*q*

S
saúde mental 96–100
segunda infância 62
Selye, Hans 74
SHAPE America. *Ver* Society of Health and Physical Educators
sinais 117
síndrome metabólica 94–95
Sistema de Análise de Interação de Flanders por Cheffers. *Ver* CAFIAS
sistema de pré-alimentação (*feed-forward*) 91
sistema nervoso 19
Skinner, B. F. 78
sobrepeso 94–96, 99. *Ver também* obesidade
sociedades modernas, educação nas 160–161
Society of Health and Physical Educators (SHAPE America) 31, 85, 127–129, 129*q*, 132
jogos na educação infantil e a 171–172
jogos no ensino fundamental e a 206
Spencer, Herbert 67
Superboliche de equipe 207*q*, 219–220
suspensão 78
suspensão de julgamento 122

T
TAG. *Ver* transtorno de ansiedade generalizada
Take10! 43
tarefas desenvolvimentais 61–62
tarefas desenvolvimentais ao longo da vida 60–61
TDAH. *Ver* transtorno de deficit de atenção e hiperatividade
tecido esquelético 35
tecnologia 93, 134, 158
tecnologia de vídeo/mídia 93, 134
televisão 92–93
tempo de aprendizagem acadêmica – instrumento de Educação Física. *Ver* instrumento ALT-PE
tendências da aptidão física 93–94
tendências seculares 93–94
teoria da mente 82–83
teorias da diferença 63–64
teorias do desenvolvimento 63–64
testes padronizados 78, 136
Thelen, Ester 88–89
tomada de decisão 55
transferência 75–76
transtorno de ansiedade da separação 97
transtorno de ansiedade generalizada (TAG) 97
transtorno de conduta 96–97
transtorno de *deficit* de atenção e hiperatividade (TDAH) 147
transtorno do espectro autista 90–91
transtorno hipercinético 96–97
transtorno obsessivo-compulsivo (TOC) 97
transtornos de apego 96–97
transtornos de aprendizagem 147–148
transtornos globais do desenvolvimento 90–91
treinabilidade 35–36
treinadores 113–114
treinadores de esporte juvenil 113–114
treinadores no intervalo 112–113
treinamento físico crônico 41, 43
treinamento positivo 84
triangulação 139

U
Um, dois, três... Estrela ou Lua 173*q*, 185–186
Um, dois, três... Estrela ou Lua ou Sol 173*q*, 187–188

V
validade 132–134
variabilidade
de prática 57–58, 102, 109, 172
em jogos 103–106, 108–109, 136–138, 170–171
pela curva de aprendizagem 103, 103*f*
variáveis de processo 134
variáveis de resultados 134
velocidade de processamento 30, 62
videogames 69–70
visão, períodos críticos e 26–27
voluntários 134

Z
Zigler, Edward 63

Sobre os autores

Phillip D. Tomporowski, ph.D., é professor de cinesiologia na Universidade da Geórgia. Psicólogo experimental, há quatro décadas vem se envolvendo no estudo da aprendizagem e nos efeitos do exercício sobre as funções mentais. É autor, coautor e editor de cinco livros, e contribuiu com alguns capítulos em diversos outros livros. Seus textos são amplamente publicados em jornais sobre função cognitiva e questões sobre exercícios físicos para crianças. Ele obteve bolsas para conduzir estudos nessas áreas e em áreas relacionadas. Tomporowski também participa de muitas convenções e simpósios. É membro do American College of Sport Medicine e da American Psychological Society. Gosta de ensinar e praticar artes marciais, além de triatlo e corridas de obstáculos.

Bryan A. McCullick, ph.D., é professor de cinesiologia na Universidade da Geórgia. Ex-professor de Educação Física, é formador de professores nessa área desde 1997. Fez importantes palestras em conferências relacionadas à Educação Física, à atividade física e ao treinamento de professores. McCullick também é coautor de dois livros, contribuiu com capítulos em vários livros e escreveu mais de 80 artigos. Obteve bolsas para conduzir pesquisas e recebeu prêmios como o Mabel Lee Award, da American Aliance for Health, Physical Education, Recreation and Dance (AAHPERD). É membro da Society of Health and Physical Educators (SHAPE) America Research Consortium, editor associado e membro do conselho editorial do periódico *Research Quartertly for Exercise and Sport* (RQES). Foi vice-presidente da Association Internationale des Écoles Supérieures d'Éducation Physique (AIESEP) e participou de vários conselhos editoriais. Casado e pai de família, gosta de jogar golfe (muito mal!) e torce para os times de futebol americano Alabama Crimson Tide e Miami Dolphins.

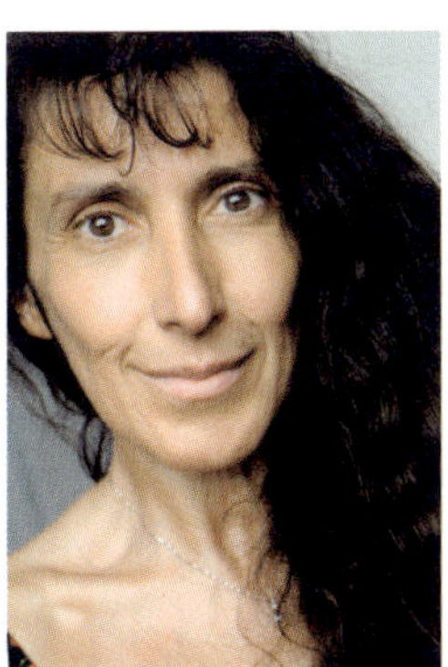

Caterina Pesce, ph.D., é professora do Departamento de Ciência do Movimento, Ciência Humana e da Saúde, da Universidade Italiana de Esporte e Movimento, em Roma. Ex-professora de Educação Física, com especialização em Ciência do Esporte e Psicologia Experimental. Desde 2003, leciona sobre atividade física para crianças. Suas pesquisas focam os efeitos dos exercícios físicos sobre o funcionamento cognitivo. É coautora de um livro sobre exercícios e função cognitiva, e autora e coautora de dezenas de publicações de pesquisa em Esportes, Psicologia do Exercício e Educação Física. Pesce é membro da Sociedade Italiana de Ciências do Movimento e dos Esportes, editora-sócia do *Journal of Aging and Physical Activity*, membro do conselho do *Journal of Sport and Exercise Psychology*, e foi membro do conselho do programa nacional italiano para a proficiência motora no ensino fundamental. Gosta de correr e cantar e, acima de tudo, de ser mãe.

Sobre o Livro
Formato: 21 x 28 cm
Mancha: 16,6 x 22,6 cm
Papel: Offset 90g
nº páginas: 264
1ª edição: 2020

Equipe de Realização
Assistência editorial
Liris Tribuzzi

Edição de texto
Gerson Silva (Supervisão de revisão)
Iolanda Dias (Preparação do original e copidesque)
Roberta Heringer de Souza Villar (Revisão)

Editoração eletrônica
Évelin Kovaliauskas Custódia (Capa, adaptação de projeto gráfico e diagramação)

Impressão
Gráfica Edelbra